사회복지실천기술론

제2판

최희철

SKILLS AND TECHNIQUES FOR SOCIAL WELFARE PRACTICE

YANGSEOWON
양서원

| 제2판 머리말 |

누군가 나에게 사회복지사가 어떤 일을 하는 사람이냐고 묻는다면, 이렇게 말하고 싶다.

"사회복지사는 내가 도구가 되어, 다른 사람과 세상을 변화시키는 사람입니다."

이 말 속에는 사회복지사의 정체성이 고스란히 담겨 있다.

겉으로 보기엔 사회복지사의 업무가 휴먼서비스 분야의 다른 전문가들과 유사해 보일 수 있다. 심리상담사처럼 내면의 문제를 함께 나누고, 간호사처럼 돌봄과 관리를 수행하며, 성직자처럼 이웃에게 따뜻한 마음을 전하기도 한다. 하지만 사회복지사는 단순히 이 모든 역할을 병행하는 사람에 머물지 않는다. 사회복지사는 서비스 이용자의 심리적 고통을 함께 이겨내고, 돌봄을 실천하며, 따뜻함을 전하는 것은 물론, 더 나아가 그들이 자신의 문제를 스스로 통찰하고 삶의 어려움을 극복할 수 있도록 돕는 역량을 길러주는 사람이다. 바로 이 지점에서 사회복지사의 전문성과 존재 이유가 분명해진다. 사회복지사는 단순한 동정이나 일시적 도움이 아니라, 진정성을 바탕으로 한 지속적 관계 속에서 사람을 변화시키는 힘을 발휘한다. 진심으로 이용자와 마주하고, 그들의 이야기에 귀 기울이며, 실질적인 자원을 찾아 연결해주는 과정 속에서 사회복지사의 노력은 빛난다.

그 진정성은 이용자가 다시 삶의 희망을 품고, 스스로의 발걸음으로 나아갈 수 있도록 하는 원동력이 된다. 이러한 변화를 만들어내기 위해서는 상생과 나눔의 가치를 실현하고, 뜨거운 열정과 사랑을 바탕으로 한 전문 역량이 필요하다. 공존을 향한 전환을 이끌 수 있는 네트워크 구축 능력, 이용자를 깊이 이해하고 공감할 수 있는 의사소통 기술, 지역사회 자원을 통합적으로 활용할 수 있는 능력 또한 필수적이다.

이처럼 다양한 전문성과 따뜻한 인간미를 함께 갖춘 직업이 또 있을까?

사회복지사야말로 이러한 역량을 두루 갖춘, 참된 실천가라고 자신 있게 말할 수 있다.

저자는 학교에 몸담은 이후, 강의와 연구, 자문, 회의 등의 다양한 활동을 통해 매년 사회복지 실천 현장과 꾸준히 소통하며 협력해왔다. 특히 사회복지현장실습을 담당하면서 매 학기 방학 기간 동안 다양한 유형의 실습기관을 방문하고, 슈퍼바이저 및 학생들과 직접 만나 이야기를 나눌 수 있는 소중한 기회를 가졌다.

수업 중 실습을 마치거나 실습 중인 학생들로부터 "현장을 직접 경험해보니 학교에서 배운 이론과 기법이 실제로 어떻게 적용되는지 알 수 있어 좋았다"는 피드백을 받을 때면, 교육자로서 큰 보람을 느꼈다.

하지만 아쉬운 점도 있었다. 많은 학생들이 공통적으로 실습일지 작성이나 문서기록 작성에 어려움을 겪는다는 점이었다. 실습기관의 슈퍼바이저들 역시, 학생들이 문서작성에 큰 부담을 느끼고 있어 아예 실습 초기부터 별도의 교육을 통해 지도를 하고 있다는 이야기를 들었을 때, 교육자로서 미안함과 당혹감, 그리고 책임감을 느꼈다.

이러한 현장의 목소리는 이번 『사회복지실천기술론』 개정판에서 「사회복지실천의 기록」 장을 새롭게 추가하게 된 가장 큰 계기가 되었다. 초판에서는 해당 내용이 사회복지사 1급 국가시험 필수교과목의 범위에 포함되지만 상대적으로 중요도가 적어 제외되었는데, 현장의 슈퍼바이저와 학생들 모두 이 내용을 시급히 다룰 필요가 있다는 강한 요구를 보내왔다. 이에 이번 개정에서는 가장 높은 우선순위로 해당 장을 집필하게 되었다.

이번 개정판은 이처럼 실천 현장의 생생한 요구와 교육 현장의 고민을 바탕으로, 사회복지실천에 필요한 핵심 기술들을 보다 현실감 있게 담아내고자 하였다. 이론과 실제의 균형을 이루는 동시에, 실천의 맥락 속에서 사회복지사의 전문성을 강화할 수 있는 내용을 중심으로 구성하였다.

이 책은 전체적으로 네 부분으로 나누어 구성하였다.

제1부는 사회복지실천기술에 대한 기초적 이해를 돕는 데 초점을 두었다.

사회복지실천기술의 개관을 통해 사회복지의 전문적 지식과 기술, 실천기술의 개념 정의, 그리고 사회복지사의 전문직 정체성을 일목요연하게 정리하였으며, 실천기술의 기초를 탄탄히 다지는 데 필요한 핵심 개념들을 중심으로 서술하였다.

제2부는 사회복지실천 개입모델에 관한 내용으로 구성하였다.

심리사회모델, 인지행동모델, 과제중심모델, 해결중심모델, 위기개입모델, 임파워먼트모델 등 주요 개입모델을 체계적으로 소개하고, 각각의 이론적 기반과 실제 적용 방법을 설명하였다. 다양한 실천 현장에서 적절한 개입모델을 선택하고 활용할 수 있도록 돕고자 하였다.

제3부는 대상별 사회복지실천을 다루고 있다.

개인을 대상으로 하는 실천, 집단을 대상으로 하는 실천, 가족을 대상으로 하는 실천으로 구분하여 각 대상에 대한 이해와 개입기술을 체계적으로 설명하였다.

제4부는 사회복지실천의 기록을 다루고 있다. 사회복지 기록의 활용, 진행단계별 기록의 내용, 기록의 종류와 특성, 기록 시 유의사항을 중심으로 구성하였다.

『사회복지실천기술론』은 사회복지학을 처음 접하는 학생들에게는 실천의 기초를 닦는 안내서로, 현장에서 활동 중인 실천가들에게는 자신의 실천을 성찰하고 점검할 수 있는 길잡이가 되기를 바란다. 나아가 이 교재가 사회복지실천 현장과 교육 현장을 잇는 실질적인 가교 역할을 하기를 기대한다.

끝으로 이 책이 나오기까지 함께하신 하나님께 먼저 감사와 영광을 돌리고, 출판을 허락해주신 양서원 박철용 회장님과 임직원 여러분께 깊은 감사의 뜻을 전한다.

2025년 8월 인사관 연구실에서

저자 **최 희 철**

| 목차 |

CHAPTER 10 집단대상 사회복지실천의 이해 / 283

CHAPTER 11 집단대상 사회복지실천의 개입기술 / 307

CHAPTER 01 사회복지실천기술의 개관

PART

01

사회복지실천기술의 기초

CHAPTER 01

사회복지실천기술의 개관

SECTION 01 사회복지의 전문적 지식과 기술

1. 사회복지실천지식

1) 실천지식의 차원

사회복지실천지식(knowledge for social work practice)은 실천에 영향을 주는 구체성의 정도에 따라 패러다임, 시각, 이론, 모델, 실천지혜 등의 형태로 구분된다. 이것은 세계관이나 사회문제에 관한 인식의 틀을 구성하는 것으로부터 구체적인 실천기술의 선택에 이르기까지 각기 다른 수준에서 실천에 영향을 미칠 수 있다. 그런데 이를 각기 분리된 개념으로 보기보다는 해당 관점이 갖는 흐름을 일관되게 유지하면서 이론적 맥락을 같이하는 지식을 선택할 수 있도록 한다는 점에서 유용하다(김혜란 외, 2005: 17). 이를 도식화하면 다음의 [그림 1-1]과 같다.

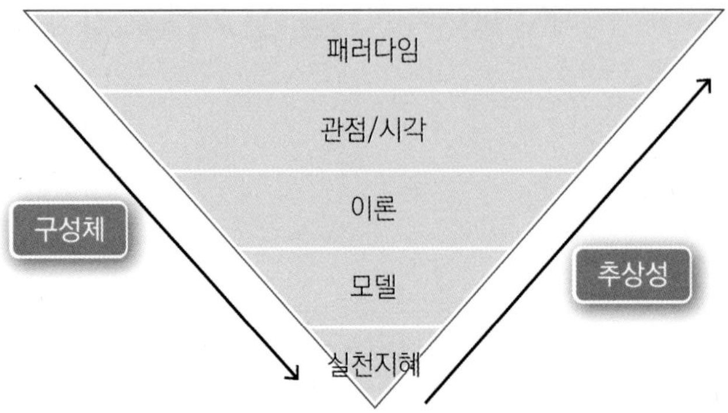

[그림 1-1] 사회복지실천지식의 차원

이제 사회복지실천지식의 구성수준에서 각각의 내용을 살펴보도록 한다.

첫째, 패러다임(paradigm)이다. 패러다임은 추상적인 수준의 개념적 틀로서, 세계관과 현실에 대한 인식의 방향을 결정한다. 이것은 사회의 주도적인 패러다임이 학문의 인식론적 변화나 역사적 흐름, 사회의 분위기, 사상적 조류, 정치적 사건 등의 영향을 받듯이 다양한 흐름을 반영한다. 사회복지실천의 패러다임도 의료적 개념으로부터 생태적 개념까지 다양한 흐름을 반영한다. 의료적 패러다임은 제1차 세계대전 이후의 사회적 욕구를 반영하면서 진단과 치료의 개념을 중심으로 실천과정을 인식하였다. 1960년대 이후 환경적 요인에 대한 관심과 심리치료적 접근에 대한 한계로 인해 인간과 환경 사이의 적응적 관계를 중심으로 한 생태적 개념의 패러다임이 구성되었다. 인간의 복합적인 문제에 대한 인식의 틀을 넓혀 주었으나 기존의 사회질서 속에서 갈등적인 사회관계를 간과하는 한계를 보였다. 1980년대 이후에는 정치적·사회적 권리를 강조하는 소비자 중심의 패러다임이 등장하여 영향력을 높이고 있다(Sheafor et al., 2005: 18).

둘째, 관점/시각(perspective)이다. 이는 인간행동과 사회구조를 바라보는 개념적 준거틀(conceptual framework)로서, 관심영역과 가치, 대상들을 규정하는 사고체계라고 할 수 있다. 관점은 개입전략 선택을 안내할 수 있는 것으로 카메라 렌즈처럼 배경이 되는 현상과 특정 현상을 확대하거나 그에 초점을 둔다. 사회복지실천의 관점은 사회복지의 다양한 이데올로기적인 스펙트럼을 반영하면서 보수주의적 관점으로부터 급진적 관점까지 다양하게 구성된다. 여기에는 일반체계적 관점, 생태체계적 관점, 여성주의적 관점, 강점 관점 등이 있다. 실천 관점은 다양한 실천이론과 모델이 관련되어 활용된다.

셋째, 이론(theory)이다. 이것은 특정행동을 설명하기 위한 가설이나 개념, 의미의 집합체이다. 한마디로, 이론은 특정 유형의 변화를 초래하는 개입을 위한 폭넓은 지침을 제공한다. 현실을 구조화하고 객관화하는 과정 속에서 추상적 수준의 관점은 한 단계 구체적인 이론이 된다. 즉, 상위 수준의 관점에서 다루는 내용을 조작화하고 경험적으로 검증하는 작업을 거쳐 지식의 주관성은 줄고 동시에 부여된 의미에 대한 사회적 의미와 보편성은 커지게 된다. 사회복지실천이론은 정신역동이론에서부터 인지행동이론, 학습이론, 의사소통이론, 실존이론, 게슈탈트이론 등에 이르기까지 다양하다(김혜란 외, 2005: 19).

넷째, 모델(model)이다. 모델은 일관된 실천활동의 원칙과 방법을 구조화시킨 것으로서, 실천과정에 직접적으로 필요한 기술적 적용방법을 제시한다. 이것은 이론과는 달리 행동에 관한 특정 설명에 얽매이지 않는다. 예를 들면, 위기개입이나 과제중심접근은 이론이라기보다는 모델로 간주되는데, 이들 모델은 인간행동에 관한 특정 이론에만 얽매이지 않고 경험이나 실험에서 개발되기 때문이다. 또한 모델이란 용어는 한 분야에서 빌려 온 개념적 준거틀을 다른 분야에 적용하는 것을 언급할 때에도 사용된다. 예를 들어, 정신건강 현장에서 알코올중독자 치료 및 개입을 위해 활용하는 12단계 모델(12-step model) 등이 여기에 해당된다.

다섯째, 실천지혜/직관이다. 일반 사회과학에 비해 실천분야의 지식은 실제의 실천현장에서 발생하는 구체적인 문제와 관련된 것이 대부분이다. 실천지혜(practice wisdom) 또는 직관(intuition)은 실천현장에서 귀납적으로 만들어진 지식의 종류이다. 이것은 개인의 가치체계와 경험으로부터 얻어지는 것으로, 의식적으로 표현하거나 구체적으로 명시할 수 없는 지식임에도 대부분 실제의 실천 상황에서 발생하는 구체적인 문제와 관련된 것이기에 사회복지사의 사고와 행동에 절대적인 영향을 미친다(김혜란 외, 2005: 23).

2) 실천지식의 종류

실천지식을 학문적 배경에 따라 인접분야로부터 가져온 지식과 사회복지실천분야에서 사회복지사의 경험과 연구로부터 비롯된 지식으로 나누기도 한다. 여기서는 사회복지실천에 관한 관점이나 이론적 이해를 돕는 기초적인 지식과 사회복지실천과정에 직접적으로 도움이 되는 전문적인 실천지식으로 나누어 살펴보고자 한다.

(1) 기초지식

사회복지는 개인과 개인을 둘러싼 다양한 환경체계, 그리고 그와 관련된 다양한 사회문제를 다룬다. 이러한 사회문제에 대한 폭넓은 시각과 관점을 가지려고 사회복지실천에서는 그만큼 다양하고 넓은 지식기반을 필요로 한다. 사회복지실천에서는 대부분의 사회과학 및 인접학문의 지식이 포함된다. 미국사회복지교육협의회(Council on social work education, 1992)는 사회복지실천의 맥락과 대상자를 이해하는 데 도움이 되는 교과내용에 사회, 문화, 과학, 역사, 예술, 철학 등의 기초교양과목을 폭넓게 포함시키고 있다. 특히, 사회의 소외계층이 겪는 문제가 발생하는 사회적 맥락과 바람직한 사회변화에 관한 다양한 관점과 시각을 기르기 위해서는 심리학을 비롯하여 사회학, 정치학, 경제학, 인류학 등 기초사회과학으로부터 얻어지는 지식이 포괄적으로 요구된다.

사회복지 지식의 기초는 절충적이고 다학문학적인 특성이 있으며, 인간과 사회에 대한 광범위한 시각과 많은 정보를 제공한다. 그러나 다른 학문의 지식을 활용할 때에는 그 지식이 이미 최신의 지식이 아니라는 점을 고려해야 한다. 또한 그 지식을 빌림으로써 지식이 단순화되거나 부적절하게 사용되는 문제점도 있을 수 있음을 알아야 한다.

(2) 전문지식

사회복지사에게 필요한 전문지식은 서비스 이용자에 관한 이해로부터 실천과정, 사회정책에 이르기까지 다양하다. 이러한 전문지식에 대해 구체적으로 살펴보면 다음과 같다(Hepworth et al., 2006; 김혜란 외, 2005).

① 인간행동과 발달에 관한 지식

개인이 생활하는 사회체계(가족, 집단, 조직, 지역사회) 영역에 대한 인간의 생리·심리·사회적 발달에 대한 지식은 사회복지사로서 효과적으로 업무를 수행하기 위해 필요하다. 인간의 발달 단계에 따라 강조되는 과업을 이해하고 각각의 발달시기에 관련된 욕구와 자원에 대해 알아야 한다.

② 인간관계와 상호작용에 관한 지식

개인, 가족, 집단, 지역사회 내 조직이나 기관들 간의 관계와 상호작용을 촉진시키며 효과적인 의사소통에 필요한 지식이다.

③ 사회복지정책과 서비스에 대한 지식

도움을 필요로 하는 이용자에게 서비스를 제공하는 전문가와 기관을 포함하여 전달체계에 관한 지식이 필요하다. 또한 사회정책이 변화해 온 역사적 맥락과 개인의 기능에 대한 사회정책의 영향력 및 사회정책을 발전시키기 위한 사회복지사의 역할 등에 관한 지식이 필요하다.

④ 사회복지실천방법에 대한 지식

- 미시 수준의 실천: 이 수준에서 사회복지사가 서비스를 제공하는 대상 집단은 개인, 부부, 가족들을 포함하는 다양한 이용자 체계를 포함한다. 이 수준에서 사회복지사는 이용자와 일대일로 접촉하면서 직접서비스를 전달하는 실천이다.
- 중범위 수준의 실천: 가족생활보다는 덜 밀접하게 관련된 대인관계, 자조 집단이나 치료 집단의 구성원 관계를 포함한 학교나 직장, 이웃에서의 동료 간의 관계로 정의된다. 중범위 수준의 상황은 개인과 그 개인에게 가장 가깝고 중요한 사람들의 만남이 이루어지는 접점이다. 중범위 수준에서 개입을 향상하는 것은 이용자에게 직접적 영향을 미치는 가족, 또래집단, 학급과 같은 체계를 변화시키는 것이다.
- 거시 수준의 실천: 서비스를 직접 전달하는 것과는 거리가 먼 것으로 거시적 실천은 사회계획과 지역사회조직 과정을 포함한다. 이 수준에서 사회복지사는 사회문제를 다루기 위해 개인, 집단, 조직으로 구성된 지역사회 행동체계를 원조하는 전문적인 변화매개자로서 역할을 한다. ㉠ 지역사회 집단과 조직을 개발시키고 그들과 함께 일하기 ㉡ 프로그램 계획과 개발 ㉢ 프로그램의 수행과 관리, 그리고 평가 등의 활동을 포함한다.

⑤ 사회복지사 자신에 대한 지식

이용자 체계와의 실천에 영향을 미치는 전문직으로서 사회복지사 자신의 감정이나 가치, 태도, 행동 등을 이해해야 한다. 즉, 자신이 지닌 성격상의 강점과 약점을 객관적으로 파악하려는 노력을 해야 한다. 또한, 사회복지사의 윤리적 태도와 자기성찰에 대한 지식을 가져야 한다.

⑥ 조사 및 연구에 관한 지식

사회복지실천을 위한 지식의 형성과 실천현장에서의 서비스 전달을 평가하기 위해 과학적·분석적으로 접근하는 데 이해와 설명을 제공한다. 사회복지사는 조사연구에서 얻은 정보를 실천에 활용할 수 있어야 하는데 이를 위해서는 조사설계 지식과 경험적 자료에 기반을 둔 검증되지 않은 다른 결론을 구별하는 능력이 필요하다.

2. 사회복지실천기술과 지식, 가치의 관계

사회복지실천의 본질적인 3대 요소는 사회복지 전문직의 가치, 전문직 활동에 필요한 지식, 그리고 이러한 가치와 지식을 실천에 옮기는 과정에서 필요한 기술이다. 이것은 아래의 [그림 1-2]와 같이 묘사된다.

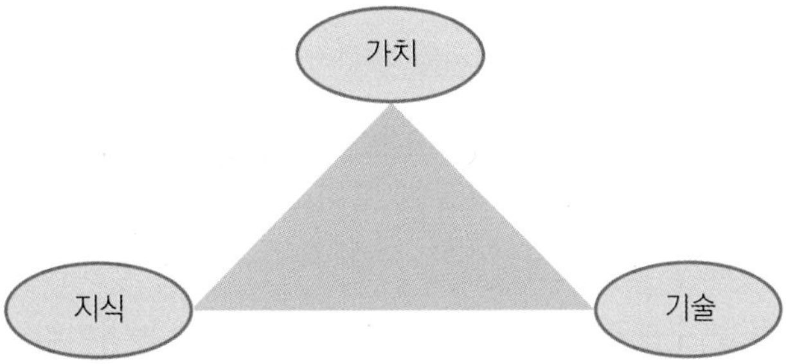

[그림 1-2] **사회복지실천의 본질적 3대 요소**

이처럼 사회복지실천기술은 지식과 가치와의 관계에서 떼어내어 분리할 수 없는 개념으로서, 사회복지실천기술은 다음과 같은 의미를 지닌다.

먼저 사회복지실천은 사회복지에 대한 전문지식, 가치, 기술의 통합체이다. 사회복지실천기술은 사회복지실천지식, 가치를 토대로 통합적으로 수행되는 행위이다. 이론과 가치에 근거하여 이루어질 수 있는 구체적인 실천활동이라 할 수 있다. 특히 사회복지실천의 가치에 근거하지 않는다면 사회복지실천의 전문성이 확보되기 어려울 것이다. 지식과 기술, 가치와의 관계에 대해 김융일 외(1995)는 "인간에 대한 서비스를 제공하는 사회복지사는 다양한 종류의 지식과 기술, 기법과 전략들을 자유자재로 이용할 수 있어야 하고, 지식과 기술을 적용할 때에 가치는 실천의 어느 단계에서도 분리할 수 없다. 가치가 없다면 사회복지사는 가치지향적인 휴먼서비스 전문가(human service professional)라기보다는 기술자(technician)가 될 수도 있다"라고 설명한 바 있다. 밤에 잠을 잘 자지 못하는 아이에 대해 상담 및 의료현장에서 여러 가지 전문상담기법을 적용해 보았지만 해결하지 못하고 지쳐있는 아이에게 사회복지사가 아이 스스로의 해결책을 질문('네가 생각하기에 잠을 잘 잘 수 있으려면 어떻게 하면 좋겠니?")하고, 아이가 답하는 그대로("침대에 인형을 많이 놓고 자면 잠이 잘 올 것 같아요.") 시행해 보도록 함으로써 잠을 잘 잘 수 있게 되었다는 사례에서, 전문 상담 기법을 적용하는 것도 중요하지만 이용자 스스로 해결책을 찾도록 하는 가치(인간존엄의 가치, 자기결정의 가치)에 기반해야 한다는 점을 배울 수 있다.

또한 사회복지실천기술은 지식과 가치를 실천하는 것과 관련된다. 사회복지실천기술은 "관심과 욕구에 맞춰 지식과 가치를 행동으로 전환하는 사회복지실천의 구성요소"이며 "특정의 목표나 활동을 향한 복잡한 행위체계"이다(Johnson, 1995; Cournoyer, 1996 재인용). 사회복지사가 실천기술을 활용한다는 것은 추상적인 의미의 사회복지 가치와 지식들을 구체적 실천과정 안에서 드러내는 능력이라고 볼 수 있으며(Bartlett, 1958; 유영준, 2009 재인용), 사회복지사의 창의력이 충분히 발휘될 때 빛을 발하게 된다. 사회복지 가치와 지식은 사회복지사의 실천기술을 통해 실제에 구현된다. 이러한 점에서 커노이어(Cournoyer, 2006)는 "사회복지실천기술은 다음 네 가지 특성을 가진 일련의 인지적이고 행동적인 행위들을 말한다"고 규정한다. 곧 ① 사회복지실천의 지식, 가치, 윤리, 의무로부터 나와야 하고 ② 사회복지사에게 필요한 핵심적 자질(감정이입, 존중, 진실성)과 일치해야 하며 ③ 전문적 통합성(정직성, 전문적 지식, 윤리적 의사결정, 평생학습, 비판적 사고, 자기이해, 타인에 대한 수용 등)의 특징을 반영해야 하며 ④ 실천의 단계나 과정의 맥락을 고려할 때 사회복지실천 목적과 일치하는 것이어야 한다고 설명했다. 그리고 유능한 전문적 실천을 하기 위해서는 개인적, 전문적 통합성이 요구되고, 사회복지사는 철저한 자기이해와 훈련 및 자기통제를 하며, 선의나 개인적 자질 및 열정 이상을 필요로 한다고 하였다.

사회복지실천기술은 사회복지실천에 대한 지식과 가치를 통합해 행동으로 바꾸는 실천의 구성요소이고, 다양한 특성을 가진 서비스 이용자에 대해 적절한 개입을 시도하는 사회복지사의 노력이며 능력이기 때문에 사회복지사는 끊임없이 자기에 대해 이해할 필요가 있고 자기성장이 요구된다. 즉 사회복지사는 원조과정에서 그 상황에서 최선의 조합이 이루어지도록 지식, 가치, 기술의 요소를 결합시키는 창의성을 발휘하여야 한다. 특히 개인의 예술성과 전문직의 과학성을 조화시키려는 노력은 사회복지의 교육과정에서뿐 아니라 사회복지사가 일생을 통해 변화 · 성장하면서 지속적으로 노력해야 할 중요한 과업이다.

3. 사회복지실천기술의 개념규정

1) 사회복지실천기술의 개념

사회복지실천기술(skill for social work practice)은 기본적으로 사회복지실천지식과 가치를 실제 행하는 것과 관련된다. 존슨과 양카(Johnson & Yanka, 2001)는 사회복지실천기술을 '관심과 욕구에 맞춰 지식과 가치를 행동으로 전환하는 사회복지실천의 구성요소로서 특정의 목표나 활동을 향한 복잡한 행위체계'라고 정의했다.

바커(Backer, 1991)는 '대화나 이용자의 문제, 욕구, 능력 등에 대한 사정, 자원개발과 사회구조를 변화시키는 데 있어서의 숙련성'이라고 정의하였고, 이영호(2008)는 '이용자 체계와의 관계에서 사회복지실천의 가치와 지식에 기초하여 이용자와 관련된 특별한 상황의 변화를 위하여 심리사회적 개입을 할 수 있는 사회복지사의 능력'이라고 정의했다.

이상의 개념들을 종합해 볼 때, 사회복지실천기술은 서비스 이용자의 욕구에 반응하여 그의 사회적 기능을 향상시키려는 목적으로 사회복지의 가치와 지식을 잘 조화시켜 이를 행동으로 옮기는 실천적 구성요소라 할 수 있다.

사회복지사는 사회복지실천기술의 적용에 있어 두 가지 측면을 중요하게 고려해야 한다(최해경, 2009). 첫째, 사회복지사는 다양한 가능성 가운데 지식과 가치에 기초하여 이용자의 특별한 상황에 적합한 최적의 기법을 선택해야 한다. 둘째, 사회복지사는 선택한 기법을 효과적으로 활용할 수 있는 능력이 있어야 하는데, 적절한 사정도구를 사용하여 이용자의 문제를 사정하고 효과적인 개입기술로 실천활동을 전개해 나가야 한다. 사회복지사와 서비스 이용자는 누가 관여해야 하는지, 어떤 자원이 제공될 수 있는지, 어떠한 접근이 이루어져야 하는지 등 개입과 관련된 결정을 하고 그에 따라 실행한다. 미국사회복지사협회(NASW, 2000)에서는 사회복지사가 갖추어야 할 필수적인 업무수행기술을 명시하고 있는데, 이를 좀 더 자세하게 설명하면 다음과 같다(이미선 외, 2008).

① 이해와 목적을 가지고 다른 사람을 경청하는 기술

서비스 이용자가 처한 문제 상황을 이해하기 위해서, 그리고 이를 해결하기 위해서 이용자 및 관련된 모든 사람의 말을 충분히, 적극적으로 들어주는 기술이다. 경청을 한다는 것은 상대방과 눈을 맞추며, 적절한 순간에 "네~ 그렇군요", "아! 그래요"라는 식으로 적극적인 반응을 보이며 듣는 것이다.

② 정보를 끌어내고 사회력(social history), 사정 및 보고서를 준비하기 위한 사실적인 정보를 모으는 기술

서비스 이용자의 문제를 해결하기 위해 이용자 개인 및 가족, 기타 관련된 정보들 중 추측이나 소문이 아닌 '사실'인 정보를 파악하는 기술이다. 정보를 수집하기 위해 필요한 경우 가정방문이나 주변인과의 만남을 통해 이용자를 입체적으로 평가하는 능력이다.

③ 전문적인 관계를 만들고 유지하며, 관계 안에서 자신을 활용하는 기술

사회복지사는 전문가로서 서비스 이용자와 관계를 맺으며, 그러한 관계 속에서 때때로 사회복지사 자신을 교사로서, 상담자로서, 혹은 옹호자로서, 치료자로서, 매개자로서 활용하는 기술이다. 사회복지사는 서비스 이용자의 문제를 해결하고 욕구를 충족시켜 주기 위해 자신을 도구로 적절히 활용할 줄 알아야 한다.

④ 언어적 · 비언어적 행동을 관찰하고 해석하며 성격이론과 진단적 방법에 관한 지식을 활용하는 기술

서비스 이용자가 사용하는 단어, 말투, 몸짓, 웃음, 표정 등을 주의 깊게 살펴보고 그것이 주는 의미가 무엇인지를 해석하는 것이다. 예를 들면 어머니와 사이가 나쁜 딸이 어머니라는 단어를 말할 때마다 입술을 씰룩거리는 것을 발견한다든지 혹은 가출 청소년이 학교에 관한 이야기만 나오면 갑자기 목소리가 작아진다는 것을 발견한다든지 등이다. 이를 해석하기 위해 '성격이론'과 '진단적 방법'에서 설명하는 이론들을 참고로 하여 서비스 이용자의 언어적 · 비언어적 행동에 대해 전문적으로 해석하는 기술이다.

⑤ 서비스 이용자가 자신의 문제를 해결하는 노력과 신뢰를 얻도록 하는 기술

서비스 이용자가 자신의 문제에 대해 자포자기하지 않고 해결을 위한 노력을 하

도록 용기를 주는 것이다. 즉 사회복지사가 도와주겠다고 지지를 해 주고, 함께 노력하여 문제를 해결했을 때 성취감을 느끼면서 이용자가 스스로에 대해 '나도 내 힘으로 문제를 해결할 수 있는 사람이다'라고 신뢰감을 갖게 하는 기술이다. 뿐만 아니라 이용자가 사회복지사에 대해서도 '나를 도와주기 위해 노력하는 사람이구나'라는 신뢰감을 갖게 만드는 기술이다.

⑥ 비위협적인 지지방식(태도)으로 민감한 정서적 주제들을 논의하는 기술

서비스 이용자의 문제 중에는 때로는 쉽게 다루기 곤란한 민감한 주제들이 있다. 예를 들어 동성연애자인 이용자와의 관계에서 사회복지사가 동성연애에 대해 매우 비판적이며 죄악시하는 태도를 취한다면 이용자와 문제를 논의하기는 어렵다. 편안하고 부드러운 말투와 표정으로 지지적인 태도를 취하여 이용자로 하여금 사회복지사가 자신을 이해하고 있다는 느낌을 갖도록 하여 이용자와의 문제를 충분히 논의할 수 있게 하는 것이다.

⑦ 치료적 관계의 종결과 어떻게 종결한 것인가를 경청하는 기술

치료적 관계를 맺다 보면 서비스 이용자가 사회복지사에게 지나치게 의존하기 쉽다. 따라서 사회복지사는 서비스 이용자에게 '우리의 만남이 앞으로 몇 번 남았다'라는 식으로 예정된 종결의 시간을 미리 준비시킬 수 있다. 또한 종결을 의미하는 일종의 의식 행위를 통해(예: 간단한 다과를 나누거나 집단활동의 경우 작은 파티를 하는 등) 이용자로 하여금 종결을 받아들이게 할 수 있다.

⑧ 조사연구의 결과와 전문적 문헌을 해석하는 기술

서비스 이용자의 문제해결과 관련된 조사연구들의 결과나 전문 서적 및 보고서 등을 읽고 이해하는 능력을 말한다. 이것은 사회복지사의 지적인 능력과 관련된 것으로서, 사회복지사는 자신의 전문 분야에 관한 충분한 지식을 갖추어야 한다.

⑨ 갈등 부분을 화해시키거나 협상하는 기술

서비스 이용자와 사회복지사 간의, 혹은 서비스 이용자와 주위 관련자들 간의 갈등이 있는 경우 화해시키고 해결방안을 함께 모색하는 능력이다.

⑩ 조직 간의 연락서비스를 제공하는 기술

서비스 이용자의 문제해결과 관련하여 다른 조직과 연결해야 할 필요가 있는 경우 적절한 조직과 연결시켜 주는 능력이다.

⑪ 후원자, 시민, 또는 법률가들에게 사회적 욕구를 해석하고 전달하는 기술

기관의 후원자, 지역사회의 일반 시민들 그리고 정책 및 법과 관련된 사람들에게 서비스 이용자와 관련하여 혹은 지역사회에 필요한 사항들을 이해시키고 전달하는 능력을 말한다.

서비스 이용자들은 자신에게 다가온 어려움이나 도전을 해결하기 위하여 사회복지사를 찾게 된다. 따라서 사회복지사들은 그들에게 정서적이고 실질적인 도움을 주기 위하여 다양한 훈련과 가능한 많은 실천 경험을 쌓아야 한다. 어떤 사회복지사는 석·박사를 획득하여 보다 전문성을 살려 일하기도 한다. 여러분의 미래 계획이 어떻든 간에 여러분의 최대 목적은 도움이 필요한 이에게 여러분이 가진 인간에 대한 존중과 신뢰를 가지고 비심판적이고 친절하게 도움을 주는 것이다. 사회복지사들은 '마음으로부터의 언어'를 말하는 기술을 가져야 한다(Borkman, 1990; 이윤로, 2005 재인용).

2) 사회복지실천기술의 유형

사회복지사는 공공기관, 사회복지관, 사회복지시설 등 전통적인 사회복지실천현장 외에도 병원, 상담기관, 정신건강복지센터, 학교, 군대, 가정 및 다문화가족지원

센터 등 그 실천영역이 점차 확대되면서 다양한 실천현장에서 활동하고 있다. 그러므로 사회복지실천과 관련된 다양한 대상과 영역에서, 그리고 새로운 사회적 쟁점과 해결을 위한 개입방법의 모색과 사회복지실천과정에서 실천기술에 대한 조망을 가져야 한다. 이는 특정 상황에 적절한 기술을 선택하고 활용하는 능력을 바탕으로 사회복지실천의 목적달성을 위해서는 각기 다른 상황에 적용되는 다양한 기술이 필요하기 때문이다.

사회복지실천기술에서 공통 기술은 정보 획득과 계획수립기술, 의사소통기술, 문제상황 분석기술, 계약기술, 과정점검 및 평가기술, 다양한 역할수행기술 등의 기술이 필요하다고 본다. 사회복지실천기술의 유형은 다음과 같다.

(1) 미국사회복지교육협의회에서 제시한 사회복지실천기술의 유형

미국사회복지교육협의회(CSME)의 「교육과정 정책설명서」에는 사회복지실천기술을 크게 두 유형으로 나누었다.

① 인지적 기술: 상황 속의 사람을 생각하고, 사람과 상황에 관한 이해를 개발하고, 활용해야 할 지식을 명백히 하고, 중재를 위한 계획을 수립하고, 평가를 수행하는 데 사용되는 기술이다.

② 상호작용기술 또는 관계적 기술: 개인, 가족, 집단 및 지역사회와 함께 일하는 데 있어서 이해를 전달하고 개발하는 데 함께 계획을 수립하고, 행동계획을 평가하기 위해서 사용되는 기술이다.

(2) 서비스 이용자 체계의 수준에 따른 사회복지실천기술의 유형

사회복지실천기술은 사회복지사가 관여하는 서비스 이용자 체계의 수준에 따라 다양하다. 그 수준은 미시(micro), 중범위(mezzo), 거시(macro) 등으로 구분되는데, 효과적 실천을 위해서는 세 가지 영역을 포괄하는 총체적 지식과 기술이 필요하다.

① **미시적 차원의 기술**: 미시 수준의 실천은 개인, 부부, 가족을 포함하는 다양한 서비스 이용자 체계를 대상으로 하며 사회복지사는 이용자와 일대일로 접촉하면서 직접 서비스를 전달한다. 미시적 차원의 기술에는 대인관계기술, 면접기술 등이 해당된다.

② **중범위적 차원의 기술**: 중범위 수준의 실천은 가족생활보다는 덜 밀접하게 관련된 대인관계, 조직과 기관의 대표 사이보다는 더 의미있는 관계, 자조 집단이나 치료 집단의 구성원 관계를 포함한 학교나 직장, 이웃에서의 동료 간의 관계에 개입한다. 중범위 수준에서의 개입은 서비스 이용자에게 직접적 영향을 미치는 가족, 또래집단, 학급과 같은 체계를 변화시키는 것이다. 중범위 차원의 기술은 집단역동성을 활용하는 기술, 미시 수준의 관계형성기술 및 의사소통기술을 집단에 적용하는 기술 등이 해당된다.

③ **거시적 차원의 기술**: 거시 수준의 실천은 서비스를 직접 전달하는 것과 거리가 먼 것으로, 거시적 실천은 사회계획과 지역사회조직과정을 포함하며, 사회복지사는 사회문제를 다루기 위해 개인, 집단, 조직으로 구성된 지역사회행동체계를 원조하는 전문적 변화매개자로서 역할을 한다. 거시적 차원의 기술에는 주민조직기술, 지역사회지도자 및 정책결정자에게 접근하는 기술, 자금동원기술, 행동주도기술, 해결협상기술, 서비스 이용자 옹호기술, 대변기술 등이 해당된다(이영실 외, 2010: 15-16).

SECTION 02 사회복지사의 전문직 정체성

사회복지사의 전문성에 대한 논의가 진행되기 위해서는 가장 먼저 사회복지사가 누구인지에 대한 고민에서부터 출발하여야 한다. 사회복지실천에서 사회복지사는 '자기 자신'을 무엇보다도 중요한 도구로 활용한다. 사회복지사는 원조과정에서 바람직한 변화를 가능케 하는 가장 중요한 변화매개체이다. 그래서 사회복지사는 '내 자신이 도구가 되어 다른 사람과 세상을 변화시키는 사람'이라고 할 수 있다. 이렇게 사회복지사가 누구이며 무엇을 하는 사람인지를 분명하게 정립이 되어야만 사회복지사가 갖추어야 할 자기인식, 특징, 역할 등이 차례로 정리될 수 있다.

1. 사회복지사의 자기인식

자기인식(self-awareness)은 내가 누구이며 왜 내가 독특한 사람인지를 알 수 있게 해준다. 자기인식은 자신의 신념, 태도, 개인적 행동 습관, 대인관계의 상호작용 유형 등을 면밀하게 인식하는 것이다. 이는 자기성찰적인 자세로 지속적으로 자기를 이해하려고 하고 자기를 탐구하려는 행동이 있을 때 가능하다.

사회복지사의 자기인식의 목적은 서비스 이용자와 함께 활동하는 것에 방해가 될 수 있는 것을 확인하고 효과적인 실천을 하기 위한 것이다. 다시 말해 자신의 개인적 강점, 문제와 취약한 영역, 욕구, 감정, 생각, 행동에 대한 자기인식을 발전시켜야만 비로소 서비스 이용자에 대해 객관성을 가지고 반응할 수 있다.

존슨과 양카(Johnson & Yanka, 2001)는 사회복지사의 자기인식 증진을 목적으로

① 나의 생활스타일과 인생철학에 대한 이해 ② 나의 도덕관념과 개인적 가치관 이해 ③ 나의 가족배경 및 문화배경 이해 ④ 나의 인생 경험에 대한 이해 ⑤ 개인적 욕구에 대한 이해의 다섯 가지 사항을 스스로 점검해 보도록 권하고 있다.

1) 나의 생활스타일과 인생철학에 대한 이해

사회복지사 자신의 생활스타일과 인생철학을 이해하기 위해서 성격, 결혼 및 가족, 일, 금전 등 기본적인 생활양식에 대한 자신의 신념체계가 어떠한지를 살펴볼 필요가 있다. 생활스타일은 자신의 욕구를 충족하기 위한 방식, 다른 사람과 상호작용하는 방식, 일하고 즐기며 휴식을 취하는 방식 등을 말한다. 인간은 유전적 요인과 환경적 차이, 살아온 인생 경험에 의해 서로 다르다. 예컨대 어떤 사람들은 다정하고 공감능력이 많고, 또 다른 사람들은 논리적이고 냉철할 수 있다.

또한 성별, 사회경제적 상황, 신체적 · 정신적 장애의 유무, 문화 및 종교적 신념, 학습능력의 차이가 있다. 이러한 모든 차이점은 생활스타일에 영향을 미친다. 생활스타일은 있는 그대로 이해하는 것도 중요하지만, 특정한 생활스타일을 선호하는 이유를 파악하는 것이 필요하다.

생활스타일은 인생철학에 의해 영향을 받기 때문에 이 둘은 연관성이 깊다. 인생철학은 인생의 목적과 어떻게 살아야 하는지, 타인이나 사회를 어떻게 생각하고 있는지 등에 대한 것이다. 인생철학은 가족, 문화, 종교적 믿음 등에 의해 크게 영향을 받고, 인생 초기에 형성된 믿음이 어느 정도 유지되기도 하고, 성장하고 새로운 경험을 쌓아가면서 변화될 수도 있다.

인생철학을 알아보기 위한 질문

- 인간 속성에 대한 나의 관점은 어떠한가? 구체적 · 선천적으로 인간은 선하거나 혹은 악하다고 생각하는가?
- 남성과 여성의 관계는 어떠해야 한다고 믿는가?
- 개인의 삶에 있어 직업, 가족, 여가는 각각 어느 정도 비중을 차지하는가?
- 타인의 행복과 복지를 위해 개인이 갖는 책임은 어떤 것인가?
- 인간은 초월적 존재나 신과 어떤 관계 속에 있다고 생각하는가?
- 인간과 대자연과의 관계는 어떠해야 한다고 생각하는가?

2) 나의 도덕관념과 개인적 가치관 이해

도덕관념과 가치관은 인생철학과 밀접하게 연결되어 있다. 도덕관념은 행위의 옳고 그름에 대한 판단기준이다. 가치관은 무엇을 원하고 선호하는지에 관한 것으로 가치가 있다고 여기는 사물이나 행동에 순위를 매김으로써 가치체계가 형성된다.

클럭혼과 스트로드베크(Kluckholn & Strodtbeck)는 가치체계를 형성하는 다섯 가지 차원을 분류하였다. 즉, 인간 본성, 인간과 자연의 관계, 시간에 대한 태도, 활동, 관계성이다.

'인간 본성'에 대한 관점은 앞에서도 살펴본 바와 같이 선천적으로 '선한 것인가', '악한 것인가' 등에 대한 각 개인의 믿음이다. '인간과 자연의 관계'는 인간은 자연에의 순종, 아니면 자연을 정복 혹은 인간과 자연이 조화를 이루는 것 중에서 무엇을 선호하느냐에 대한 것이다. '시간에 대한 태도'는 과거 또는 현재나 미래 중 어디에 비중을 두느냐이다. '활동'에 대해서는 삶의 과정에 초점을 두는지, 아니면 행위 그 자체에 초점을 두는지에 관한 것이다. 결과에 연연하지 않고 삶의 모습 그 자체에 가치를 두는 사람들이 있는가 하면, 성과가 두드러지게 보이는 결과를 중요시하는 이들도 있다. 사람이 세상을 지각하는 또 하나의 차원은 '관계성'으로 이것은 서로 다른 사건이나 상황을 어떻게 연관을 맺는지에 관한 인식을 말한다. 원인과 결과의 상호 순환적 관계를 인식하는 사람들이 있는가 하면, 어떤 사람들은 인과관계를 단선적으로 보기 때문에 다른 상황이나 과거 또는 현재와의 복합적인 관계를 고려하지 않는다. 이는 서로 다른 가치관에서 비롯된 것이다.

3) 나의 가족배경 및 문화배경 이해

자신의 가족 및 문화적 배경을 이해하기 위해서는 부모 및 조부모의 고향, 부모의 양육방식, 부모의 생활스타일 등에 대해 아는 것이 필요하다. 자신의 생활스타일, 인생철학, 도덕관념, 가치관을 생각해 보면 가족 및 문화적 배경이 얼마나 중요한지를 쉽게 알 수 있다. 가족은 개인의 심리적 · 사회적 · 행동적 특성에 매우 큰 영향을 미친다.

이와 같은 가족의 영향을 살펴보기 위해 유용한 방법으로 가계도를 활용하거나, 가족 구성원과 함께 중요한 가족사에 대한 이야기 나누기 등을 들 수 있다.

(1) 가계도(Genogram) 활용법

가계도를 그려보는 것은 사회복지사 자신의 가족을 이해하는 데 유용한 도구이다. 가계도를 살펴봄으로써 자신이 가족 내에서 차지하고 있는 위치뿐 아니라 자신이 어떻게 가족의 영향을 받았는지 알 수 있게 된다.

(2) 가족사(Family History) 대화 나누기

가족사에 대해 가족 구성원들과 함께 이야기해 보는 것은 가족과 그 기능에 대해 충분한 이해를 얻기 위한 효과적인 방법이다. 때로는 과거의 상처를 끄집어내어 고통스러울 수도 있지만, 고통을 인식하고 해결하는 것은 다른 사람의 고통에 더욱 민감하고 좀 더 능숙하게 다른 사람을 도울 수 있는 사회복지사로 성장시킨다.

4) 나의 인생경험에 대한 이해

가족 내에서의 경험뿐 아니라 교육경험, 습득한 지식, 배움에 대한 태도 등을 비롯한 다양한 경험들이 중요하다. 동료나 지역사회 주민, 이웃, 연령, 인종, 민족적 배경이 다른 사람, 신체적 · 정신적 장애가 있는 사람 등과 만났던 경험들이 여기에 속한다. 또한 집단이나 종교활동에 참여함으로써 얻었던 경험, 질병, 장애, 가난 또는 부유함으로 인해 얻은 경험 역시 중요하다.

개인적으로 큰 영향을 미쳤던 과거 경험을 찾아내는 것은 자신에 대한 지식을 확장시키는 중요한 방법이다. 이러한 경험이 다른 경험과 어떻게 관련되어 있고, 각 경험이 나의 생각, 감정, 행동에 어떻게 영향을 미쳤는지 평가하는 것이 도움이 된다. 또한 하나의 경험이 어떻게 과거 경험으로부터 유래되었는지 고려해 보는 것도 중요하다.

5) 개인적 욕구에 대한 이해

나의 기본적 욕구, 성장욕구, 소속욕구, 다양성 인정욕구 등에 대해 이해하는 것이다.

먼저 개인의 욕구를 이해하기 위해서는 첫째, 인간 공통의 욕구가 어떻게 충족되고, 또 충족시키는 방식이 적절한 것인지를 살펴볼 필요가 있다. 인간의 공통 욕구는 의 · 식 · 주, 보살핌, 안전, 소속감, 성장과 배움의 기회 등에 대한 것이다. 둘째, 현재의 발달 단계에 대해 알아보는 것이 필요하다. 개인의 심리사회적 욕구 충족은 발달과제를 완수하기 위한 활동들과 밀접한 관련이 있다. 셋째, 서로 다른 라이프

스타일에서 비롯된 욕구를 이해해야 하고, 이에 따르는 스트레스를 이해해야 한다. 마지막으로 개인적 욕구 리스트를 작성해 보는 것은 자신에 대한 지식을 깊게 하는 또 다른 방법이다.

개인의 욕구를 이해하게 되면 행동, 감정, 다양한 삶의 경험에 대한 반응을 자연스럽게 이해할 수 있다. 이는 자신의 심리사회적 측면뿐 아니라 생물학적·영적 측면까지도 이해할 수 있도록 해준다.

사회복지사의 자기인식을 돕기 위한 질문

1. 나는 나 자신에 대해 어떻게 생각하고 느끼고 있는가? 나는 정말 사회복지사로서 일할 수 있는 사람인가?
2. 나는 나 자신의 기본적인 욕구(신체적, 정신적, 사회적, 영적, 지적 욕구)를 어떻게 다루고 있는가? 나는 내 속에서 꿈틀거리는 다양한 욕구들을 어떻게 해결하고 있는가?
3. 나의 가치관은 어떤 것이 있으며, 이것이 나의 행동 및 타인과의 관계를 어떻게 규정하고 있는가?
4. 나는 내가 살고 있는 사회와 직장과 어떻게 관계하고 있는가?
5. 나의 생활양식은 어떠한가?
6. 나의 기본적인 인생관은 무엇인가?
7. 나는 내가 상대하는 사람에게 나 자신을 어떻게 보여주고 있는가?

출처: Brill(1997)

2. 효과적인 사회복지사의 특징

사회복지사가 적극적으로 가져야 할 많은 특징이 있다. 이것은 경험적 또는 이론적으로 사회복지사가 성공적인 원조관계를 갖는 데 유용한 자질이다. 효과적인 사회복지사의 여덟 가지 특징은 ① 감정이입하기 ② 개방하기 ③ 진실하기 ④ 높은 수준의 내면성 갖기 ⑤ 삶의 경험자 되기 ⑥ 정서적으로 건강하기 ⑦ 협력관계를 잘 맺는 사람 되기 ⑧ 유능해지기이다(Neukrug, 2002; 손광훈, 2009).

1) 감정이입하기

감정에 이입하는 사람은 타인의 관점을 잘 이해한다. 로저스(Rogers, 1957)는 감정이입하는 사람은 '마치 ~인 것처럼(as if)이라는 느낌(feeling)없이 자기 자신의 일처럼 서비스 이용자의 개인적 세계를 공감할 수 있다고 하였다. 원조관계에서 감정이입은 라포(rapport)를 형성하고 정보를 알아내며, 이용자가 용인됨을 느끼도록 도와주는 기술이다(Carkhuff, 2000; Egan, 2001).

공감을 잘하는 사람은 ① 상황을 기술하는 사람보다 훨씬 더 적게 말하고 ② 질문을 적게 하고 ③ 거의 충고하지 않고, 말하는 사람을 판단하지 않고 ④ 타인의 상황을 분석하거나 해석하지 않고 ⑤ 타인의 말을 중단하지 않고 말하는 사람 스스로 말을 끝내도록 배려한다.

2) 개방하기

타인에게 개방적인 사람은 타인을 수용하고 타인이 자신의 관점을 표현할 수 있도록 해준다. 이런 사람은 타인의 관점을 자신의 관점으로 바꾸려 하지 않는다. 즉, 그들이 자신의 가치와 신념을 표현하는 것에 대해 경청하고 이해해 준다. 타인에게 개방적인 사람은 비교적 편견으로부터 자유롭고 다른 문화적 유산, 가치, 신념체계에 관계없이 사람의 차이점을 수용할 수 있다. 타인에게 개방적인 사람은 좋은 경청자가 될 수 있는 반면, 개방성의 부족은 효과적으로 경청하는 것을 방해한다.

원조관계에서 타인의 경험에 개방적인 사람은 도움이 필요한 사람을 무조건적으로 수용할 수 있다. 로저스(Rogers, 1957)는 이를 무조건적 · 긍정적 인정이라고 하였다.

3) 진실하기

사람은 일반적으로 상대방이 진실할 때 무엇인가를 말할 수 있다. 진실한 사람은 자신의 감정을 잘 알고 적당한 때, 자신의 생각과 행동을 통해 감정을 표출한다. 반면 거짓된 사람은 감정을 표현하지 않고, 그들이 느끼는 것을 말이나 행동으로 드러내지 않는다.

로저스는 진실성이 원조관계와 모든 삶의 관계에서 매우 중요한 요소라고 생각했다. 진실한 사람은 솔직하고 상대방에게 기꺼이 자신의 감정을 나타낸다(Greenberg, 1994; Jourard, 1971; Rogers, 1957). 서비스 이용자와의 관계에서 자신을 나타내지 못하는 사회복지사는 자신이 만든 장벽에 이용자가 어떻게 반응한지를 논해야 한다.

펙(Peck, 1998)은 서비스 이용자를 위해 진실의 중요성에 관해 이야기했는데, '작은 선의의 거짓말'이 눈덩이가 되고, 거짓된 삶의 방식이 되며, 마침내 악이 된다고 말했다. 심지어 그는 이러한 거짓된 삶의 방식이 자신의 삶을 지배할 수 있다고 생각했다. 대부분 사람은 거짓된 방식으로 사는 것이 건강하지 못하다고 생각한다. 진실한 사회복지사는 서비스 이용자가 진실성을 갖도록 도와주어야 한다.

4) 높은 수준의 내면성 갖기

높은 수준의 내면성을 소유한 사람은 자신 내면의 생각과 신념에 중점을 두고 타인에 의해 잘 설득당하지 않는다. 하지만 그들이 의사결정을 하는 데 있어서 타인의 견해를 고려할 수 있다. 건강한 사람은 3 : 1의 비율로 자기 내적 규제와 외적 규제를 가진다(Shostrum, 1974). 즉, 대부분 자신의 의사결정에 의지하고 이를 자랑스럽게 여기며 스스로에 대해 책임을 갖는 반면, 타인의 입장도 생각한다는 것을 의미한다.

전문가의 세계에서 내면성은 매우 중요하다. 사회복지사는 더 높은 수준의 내면성을 가질수록 좋다. 그리고 대부분의 서비스 이용자가 높은 수준의 책임성과 통제력을 가질수록 좋다. 그러나 내면성은 특별히 서양의 가치라는 것과, 서양 외의 다른 환경체계에서 서비스 이용자는 포함되지 않을 수도 있음을 명심할 필요가 있다(Pedersen, 2000; Sue, 1978; Yutrzenka, 1995). 예를 들어, 윗사람의 충고를 귀담아 듣는 가족 구성원은 내면적 통제력이 낮아질 수 있다.

5) 삶의 경험자 되기

삶을 경험하고자 하는 사람은 서두르지 말고 천천히 즐길 시간을 갖는 것이 권장된다. 삶을 경험하는 사람은 순간의 자신의 감정과 생각을 이해할 수 있다. 삶을 경험하고자 하는 사회복지사는 자신과 서비스 이용자의 관계를 서서히 열어가는 것이 중요하다는 것을 안다. 반면에 서두른다면 원조관계는 망가지고 말 것이다. 서비스 이용자와 함께 일할 때 변화가 매우 더디게 일어날 수 있지만, 이러한 순간에 서비스 이용자를 너무 다급하게 재촉하지 않는 것이 중요하다.

너무 급하게 서비스 이용자의 변화를 추구하면 원조관계가 중단되어 버릴 수도 있다.

6) 정서적으로 건강하기

사회복지사의 건강한 정서가 서비스 이용자의 긍정적 결과와 연관성이 있다(Lambert & Bergin, 1983). 정서적으로 건강하지 못한 사회복지사는 서비스 이용자를 돕는 데 어려움이 있다. 따라서 사회복지사 역시 삶의 문제로 번민하기 때문에 자신의 정서적 건강을 돌볼 수 있는 방법에 대해 생각해 봐야 한다.

한 연구에서는 사회복지사 자신이 개인상담을 받았을 경우 서비스 이용자의 결과에 긍정적인 영향을 미치는 것으로 나타났다(Greenberg & Staller, 1981). 사회복지사가 개인상담을 받는 것은 성장에 많은 도움이 된다. 상담의 유익한 점으로 첫째, 사회복지사 자신의 개인적 어려움을 해결함으로써 자신을 도울 수 있다. 둘째, 사회복지사는 가장 유익하게 생각되는 기술을 직접 경험해 볼 수 있다. 셋째, 상담받는 것은 사회복지사가 서비스 이용자의 위치에서 감정이입을 할 수 있도록 도와주고 이용자의 입장이 될 수 있도록 돕는다. 넷째, 개인상담은 자신에게 중요한 통찰력을 갖게 해 준다. 이러한 통찰력은 원조관계에 긍정적 효과를 미친다. 마지막으로 개인 상담 경험은 역전이(counter transference) 현상을 예방할 수 있다. 역전이는 어떤 상황에서 전문가가 지나치게 서비스 이용자와 동일시하고 과도하게 자신을 이용자 입장에 높고 사회복지사 자신에게 필요한 것을 서비스 이용자를 통해 충족시키려는 것(Corey, 2001)을 말한다. 사회복지사의 정서적 건강을 도모하기 위해서 개인상담을 받는 것말고도 명상, 운동, 일기쓰기 등이 도움이 된다.

7) 협력관계를 잘 맺는 사람 되기

서비스 이용자와 협력자가 되는 것은 정서적 유대관계를 개발하고 목적을 달성하고자 노력하는 이용자와 사회복지사의 능력과 밀접한 관계가 있다(Bordin, 1979). 사회복지사와 서비스 이용자가 협력해 나가야 하는 것을 깨닫지 못할지라도, 협력관계는 실천과정 전반에 걸쳐 필요하다(Gelso & Carter, 1994).

모든 사회복지사는 서비스 이용자와 강한 협력관계를 구축하기 위한 정서적 인내를 가져야 한다. 또한 사회복지사는 이론적 틀 안에서 서비스 이용자와의 유대관계를 어떻게 형성할 것인지를 알아야 한다. 그리고 이러한 유대관계가 서비스 이용자와 함께 하는 과정에서 얼마나 효과적으로 작용하는지 이해할 수 있어야 한다.

8) 유능해지기

진정으로 유능한 사회복지사는 지식을 추구하고, 전문가로서의 능력과 지식이 밀접한 관계가 있다는 것을 알고 있다. 유능한 사회복지사는 어떤 서비스 이용자에게는 어떤 기술이 더 효과적이라는 것을 알고 있으며, 어떤 사람에게 무엇이 가장 좋은지를 알고자 노력한다(Kanfer & Goldstein, 1991; Whiston & Coker, 2000).

유능한 사회복지사는 교육을 평생동안 지속해야 하는 과정이라고 생각하고, 사회복지사는 유능해야 할 윤리적이고 합법적인 책임이 있다고 믿는다(Corey et al., 1998). 사회복지사의 윤리적 기준(한국사회복지사 윤리강령)에서는 사회복지사가 지속적으로 지식을 탐구하는 것과 다양한 방법으로 능력을 구축해 가는 것이 중요하다고 제시하였다. 예를 들어, ① 사회복지사가 자신의 능력범위와 한계를 아는 것 ② 필요할 때 적절한 자문을 구하는 것 ③ 진행 중인 전문가의 발전활동에 참여하는 것 ④ 지속적으로 새롭고 더 나은 치료기법을 찾아보는 것 등이 있다.

3. 사회복지사의 역할

사회복지사의 역할이란 사회복지사가 중요하다고 여기는 전문적인 활동과 기대되는 행동을 말한다. 실천현장에서 활용하는 역할을 이해하는 것은 사회복지실천기술을 습득하는 단계에서 도움이 된다. 사회복지사는 심리치료사나 교사, 의사, 간호사 등의 여타 휴먼 서비스 전문가들과는 달리 미시체계에서부터 거시체계에 이르기까지 폭넓은 영역에서 종합적이며 연계적인 접근을 주로 한다. 그러면서도 필요시에는 한 분야에 대해 특화된 심도 있는 개입 실천을 한다. 따라서 다음에서 제시하는 사회복지사의 역할은 사회복지실천에서 매우 유용하게 활용될 수 있다(이준우 외, 2006; 신성자 외, 2007).

1) 기능에 따른 사회복지사의 역할 분류

사회복지사의 역할을 사회복지사가 수행하는 일과 담당하는 기능에 따라 다음과 같이 분류할 수 있다.

(1) 직접서비스 제공하기

사회복지사는 서비스 이용자와 직접 대면하여 서비스를 제공한다. 여기에는 개별상담 혹은 부부상담, 가족치료 등을 담당하는 상담가 및 가족치료사의 역할을 하는 사회복지사가 있다. 또한 지지 집단과 치료 집단 등을 운영하는 집단사회복지사가 있으며 정보제공자 및 교육사 역할을 하는 사회복지사가 있다.

(2) 체계와 연결하기

서비스 이용자는 종종 기존의 사회기관이 제공하지 못하는 자원을 필요로 하고, 유용한 자원에 대한 정보가 부족하거나 그것을 이용할 능력이 부족할 경우가 많다. 그래서 사회복지사는 사람들을 다른 자원과 연결시키는 역할을 수행한다.

① 중개자(Broker): 중개자는 서비스 이용자(개인, 소집단, 조직, 지역사회 등)와 지역사회의 자원이나 서비스를 연결하는 것을 돕는다. 중개자는 서비스 이용자가 긴급하게 식량이나 주거, 법률적 도움이나 다른 필요한 자원을 얻도록 도와주며, 지역사회의 다양한 부분들이 상호 이익을 증진하기 위해 교류하도록 돕는다. 사람들을 자원과 연결시키기 위해 사회복지사는 지역사회에 있는 자원에 대해 철저하게 파악하고 있어서 적절하게 의뢰할 수 있어야 한다.

② 사례관리자 혹은 조정자(Case manager or Coordinator): 사회복지사는 사례관리자 혹은 조정자로서, '조정 가능성을 파악하는 일에서부터, 기술적으로 지원을 하거나, 서비스를 연계하고 수행하기 위해 직접 개입하는 일까지 다양한

방법'으로 활동한다. 특히 서비스 이용자가 다른 체계에 의뢰될 때 능력, 기술, 지식 혹은 자원이 부족한 경우에 사회복지사는 사례관리자의 역할을 담당하게 된다. 또한 서비스 이용자의 욕구를 사정하고, 다른 자원에 의해 제공된 필수 재화와 서비스의 전달을 조정하고, 서비스 이용자가 시기적절하게 서비스와 재화를 제공받도록 보장한다.

③ 중재자(Mediator): 중재자는 미시 · 중시 · 거시체계 사이의 논쟁이나 갈등을 해결하는 역할을 담당한다. 견해가 다른 개인이나 집단 사이의 의사소통을 향상하고 타협하도록 돕는 중재자는 중립을 유지하며, 논쟁에서 어느 한쪽 편도 들지 않으며, 양측이 서로의 입장을 이해하고 있는가를 확인해야 한다.

④ 옹호자(Advocator): 옹호란 '사회정의를 지키고 유지하려는 목적으로 개인이나 집단, 지역사회의 입장에서 직접적으로 대변과 보호, 개입, 지지를 하며 일련의 행동을 제안하는 활동'을 포함한다. 옹호자의 역할은 서비스 이용자를 위하여 일을 진행하고 말하는 것으로 특히 서비스 이용자가 필요한 것을 얻을 힘이 거의 없을 때 수행할 수 있는 적절한 역할이다. 옹호는 많은 노력을 요구하며, 크고 강력한 체계에 맞서 있는 서비스 이용자를 옹호하기 위해 때때로 위험도 감수해야 한다.

(3) 체계유지 및 강화하기

사회복지기관의 직원으로서 사회복지사는 서비스를 전달할 때, 효율성을 떨어뜨리는 기관 내의 구조 · 정책 · 기능적 관계를 평가할 책임이 있다. 이를 위해서 사회복지사는 다음과 같은 역할을 구체적으로 수행한다.

① 조직 분석가(Organizational analyst): 사회복지기관의 구조 · 정책 · 절차 내에서 서비스 전달에 부정적인 영향을 미치는 요인을 정확하게 파악하는 역할이다. 어떻게 다양한 체계들이 기능하는가에 관한 폭넓은 지식, 가령 조직이론과

행정이론 등에 관한 지식은 조직 분석가의 역할을 수행하는 데에 크게 유용하다.

② 촉진자(Facilitator): 사회복지실천 서비스 전달을 방해하는 요인을 정확하게 파악한 후, 사회복지사는 서비스 전달체계를 개선하거나 강화하는 방법을 계획하고 실행할 책임이 있다. 이를 위해 사회복지기관 운영자나 행정담당 직원에게 관련된 정보를 제공하고 문제해결을 논의하는 회의를 열도록 주선하며, 필요시에는 실무자에게 협업하여 사회복지기관이 발전적으로 변화해 나가도록 돕는 역할을 한다.

③ 팀 성원(Team Member): 여러 사회복지 관련 기관이나 공공기관, 가령 정신건강이나 건강보호, 사회적응 지원기관 등에서 사회복지사는 서비스 이용자의 문제와 서비스 전달체계를 사정할 때, 협동하는 치료 팀의 일원으로서 그 역할을 수행한다.

④ 자문가(Consultant): 자문은 사회복지사가 전문가로서 서비스 이용자에 대한 지식, 기술, 문제 등을 존중하는 태도를 증가시키고, 발전시키며 수정함으로써 서비스 이용자에게 더욱 효과적으로 사회복지실천 서비스를 전달할 수 있게 하는 과정이며 활동이다. 서비스 이용자뿐만 아니라 사회복지사도 수준 높은 전문가로부터 지속적인 자문을 받을 필요가 있다.

(4) 연구 및 조사 활용하기

사회복지사는 평가 가능한 개입방법을 선택하여 그들의 개입방법에 대한 효과성을 평가하고, 체계적으로 서비스 이용자의 발전을 점검하기 위해 공적 · 사적 현장 모두에서 평가할 책임이 있다. 이러한 과정을 위해 사회복지사는 연구를 수행하고 동시에 수행된 연구를 효과적으로 활용해야 한다.

(5) 체계 개발하기

사회복지사는 사회복지기관의 서비스를 확대하거나 개선하기 위해 체계 발전과 관련된 역할들을 담당한다.

① 프로그램 개발자(Program developer): 사회복지사는 서비스 이용자의 다양한 욕구 발생에 대응하여 창의적인 서비스를 개발할 필요가 있다. 가령 10대 미혼모를 대상으로 하는 교육프로그램을 개발할 수도 있으며 성폭력 피해자나 알코올 중독자 자녀들을 돕기 위한 지지 집단 프로그램, 스트레스 관리나 적극적 자기주장 훈련 프로그램을 개발할 수도 있다. 사회복지사는 무궁무진한 창조력으로 새롭고 유용한 사회복지실천 프로그램을 개발해 나가야 할 사명을 갖고 있다.

② 기획가(Program Planner): 사회복지사는 사회복지실천 프로그램을 기획하는 역할을 한다. 나아가 도시처럼 지역사회 계획이나 지역사회 개발을 위한 전문 기획가가 없는 소규모 지방도시의 지역사회, 지방 농어촌 지역이나 산간벽지 등에서는 사회복지사가 지방자치단체 공무원들과 함께 사회계획을 기획하는 역할을 하기도 한다.

③ 정책 개발자(Policy developer): 사회복지정책과 정책수행 절차 등을 제정하는 과정에 사회복지사가 참여하는 것은 직접적으로 서비스 이용자에게 서비스를 제공하는 기관에게는 큰 도움이 된다. 왜냐하면 사회복지사는 서비스의 욕구를 정확히 파악하고 있으며 그래서 어떤 정책과 절차 등이 서비스 이용자들에게 실질적으로 유용한지를 구체적으로 알고 있는 전문가이기 때문이다. 따라서 사회복지사는 적극적으로 사회복지정책과 관련된 의사결정 과정에 참여할 수 있어야 한다.

2) 개입수준에 따른 사회복지사의 역할

개입수준에 따른 사회복지사의 역할은 사회복지사가 만나는 서비스 이용자의 규모에 따라 분류한 것이라고 할 수 있다. 즉 개인이나 가족 등 서비스 이용자의 규모가 작으면 미시 차원, 조직이나 집단을 만나서 일하는 것이면 중범위 차원, 지역사회나 국가 등 서비스 이용자가 대규모이면 거시 차원 그리고 규모의 크기에 상관없이 동료나 전문가 등을 대상으로 하는 역할이면 전문가 차원에서의 역할이라고 할 수 있다(Miley et al., 2004; 사회복지사 1급 시험연구회, 2008 재인용).

(1) 미시 차원(개인, 가족)에서의 사회복지사의 역할

① **조력자**(Enabler): 사회복지사는 개인, 가족, 소집단 등을 대상으로 서비스 이용자의 역량을 강화시킨다. 또한 사회복지사는 서비스 이용자가 다양한 스트레스에 스스로 대처하도록 돕는 역할을 한다. 이러한 사회복지사의 조력자 역할에 필요한 기술은 희망을 전하고, 양가감정을 줄이고, 감정을 인식하고 관리하며, 개인의 감정을 공감하고 사회적 자원을 발굴하여 지지해 주는 것과 문제를 쉽게 다룰 수 있도록 분류하고, 목적을 분명하게 하거나 강조하여 문제해결을 이룰 수 있는 방법을 인식하게끔 하는 것이다. 여기에서 사회복지사는 서비스 이용자가 사회복지사에게 의존적이 되지 않도록 노력해야 하며 조력의 범위와 수준을 적절하게 조정해야 한다.

② **중개자**(Broker): 중개자로서의 사회복지사는 서비스 이용자 차원에서의 직접적 개입이나 의뢰를 통해서 서비스 이용자가 필요로 하는 자원과 서비스를 연결하는 역할을 한다. 또한 중개자로서의 사회복지사는 사례관리의 핵심적 기능을 수행한다. 그래서 자원을 파악하고 사회복지실천서비스가 적절하게 제공되는가를 점검할 수 있어야 한다. 이를 위해 사회복지사는 자원에 대한

정보와 자원을 서비스 이용자와 연결하는 데 필요한 지식과 구체적인 기술들을 갖추어야 한다.

③ 옹호자(Advocator): 사회복지실천의 핵심 중 하나는 옹호이다. 사회복지사는 서비스 이용자의 옹호방법과 자기결정 및 변화과정에서의 참여를 최대화하는 원칙 사이에 균형을 이루어야 한다. 가능한 한 옹호는 서비스 이용자 스스로가 자기 자신의 옹호자가 될 수 있도록 원조하는 형태를 취해야 한다. 이런 유형의 옹호를 하는 공통적인 목적은 서비스 이용자 개인이 자격이 있고, 사실상 서비스나 자원을 제공받도록 보증하는 데 있다. 옹호는 자신의 기관이나 지역사회서비스 체계 내에서 인기가 없다. 그럼에도 불구하고 옹호는 사회복지사가 수행해야 할 필요한 기능이다. 올바른 것은 항상 인기가 있거나 대중적이지는 않다. 사회복지사는 옹호활동에 대한 부정적인 반응에 대처해야 한다.

따라서 옹호자로서 사회복지사는 필요한 자원이나 서비스를 찾거나, 자원이나 서비스 확보에 어려움을 겪는 서비스 이용자를 위해 서비스 이용자 개인이나 가족의 권리를 옹호하고, 정책 변화를 모색하기 위한 활동을 수행한다. 나아가 서비스 이용자의 욕구에 서비스기관이 반응하지 않거나 서비스 제공을 거절당하는 경우 서비스 이용자가 서비스를 받을 수 있고 권리를 획득할 수 있도록 기관 내 프로그램이나 정책을 변화시키기 위한 활동을 한다.

④ 교육자(Educator): 교사 혹은 교육자의 역할은 서비스 이용자의 사회적 기능이나 문제해결능력이 향상될 수 있도록 교육적인 프로그램이나 정보를 제공하는 것이다. 또한 서비스 이용자와 다른 체계에 정보를 제공하며 적응기술을 익히도록 서비스 이용자를 가르치는 일을 포함한다. 효과적인 교육자가 되기 위해 사회복지사는 무엇보다 많이 알아야 하며, 정보를 명확히 전달하고 이해시키기 위해 의사소통을 잘 하는 것이 필요하다.

(2) 중범위 차원(조직, 공식적 집단)에서의 사회복지사의 역할

① **촉진자**(Facilitator): 사회복지기관이나 사회복지조직 차원에서 조직의 기능이나 상호작용, 직원들 간의 협조나 지지, 정보교환을 촉진시키는 역할이다. 촉진자로서 사회복지사는 조직 간 네트워크를 강화시키고, 조직의 기능이나 상호작용, 정보교환 등을 촉진한다. 또한 사회복지기관의 업무가 효과적으로 이루어지도록 기관 업무를 기획하고 실행하는 역할도 포함한다. 뿐만 아니라 집단사회복지실천에서 집단 지도자로 활동해야 하는 사회복지사는 촉진자의 역할을 구체적으로 감당해야 한다. 집단에서 촉진자의 역할을 해야 하는 사회복지사는 가족치료 집단이나 과업 집단, 감수성훈련 집단, 교육 집단, 자조 집단, 그 밖의 다른 목적을 가진 집단에 개입하여 집단과정이 활발하게 일어날 수 있도록 하는 역할을 수행한다. 침묵하거나 소극적으로 참여하는 성원들이 적극적으로 집단에 참여할 수 있도록 하거나 의사소통이 활발하게 일어나도록 원조하는 역할 등이 모두 촉진자 역할에 속한다.

② **중재자**(Mediator): 중재자로서 사회복지사는 사회복지기관이나 사회복지조직 차원에서 기관 간 혹은 기관 내의 의사소통 갈등이나 의견 차이를 조정하는 역할을 수행한다. 즉 중재자의 역할은 갈등으로 반목하는 양측의 입장을 양측이 충분히 상호 이해할 수 있도록 정확한 의사전달이 되도록 조정하여 결과적으로 양측 모두 수용할 수 있도록 하는 것이다.

③ **훈련가**(Trainer): 훈련가로서 사회복지사는 사회복지기관이나 사회복지조직의 차원에서 직원들의 전문성을 계발하고 향상시키기 위해 직원 세미나, 직원 워크숍, 슈퍼비전 등에 참여하여 직원 교육이나 훈련을 실시한다.

④ **관리자**(Manager): 사회복지실천에서의 관리는 사회복지기관이나 부서의 행정 책임과 관련이 있는 것으로, 조직의 목표를 세우고, 서비스 프로그램을 운영하며, 기관의 효과성과 효율성을 높이고, 재정 자원을 확보하며, 지역사회의

지지를 얻으며, 기관실무자의 일을 조정하는 일이다.

(3) 거시 차원(지역사회, 국가)에서의 사회복지사의 역할

① 계획가(Planner): 정책적 차원 혹은 거시적인 수준에서 지역사회 주민이 원하는 것이 무엇인지 파악하여 서비스 개선에 필요한 정책이나 서비스 또는 프로그램을 개발한다.

② 행동가(Activist): 지역사회나 거시적 수준에서 서비스 이용자의 이익이나 권리가 침해당하는 사회적 조건(사회적 불평등, 차별 등) 등을 인식하여 서비스 이용자가 인권을 보호받고 행사할 수 있는 사회를 만들기 위한 활동에 참여한다. 또한 사회정의와 평등에 관심을 갖고 소외된 집단을 위해 지역사회의 욕구를 조사하고 분석하며, 자원을 활성화하는 일 등을 추진하기 위해 노력한다.

③ 현장 개입가(Outreach worker): 지역사회나 거시적 수준에서 서비스 욕구가 드러나지 않는 서비스 이용자나 지역주민들을 파악하고 이들이 적절한 서비스를 받을 수 있도록 지역사회에 들어가서 활동한다. 또한 서비스 욕구가 드러나지 않은 잠재적인 서비스 이용자를 대상으로 사회문제를 예방하기 위한 교육을 실시하거나 이들이 사회문제의 심각성을 인식할 수 있도록 교육을 실시한다.

④ 협상가(Negotiator): 협상가란 다른 집단이나 체계로부터 무엇인가를 얻기 위해 노력하는 개인, 집단 또는 조직을 나타낸다. 중개와 마찬가지로, 협상은 모든 쪽이 가능한 한 함께 합의에 도달할 수 있도록 중간지점을 찾는 일을 한다. 중립적인 역할을 하는 중재자와 달리, 협상가는 관련된 어느 한쪽과 연결되어 있다.

(4) 전문가 집단 차원(사회복지 전문가 집단)에서의 사회복지사의 역할

① **동료**(Colleague): 전문가로서의 윤리적 행동을 준수하고, 전문가 조직의 참여를 통해 동료 간 상호지지를 제공한다.

② **촉매자**(Catalyst): 전문가 차원에서 사회복지서비스 전달체계가 효과적으로 기능할 수 있도록 활동하는 역할이다. 촉매자로서 사회복지사는 효과적인 서비스 전달을 위해서 또는 올바른 정책의 변화를 위하여 국제적 상호원조를 맺고 때로는 타전문직과 협조하기도 한다.

③ **연구자**(Researcher): 연구자의 역할을 하는 사회복지사는 이론적 또는 실천적인 전문직으로 발전시키는 활동을 수행한다. 구체적으로 사회복지실천지식의 개발을 위해 조사연구 등을 수행하고, 실증적 조사들을 하며 동료들과 그 결과를 공유한다.

지금까지 살펴본 기능과 개입수준에 따른 사회복지사의 역할을 정리하면 아래의 〈표 1-1〉과 같다.

표 1-1 기능과 개입수준에 따른 사회복지사의 역할

기능수준 \ 개입수준	미시	중범위	거시	전문가
직접서비스 제공 및 체계 개발	• 조력자	• 촉진자	• 계획가	• 동료 • 상담가
체계 연결 및 유지, 강화	• 중개자 • 옹호자	• 중재자 • 조직분석가 • 관리자	• 행동가 • 협상가 • 자문가	• 촉매자
연구 및 조사활용	• 교육자	• 훈련가	• 현장 개입가	• 연구자

PART

02

사회복지실천 개입모델

CHAPTER 02

심리사회모델

SECTION 01 심리사회모델의 철학과 기본 개념

1. 개요

심리사회모델(psycho-social model)의 상당 부분은 이미 사회복지실천에 녹아들어 있다. 사회복지실천은 역사적으로 그리고 현재에서 많은 측면에서 심리사회적 개념들에 의존해 있다(Woods & Robinson, 1996). 심리사회모델에서는 인간의 문제를 심리적(혹은 정서적)이고 사회적(혹은 환경적)인 문제로 이해한다. 즉 대부분의 개인 내적인 문제는 심리적 요인뿐 아니라 사회환경적인 요인들의 영향을 받으며, 역시 대부분의 사회환경적인 문제에서도 개인적인 요인에 따라 문제에 대한 개인의 경험은 서로 다르다(김혜란 외, 2005). 모든 사회복지실천이 심리사회적 개념들에 의존해 왔다고 해도 과언이 아닐 만큼 심리사회모델은 사회복지에서 차지하는 비중이 매우 크다(김기태 외, 2007).

심리사회모델은 상황 속의 인간(person in situation)을 강조하는 관점으로써 메리 리치몬드(Mary Richmond)에게서 그 기원을 찾을 수 있으나 1930년대 후반에 고든 해밀턴(Gordon Hamilton)에 의해서 처음 불리어지기 시작하였다. 그 후 1960년대에 플로렌스 홀리스(Florence Hollis)에 의해서 사회복지의 실천이론과 접근방법으로 구체화되었으며, 체계이론과 역할이론의 영향을 받아서 보다 체계적으로 발전되었다(윤현숙 외, 2001). 이 모델의 기본원리는 1930년대 초에 발달하여 사회복지실천분야에서 있었던 진단주의 학파와 기능주의 학파의 논쟁에서 개인, 가족, 근접환경, 상황 속의 인간 등을 철저히 조사하는 사정 및 진단이 강조되는 진단주의 실천양식에 뿌리 둔 모델로서 기능주의 학파와의 여러 가지 차이점들 중의 하나인 진단의 중요성을 강조하였다. 초기 심리사회모델은 정신분석이론, 자아심리학, 대상관계이론 등의 영향을 받아 개인의 심리내적인 과정에 치중되었다. 그러나 점차 개인 외부의 물리적 여건이나 사회적 여건들도 함께 중시하는 쪽으로 발전하여 개인 내적 요소와 사회적 요소를 모두 중시하는 심리사회모델로 발달하였다.

심리사회모델은 개인의 심리적 특성뿐만 아니라 신체생리적 현상과 사회환경까지도 모두 고려하는 특성이 있다. 따라서 서비스 이용자를 '상황 속의 인간'이라는 개념으로 파악한다. 서비스 이용자의 근접환경을 현재 및 과정시점에서 조사했던 리치몬드의 영향을 반영하고 있으며, 관련된 과거 사실에 대한 세심한 개인력 조사를 통한 사회연구를 강조한 프로이트의 관점도 반영하고 있다. 이러한 심리사회적 접근은 이전의 자선 내지 단순한 원조가 사회복지실천이라는 인식을 넘어 전문적인 현대의 임상 사회복지실천을 형성하는 데 크게 기여하였다(이준우 외, 2006). 심리사회모델에서 서비스 이용자가 자신의 행동과 감정에 대해 이해하고 통찰함으로써 자신의 문제를 해결하기 위한 능력을 고취하도록 원조하는 것을 강조한다(김혜란 외, 2005).

2. 이론적 기반

심리사회모델의 이론적 기반이 되는 주요 이론들을 간단히 살펴보고자 한다(엄명용 외, 2005: 413-416).

1) 정신분석이론

프로이트에 의해 주창된 정신분석이론은 정신결정론(psychic determinism)과 무의식적 동기(unconscious motivation)를 강조하고 있다. 정신결정론이란 사람들이 생각하거나 느끼는 모든 것에는 의미와 목적이 있으며, 개인의 경험에 의해 이미 결정되어 있다는 가정이다. 무의식적 동기란 프로이트가 마음의 구조를 빙산으로 비유하면서 의식, 전의식, 무의식 등 지형학적으로 분석한 데서 나온 개념이다. 정신분석이론에서 인간의 성격은 이드(id)와 자아(ego), 그리고 초자아(superego)로 구성된다고 본다. 그리고 인간의 문제와 갈등의 원인은 무의식에 있는 것으로 본다. 따라서 정신분석에서는 자유연상, 꿈, 분석 등을 통해 무의식을 분석함으로써 문제의 원인을 파악하고, 해결책을 찾고자 한다.

2) 대상관계이론

정신분석이론이 인간의 심리 내적인 부분을 강조한다면 대상관계이론은 인간이 속한 환경과의 경험에서 발전한 대인관계를 강조한다. 생애 초기에 경험한 애착대상과의 관계(주로 부모)가 이후 대인관계 유형을 결정짓는다는 것을 강조한다. 따라서 자녀의 성장과정에서 적절한 부모 역할을 중요하게 여긴다.

3) 자아심리이론

자아심리학은 1950년대에 소개되기 시작하여 그 뿌리가 정신역동이론이었지만 자아심리학에서 초점을 두는 것은 다른 정신역동이론들처럼 무의식이 아니라, 의식이고, 자아의 상태이다. 자아심리학은 자아(self)가 무의식적 성적 에너지 또는 공격적 에너지에 좌우되지 않는 독립성과 자율성을 가지고 있다고 보았다. 따라서 자아는 창조적이고 주체적인 현실적응기체로 원초아(id)와 초자아(superego)를 중재한다. 그러므로 자아심리학에서의 개입대상은 자아로 자아의 수행능력, 자아방어기제, 자아의 자신감, 자아의 현실 판단능력 등을 회복, 향상, 보존해 주는 것 등이 개입의 목표이다(김혜란 외, 2005). 자아심리학에서는 과거보다는 현실, 수동성보다는 능동성, 단점보다는 강점을 강조한다.

4) 체계이론과 생태체계이론

개인체계와 환경체계는 서로 영향을 주고받는 개방체계이며, 개인의 행동은 상호작용하는 개방체계의 맥락에서 이해되어야 한다는 것을 강조하는 체계이론의 영향을 받았다. 체계에 대한 개념은 심리사회적 접근방법이 본래 가지고 있던 생각들을 매우 적절하게 표현해 준다.

5) 기타 이론들

인류학의 영향으로 각 개인의 독특성을 인정하고 차별적 진단 및 차별적 개입을 강조하였다. 가족체계, 결혼 관련 사회학 연구들, 역할이론, 의사소통이론 등의 영향을 받았다.

3. 모델의 주요 특성

1) 포괄적이고 전체적인 시각 및 관점

심리사회모델은 문제에 대하여 개인 내적인 심리적 · 생리적 문제와 함께 환경의 문제 또는 개인과 사회 간 상호작용의 문제로 보는, 포괄적이고 전체적인 시각 및 관점을 가지고 있다. 따라서 심리사회모델에서는 개입의 초점을 개인의 심리내적인 상태, 개인을 둘러싼 환경, 그리고 개인과 환경의 상호작용관계에 두고 있으며, 문제해결을 위해 개인, 환경, 개인과 환경 간 상호작용 문제에 대해 각각 개입을 하거나 동시에 복합적으로 행할 필요가 있다고 보았다. 즉 실천의 초점을 '상황 속의 인간'에 두며, 개별화한 개개인을 수용하고, '서비스 이용자가 있는 곳에서 출발'하는 실천의 원칙을 강조한다(장수미 외, 2010).

2) 철저한 진단과 사정 강조

심리사회모델에서는 개인과 가족, 그들과 충돌하는 환경, 그리고 '환경 속의 인간 전체'에 대한 연구를 통해 그것들에 대한 의미있는 사정, 혹은 진단이 형성될 수 있도록 하는 것을 목적으로 한다. 이 모델에서는 개인, 가족, 외부환경 등을 철저히 조사하는 진단과 사정이 강조된다. 서비스 이용자의 환경은 상호작용하는 많은 체계들로 구성되며, 따라서 사회복지사와 서비스 이용자가 진행할 방법을 결정하기 위해서는 상호작용하는 하는 체계들에 관해 연구할 필요가 있는 것이다. 심리사회적 개입을 하는 사회복지사들은 개인의 상황에 영향을 미치는 모든 관련된 생물학적, 사회적 그리고 심리적 체계들을 다룬다. 메리 리치몬드(Mary Richmond)는 『사회진단(social diagnosis)』(1917)에서 '사례기록들에 기반한 조사와 계획이 이루어지지만, 조사된 내용과 계획 간에 연계되지 않는 경우가 가끔 있다'는 점을 지적한 바 있고, 행동계획으로 옮기기 전에 모순이나 빈틈을 찾기 위해 발견한 것들을 대한 체계적인 점검을 강조했다(Woods & Robinson, 1996).

3) 체계론적 접근 시도

심리사회모델에 의한 실천은 적응과 변화에 대한 체계론적 이해에 기초한다. 체계의 한 부분에서의 변화는 반드시 체계의 다른 부분에서의 변화를 가져오고, 서비스 이용자가 상호작용하는 체계의 한 측면을 강화함으로써 체계의 다른 한 측면 혹은 다른 체계들을 도울 수 있다는 것이다. 특히 가족체계들(가족 구성원 간의 조화, 가족체계 내의 지지패턴, 가족관계의 향상 등)이 개인의 성격 성장과 발달을 위해 주요한 맥락을 제공한다. 또한 심리사회적 개입은 상황 속의 인간 전체의 병리적 혹은 역기능적 측면에 초점을 맞추는 것이 아니라 오히려 가장 접근 가능하고 가장 변화 가능한 측면을 다루도록 맞추어져 있다. 그러므로 개입전략은 실제적으로 변화가 가능한 것을 결정하기 위해 적합한 힘들 혹은 체계들에 대한 주의 깊은 분석에 의존한다. 환경의 개선, 창조적 적응, 힘들의 균형에서 조그만 움직임이 상당한 차이를 만들 수 있다는 것이다.

4) 사회복지사와 서비스 이용자의 관계 중시

심리사회모델에서는 사회복지사와 서비스 이용자가 함께 과정을 이끌어 나가는 협력적 관계를 강조한다. 사회복지사와 서비스 이용자와의 관계가 심리사회적 개입의 성공을 위해 중요하고, 심리사회적 개입의 가장 강력한 도구이다. 사회복지사들은 전문적 자신감을 가지고 의사소통하는 능력에 덧붙여, 비소유적인 온화함과 관심, 비심판적 수용, 진실성, 정확한 감정이입, 자기지시의 중요성에 대한 깊은 존중, 변화에 대한 실제적인 낙관성을 보여주는 것이 필요하고, 이를 위해 사회복지사는 객관적이고 타인중심이 되며, 자아의 활용(use of self)을 훈련받도록 지속적으로 노력해야 한다. 개입과정과 바람직한 변화를 촉진함에 있어서, 서비스 이용자의 신뢰와 적극적인 참여를 중요시한다.

사회복지사와 서비스 이용자 간의 협력적 관계는 여러 가지 장애물들이 있을 수 있는데, 사회복지사는 이에 적극적으로 대처할 필요가 있다는 점을 강조한다. 즉 서비스 이용자들은 어려움을 스스로 해결하지 못한 것에 대한 수치 혹은 실패감이나 불안감을 가질 수 있고, 사회복지사가 그들 상황이나 욕구를 모두 이해할 수 없을 것이라는 예상된 두려움, 비자발적 서비스 이용자의 경우 사회복지사의 헌신에 대해 종종 의심하는 경우 등 다양한 요소들에 의해 협력적인 관계를 만들어가기 어려울 수 있다는 것이다. 사회복지사는 이용자가 방어적 태도에 이르게 된 삶의 과거 사실들을 평가함으로써 이들의 부정적인 반응들에 주의를 기울여야 하고, 적대적이거나 거부적 행동들에 반응하기보다는 내재된 욕구들과 감정들에 반응할 필요가 있고, 판단적이거나 처벌적이지 않고, 지속적인 신뢰감과 감정이입적인 관계 형성에 노력해야 한다. 그리고 사회복지사 스스로의 자기인식도 필요한데, 자신의 반응과 정서유발 패턴에 대해 잘 알고 있어야 하며, 역전이의 역동성에 대해서도 충분히 인식할 수 있어야 한다는 것이다.

또한 심리사회모델에서는 더 나아가 사회복지사와 서비스 이용자의 관계를 치료적으로도 활용할 수 있다고 본다. 이용자가 과거 양육자와의 역기능적 관계에 의해 청소년기 이후 대인관계에 어려움이 있을 경우, 사회복지사가 이용자에게 성실하고 진솔한 태도로 보살피는(care) 역할을 하고, 성숙한 대인관계의 기회를 제공함으로써 부정적 대인관계를 교정하는 경험을 하도록 도울 수 있다는 것이다(이신영 · 박선영, 2012).

4. 모델의 기본 가정 및 개입 원칙

심리사회모델은 자아심리학의 영향을 받아 인간의 가치와 능력에 대한 믿음에 기초하고 있지만, 또한 개인이 기능하는 데 있어 성격체계의 구조와 발전이 작용한다는 프로이트의 이론을 받아들이고 있다. 심리사회모델의 기본 가정은 다음과 같다(신성자 외, 2007).

- 모든 인간은 생래적 가치 또는 존엄성을 지닌 존재이다.
- 모든 인간은 연령에 상관없이 성장능력, 학습능력, 적응력, 환경의 변화능력을 지닌 긍정적 존재이다.
- 인간의 주요 감정과 생각들은 의식 밖에 존재하며 성격은 인간행동에 영향을 주는 유동적이고 역동적인 체계이다. 또한 인간의 방어기제는 긍정적이든 부정적이든 모두 사용될 수 있으며 신경증은 선천적으로 취약한 부분이 드러난 것이 아니라 개인의 인간관계 경험에 뿌리를 두고 있는 것으로 그 기원이 사회적이다.
- 인간의 심리체계는 독립적으로 존재하는 것이 아니라 생물학적 · 사회적 체계와 끊임없이 상호작용한다.
- 문제 상황을 다루는 데 있어 차별성이 부각된다.

또한 심리사회모델에서는 서비스 이용자가 자신의 행동과 감정에 대해 이해하고 통찰함으로써 자신의 문제를 해결하기 위한 능력을 고취하도록 원조하는 것을 강조하며, 개입 원칙은 다음과 같다(김혜란 외, 2005: 7)

- 서비스 이용자와 사회복지사와의 관계를 중시한다. 관계를 형성하기 위해 서비스 이용자를 수용하고 개별화하며, '서비스 이용자가 있는 곳'에서 출발하는 것을 강조한다.
- 서비스 이용자의 과거 경험이 현재 심리 내적 혹은 사회 기능에 미치는 영향을 강조한다.
- 서비스 이용자가 자신의 과거 혹은 현재 경험과 관련해서 내적 갈등을 이해 · 통합해서 성장할 수 있도록 원조한다.

SECTION 02 모델의 개입목표 및 과정

1. 개입목표

심리사회모델에서는 서비스 이용자의 과거 경험이 현재 이용자의 심리사회적 기능에 영향을 미치며, 이것을 이용자가 통찰하면 스스로 문제해결을 할 수 있다고 가정한다. 따라서 심리사회모델의 개입목표는 서비스 이용자로 하여금 현재의 당면문제나 어려움에 영향을 미치는 과거 경험을 탐색하고 과거 혹은 현재의 경험과 관련된 내적 갈등을 이해하고 통찰할 수 있도록 돕는 데 있다.

2. 심리사회모델이 현대 사회복지실천기술에 미친 영향

심리사회모델에서 사회복지실천의 목적은 인간과 상황 간의 최상의 적합한 적응상태를 형성하여 제공하는 것이라 할 수 있다. 그러므로 상황과 동떨어진 개인이 아니라 환경 속에 있는 개인을 파악하고, 개입할 때에도 서비스 이용자가 제대로 기능할 수 있도록 사회복지사가 직접적으로 개입하는 경우와 서비스 이용자가 환경에 잘 적응할 수 있도록 간접적으로 원조하는 경우가 있을 수 있다(이영호, 2008).

이렇게 심리사회모델에서는 환경적 압력이 직접적으로 수정될 수도 있고, 서비스 이용자가 자신을 변화시키도록 도움을 받아 심리적 기능을 향상시킬 수도 있다.

이에 따라 심리사회모델은 사회복지사가 '상황 속에 있는 서비스 이용자'를 심리사회적으로 사정하고, 개입하는 과정 속에서 사회복지사와 서비스 이용자 간의 의사소통이 핵심적인 부분이 되게끔 크게 기여하였다. 또한 서비스 이용자에 대한 사회복지사의 사정과 평가에서 정확한 분석이 이루어지도록 과학적이고 객관적인 접근이 가능하게끔 하였다. 이러한 활동은 단순히 자선을 베푸는 것이 아닌 사회조사, 진단, 치료계획과 같은 전문적 원조과정을 가진 전문가로서 사회복지사를 양성하는 데 기초가 되었다(이영호, 2008).

이렇게 심리사회모델은 개인과 환경의 상호작용에 초점을 두었다는 점에서 정신분석적 접근이 가지고 있는 한계, 즉 개인의 외부 환경을 무시한 내면적 갈등을 강조한 점을 넘어선 개입방법으로 평가되고 있다. 하지만 실질적인 개입방법에 있어서는 환경에 대한 개입기술이나 전략이 미흡하여, 궁극적으로 개인에 대한 개입에 비중을 크게 두고 있으며, 개입의 효과성에 대한 평가에서도 경험적 사례연구에 의존하고 있는 형편이다(엄명용 외, 2005). 반면 이론적 틀을 여러 다양한 이론과 연구결과를 수용하고 적용하는 절충주의적 접근방법을 택하기 때문에 이론적 · 실천적 범위가 확장될 수 있는 가능성을 열어 놓고 있다. 심리사회모델이 현대 사회복지실천기술에 미친 영향을 구체적으로 살펴보면 다음과 같다.

1) 사정과 진단의 필요성 및 중요성 부각

사정과 진단은 사회복지실천에 있어 심리사회적 접근의 본질적 요소이다. 심리사회적인 접근에서는 사정과 진단을 하지 않고 사회복지실천이 수행된다면 서비스 이용자의 문제해결은 이루어질 수 없다고 본다. 그만큼 심리사회적 접근은 사정과 진단을 중요시 한다. 심리사회적 접근에서 진단과 사정은 단지 서비스 이용자의 제반 문제나 약점을 기록함으로써 서비스 이용자에게 '마치 의사가 환자의 병명을 붙이듯이' 단정하는 것이 아니다. 적절한 전문적인 개입은 상황 속의 인간의 결점을 정확하게 평가하는 것뿐만 아니라 인간의 강점까지 볼 수 있어야 한다. 그러므로 심리사회적 접근의 진단과 사정은 서비스 이용자에 대한 평가를 신중하게 하는 데 있어서 사회복지실천에 크게 기여하였다고 본다.

심리사회적 접근은 사정의 과정에서부터 '진단'을 사용함으로써 어떤 연구자들은 심리사회적 접근을 '의료모델' 또는 '질병모델'로 호칭한다. 그러나 심리사회적 접근을 단순히 의료적인 모델이라는 측면에서만 보기는 어렵다. 왜냐하면 진단이라는 개념이 단순히 의학적 진단만이 아닌 사회부적응 문제를 해소하게끔 돕는 서비스 이용자의 기능 향상이라는 면과 상황의 영향에도 관심을 가지는 등 보다 광범위한 의미를 갖고 있기 때문이다(이영호, 2008). 서비스 이용자를 위해서 필요하다면 진단은 언제든지 수정되어야 한다. 우리가 대처하는 대부분의 상황은 복잡하며 언제나 변화되고 있다. 따라서 진단의 과정은 지속적이어야만 한다.

2) 변화를 위한 개입수준 결정

진단과 사정의 과정과 마찬가지로 심리사회적 접근의 중요한 부분은 변화를 위한 구체적인 개입을 어느 정도까지, 그리고 어떻게 할 것인지를 결정하는 것이다(장인협, 1996). 여기서 서비스 이용자의 문제해결을 향한 동기와 역량, 의지 등에 대해 생각해 보아야 한다. 또한 문제의 원인으로 보이는 요인들의 수정 가능성을 평가하기 위하여 어떻게 문제 상황의 여러 요소들이 수정될 수 있는지를 예측해 보아야 한다. 문제의 원인이 되는 요소들을 거의 개선할 수 없는 경우에는 서비스 이용자가 자신의 문제를 해결하고자 하는 의욕에 변화를 가져올 수 있는 보상기회나 만족이 있을 것인지, 사회부적응의 원인이 되는 성격적 요소를 없애거나 또는 수정하려는 강력한 의지가 서비스 이용자에게 있는지, 어떤 개입목표가 설정되어 있는지, 개입목표를 달성하기 위해서는 어떤 개입기술이 필요할지 등을 살펴보아야 한다. 또 변화를 위한 개입수준을 결정하기 위해서는 서비스 이용자의 강, 약점 등에 대해서도 파악할 필요가 있다.

3) 상황 속의 인간 강조

심리사회적 접근의 궁극적인 목적은 서비스 이용자의 어려움을 경감시키며 사람과 환경의 체계에 있어서의 기능 부적응을 감소시키고자 하는 대단히 광범위한 것이다. 이것은 서비스 이용자의 욕구만족, 자기실현을 고양시키는 것이기도 하다. 이를 위해서는 자아의 적응기술과 개인과 환경 간의 상호작용을 높여야 하며, 동시에 개인과 환경 중 한쪽, 또는 이 양쪽의 변화가 모두 필요하다(장인협, 1996). 왜냐하면 개인과 환경 간의 상호작용에 의해서 일어나는 환경의 변화가 개인의 기능에 영향을 미치며, 또한 개인의 변화가 사회환경의 여러 가지 요소의 기능에 영향을 미치기 때문이다(장인협, 1996).

4) 서비스 이용자 지지를 통한 전문적 개입 실행

사회복지사는 서비스 이용자를 정서적으로 지지함으로써 서비스 이용자가 자신의 억압된 생각과 감정, 특히 부모에 대한 억압된 부정적 반응을 인식하고 적절히 표출하도록 도우며, 더 나아가 서비스 이용자의 자신감과 자존감을 향상시킴으로써 자신이 원하는 삶을 선택할 수 있도록 이끌 수 있다. 심리사회적 접근은 진단을 통해 개별 수준의 사회복지실천의 효율적 개입계획을 수립하며 또한 문제해결능력 등에 크게 기여할 수 있음을 잘 설명해주고 있다.

결국 심리사회모델은 이전의 구빈적 자신 내지 단순한 원조가 사회복지실천이라는 인식을 넘어서게 하는 서비스 이용자의 변화를 위한 전문적인 개입을 함으로써 현재의 사회복지실천을 형성하고 발전하게끔 하는 데에 크게 기여하였다고 생각된다(장인협, 1996). 사회복지실천의 발전에 기여할 수 있었던 원인을 정리해보면 다음과 같다(이준우 외, 2006 재인용).

첫째, 심리사회모델은 인간의 성격이나 문제는 생활의 다양한 요인 때문에 형성된다고 보며, 둘째, 인간은 똑같은 상황을 경험하더라도 각기 다른 반응을 보이는 개별적인 존재라는 것이다. 셋째, 심리사회모델은 서비스 이용자의 생활사에 대해 다각적으로 사정하는 것을 중요하게 여기며, 넷째, 서비스 이용자의 개별성을 이해하기 위해 '여기-지금(here and now)'이라는 관점에서 문제를 인지하고 서비스 이용자의 행동을 파악한다는 것이다. 다섯째, '상황 속의 인간'을 중요하게 여기기 때문에 사회복지실천을 할 때에도 서비스 이용자와 사회적 환경 간의 상호작용에 초점을 둔다. 그래서 서비스 이용자의 심리적인 부분과 사회적 환경의 변화를 모두 추구한다. 여섯째, 이러한 이중적인 개입은 다른 전문직과 사회복지전문직을 구분 짓는 중요한 요인으로 작용했다는 것이다.

3. 개입과정

일반적으로 심리사회모델은 초기 단계, 사정 단계, 개입 단계, 종결 단계로 구분되는데 각 단계에서 다루어야 할 내용들을 살펴보면 다음과 같다.

1) 초기 단계: 심리사회적 조사

초기 단계는 심리사회적 사정 및 진단, 치료에 필요한 정보를 수집하는 단계로 초기 단계의 기간은 치료 전체의 길이에 따라서 변한다. 매우 짧은 기간의 개별적 수준의 개입실천에서는 1회 면접의 첫 부분에 한정될 수 있다. 모든 치료가 2~3회의 면접으로 이루어진 경우에는 제일 처음의 면접이 초기면접이 될 것이다. 심도 있는 내용으로 구성된 치료의 경우에는 최초의 3~5회까지의 면접이 초기 단계에 해당된다(김정진 외, 2007). 초기 단계의 기본적인 과제로서는 왜 접촉해야 하는지를 서비스 이용자가 이해하도록 하는 일, 서비스 이용자가 사회복지사의 원조를 활용할 수 있도록 사회복지사와 서비스 이용자 간의 관계를 확립하는 일, 서비스 이용자를 원조과정에 참여시키는 일, 치료를 시작하는 일, 심리사회적 진단과 치료에 필요한 정보를 수집하는 일 등을 들 수 있다(Hollis, 1964).

심리사회조사는 초기면접(Intake)을 통해 서비스 이용자의 문제 상황과 문제 상황에 기여한 요소와 관련된 사실을 수집하며, 서비스 이용자의 상황에 대한 사실을 관찰하고 조사하여 논리적으로 정리하는 과정이다. 심리사회조사의 과정에서 서비스 이용자는 사회복지사의 질문을 통해 자신의 문제에 대해 인식하게 되고, 다시 생각해 보는 기회를 갖게 된다. 한편 사회복지사는 심리사회조사를 이용해서 서비스 이용자의 문제와 관련이 있다고 생각되는 초기 발달과정에 대한 정보와 원가족에 대한 정보도 수집한다. 또한 언어적인 정보 이외에 비언어적인 표현으로 이루어진 정보도 수집해야 한다. 나아가 치료기간의 결정과 문제규명 작업이 과제로서 수행되어야 한다.

심리사회적 조사과정의 목표는 무엇보다 관계형성을 통해 서비스 이용자와 사회복지사가 문제를 이해하고 공유하고, 이용자가 사회복지사의 원조를 활용할 수 있도록 관계를 확립시키는 것이다. 초기 단계에서 사회복지사는 서비스 이용자에게 지지를 제공하고 환기시킴으로써 치료적 개입을 시작하되, 이용자를 원조에 참가시켜 스스로의 행동과 문제, 상황을 새로운 관점에서 바라볼 수 있도록 해준다.

2) 사정 단계: 심리사회적 사정과 진단

심리사회적 사정과 진단 단계에서는 상황 속의 서비스 이용자에 대한 사정과 진단을 한다. 이 단계에서 사회복지사는 첫째, '서비스 이용자의 문제가 무엇인가?', 둘째, '문제를 유발한다고 보이는 요인은 무엇인가?', 셋째, '변화되고 수정될 수 있는 것은 무엇인가?' 등을 조사하고 그렇게 조사되고 수집된 자료들을 통해 추론하는 노력을 해야 한다.

초기 심리사회모델을 진단주의라고 하였는데, 이는 개별적 수준에서 수행되는 사회복지실천을 위해 진단을 필수적인 요소로 보았기 때문이었다(Hollis, 1964). 최근에는 '진단'이라는 용어 대신 '평가'라는 말로 대신하고 있다. 어쨌든 심리사회모델에서 진단은 문제의 성격을 상세하고 엄밀하게 이해하기 위해 서비스 이용자와 상황 간의 상호작용, 그리고 도움이 요청되는 문제에 대해서 비판적으로 검토하는 것이다. 진단에는 세 가지 영역이 있다(장인협, 1996).

첫째, 역동적 진단으로 서비스 이용자가 충분히 기능하기 위해서는 '그의 성격의 제 측면이 어떻게 상호작용하는가'하는 점을 검토해야 한다. 둘째, 원인론적 진단에서는 문제의 원인이 현재의 상호작용 내에 있는지, 현재까지 영향을 미치는 과거의 사건에 있는지, 혹은 서비스 이용자의 딜레마 원인 속에 있는지 탐색해야 한다. 셋째, 임상적 진단에서는 서비스 이용자의 여러 가지 기능적 측면을 분류하는 노력이 행해져야 한다.

그리고 이러한 진단적 사정의 방법은 서비스 이용자가 말하는 것에 귀 기울이면서 앞의 세 가지 질문(문제가 무엇인가? 문제를 유발한다고 보이는 요인은 무엇인가? 변화되고 수정될 수 있는 것은 무엇인가?)에 대한 답을 찾으려 계속적으로 노력하는 것이다. 또한 '인간-환경'에 대해 알고 있는 것을 모두 종합하여 이를 바탕으로 위의 세 질문에 보다 충분히 답하려고 하는 것이다.

이 단계에서 심리사회모델에서는 정신역동모델과 마찬가지로 과거의 경험을 중요시 여기지만, 정신역동모델과는 달리 무의식보다는 의식적 · 전의식적 현상에 초점을 두고 탐색한다. 즉, 심리사회모델에서도 초기 단계에서 원가족에 대한 정보와 어린 시절의 발달력을 탐색하고 사정 단계를 통해 탐색하지만, 어렸을 때의 경험과 함께 생활주기에서 나타날 수 있는 다양한 경험(예: 결혼, 출산, 입학, 은퇴 등)을 면밀하게 탐색함으로써 서비스 이용자가 갖는 기대와 대처방식, 적응능력을 파악하게 된다.

3) 개입 단계

이 단계에서의 목표는 서비스 이용자가 겪은 과거의 사건이나 경험 혹은 현재의 경험과 관련된 심리내적인 갈등과 어려움을 이해하고 통찰할 수 있도록 도와주는 것이다. 심리사회모델에서는 서비스 이용자가 과거에 겪었던 경험이 현재 서비스 이용자의 심리적 혹은 사회적 기능에 영향을 미친다는 것을 중요시한다. 따라서 이전 단계에서 이루어진 심리사회조사 및 진단을 바탕으로 개입의 방향이 설정되어야 하며, 그에 근거해서 구체적 목표를 설정하게 된다.

또한 이 모델에 기초한 개입을 위해서 이전 단계부터 구축한 사회복지사-서비스 이용자 관계를 활용할 수 있다. 예를 들면, 지속적으로 사랑과 애정을 추구하여 남편이 자신의 애정적 욕구를 충분히 충족시켜 주지 못하는 것에 불만을 갖고 있으며, 아동기 때 냉담한 어머니와 바쁜 아버지 때문에 거부당한 느낌을 갖고 있는 여성 이용자를 상담할 때 심리사회적 접근을 활용할 수 있다. 사회복지사는 먼저 서비스 이용자가 겪는 어려움을 해결하기 위해 환기 기법을 사용할 수 있다. 서비스 이용자가 공격성, 적대감 같은 감정을 표현하지 않고 억압하고 있으면 그녀의 사고와 행동을 올바르게 표현하지 못하게 된다. 그러므로 환기(ventilation) 기법을 활용하여 서비스 이용자의 감정을 정화시켜 준다.

관계형성 교정 기법(전이)을 활용할 수도 있다. 서비스 이용자가 사회복지사를 통해 마치 어머니와 아동 같은 관계를 경험하도록 하여 과거의 주변 인물과의 불만스러웠던 관계를 보상해 준다. 현재의 대인적 상호작용을 검토하는 방법을 활용하여 서비스 이용자로 하여금 과거의 관계형성과 경험이 현재의 대인적 상호작용에 어떻게 영향을 주는지 이해하도록 도울 수도 있다. 위의 예에서는 여성 서비스 이용자가 부모의 태도를 자신이 어떻게 느끼고 있는지 토론할 수 있을 것이다. 사회복지사와 서비스 이용자는 그러한 경험이 현재 다른 사람과의 관계에 어떻게 연관되는지를 함께 이해할 수 있게 된다. 이렇게 심리사회모델에서는 서비스 이용자가 사회복지사와의 협력적 관계에서 상황 속의 인간을 이해하도록 강조한다.

한편 심리사회모델에서 개입의 목표를 달성하기 위해서는 개인과 환경의 변화가 필요하므로 양자 모두에 개입한다. 개인, 부부, 가족 혹은 환경체계에 개입하게 되며, 필요한 경우 집단사회복지실천의 방법을 사용하기도 한다. 또한 사회복지사는 서비스 이용자의 권익을 옹호하거나 지역사회 자원을 공급해야 할 경우 이용자의 환경에 직접 개입하기도 한다.

4) 종결 단계

종결 단계는 서비스 이용자의 문제가 해결되거나 개선되어 개인 및 가족의 기능이 회복되었을 때 이루어진다. 종결 단계를 위해서는 사회복지사의 기술과 민감성, 자기인식 등이 필요하며, 서비스 이용자와 사회복지사의 동의하에 종결이 이루어져야 한다.

SECTION 03 모델의 개입기술 및 적용사례

1. 개입기술

심리사회모델의 개입기술은 크게 직접적 개입기술과 간접적 개입기술로 나누어 설명할 수 있다. 직접적 개입기술은 지지하기, 직접적 영향주기, 탐색-기술-환기, 인간-상황에 대한 고찰, 유형-역동에 대한 고찰, 그리고 발달적 고찰 등이 있다. 간접적 개입기술은 환경 조정이 있다.

1) 직접적 개입

(1) 지지하기

지지하기(sustainment)는 심리사회모델에 따른 사회복지사의 활동 가운데 가장 기본적이고 핵심적이다. 사회복지사는 '지지'를 통해 서비스 이용자를 수용하고 원조 의사를 표현하며 문제해결능력에 대한 확신을 표현함으로써 서비스 이용자가 갖고 있는 불안을 줄이고 자기존중감을 증진시킬 수 있다. 특히 서비스 이용자가 죄책감과 수치감을 느끼거나 두려워하거나 분노를 느낄 때 사회복지사는지지 기법을 적극 사용함으로써 서비스 이용자에게 자신을 이해하고 있음을 보여주어야 한다. 지지과정은 재보증, 격려와 같은 언어적 의사소통뿐 아니라 선물주기, 따뜻한 표정, 어깨를 두드리는 등의 비언어적 방법을 포함한다.

재보증(reassurance)은 서비스 이용자가 가진 죄의식, 불안, 분노의 감정에 대해 이해를 표현하여 서비스 이용자를 안심시키는 것이다. 그러나 근거 없는 확신을 주어 서비스 이용자를 너무 안심시키면 문제의 본질을 탐색할 기회가 상실될 수 있다. 격려(encouragement)는 서비스 이용자가 한 행동이나 생각에 대해 성과를 인정하고 성공에 대한 기쁨을 표현하며 힘을 북돋는 것이다. 이것은 한마디로 서비스 이용자의 능력에 대해 신뢰를 표현하고 인정하는 것이라 할 수 있다.

- "좀 더 말해보세요. 그것은 자연스러운 감정이에요..." (격려의 예)
- "선생님의 느낌을 이해해요..."
- "(부드러운 미소로) 계속 이야기해 보세요..." (비언어적)
  (갑작스러운 남편과의 사별로 인해 무력감과 불면증을 호소하는 부인에게)
- "그렇죠. 가까운 관계는 종종 혼란과 강한 감정이 가득하죠."
- "너무 걱정하지 마세요. 시간이 지나면 조금씩 몸과 마음이 나아질 거예요.
  그러나 견디기 어려우면 말씀하세요." (재보증의 예)

(2) 직접적 영향주기

직접적 영향주기(direct influence)는 사회복지사가 서비스 이용자에게 자신의 의견을 제안하거나 조언·충고함으로써 서비스 이용자가 특정 행동을 촉진할 수 있도록 돕는 것이다. 이것은 단순히 사회복지사의 의견을 제시하는 차원부터 강도 깊게 주장하거나 충고 혹은 촉구하는 것까지를 포함한다.

이 기법의 적용에서 유의할 점은 사회복지사가 자신의 의견이나 생각을 서비스 이용자에게 표현할 수는 있지만, 조언이나 충고를 받아들일지 여부의 선택권은 서비스 이용자에게 있으며 그에 따른 책임도 함께 있음을 분명히 하는 것이다. 또한 서비스 이용자와 사회복지사 간의 충분한 신뢰관계가 형성되어 있고 사회복지사가 서비스 이용자에 대해 충분히 이해하였을 때 사용해야 한다. 직접적 영향을 미치기 위해 사회복지사는 의견진술, 제안, 촉구, 주장의 순서로 지시를 해 줄 수 있다(엄명용 외, 2005: 214).

- "지금까지의 방법이 효과적이지 않다면 다른 방법을 시도해 보면 어떨까요? 지금쯤 변화를 시도해 보는 것도 좋을 거 같아요. 제 생각에는 가족상담에 참여해 보시면 어떨까 해요."
- "그것을 하는 것이 도움이 될까요? 이렇게 하는 것이 더 좋을 거 같네요."
- "_____하는 게 도움이 될까요?"
- "_____하는 게 더 나을 거예요."
- "나는 당신이 _____했으면 좋겠어요."

(3) 탐색-묘사-환기

탐색-묘사-환기(exploration-description-ventilation)는 서비스 이용자가 자신 및 환경에 대한 자신의 생각과 감정을 이해하고 표현하도록 하는 것을 의미한다. 이

과정을 통하여 서비스 이용자는 자신의 환경에 대해 자신이 어떠한 감정을 가지고 있는지를 이해하고 긴장을 완화하도록 원조할 수 있다.

탐색은 자신의 주변에 어떤 일이 일어나고 있는지 상황을 둘러보는 것이고, 묘사는 자신이 알고 있는 대로 사실을 말로 설명하는 것이며, 환기는 사실과 관련된 부정적인 감정을 이끌어 냄으로써 카타르시스(감정의 정화)를 경험하도록 하는 것이다. 탐색, 묘사, 환기는 연관되어 있는데, 사실을 진술하거나 설명하는 과정에서 자연히 감정이 표현되기 때문이다. 심리사회모델에서는 특히 분노, 상실에 대한 애도반응, 죄책감, 불안 등의 감정에 주의를 기울인다. 일반적으로 이 기법은 부정적인 감정이 억압되어 있거나 복합적인 생각이나 감정이 얽혀있어 서비스 이용자가 자신의 감정을 잘 파악하지 못할 경우 사용하는 데 유용하다. 이러한 감정은 말로 표현되었을 때 강도가 현격히 줄어들 수 있는데, 무엇보다 타이밍이 중요하다. 즉, 방어하지 않고 편안하게 자신의 감정을 표현할 수 있는 준비가 되었을 때에야 비로소 서비스 이용자는 환기를 경험할 수 있다. 때로는 환기를 경험하는 것 자체로 문제가 해결되는 경우도 있다.

- 사회복지사: 처음 시골에서 도시로 전학 온 날 어떤 느낌이었나요? 그때의 생각과 느낌을 구체적으로 말해 보세요. 교실 분위기와 학생들의 표정은 어땠나요? (탐색을 이끌어 내는 질문)
- 서비스 이용자: 아이들은 낯설었고 저는 혼자서 벤치에 앉아 점심을 먹었어요. 슬펐지요. (묘사)
- 사회복지사: 구체적으로 어떤 슬픔이었죠?
- 서비스 이용자: 막막하고 세상에 버려진 느낌, 나 혼자라는 느낌을 가졌어요. (환기)

"지금의 문제에 대해 조금만 더 이야기해주세요. 당신이 가족과 함께 있을 때 어떤 일이 발생하나요?"

(4) 개인-상황에 대한 고찰

개인-상황에 대한 고찰(person-situation reflection)은 현재 혹은 사건에 대한 고찰로서 다음의 여섯 가지를 포함한다. ①과 ②는 서비스 이용자의 외부 환경과 관련되고, ③, ④, ⑤는 서비스 이용자의 주관적인 내부 상황과 관련되며, ⑥은 원조 상황과 관련된다.

① 타인, 건강, 상황에 대한 고찰

인간의 정보 부족이나 편견, 두려움 등에 의해 자신이 처한 상황과 가족이나 친구들, 동료들, 이웃 사람들의 감정과 행동을 정확히 이해하지 못하는 경우가 있다. 사회복지사는 서비스 이용자의 상황에 대해 직접 설명하기도 하지만, 질문이나 언급을 통해 서비스 이용자가 스스로 깨닫도록 도와준다.

② 서비스 이용자의 행동이 자신과 타인에게 미치는 영향

사회복지사는 서비스 이용자가 미처 깨닫지 못했거나 간과한 결과에 대해 주의를 기울인다. 예를 들어, 친구들이 보는 앞에서 청소년 자녀를 때린 아버지는 자녀가 친구들의 인정을 받기 위해서는 아버지와 대항해야만 하는 결과를 가져오게 된 상황을 이해할 필요가 있다. 이 역시 서비스 이용자의 행동과 결과의 관계를 사회복지사가 설명하기보다는 질문이나 언급을 통해 이용자가 인과관계를 직접 깨닫도록 인도한다.

③ 서비스 이용자 행동의 성격

서비스 이용자가 자신의 숨겨진 반응, 사고, 감정의 성격에 대해 내부지향적인 이해를 하도록 원조한다. 예를 들어 어머니가 자녀에 대해 분노의 감정을 가지고 있지만, 인지하지 못할 때 혹은 인지는 하지만 부인하는 경우가 있을 수 있다. 사회복지사는 서비스 이용자가 자신의 감정에 대해 스스로 통찰할 수 있도록 원조한다.

④ 서비스 이용자 행동의 원인

서비스 이용자가 다른 사람들과의 상호작용이나 상황적 자극에 대해 나타낸 반응 행동의 원인을 이해하도록 원조한다. 예를 들어 아내의 취업을 반대하는 남편은 아내가 가정을 돌보는 것을 자신에 대한 사랑의 상징으로 생각해 왔으며, 아내가 취업을 한다는 것은 자신을 더 이상 사랑하지 않는다는 의미로 생각하기 때문일 수 있다.

⑤ 자기평가

서비스 이용자가 자신의 도덕과 양심, 자기 이미지, 가치 등에 관하여 자기 평가를 원조한다. 예를 들어 사회복지사는 서비스 이용자가 현재 가지고 있는 자기 이미지가 현실에 근거하고 있는지 질문하거나 이용자가 가지고 있는 가치를 명확히 하기 위한 언급을 할 수 있다.

⑥ 사회복지사와 원조 과정

사회복지사, 치료, 기관의 규칙 등에 대한 서비스 이용자의 반응과 이해 정도를 탐색하여 원조과정의 효과를 최대화한다(김혜란 외, 2005: 77-79).

개인-상황에 대한 고찰을 통해 서비스 이용자의 현재 환경과 다른 사람과의 상호작용에 관한 인식, 생각, 감정을 더 알 수 있도록 도움을 준다. 서비스 이용자가 말하는 것에 대해 사회복지사가 의견 제시, 질문, 부연 설명 등을 하여 관심 있는 사건에 대해 이용자가 깊이 있게 되새겨 볼 수 있도록 돕는 것이다. 서비스 이용자와 사회복지사 간의 관계를 탐색하는 것도 개인-상황 반영의 일부분이 될 수 있다(신성자 외, 2007).

아버지가 딸의 비행에 화가 나고 혼란스러울 때

- "딸을 그렇게 빗나가게 만든 것이 무엇인가요?"
- "딸이 반항적으로 행동하는 것이 당신을 당황하게 만드나요?"
- "딸의 어떤 행동이 당신을 힘들게 만드나요?"
- "내가(사회복지사) 당신(서비스 이용자)을 판단한다면(또는 차별하거나 화를 내면) 당신은 어떤 느낌인가요?"

(5) 유형-역동에 대한 고찰

유형-역동에 대한 고찰(pattern-dynamic reflection)은 서비스 이용자로 하여금 사건들에 대해 특정한 방식으로 생각하거나 행동하도록 이끄는 행동 경향, 사고나 감정의 패턴을 확인하도록 도와준다. 사회복지사는 서비스 이용자의 성격 혹은 행동의 유형과 원초아(id), 자아(ego), 초자아(superego)의 심리 내적 역동에 대해 고찰한다. 또한 서비스 이용자가 사용하는 방어기제를 분석하고, 이용자가 가지고 있는 내부대상에 대해 고찰하며, 분리와 개별화 정도에 대해 고찰한다. 이런 절차는 서비스 이용자가 자신의 심리적 기능을 탐색하도록 격려한다.

남편과의 관계 문제로 사회복지사를 찾은 부인에게

- "당신이 때로 남편에게 화가 날 때 당신의 아들과 싸우지는 않나요?"
- "다투기 어려운 사람과 싸우려고 하지 않나요?"
- "남편이 당신을 거부하는 것은 어떤 의미인가요?"
- "당신의 생각을 평가절하하거나 비판하는 걸 당신은 어떻게 알게 되나요?"
- "당신이 자신을 희생해서 다른 사람을 돌보는 방식으로 다른 사람도 자신을 돌보아주었으면 좋겠다고 바라나요?"

(6) 발달적 고찰

개인-상황에 대한 고찰과는 달리 발달적 고찰(development reflection)은 성인기 이전의 생애 경험과 이런 경험이 현재 미치는 영향에 대해 고찰하는 것을 의미한다. 이 기법은 현재의 인격과 기능에 영향을 주는 원가족이나 초기 생활의 경험을 서비스 이용자가 고려해 보도록 한다. 과거의 상황과 개인의 감정이 연결되도록 돕는다. 때로는 특정한 초기 경험과 현재 행동이나 태도 간에 관계를 인식할 수 있도록 촉진시키는 질문을 던진다. 해석보다는 질문이 더 바람직하다. 예를 들어 남편의 무관심에 대해 지나치게 분노하는 아내가 어린 시절 자신에게 관심을 별로 주지 않았던 아버지에 대한 감정과 남편에 대한 감정에서 유사점을 깨닫도록 원조할 수 있다.

남편의 무관심에 대해 지나치게 분노하는 아내에게

- "당신은 이전에도 이와 같은 감정을 가진 적이 있습니까?"
- "당신의 청소년기와 현재의 문제와는 어떤 관계가 있다고 생각하나요?"
- "당신이 현재 배우자에게 느끼는 것과 같은 감정을 이전에도 느꼈던 적이 있으신가요?"

2) 간접적 개입

간접적 개입은 일명 환경조정이라고 하기도 하는데, 서비스 이용자의 긴장과 압력을 감소시키기 위하여 사회적 상황을 바꾸거나 개선하는 것을 의미한다. 환경조정이 모든 대상마다 적용되는 것은 아니다. 그러나 서비스 이용자가 현재 처한 특정한 환경에 그대로 남아 있는 한 문제가 잘 해결되지 않는 경우, 서비스 이용자가 스스로 환경을 건설적으로 변화시키지 못하는 경우에는 특히 환경조정이 필요하다. 즉 서비스 이용자의 문제가 심리적인 것보다는 환경과의 상호작용에서 균형을 상실한 데서 기인하는 경우 이용자의 인적·물적 환경에 개입하여 환경을 조정하기도 한다. 사회복지사는 필요한 자원을 제공하고 발굴하며 서비스 이용자와 다른 사람들 사이에서 중재하고 서비스 이용자를 옹호하는 역할 등을 수행한다.

2. 심리사회모델을 적용한 사례[1)]

1) 사례 개요

서비스 이용자인 S부인은 임파선에 악성종양이 있다는 사실을 몇 개월 전에 알게 되었으며, 최근에는 종양이 온몸에 퍼지고 있다는 것을 알게 되었다. 현재 항암치료를 받고 있으며, 6개월에서 2년 정도 살 수 있을 것으로 생각하고 있었다. 이용자 주변에는 자신의 심정에 대해 이야기 할 수 있는 사람이 없다. 부모님은 연로하시고 남편은 약하기 때문에 자신이 오히려 이들을 위로해야 할 것 같이 느끼고 있다고 했다. S부인은 경험이 풍부한 성숙한 여성 상담자를 원하였다.

2) 가족 상황

(1) 결혼관계

S부인은 자신과 마찬가지로 지배적이고 고집스러운 첫 남편과 5년간 결혼생활을 하고 이혼한 후 현재의 남편인 S씨와 결혼하였다. S씨는 정부기관에서 20년 이상 근무하고 있는 엔지니어이며, 소극적이고 재미없지만 친절한 사람이었다. S부인은

1) Woods & Hollis(1990); 김혜란 외(2005). pp. 81-82

결혼생활을 행복해 하지 않았지만, 자신의 지배적인 성격 때문에 현재의 남편을 선택했다는 것을 인정하고 체념하고 있었다.

(2) 자녀와의 관계

현재 남편과의 사이에서 15세 아들과 13세 딸을 두고 있다.

- 아들: 공부도 잘하고 친구들도 많아 크게 문제가 없다.
- 딸: 잦은 병치레(구개파열로 태어나 어려서부터 여러 번의 수술을 받음), 현재에도 수줍어하고 친구들도 거의 없기 때문에 S부인이 신경을 많이 쓰고 과보호하는 편이었다.

3) S부인이 상담을 통해 변화되기를 원하는 점

- 자신의 남은 삶을 생각해 보기
- 자신의 질병으로 인한 분노를 남편에게 터뜨린 것에 대한 죄책감에 대해 이야기하기
- 자신의 분노로 인해 자신이 죽은 후에 남편과 자녀들의 관계에 미칠 수 있는 부정적인 영향에 대해 이야기하기

4) 개입과정(개입기술 분석)

- 지지과정: 사회복지사는 S부인에게 지속적인 관심을 보이고 격려함으로써 심리사회모델의 지지과정을 적극 활용하였다.
- 탐색-묘사-환기: S부인은 자신의 분노를 남편이 아닌 사회복지사에게 표현함에 따라 부부 사이의 갈등이 점차로 해소됨을 보고하였다.

• 개인-상황에 대한 고찰: S부인은 사회복지사와 상담을 거친 후 딸에게 그동안 자신이 딸을 아기 취급했고, 이를 후회한다는 것을 이야기할 수 있었다.
• 발달적 고찰: 가족과의 관계를 회복함에 따라 S부인은 인생의 여러 시기를 돌이켜보길 원하였다. S부인의 부모님은 비주장적이기 때문에 외동딸로서 S부인은 어려서도 가정에서 지도력을 발휘해야 했으며, 현재 가정에서도 '남자' 역할을 수행해 왔다. S부인은 자신이 아버지에 대한 실망으로 아버지와는 다른 첫 남편을 선택하였으나, 첫 남편과의 갈등으로 인해 결국 아버지와 비슷한 현재의 소극적인 남편을 선택하게 되었다는 것을 이해하게 되었다.

5) 평가

• S부인은 죽음이 임박함을 수용하였다.
• 죽음을 가까이 느끼면서 가족들에게 편지를 썼다. 자신이 죽은 후에 읽어보도록 한 이 편지들은 하나는 남편에게, 두 개는 두 자녀들에게 보내는 편지로, 장례에 대한 지시, 가계 재정에 대한 제안, 세부 지시 사항 등을 포함하는 내용이었다.
• 사회복지사는 전반적으로 S부인의 자아(ego)를 매우 기능적으로 평가하였다. 말기암환자임에도 삶에 대해 열정적이었고, 자기를 비판하고 변화할 수 있는 능력을 가지고 있었다.
• S부인은 사회복지사와의 만남을 통해 자신에게 중요한 모든 것들을 이야기할 수 있었다는 점을 고마워했으며, 특히 피할 수 없는 죽음을 수용하는 데에 따르는 고통을 함께 나눌 수 있었던 점을 고마워했다.
• S부인은 질병 상태가 점점 악화되어 병원 입원 2주 만에 사망하였다.

CHAPTER 03

인지행동모델

SECTION 01

인지행동모델의 철학과 기본 개념

1. 개요

사회복지실천의 변천사에서 항상 제기되어 왔던 주요한 쟁점은 서비스 이용자와 그들의 다양한 문제에 모두 적용될 수 있는 통합적인 이론과 서비스 이용자와 상황 간의 상호작용에 대한 포괄적인 이해의 추구이다. 그러나 통합적인 이론과 지식은 결여되어 있었으므로 사회복지사들은 단편적 이론에 의존하기도 하고, 이론을 배제한 상태에서 기술적으로 절충하려는 시도가 빈번하게 이루어져 왔다. 사회복지실천에서 이러한 쟁점들을 포괄하는 새로운 대안적인 관점 중의 하나가 바로 인지행동모델이라고 할 수 있다.

인지행동모델(cognitive behavior model)은 인간이 생각하고 느끼고 행동하는 것이 상호 관련된다는 전제하에, 하나의 실천모델이 아니라 인지이론과 사회학습을 근간으로 하는 행동이론의 절충적 접근이다. 따라서 인지행동모델의 개념과 적용에 대한 전반적 파악을 위해서는 인지이론과 행동주의이론에 대한 이해가 우선되어야 한다.

현대사회에서 우울증, 알코올 중독, 공황장애, 사회공포증 등과 같은 정신건강의 문제가 사회적으로 많은 문제의 원인이 되고 있는데, 이러한 문제를 치료하기 위한 인지행동치료 프로그램이 개발되어 치료과정에 다양하게 사용되고 있으며, 특히 청소년 주의력결핍 과잉행동장애, 인터넷중독, 약물중독, 흡연 등에 적합한 인지행동치료 프로그램이 다양하게 개발되고 있는 추세이다. 인지행동모델은 행동주의에서 인지과정의 중요성을 강조하면서 창시되었다. 벡(Beck)의 인지치료가 1960년대 우울증 치료를 위해 단기 해결과정으로 역기능적인 사고와 행동을 수정하기 위해 개발되었고, 점차 다양한 치료방법으로 활용되었다. 또한 엘리스(Ellis)의 합리정서행동치료, 마이켄바움(Meichenbaum)의 인지행동수정치료로 발전하였다.

인지행동모델은 행동과 사고와 정서 간의 상호작용을 중시한다. 특히 개인의 심리사회적 문제는 자신이나 주변에 대해 갖고 있는 비합리적인 믿음이나 왜곡된 신념체계 때문에 일어난다고 본다. 따라서 문제해결의 열쇠는 사고의 재구조화에 있다. 1960년대에 들어 인간 제반 문제의 해결에서 환경적 요인에 대한 간과 탓에 정신역동적 접근이 비판을 받았을 때, 일부 전문가들은 인지행동모델을 받아들였다. 이 모델은 서비스 이용자가 생각하는 방식과 행동의 변화를 초점으로 한다.

한편, 인지행동모델에서 제공하는 실천기법은 사회복지실천기술 가운데 가장 많이 활용되고 있는데, 인지행동모델에 입각한 개입 기법은 문제를 일으키는 잘못된 가정과 사고의 유형을 확인, 점검하고 재평가하여 수정하도록 격려하고 원조한다. 사회복지사는 인지행동적 접근을 통해 개입의 효과를 금방 알 수 있을뿐더러 단일설계방법 등으로 개입의 효과에 대한 객관적 평가가 가능하다. 따라서 인지행동모델은 최근 사회복지사에게 중요한 개념으로 부각되고 있는 증거기반(evidence-based) 접근의 하나로 유용하다(Cooper & Lesser, 2008).

2. 이론적 기반

인지행동모델의 이론적 기반이 되는 주요 이론들을 간단히 살펴보고자 한다.

1) 인지이론

인지이론에서는 인간의 사고가 정서와 행동을 결정하는 인자라고 본다. 즉 사람의 감정이나 행동은 어떤 사건을 어떻게 지각하는지에 따라 영향을 받는다고 가정한다. 그리고 사람들의 느낌을 결정하는 것은 그 상황을 해석하는 방식에 달려 있다. 따라서 사고를 현실적으로 평가하여 서비스 이용자에게 내재하는 역기능적인 믿음을 수정해야 한다고 가정한다. 인지이론에 기반한 치료과정에서는 부적응적인 사고유형을 파악하고 이에 직면하여 변화할 수 있도록 돕는다. 인지이론이 제시하는 몇 가지 기본 가정을 살펴보면 다음과 같다(엄명용 외, 2005).

첫째, 인간의 행동은 무의식적인 힘이 아닌 의지에 의해 결정된다. 둘째, 인간의 행동은 사고에 의해 결정되며, 부정확한 지각과 생각이 부적응적인 행동을 초래한다. 셋째, 잘못된 인지, 왜곡된 생각, 비합리적인 신념은 개인의 의식수준 밖에서 일어난다. 특히 잘못된 생각을 학습하고 이를 지속적으로 사용하면서 인지적 신념들이 자동적으로 활용되어 자신도 모르게 역기능적인 정서가 형성된다. 넷째, 인간의 감정은 자신과 사회적 상황에 대해 생각하고 말하고 가정하고 믿는 것으로부터 초래된다. 인간이 가지는 감정의 대부분은 사람들의 생각, 스스로에게 하는 말 그리고 자신이나 자신의 환경에 대해서 믿거나 가정하는 바에서 직접적으로 파생되는 결과이다. 다섯째, 인간은 창조적이고 성장의 욕구를 가지고 자신의 능력을 최대한 개발하고 목표달성을 추구하는 기본적인 경향을 가지고 있다.

2) 행동주의이론

일반적으로 행동주의이론은 행동주의의 여러 학파에 따라 약간씩 다르다. 여기서는 스키너(Skinner)의 행동주의이론과 반두라(Bandura)의 학습이론에서 제시하는 기본적인 내용을 토대로 기본 가정은 다음과 같다.

첫째, 인간에 의해 일어나는 모든 현상들은 관찰이 가능하건 불가능하건 모두 행동으로 간주한다. 둘째, 인간행동은 생활경험에서 광범위하게 학습되며, 이러한 학습은 전 생애에 걸쳐 일어난다. 셋째, 기본적인 학습은 여러 문화와 생활환경을 통하여 개인의 행동으로 나타나며, 정상적이거나 역기능적인 행동, 느낌, 사고 등은 학습의 결과이다. 넷째, 대인적 행동 역시 학습과정에 의한 기능이며, 행동의 범위가 커질수록 기본적인 학습기제가 보다 복잡하게 작용한다. 다섯째, 주요 학습과정은 반응적 조건화, 조작적 조건화, 관찰학습의 세 가지로 대표된다. 이 세 가지 개념을 살펴보면 다음과 같이 정리될 수 있다(엄명용 외, 2005).

(1) 고전적 학습(반응적 조건화)

음식을 보면 침을 흘리는 개의 반사반응은 무조건 반응(unconditioned stimulus: US)이며, 이때 음식물은 무조건 자극(Unconditioned Response: UR)이다. 이 과정에 음식물과 종소리를 함께 반복하여 제시하다가 나중에 종소리만 울려도 침이 나오는 새로운 연합을 관찰할 수 있는데, 이 과정을 조건화라고 한다. 이때 종소리는 조건 자극(Conditioned Stimulus: CS)이고, 이에 반응해서 침을 흘리는 것은 조건 반응(Conditioned Response: CR)이다. 스키너와 반두라는 모두 인간행동이 환경적 자극에 의해 동기화된다고 전제하였다. 하지만 스키너가 강화에 의해 인간행동의 빈도와 강도가 결정된다고 본 반면, 반두라는 개인의 인지적 요인과 다른 내적 사건들에 의해 중재되어 최종적으로 표현되는 행동이 결정된다고 주장한다.

(2) 조작적 학습(조작적 조건화)

선행사건에 반응하는 행동에 어떤 결과가 발생하고, 그 결과 특성에 따라 유기체가 미래에 그 행위를 반복하거나 멈추는 경향이 있다. 즉 칭찬과 인정 등 보상이 따르는 행동은 반복하는 경향이 있고(강화), 결과가 불리하거나 비강화적이면 그 행동을 반복할 가능성은 희박해진다(소거). 이처럼 적응적이고 긍정적인 행동은 보상으로 향상시키고, 부정적이고 파괴적인 행동은 처벌 또는 무시로 소거할 수 있다고 보기 때문에 이를 조작적 학습이라고 한다. 스키너는 인간이 자신의 행동을 통제할 수 있는 힘이 없다고 보았지만, 반두라는 인간은 자기효율성을 성취하는 방향으로 행동을 규제할 수 있다고 믿었다.

(3) 사회학습(관찰학습)

타인의 행동을 관찰하고 모방해서 행동을 습득하는 학습유형이다. 사회학습이론은 행동의 환경적 또는 상황적 결정 요인을 중시한다. 행동을 개인적 변인과 환경적 변인이 계속 상호작용하는 것으로 보기 때문에 인간의 인지적 기능을 강조한다. 행동은 직접 경험하고 관찰을 통해 학습된다. 스키너는 외적 강화가 없이는 행동의 학습이나 수정이 불가능하다고 여겼지만, 반두라는 새로운 행동의 학습은 외적 강화 없이도 이루어질 수 있다고 여겼다(김동배 · 권중돈, 2006).

3. 모델의 주요 특성 및 기본 가정

1) 주요 특성

인지행동모델은 다음과 같은 특성을 지닌다(김정진, 2014).

- 개인이 가지고 있는 비합리적 신념이나 인지적 오류, 자기패배적인 사고를 변화하도록 함으로써 감정이나 행동을 수정한다.
- 개인의 주관적 경험의 독특성을 중시한다.
- 서비스 이용자와 사회복지사의 협조적인 노력을 중시하여 서비스 이용자의 능동적인 참여를 권장한다.
- 구조화된 적극적 과제 활용과 교육적인 접근으로 자기치료가 가능할 수 있도록 하여, 재발 방지의 역량을 강화한다.
- 문답식 방법(소크라테스식)을 활용하여 인지수정을 꾀한다.
- 문제 중심, 목표 지향, 현재 중심 개입으로 시간 제한적인 단기간 치료가 가능하다.

2) 기본 가정(인간관)

인간은 개인적, 환경적, 인지적 영향력 사이에서 끊임없이 상호작용하면서 행동하는 존재이다. 환경 조건은 개인의 행동을 만들고 개인의 조건은 다시 환경을 형성한다. 이는 상호결정론적 입장이라 할 수 있다. 또한 인간은 고유한 인지과정을 통해 환경에서 자신이 경험한 것을 해석하고 행동한다. 행동 결과는 다시 주위 반응에 영향을 받는 순환적인 상호과정이다(이준우 외, 2006). 인간은 합리적이고 논리적으로 될 가능성과 비합리적이고 비논리적이 될 가능성을 동시에 갖고 태어난 존재라는 가정에 기초한다. 여기서 '이성적 또는 합리적'이라는 말은 개인이 자신의 삶의 행복 추구에 도움을 주는 사고, 감정, 행동을 가리킨다. 엘리스(Ellis)가 지적한 인간에 대한 기본 가정들을 요약하면 다음과 같다(김정진 외, 2007 재인용).

첫째, 인간의 정서적 혼란은 외부의 조건보다는 스스로가 이를 야기하는 여건을 만든다. 특히 정서적 혼란을 가져오는 신념을 자신이 창출하고, 그 신념에 따라 스스로 정서적으로 혼란하게 되는 경향성이 있다. 둘째, 인간은 사실을 왜곡하고 정서적 혼란을 일으키게 하는 생득적이면서 문화적인 경향성을 갖고 있다. 셋째, 인간은 사고하고, 동시에 느끼며 행동한다. 인간의 인지·정서행동은 상호 연결되어 영향을 주고받는다. 넷째, 인간은 자신의 사고, 정서와 행동의 과정을 바꿀 수 있는 능력이 있다. 즉, 인간은 자신이 늘 사용하던 행동유형과는 다른 형태를 선택할 수 있으며 여성을 편안한 마음으로 살아갈 수 있도록 스스로를 훈련할 수 있다.

엘리스(Ellis)는 인간은 선천적으로 성장과 자기실현의 경향성을 가지고 있지만 잘못 학습된 생각이나 자기패배적 신념으로 인하여 때로는 성장이 정체된다고 보았다. 그러므로 자신의 잘못된 신념체제에 도전함으로써 과거와는 다른 신념, 생각, 가치로 대체함으로써 과거와는 다른 방식으로 행동할 수 있다는 것이다(김정진 외, 2007).

SECTION 02 모델의 개입목표 및 과정

1. 엘리스의 합리적 정서행동치료

1) 기본 개념

엘리스(Ellis)의 합리적 정서행동치료(Rational Emotive Behavior Therapy: REBT)는 정신분석적 기법에 대한 거부감과 장기적 치료에 대한 의문에서 시작하였으며, 현재 문제에 집중하여 직접적인 생활의 문제를 단시간에 다루려는 의도에서 출발하였다. 합리적 정서행동치료는 인간이 본래 비합리적으로 생각하는 경향이 있지만,

자신의 비합리적 사고를 바꿀 수 있는 힘을 가지고 있다는 낙관적 견해를 가지고 있고, 인간의 부정적 감정 및 행동은 비합리적 신념에서 비롯된다는 가정을 가지고 있다.

합리적 정서행동치료는 심리적 혼란이나 심리적 장애는 인지의 왜곡 때문이라고 가정한다. 인지의 왜곡화란 '~해야만 한다', '~이어야 한다', '~해서는 안 된다' 등의 당위적 사고형태를 말한다. 이러한 인지적 왜곡화는 비합리적 신념에서 비롯된다고 가정하고, 치료는 서비스 이용자의 비합리적 신념들을 찾아내고 반박하면서 그것을 대체할 수 있는 합리적인 신념으로 대체하는 것을 의미한다. 이러한 비합리적 신념들이 생활 속에서 만나는 사건들에 대해 왜곡된 인지를 하게하고, 부정적 정서를 경험하게 한다고 본다.

> 비합리적인 생각은 첫째, 현실적이지 못하다. 즉, 실제 그대로 할 수 없거나 인간으로서는 불가능한 것을 이루려는 생각이다. 따라서 비합리적인 생각 중에는 '반드시 ~해야만 한다'와 같은 당위적인 것이 많다. 둘째, 비합리적 생각은 자신을 더욱 방해하고 있는 그대로의 자신을 받아들이기를 거부한다. 셋째, 비합리적 생각은 다른 사람과의 관계에서 만족을 주지 못하며 더욱 사이좋게 지내는 것을 방해한다. 넷째, 비합리적 생각은 유익하며 생산적인 일에 즐겁게 종사하는 것을 방해한다. 다섯째, 비합리적 생각은 중요한 일에 최대의 관심을 가지지 못하게 한다.

출처: 이형득(1992), p. 306

엘리스(Ellis)는 사람들이 일반적으로 갖고 있는 비합리적 신념을 당위적 사고, 과장, 자신 및 타인비하, 인내심 부족의 네 가지로 차원화하였다(Dryden, 1989; 이현림, 2008 재인용).

- 당위적 사고: '반드시 ~해야 한다'는 형태의 사고로서, 예를 들면 '세상은 항상 공평해야 한다', '나는 반드시 이 분야에서 성공해야 한다' 등의 경직된 사고를 말한다. 엘리스(Ellis)는 당위적이고 경직된 사고가 인간문제의 근본 원인이 되

며 과장, 자신 및 타인 비하, 인내심 부족 등의 비합리적 결과를 초래한다고 하였다.

- 과장된 사고: 과장화 또는 재앙화라고도 한다. '시험에 떨어진다는 것은 세상의 종말을 뜻한다. 그런 끔찍한 일은 있을 수 없다' '이혼은 내 인생의 실패를 뜻한다' 등의 예를 들 수 있다.
- 자신과 타인에 대한 극도의 비하, 파멸적 사고: '~하면, 나는 쓸모없는 사람이다'가 해당된다. 이러한 사고는 일부나 하나의 부정적인 면을 가지고 전체를 부정적인 것으로 간주해 버리는 경향으로 '기말고사를 망쳤으니 나 같은 바보천치가 또 있을까' 등의 예가 있다.
- 좌절에 대한 인내심 부족: 부적응적인 서비스 이용자는 원하는 것이 주어지지 않을 때 그 상황을 견디기 어려워하고 행복감을 느끼지 못한다. 이와 같은 비합리적 신념을 가진 사람은 부적응적 정서와 행동을 보인다. 반대로 합리적 신념이나 융통성 있는 사고를 하는 사람은 긍정적이며 적응적인 정서와 행동을 보인다. 그러므로 합리적 정서행동치료를 통해 비합리적 신념을 합리적 신념으로 바꾸는 것이 개입의 핵심이 된다.

결국 합리적 정서행동치료는 어떤 정서적 어려움이나 문제행동이 단순히 외부적 사건의 결과가 아니라 그 사건에 대한 비합리적 신념에 기반을 둔 자기고백의 결과라고 본다. 다시 말해 사건이나 상황에 대한 해석방식, 즉 상황에 대해 스스로 평가하는 자기독백에 따라 감정과 행동이 달라진다고 본다. 자기독백은 개인의 신념에 기반을 두고 나오고, 또한 지속적으로 반복되는 자기독백은 결국 개인의 가치, 태도, 신념이 된다. 모든 감정과 행동은 다음의 〈표 3-1〉의 형식에 따라 발생한다(Zastrow, 2003).

표 3-1 엘리스의 비합리적인 자기독백의 결과

사건

↓ 7살 딸아이가 집에 있는 꽃병을 깼다.

자기 독백

↓ (사건에 대한 평가적 사고) 말썽쟁이, 자기 아빠만 닮아서 또 말썽이다.

감정

↓ 분노

행동

화도 나고 아이를 몽둥이로 때리는 행동을 하게 된다.

위의 형식을 설명해 보도록 하자. 아이가 꽃병을 깼을 때 엄마가 그 사건에 대해 '말썽쟁이, 자기 아빠만 닮아서 또 말썽이다'라고 자기독백을 했다면 엄마는 화가 나고 아이를 몽둥이로 때리는 행동을 하게 된다. 개인의 감정과 행동이 자기독백에 의해 결정되고, 그 자기독백은 신념체계에 기반을 두므로 엘리스의 치료 기법은 어떤 사건이나 상황에 대한 서비스 이용자의 비합리적 자기독백 또는 비합리적 신념을 파악하고 교정하여 주는 데 목적을 둔다.

2) 개입목표

합리적 정서행동치료(REBT)은 궁극적으로 서비스 이용자의 주된 자기패배적 신념을 최소화하고 더욱 현실적이고 관대한 인생철학을 얻도록 하는, 인생관의 변화를 촉구하는 것을 목적으로 한다. 합리적 정서행동치료를 시도하는 사회복지사는 서비스 이용자로 하여금 합리적인 생활 철학으로서 다음과 같은 몇 가지 목표를 받아들여, 보다 관용적으로 삶의 바라볼 수 있도록 돕는다(이석주 외, 1984).

- 자기관심: 정서적으로 건강한 사람은 우선 자기 자신에게 관심이 있고 진실하

며, 타인을 위해 자기 자신을 자학적으로 희생시키지 않는다.

- 자기지향: 정서적으로 건강한 사람은 자신의 인생에 책임감이 있고, 자신의 대부분의 문제를 독립적으로 해결해 나가며, 때로는 타인과 협력하고 도와주지만 타인의 도움을 강요하지는 않는다.
- 관용: 기능적인 사람은 남에게 실수를 할 권리를 주며, 타인의 어떤 행위를 싫어하거나 혐오할 수도 있지만 하나의 인간으로서 타인을 비난하거나 저주하지는 않는다.
- 불확실성의 수용: 정서적으로 성숙한 사람은 인간이 가능성과 기회를 가진 세계에 살고 있다는 것을 인정하며, 거기에는 어떤 절대적인 확실성은 없다는 것을 인정한다.
- 융통성: 건전한 사람은 지적으로 융통성이 있으며, 변화에 대해서 개방적이고 그를 둘러싸고 있는 무수히 다양한 사람들, 관념들 및 사실들을 수용 가능한 것으로 본다.
- 과학적 사고: 건전한 사람은 객관적이고, 합리적이며, 과학적인 사고를 통해 존재하는 사람과 사건에 대해서뿐만 아니라 자기 자신과 그의 대인관계에 대해서 논리와 과학적 방법을 적용할 수 있다.
- 몰입: 건전한 사람은 사람들 속에 있는 것이든 관념들 속에 있는 것이든 그 자신의 외부에 있는 무엇인가에 깊이 몰입한다. 그리고 적어도 하나 이상의 중요한 창조적인 활동에 관심을 갖는다.
- 모험: 정서적으로 건전한 사람은 모험을 할 수 있다. 그는 자기가 인생에서 진정으로 하고자 하는 것이 무엇인가에 대해 의문을 제기하고, 그 다음에는 비록 그가 패배나 실패의 모험을 하게 되더라도 그것을 해보려고 한다.
- 자기수용: 건전한 사람은 보통 자기가 존재하기 때문에, 그리고 끊임없이 스스로 즐기고 행복과 기쁨을 창조할 수 있는 어느 정도의 힘을 가졌다는 사실 때문에 자기 자신을 좋아한다. 서비스 이용자가 이상과 같은 합리적이고 건전한

인생철학을 내면화하여 자신의 핵심적인 신념으로 대체한다면, 비로소 그의 병적인 행동, 감정, 사고는 사라지고 자유로운 상태에 놓일 수 있을 것이다.

3) 개입과정

합리적 정서행동치료 과정은 ABCDE 모델로 설명될 수 있다. 여기서 'ABCDE'의 의미를 먼저 살펴보고, 단계별로 ABCDE 모델의 개입과정을 살펴보고자 한다.

- A(Accident, 선행사건): 개인에게 어려움을 주고 있는 사건
- B(Belief, 신념체계): 어떤 사건이나 자극에 대한 개인의 해석이나 태도
- C(Consequence, 정서적 · 행동적 결과): 신념을 통해 나타난 정서적 결과
- D(Dispute, 논박): 비합리적 신념에 대해 도전하고 수정하는 것
- E(Effect, 효과): 논박의 결과로 느끼게 되는 긍정적인 감정이나 행동

사건 A는 C라는 정서상태의 원인이 아니라, 사건 A에 대해 개인이 갖는 신념체계인 B가 바로 C를 유발하는 주요 원인이다. 따라서 B 지점이 가장 중요한 부분이다. 개인에게 있는 비합리적 신념체계를 철저히 논박해서(D) 합리적인 신념체계로 바꾸도록 시도한다. 이렇게 하면 그동안 경험했던 부당한 죄책감, 불안, 분노 등과 같은 부정적 정서와 자기파괴적인 행동은 줄어들거나 제거될 것이다(E). ABCDE 모델은 개입과정동안 다음의 4단계를 거치면서 진행된다. 서비스 이용자에게 A-B-C 관계를 설명하고, B의 비합리적인 생각을, 논박을 통해(D), 재구조화하도록 돕는 과정(E)이다.

① 1단계

상담자는 내담자의 비합리적인 생각과 신념을 찾아내서 내담자에게 보여 준다. 내담자는 자신에게 비합리적이고 부정적인 사고방식과 태도가 있음을 분명하게 자

각하고 인식한다. 그리고 평소 행동과 생각을 검토하여 그 속에 있는 비합리성을 발견할 수 있도록 촉구한다.

② 2단계

내담자의 신념이 어떻게 정서적으로 고민과 혼란의 원인이 되는지 보여준다.

③ 3단계

개인에게 있는 비논리적인 신념들이 내면화된 자기 독백, 자기 대화 내용과 어떻게 연결되는지 깨닫도록 인도하기 위해 내담자의 신념들을 구체적인 문자로 정확하게 표현하도록 한다.

④ 4단계

비합리적인 신념을 반박해 보도록 자기 사고방식을 분석하고 교정하는 시간을 갖는다. 그리고 지금까지와 다른 새로운 신념체계인 합리적이고 융통성있는 효율적 사고로 바꾼다. 엘리스의 REBT에서 강조하는 것은 치료 또는 자조(self-help) 절차를 통하여 인간은 개인의 비합리적인 신념을 수정하여 보다 합리적인 신념을 갖게 되면 심리적인 고통을 실질적으로 줄일 수 있다는 것이다. 이러한 심리적 고통의 개선을 위해서 비합리적인 신념체계, 즉 왜곡된 인지를 수정하여야 하며 그때 합리적인 논박과정이 필요한 것이다. 즉, 자신의 왜곡된 인지를 찾아내어 그 안에 숨어 있는 비합리적인 신념체계를 논박하여 새롭고 효율적인 철학, 즉 합리적인 신념체계로 수정하는 작업이 REBT라고 할 수 있는 것이다.

아래의 [그림 3-1]의 이러한 REBT 개입에서 개인 스스로 사용할 수 있는 연습과제를 제시하였다(서수균 · 김윤희 역, 2007). 이 연습과제를 이용하여 개인은 자신이 경험하는 부정적인 감정과 행동(그림C, 결과)이 A(선행사건)에서 발생하였다는 최초의 인지내용을 상기하여, C와 A 사이에 숨어있는 IB(비합리적인 신념)를 찾아내고 이를 논박하여(D), 문제해결에 도움이 된다는 측면에서 새롭고 효율적인 생각(E) 및 감정과 행동(E)을 만들어 낼 수 있다.

A(촉발 사건 혹은 역경)

아버지와 어머니가 이혼을 했다.

- 현재 어려움을 겪고 있는 상황을 간단히 요약한다.
- A는 내적/외적 사건, 실제/가상 사건이 모두 가능하다.
- A는 과거, 현재, 미래의 사건이 모두 가능하다.

C(결과)

주요 건강치 못한 부정적인 감정: 극심한 우울증
주요 자기 파괴적인 행동: 자살 시도 경향

건강하지 못한 부정적 감정의 예:
- 불안·우울·분노·참기 힘든 좌절감
- 수치심/당혹스러움·상처받음·질투· 죄책감

IB
(비합리적 신념)

'내가 부모로부터 버림을 받다니 난 얼마나 무가치한 사람인가.
난 견딜 수 없다'

비합리적 신념의 특징:
- 독단적인 요구
  (반드시 ~해야 한다,
  절대로 ~해야 한다)
- 파국화
  (끔찍하다, 끝장이다)
- 좌절에 대한 낮은 인내력
  (더 이상 참을 수 없어)
- 자기/타인 평가
  (나쁘다, 무가치한 인간)

D(비합리적 신념에 대한 논박)

'부모가 이혼을 했다고 해서 내가 반드시 무가치한 인간인가? '

논박을 위해 유익한 물음:
- 이런 생각을 부여잡고 있는 것이 나에게 도움이 되는가? 아니면 파괴적인가?
- 비합리적 신념을 지지하는 증거는 어디에 있는가? 이런 생각은 사회적 현실에 부합하는가?

E
(효율적인 새로운 철학)

'부모가 이혼한 것은 너무 슬프고 안타까우나, 그렇다고 내가 자살할 필요는 없다'

합리적인 생각의 특징:
- 비독단적인 선호
  (소망, 바람, 원함)
- 나쁜 정도에 대한 적절한 평가
  (나쁘다, 운이 없었다)
- 좌절에 대한 인내력 키우기(좋아하지는 않아도 견딜 수 있어)
- 자기/타인을 싸잡아서 평가하기

E
(효율적인 감정과 행동)

새롭고 건강한 부정적인 감정:
새롭고 건설적인 행동:

건강한 부정적인 감정:
- 실망
- 걱정
- 슬픔
- 후회
- 좌절

[그림 3-1] REBT 자조(Self-help)

출처: 서수균 · 김윤희 역(2007)

또한 〈표 3-2〉에는 엘리스가 제시한 대표적인 비합리적 신념체계가 나열되어 있다. 우리 모두는 이러한 비합리적인 신념체계를 일정 정도 가지고 있으며, 또한 어떤 특정한 사건, 즉 촉발된 선행사건에 대하여 이러한 비합리적인 신념체계를 사용하는 경향이 있고, 결과적으로 부정적인 결과를 겪게 되는 것이다.

표 3-2 엘리스가 제시한 대표적인 비합리적인 신념체계

① 더 나쁜 결과를 가져올지라도 이제까지의 생각이나 행동을 쉽게 바꾸지 못하는 경향
② 분명히 바람직하지 못한 목표인데도 이에 대한 욕망을 버리지 못하거나, 극단적으로 집착하고 자신에게 확산시키는 경향
③ 어렸을 때부터 가지고 있는 편견이나 신념에 집착하는 경향
④ 분명히 비효과적인 습관인데도 그것을 포기하지 못하는 경향
⑤ 주의집중만 하여도 되는 일에 지나치게 경계하고 조심하는 경향
⑥ 자신이 다른 사람보다 우월하고 어떤 측면에서는 완벽하다는 것을 입증해 보이려는 욕구에서 벗어나지 못하는 경향
⑦ 자신의 생각이 그릇된 근거에 토대를 두고 있음이 입증되었을지라도 사고의 검토과정 없이 그와 반대되는 견해로 쉽게 넘어가는 경향
⑧ 심사숙고하면 더 좋은 방법이 있는데도 아무 생각 없이 상투적인 습관대로 행하려는 경향
⑨ 이롭지 못하다는 증거가 분명히 있는데도 불구하고 그러한 사실을 자주 잊어버리는 경향
⑩ 지나치게 낙관적인 경향
⑪ 바람직한 일을 위하여 열심히 노력하거나 자기를 훈련하기보다는 구실을 대며 게으름을 피우고 일을 연기하려는 성향
⑫ 다른 사람이 자신을 정당하게 대우해 주었으면 좋겠다는 정도를 넘어 당연히 정당하게 대해 주어야 하는 것처럼 다른 사람에게 요구하고 그렇게 대우해 주지 않을 경우 그 사실을 집요하게 생각하는 경향
⑬ 자신의 어리석은 행동을 가지고 자기 자신을 비난하려는 경향
⑭ 과거에 일어나거나 미래에 일어날지도 모르는 일에 대하여 지나치게 일반화하려는 경향
⑮ 정신적으로 당황하게 되었을 때 신체적으로 쉽게 영향을 받는 경향

2. 벡의 인지치료

1) 기본 개념

벡(Beck)은 우울상태와 부정적 인지의 세 가지 징후와의 관련성을 주목하였다. 즉, 자기 자신(self), 자기세계(world), 자기장래(future)의 세 영역에서의 비관적인 사고와의 관련성이다.

첫째 요소는 자기 자신에 대한 부정적 생각으로 '나는 무가치한 사람이다'라고 생각한다. 자기 자신을 결점이 많고 부적절하며 연약하고 아무 것도 할 수 없는 존재로 본다. 또한 불유쾌한 경험을 자신의 심리적 · 도덕적 · 신체적 결함 때문인 것으로 생각하고 자신을 평가 절하하여 쓸모없는 존재라고 믿어 자신을 비난하는 경향을 가진다.

둘째 요소는 세상에 대한 부정적 생각으로 '세상은 매우 살기 힘든 곳이다'라고 믿는다. 세상에 대해 자신을 방해하는 극복 불가능한 장애물로 생각하거나 자신에게 과도한 요구를 가해오는 존재로 생각한다. 모든 환경과의 상호작용이 결국 패배와 박탈로 귀결한다고 잘못 해석한다. 이런 식으로 미리 내려진 부정적 결론에 맞추기 위해 사실들을 재단하는 경향이 있다.

셋째 요소는 미래에 대한 염세적인 생각이다. '나의 미래는 희망이 없다'라는 식으로 미래를 보면서 자신의 현재의 어려움이나 고통이 무한히 계속될 것이라고 예상한다. 곤경과 좌절, 그리고 박탈이 쉽게 사라지지 않을 것으로 생각하고 시작하게 될 어떤 과제를 떠올리면서 실패를 먼저 예상하게 된다.

(1) 자동적 사고

자동적 사고(automatic thinking)란 한 개인이 어떤 상황에 대해 내리는 즉각적이고 자발적인 평가를 의미한다. 이 사고는 합리적으로 판단해 내리는 것이 아니라, 자동으로 그 상황에서 튀어나오는 생각이다. 이것은 모든 것이 부정적일 때 문제가 된다.

(2) 역기능적 믿음

역기능적 믿음(dysfunctional beliefs)은 각 개인이 경험을 통해 자신과 세상에 대해서 지니고 있는 일반적인 가정이나 믿음 중에서 지나치게 경직되고 극단적이고 절대화된 것으로 그 내용보다는 형식의 경직성이 더 문제가 된다. 이러한 믿음은 구체적인 상황에서의 구체적인 자동적 사고를 통해 그 모습을 드러낸다.

(3) 도식

도식(schema)이란 한 개인이 자신의 인지구조에 따라 특정 자극에만 선택적으로 주의를 기울여 반응하는 것을 의미한다. 도식은 비교적 안정적인 인지 패턴으로 유사한 상황을 일정하게 해석하는 경향이 있다. 도식에는 핵심믿음과 중간믿음이 있다.

(4) 인지적 왜곡

벡은 정서 문제를 생활사건에 대한 왜곡된 사고나 비현실적인 인지적 평가의 결과로 설명하면서 다음과 같은 인지적 왜곡을 제시했다(Beck, 1979; 김혜란 외, 2006).

① 임의적 추론(arbitrary inference)

어떤 결론을 내릴 때 충분한 증거가 없음에도 불구하고 최종적인 결론을 성급히 내려 버리는 경우이다. 이러한 왜곡은 상황에 대한 비극적 결말이나 상황을 생각하는 것으로 이성친구가 바빠 자주 연락을 못하게 되면 '이제 그가 나를 멀리하려 하는 구나'라는 식으로 결론을 내리고 혼자 이별을 준비하는 경우가 이에 해당된다.

② 선택적 요약(selective abstraction)

상황에 대한 분명하고 현저한 특성을 무시한 채 맥락에서 벗어난 세부 내용에 초점을 두는 것이다. 발표할 때 많은 사람들이 긍정적 반응을 주었음에도 불구하고 일부 소수의 부정적 반응에만 선택적으로 주의를 기울임으로써 '나의 발표는 엉망이었다'라고 단정 짓는 경우를 말한다.

③ 과잉일반화(overgeneralization)

한두 가지의 사건을 보고 나서 그것이 세상의 원리를 설명해 주고 있는 것처럼 삶을 제한시키고 위축시키는 것이 과잉일반화이다. 즉, 이용 가능한 모든 자료를 객관적으로 관찰하고 그 자료를 설명하는 법칙을 발견하고 적용해 보는 것이 아니라, 하나의 사건이나 사실에 근거하여 일반적인 결론을 내리고 무관한 상황에서도 그 결론을 적용하는 오류이다. 한두 번의 실연으로 '항상', '누구에게나' 실연당할 것이라고 생각하는 경우가 그 예이다.

④ 확대와 축소(magnification & minization)

사건의 의미와 크기를 왜곡하는 것이다. 가령 우울증 환자들은 부정적 사건의 의미나 크기를 확대하는 반면, 긍정적 사건의 의미나 크기는 축소하는 경향이 있다.

⑤ 개인화(personalization)

외부사건이 자신과 관련이 없음에도 불구하고 자신과 연관시키는 것이다. 가령 잘못된 외부사건을 자신의 탓으로 생각하는 경우를 들 수 있다.

⑥ **이분법적 사고**(dichotomous thinking)

모든 경험을 상반되는 양 범주로 이해하는 경향을 말한다. 가령 결함이 전혀 없는 사람 아니면 결함투성이, 성공 아니면 실패 등의 흑백논리로만 판단하는 것이다. 그러나 이분법적 사고는 실수를 하게 되면 그 자리에서 자신을 나쁜 사람이라고 단정하게 되는데, 이것은 열등감을 가진 사람의 모습이기도 하다.

한 가지 예를 들어, 벡의 인지치료의 기본 개념을 설명하고자 한다.

평소 다른 사람들 앞에서 이야기하는 것에 대한 불안이 많은 선희는 내일 수업시간에 있을 자신의 발표를 앞두고 여러 가지 생각을 갖는다. '이번에도 사람들 앞에서 나는 무척 긴장할 것이고 머릿속은 온통 백지가 되고 눈앞이 깜깜해지겠지. 무슨 말을 해야 할지 생각도 나지 않고 더듬거리며 횡설수설할 거야, 또 숨이 막히고 다리가 떨려 제대로 서 있지도 못할 거야. 그래서 발표는 엉망이 되고 교수님이나 친구들은 이런 나의 어설픈 모습에 형편없다고 비웃겠지. 이럴 바에는 차라리 발표를 안 하는 것이 더 나을 거야.' 이런 생각이 떠오르면 땀이 나고 심박 수와 호흡이 빨라지며 머리도 아프고 속도 편하지 않다. 이런 신체적·심리적 변화가 지속되면서 실제로 선희는 발표에 대한 불안감과 실패감이 더욱 강화되고 자신은 발표를 잘할 수 없는 사람이라고 단정 짓게 된다. [그림 3-2]는 이러한 과정을 그림으로 나타낸 것이다.

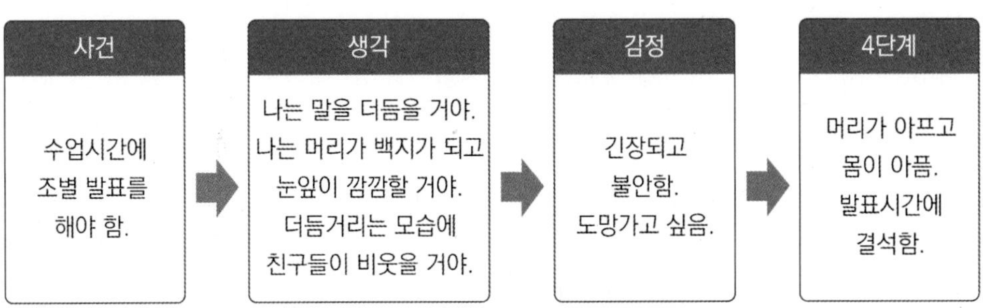

[그림 3-2] 기본적인 인지치료 모델: 발표불안을 가진 대학생의 예

벡은 인간의 인지과정을 스키마(schema), 핵심신념체계(core belief system), 중간신념(intermediate belief), 자동적 사고(automatic thinking)의 개념으로 설명한다(Wright et al., 2009: 24-31).

자동적 사고는 특정 순간이나 상황에서 자신도 모르게 순식간에 저절로 떠오는 생각이나 판단이다. 이것은 전의식 수준에서 일어나는 것으로 주로 부정적인 감정과 역기능적 행동을 유발한다. 자동적 사고는 자동적이고 자발적으로 떠오르는 생각이기 때문에 사고의 타당성을 검토할 사이도 없이 그대로 받아들이게 됨으로써 인지적 왜곡이 발생될 수 있으며, 이후 발생되는 부정적 감정을 무비판적으로 받아들일 수 있다.

스키마는 개인의 기본 신념, 가정과 정보에 대한 지각 등 자동적 사고의 기초가 되는 기초적인 틀로서 부모의 훈육, 친구나 가족과의 경험 등 어린 시절의 경험에 의해 형성된다. 스키마는 크게 단순 스키마, 중간신념, 핵심신념의 세 가지 범부로 구성된다. 먼저 단순 스키마는, 예를 들어 '여름에는 아랫배 부분을 차지 않게 해야 한다', '계곡에 비가 오면 순식간에 물이 불어날 수 있으므로 조심해야 한다' 등과 같이 자연의 법칙이나 일상생활에 대한 규칙 등이 해당된다. 중간신념은 '사람들로부터 인정을 받으려면 나는 실수하면 안 돼', '내가 사람들을 즐겁게 하지 않으면 모두 나를 싫어할 거야' 등과 같이 '만약 ~하면, ~할 것이다'는 조건을 가정하는 규칙이다. 핵심신념은 예를 들어, '나는 쓸모없어', '나는 사랑스럽지 않아' 등과 같이 자신의 존재나 실존, 자아존중감에 대한 전반적인 생각이나 규칙이다.

이와 같이 스키마는 이전에 경험했던 익숙한 상황에 빠르게 대응하게 할 수 있는 이점도 있지만, 이미 형성되어 있는 스키마의 경우 새로운 상황에 적응하거나 적절한 판단을 함에 있어 왜곡된 지각과 판단을 가져오는 부적응적인 기능을 할 수도 있다(정순돌 외, 2011).

2) 개입목표 및 개입과정

인지치료는 서비스 이용자로 하여금 부정적인 자동적 사고와 그로 인해 유발된 감정, 행동과의 관련성을 자각하게 하고, 더 나아가 자신의 생각 중 역기능적이고 왜곡된 신념과 지각을 명확히 하고 수정할 수 있도록 하기 위해 새로운 생각과 기술을 학습하여 적용하도록 하는 데 초점을 둔다. 개입과정은 다음과 같다(정순돌 외, 2011: 90-91 재인용).

① 서비스 이용자가 자기의 생각이 무엇인지 자각하도록 한다.
② 서비스 이용자가 지각한 생각 중에서 역기능적이고 왜곡된 신념이 무엇인지 규명한다.
③ 역기능적인 신념을 대치할 수 있는 정확하고 객관적인 인지 내용이 무엇인지 발견하고 학습하도록 한다.
④ 실천가는 내담자의 인지적 · 행동적 변화에 대한 반응을 강화한다.

SECTION 03 모델의 개입기술 및 적용사례

1. 개입기술

인지행동모델에 기반한 개입은 크게 세 가지 부류로 묶어볼 수 있다(이장호 외, 2001).

첫 번째는 인지적 재구성에 초점을 두는 부류들이다. 인지적 재구성(인지재구조화)이란 서비스 이용자의 사고내용과 방식을 재구성하여 변화시킨다는 것이다. 인지적 재구성을 통해 우울이나 불안과 같은 정서적 문제를 해결하려는 것이다.

두 번째는 대처기술의 직접적인 교육과 훈련을 강조하는 부류들이다. 이 부류에서는 사람들이 부적응을 겪는 이유가 상황에 부적절한 방식으로 반응하기 때문이라고 본다. 따라서 상황에 적절한 대처행동을 가르치고 훈련(불안관리훈련 등)시킴으로써 부적응을 해소하려는 것이 이 접근의 핵심이다. 예를 들어 사람들이 많이 모인 곳에 가면 불안해지기 때문에 그런 상황을 피하려는 서비스 이용자에 대해 불안을 효율적으로 관리함으로써 올바른 대처행동을 할 수 있는 구체적인 기술들을 직접적으로 가르치고 훈련시키는 경우를 들 수 있다. 대처기술훈련은 서비스 이용자에게 문제 장면에 대한 구체적인 대처기술을 집중적으로 훈련시킴으로써 상황에 대한 더 나은 대처를 가능하게 하는 것이다.

세 번째는 문제해결접근이라고 불리는 부류들이다. 이 부류에서는 서비스 이용자들이 겪는 부적응을 해소하는 데 인지적 재구성과 대처기술훈련을 복합적으로 사용한다. 한편으로는 문제 장면에서 보다 적절한 행동을 할 수 있도록 구체적인 대처행동을 훈련시키는 과정을 거치며, 다른 한편으로는 문제를 스스로 해결할 수 있도록 인지의 내용과 방식을 변화시키는 과정 또한 포함한다.

또 다른 측면에서, 인지행동모델에 의하면 인간의 행동은 보상이나 처벌 등 환경적 영향과 환경이 제공한 정보를 구조화한 인지도식의 상호작용을 통해 형성된다. 그러므로 개인의 역기능적 인지구조나 행동을 개입의 표적으로 하며, 개입방법으로 모델링, 연습, 강화, 과제 부여 등 다양한 행동수정 절차를 활용한다. 인지행동모델의 개입 기법은 인지적 · 행동적 · 정서적 기법을 포함한다(김경호, 2010).

첫째, 인지적 기법은 서비스 이용자의 인지체계를 이해하고 견해를 수용하면서 똑같은 상황에 다른 의미나 감정을 연결함으로써 서비스 이용자가 자신의 인지체계가 부적절한 것일 수도 있다는 것을 인식하게 하는 것이다. 이를 통해 서비스 이용자는 상황에 대해 적절한 의미나 감정을 가질 수 있게 된다.

둘째, 행동적 기법은 성취 가능한 바람직한 행동을 구체적으로 설명한 후 행동을 연습하게 함으로써 실제 생활에서 서비스 이용자가 사회복지사의 도움 없이 행동할 수 있게 돕는 것이다.

셋째, 정서적 기법은 서비스 이용자가 긴장상태에 있을 때 근육 이완 또는 긴장 완화 요법을 시행함으로써 서비스 이용자가 자신의 긴장을 조절할 수 있게 돕는 것이다.

인지행동모델에서 사용하는 주요 기법들 중 여기서는 인지재구조화, 경험적 학습, 역설적 의도, 노출법, 체계적 둔감화, 소크라테스식 대화법(문답법) 등에 대해서 살펴보도록 한다.

1) 인지재구조화

인지재구조화(cognitive restructing)는 역기능적이고 자기패배적인 사고와 잘못된 신념을 인식하여, 그것을 현실과 부합되며 서비스 이용자의 기능을 향상시킬 수 있는 신념과 행동으로 대체시키는 데 유용한 개입방법이다. 인지재구조화는 모델링, 행동시연, 이완훈련, 자기주장훈련, 약물치료, 체계적 둔감화와 같은 기술과 함께 사용되는데, 이는 단독으로 사용될 때보다 병용하는 것이 효과적이기 때문이다. 인지재구조화 기법의 실시 단계는 다음과 같다(Hepworth et al., 2006, 이영분 외, 2001, 재인용).

(1) 인지 기능에 대해 이해하기

사회복지사는 서비스 이용자에게 인간의 인지가 정서와 행동에 영향을 미친다는 사실을 이해시킨다. 다음 예를 보면 동일한 상황을 생각하는 방식에 따라 감정과 행동 양상에 차이가 있음을 알 수 있다.

남편의 반복적 폭력으로 이혼을 고려하는 여성

- 생각하는 방식 1: "이혼은 내 인생의 끝장을 의미해. 앞으로 어떻게 살아가지. 이혼녀라는 사회적 시선을 견디기 힘들 거야. 이혼하느니 참고 사는 게 나을지도 몰라. 아이들은 또 어떻게 하고..."
- 생각하는 방식 2: "평생 이렇게 살 수는 없어. 당장 심적으로나 경제적으로 힘들어도 멀리 보면 이혼하는 게 나을지도 몰라. 나에게도 아이들에게도 더 나은 선택일 수 있어."

(2) 역기능적 신념과 사고 패턴에 대해 파악하기

생각이 정서적 반응을 초래한다는 사실을 서비스 이용자가 받아들이면 그 다음 단계로 서비스 이용자가 자신의 역기능적 사고와 신념을 검토하도록 돕는다. 이 과정을 통해서 서비스 이용자는 미처 알지 못했던 자신의 자동적 사고와 신념이 행동을 결정하고 있음을 알게 된다. 알코올중독으로 낮은 자존감과 자기패배적 사고를 갖고 있는 서비스 이용자의 예를 살펴본다.

알코올중독을 갖고 있는 서비스 이용자

"세상을 잘못 만나 이렇게 됐어. 어려운 시대에 태어나지 않았더라면, IMF만 만나지 않았더라면, 그때 사기만 당하지 않았다면 이렇게 바닥으로 떨어지진 않았을 거야. 난 이제 뭘 해도 다시 시작하기 어려워. 술을 끊고 싶긴 하지만 술마저 없었다면 정말 견디기 어려울 거야. 에잇, 괴로우니 술이나 한잔 더 하고 잠들어야겠다."

(3) 역기능적 사고의 발생 상황을 규명하기

역기능적 사고가 언제 어떤 상황에서 누구와 함께 있을 때 주로 발생하는지를 밝혀냄으로써 특정 상황에서 서비스 이용자가 기능적으로 대처할 수 있도록 돕는다.

〈표 3-3〉과 같은 역기능적 사고 기록양식을 서비스 이용자에게 작성하도록 과제를 주면 문제파악이 용이해진다.

표 3-3 역기능적 사고 기록양식

날짜	구체적 상황	정서	역기능적 사고 (자동적 사고)	합리적 반응
	불쾌한 감정을 유발하는 실제 사건	당시의 정서 상태를 1-100으로 점수화	감정에 선행하는 자동적 사고를 기록	역기능적 사고에 대한 합리적 반응
6/3	남자친구가 전화해서 일 때문에 함께 외출할 수 없다고 전해 옴.	슬픔 90	나를 좋아하지 않나 봐. 그래, 나를 좋아하는 사람은 아무도 없어.	오늘은 어렵지만 다음 주말에 함께 가자고 하는 걸 보면 나를 좋아하는 것임에 틀림없어. 혹시 남친이 나를 좋아하지 않더라도 그것이 아무도 나를 좋아하지 않는 것을 말하는 건 아니야.

(4) 자기패배적 진술을 기능적 진술로 대체시키기

역기능적 사고, 신념, 이미지 등이 규명되고 이러한 인지가 불안, 초조, 긴장, 분노 등의 부정적 정서반응을 가져옴을 인식하게 되면 서비스 이용자 스스로 새로운 대처방법을 학습하고자 할 것이다. 이때 사회복지사는 서비스 이용자의 부정적 정서반응과 자기패배적 행동을 효과적이고 현실적인 자기 진술로 대체하도록 돕는다.

2) 경험적 학습

경험적 학습(experiencetial learning)은 왜곡된 인지에 도전하여 변화하도록 유도하는 것으로 인지적 불일치 원리(cognitive dissonance principle)로 설명된다(엄명용 외, 2005 재인용). 자신의 인지에 부합하지 않는 특정한 행동을 함으로써 서비스 이용자가 자신의 인지적 오류를 발견하고 수정하도록 하는데, 자기주장훈련, 모델링, 역할극, 사회기술훈련, 심리극 등을 활용할 수 있다. 행동을 통해 인지를 변화시키고자 하는 의도를 가진 기법이라 할 수 있다.

3) 역설적 의도

역설적 의도(paradoxical intention)는 서비스 이용자가 어떤 불유쾌한 구체적 행동이 자꾸 발생할 것을 불안해하는 나머지 그 행동을 오히려 더욱 더 심하게 하는 경우에 가장 적절하게 사용될 수 있다. 역설적 의도 기법은 서비스 이용자가 두려워하고 불안하게 여기는 행동을 계속하도록, 또는 더욱 더 할 수 있도록 지시하는 것을 말한다. 아내에게 권위적이고 지배적인 남편에 대해 더욱 지배적으로 행동하도록 지시를 내리는 경우, 잦은 부부싸움을 호소하는 남편과 아내에게 매일 2시간씩 부부싸움을 하도록 지시하는 경우, 우울한 서비스 이용자에게 계속해서 우울하게 행동하라고 하는 경우 등과 같이 불안행동, 증상행동을 자발적으로 계속하도록 지시나 과제를 주는 기법이다. 역설적 의도 기법을 통해 사회복지사는 이용자에게 '변화하라'는 메시지와 '변화하지 말라'는 두 가지 모순된 메시지를 동시에 전달하는 이중구속의 상황을 만들게 된다. 이러한 이중구속의 상황에서 서비스 이용자가 사회복지사의 지시에 순응하게 되면 증상행동에 대해 이용자가 통제 가능한 상황이 되는 것이고, 지시를 따르지 않는다면 증상행동을 포기하는 것이 되는 것이다. 즉 서비스 이용자가 우울한 행동을 계속 또는 더 많이 행한다는 것은 이미 우울을 스스로 통제할 수 있다는 인식이 생기게 되어 변화의 자신감을 가지게 된다는 것이고, 우울한 행동을 지속하라는 지시를 따르지 않는다면 우울증상으로부터 호전되는 것을 뜻하게 된다는 것이다.

4) 노출법

노출법은 인지행동모델에서 아주 중요한 부분인데, 서비스 이용자가 두려워하는 상황에 직접 노출시켜 그 상황을 회피하지 못하게 함으로써 자연스런 소멸과 습관화가 일어나도록 하는 기법을 말한다(김경호, 2010). 어릴 적 경험으로 아버지의 권위적인 모습에 학습되어 있는 경우, 아버지 앞에만 가면 두렵고, 말을 할 수 없고, 긴장되게 된다. 이러한 아버지 앞에 가는 상황을 만들거나, 아버지와 1주일동안 여행하는 과제를 줌으로써 아버지에 대한 인식이 달라지는 경험을 하게 되는 경우를 말한다.

5) 소크라테스식 대화법(문답법)

소크라테스식 대화법은 소크라테스가 제자들을 가르치기 위해 사용하던 교육방법으로 질문과 응답을 지속함으로써 서비스 이용자 인지의 왜곡이나 인지적 오류를 알 수 있도록 하는 방법이다. 당연하게 여겼던 상대방의 논리를 따라가면서 문답을 지속하여 스스로 모순에 부딪히게 함으로써 서비스 이용자 스스로 자신의 사고를 통찰, 사색, 정리하도록 하는 대화법이다. 말이나 사고에서 의문이 생기거나 미심쩍은 부분은 분명히 하고, "어떤 근거에서 그렇게 생각하게 되었나요?", "어떻게 해서 그렇게 생각하게 되었나요?" 등과 같이 논리적인 근거, 이유 등을 따져본다.

이 대화법은 서비스 이용자의 사고를 외부로 드러내 보여서, 스스로의 사고를 보다 더 의식하고, 정교화하고, 발전시키며, 평가해 보도록 하는 데 목적이 있다.

소크라테스식 대화법의 예

- 사회복지사: 선생님은 지금 기분이 어떤가요?
- 서비스 이용자: 우울합니다.

• 사회복지사: 우울하다는 것은 뭘 말하는 건가요?
• 서비스 이용자: 침울하다는 것입니다.
• 사회복지사: 침울하다는 것은 뭘 말하는 건가요?
• 서비스 이용자: 기분이 더럽단 것입니다.
• 사회복지사: 기분이 더럽다는 것은 또 뭘 말하는 건가요?

6) 체계적 둔감화

사람은 누구나 새롭고 낯선 상황에 직면했을 때 불안하고 긴장하게 된다. 가령 처음으로 많은 사람들 앞에서 발표를 해야 할 때 가슴이 떨리고 눈앞이 캄캄해지는 경험을 할 수 있다. 대부분은 같은 상황을 몇 번 경험하게 되면 점차 익숙해지고 처음보다 덜 떨리게 된다. 하지만 그런 상황에 처할수록 더 불안해지고 생각하는 것만으로도 불안이 커지는 사람도 있다. 체계적 둔감화는 객관적 위협이나 위험이 없는데도 심한 불안을 느끼는 서비스 이용자를 대상으로 한다.

체계적 둔감화(systematic desensitization)란 가장 덜 불안한 상황에서 가장 불안한 상황들을 순서대로 제시하면서, 불안자극과 불안반응 간의 연결이 없어질 때까지 불안자극들을 반복적으로 근육이완사태와 짝지음으로써 점차 자극에 대한 반응 강도를 감소시켜 나가는 기법이다.

적용은 일반적으로 세 단계로 이루어진다. 1단계는 근육이완훈련으로 시작한다. 2단계는 서비스 이용자에게 불안을 일으키는 상황을 모두 열거하게 한 후, 가장 심하게 불안을 일으키는 상황을 제일 위에 두고 가장 낮은 불안을 일으키는 상황을 제일 밑에 두어 불안을 느끼는 정도에 따라 그 순서대로 불안의 위계를 작성한다. 3단계는 근육을 이완하도록 한 후 가장 약한 불안을 야기하는 상황에서부터 차례로 상상하도록 하여 불안 유발자극을 제시한 다음 근육이완에 의해 불안을 제거하는 것이다(장수미 외, 2010).

고소공포증 치료를 위해 체계적 둔감화에서 사용된 불안 위계

서비스 이용자의 근육이 완전히 이완된 상태에서 시작한다. 맨 아래에 있는 가장 덜 위협적인 장면에서부터 더 큰 불안을 야기하는 장면인 위쪽으로 점차 나아가면서 각 장면을 조심스럽게 마음속에 떠올리게 한다.

- 63빌딩 꼭대기에서 아래를 내려다보기
- 63빌딩 꼭대기 층에서 걸어보기
- 12층 건물에서 창문 밖을 내려다보기
- 4층 건물의 발코니 난간에서 아래를 내려다보기
- 4층 건물에서 창문 밖을 내려다보기
- 30층 빌딩을 길 건너 공원에서 쳐다보기
- 초고층 빌딩의 건설에 대한 기사 읽기

2. 인지행동모델을 적용한 사례[1)]

1) 사례 개요

서비스 이용자는 19세의 여자 청소년이다. 중학교 때부터 살이 찌기 시작해 현재 158cm의 키에 120kg의 체중을 갖고 있다. 살이 찌기 시작하며 친구들의 놀림을 받았고, 그로 인해 무척 화가 나서 칼을 소지하고 학교를 다녔으며, 결국 학교를 그만 두었다. 혼자가 된 그녀는 저수지에 투신을 시도하기도 했으며, 농약을 마셔 자살을 시도한 경험도 있다. 뿐만 아니라 정기적으로 자해도 한다고 말했다. 한편, 이런 그녀가 안쓰러워 집에서라도 맘껏 먹게 해주는 어머니의 마음은 그녀의 비만을 더욱 가중시켰다. 또한 그녀의 아버지는 술을 마시고 와서 어머니와 수시로 다투었다. 이런 모습을 보는 그녀는 우울했고, 죽어버리는 것이 낫겠다고 항

1) 본 사례는 SBS '긴급출동 SOS'에서 방영된 사례를 발췌하여 정리하였음.

상 말했으며, 사는 것이 의미가 없다고 생각했다. 이러한 복합적인 문제로 그녀는 신경계 이상인 전환장애로 발전하고 있는 중이다.

2) 개입과정

(1) 기초 단계

내 용	방 법
• 관계형성 • 서비스 이용자의 평가나 진단 • 인지행동치료에 대한 교육사례의 개념화	• 면담을 통해 서비스 이용자의 어려움과 치료에 대한 기대를 표현하게 하고 지지 • 자동적 사고와 느낌을 구별하는 훈련 ① 상황: 자신이 살찐 것에 대한 친구들의 놀림과 부모님의 싸움 ② 느낌: 화가 난다. ③ 자동적 사고: 나는 사랑받지 못한다.

(2) 초기 단계

내 용	방 법
행동 기법 • 주간활동계획표 사용하기 • 즐거움을 주는 활동 증가시키기 • 점진적 과제 부여 • 다양한 행동 기법 활동(사회기술훈련, 주장훈련, 역할훈련 등)	• 하루 일과 적어오기: 시간단위로 계획 수립 • 즐거운 활동을 가장 쉬운 단계부터 시작하여 점진적으로 수행 ① 아침에 일찍 일어나기 ② 간편한 복장으로 약수터 입구까지 다녀오기 ③ 약수터에서 물 떠오기
인지 기법 • 자동적 사고 파악하기 • 인지적 오류 점검 • 자동적 사고 현실 검증(소크라테스식 대화)	• 생활 속에서 자동적 사고를 기록해 오도록 하기 예) 나는 사랑을 받지 못한다 • 소크라테스식 대화를 통한 현실 검증 ① 그렇게 생각할 근거가 있어요? ② 어떻게 해서 그런 생각을 하게 되었나요?

(3) 중간 단계

내 용	방 법
역기능적 가정이나 핵심믿음의 발견 • 자동적 사고를 통한 유추 • 하향식 화살표 기법 사용 • '그게 무슨 뜻입니까?'와 같은 질문으로 서비스 이용자의 생각을 계속 추적	• 부모님이 싸운다. 나는 그것을 매일 지켜봐야 하나? 집에 들어오면 우울하다. • (핵심믿음: 나는 사랑받지 못한다. 관심을 받고 싶다) • 부모님이 싸운다 → 화가 난다 → (그게 무슨 뜻입니까?) → 아버지가 내가 비만인 것에 못마땅해 한다 → (그게 무슨 뜻입니까?) → 나는 사랑 받지 못한다.
역기능적 가정이나 핵심믿음 재구성하기 • 역기능적 가정이나 핵심믿음 • 검증하기 • 행동실험을 통한 검증 • 대안적 가정이나 핵심 찾기	• 핵심믿음을 뒷받침하는 증거: 다투는 것을 볼 때마다 집에 있는 게 우울했고, 내가 죽어버리는 게 낫다고 말했으며, 농약을 먹었다. • 핵심믿음을 반박하는 증거: 아버지가 술을 마시고 들어오는 것은 당신이 비만이어서가 아니라 업무상 일이 있을 수도 있다. 또한 열 손가락 깨물어 안 아픈 손가락 없다는 속담이 있듯이 왜 당신이 사랑받지 못한다고 생각하는가? 당신 아버지께서는 당신을 무척 사랑하고 계신다. • 부모님과 함께 여행을 가자고 한다: 결과를 적어본다.

(4) 종결 단계

내 용	방 법
• 치료자 역할 연습하기 • 재발 및 예상되는 어려움 다루기 • 종결에 대한 감정, 태도 다루기	• 앞으로 닥칠 상황을 예상하여 어떻게 다룰지 역할연기를 통해 계속 연습하기 • 치료과정 동안의 증상 감소 정리하기 • 치료자가 든든한 후원자로 남아 있음을 강조

CHAPTER 04

과제중심모델

SECTION 01

과제중심모델의 철학과 기본 개념

1. 개요

과제중심모델(task-centered model)은 1960년대에 시작한 단기치료의 영향을 받아 1970년대 초 Chicago대학의 Reid와 Epstein에 의해서 개발된 모델이다. 이것은 특정 심리사회적 문제를 가진 개인이나 가족을 도우려고 계획된 단기 형태 혹은 시간제한적 형태이다. 또한 과제중심모델은 경험적인 조사연구 결과에 기반을 두어 지식체계 우위를 강조한다. 이러한 과제중심모델은 Chicago대학교 펄만(Perlman)의 문제해결과정과 스튜트(Studt)의 과업에 대한 개념을 접목하여 서비스 이용자가 자신에게 주어진 행동적 과업을 통해 스스로 문제를 해결할 수 있도록 원조하는 사회복지의 대표적인 실천방법이다. 이 모델은 실천의 효과성 증진을 위해 특정한 이론에 근거하기보다는 다양한 이론을 통합적 · 절충적으로 접근하여, 계획적이고 집중적이며 구조화된 개입을 지향한다. 그러므로 과제중심모델은 다양한 프로그램에 적용해 본 결과, 광범위한 문제영역에서 효과적이며, 비용 측면에서도 효율적인 사회복지실천모델이 되었다. 특히 심리학이나 정신의학이 아닌, 사회복지전문가에 의해 사회복지실천현장에서 활용하기 위해 개발된 모델이라는 점, 이론보다는 경험적 자료를 통해 개입의 기초를 마련하였다는 점에서도 중요한 의의를 가진다(구혜영, 2010).

또한 과업중심모델은 단기 치료의 한 형태로 대인관계의 문제, 역할수행의 어려움, 정서적 고통 등 생활에서 경험하는 문제들을 주로 다루는 매우 실용적인 치료 모델로서 각광을 받았다(이준우, 2009). 즉 이 모델에서는 그다지 긴 시간이 필요하지 않다고 보는 입장인데, 그 이유는 대부분의 서비스 이용자들이 사회복지기관에 가지고 오는 문제들은 일시적이고 불균형 상태이며, 서비스 이용자의 문제들은 재균형의 힘, 특히 변화에 대한 이들의 동기와 그가 취하는 행동에 따라 완화될 수 있기 때문이다. 그리고 대부분의 변화는 일반적으로 길어야 2~3개월 밖에 되지 않는 비교적 단기간 내에 발생할 수 있다고 보기 때문이다.

2. 이론적 기반

과제중심모델은 경험에 기초한 지식을 바탕으로 하여, 계획적이고 의도적인 과정을 통해 서비스 이용자의 문제를 구체적인 과제로 해결해 나가려는 것인데 어떤 특정한 이론이나 개입방법에 고정되지 않는다. 오히려 일반체계이론, 의사소통이론, 인지이론과 정신분석이론 그리고 학습이론의 기본 원칙들을 통합하여 절충적인 접근을 시도하고 있다.

행동주의 원칙 중에서는 문제 발생과 변화를 설명하는 데 도움이 될 수 있는 방법에 관한 지식이 선택되어 사용되고 있다. 예를 들어 과제 수행을 조장하기 위한 강화, 모델링 기법들이 그것이다. 또 과제 수행을 어렵게 하는 심리적 장애에 대한 통찰력 획득에 도움이 되는 정신분석이론과 인지이론, 가족이나 중요한 타자들과 함께 과제를 수행하는 데에 도움이 될 수 있는 의사소통이론, 그리고 개인과 다른 사람들, 또는 서비스 이용자가 속한 조직들과 같은 소규모 사회체계 내에서의 의사결정과 과제 수행에 도움이 될 수 있는 사회체계이론 역시도 과제중심모델에서 발견할 수 있다.

과제중심모델은 단기 심리사회적 접근의 기술을 이용하여 서비스 이용자가 자신들의 문제를 완화하기 위한 과제나 활동을 고안하고 수행하되 시간 제한을 두는 구조를 이용하고 있다. 이 모델에서는 헬렌 펄만(Helen Perlman)과 엘리엇 스텃(Elliot Studt)의 서비스 초점을 서비스 이용자의 과제에 둔다는 생각이 유용하게 받아들여졌다. 이외에도 과제중심모델은 경험에 기초한 지식을 일반화하고 있는데, 예를 들면 과제중심모델이 창안되기 이전까지의 심리치료나 상담에서 발견된 사실들, 즉 단기의 시간 제한적 치료를 받은 사람들이 장기치료를 받은 사람들과 효과면에서 별 차이가 없었다든가, 의도된 기간과 상관없이 비교적 짧은 시간 안에 효과를 볼 수 있었다든가 하는 발견들이 이 모델의 밑받침이 되었다.

3. 모델의 주요 특성 및 개념

과제중심모델의 특성은 모델을 개발하기 위한 프로젝트의 목표와 연관된다. 즉, 과제중심모델에서는 사회복지사가 효율적으로 학습할 수 있고 직접적 실천의 효과성과 효율성을 증진하기 위한 요소로서 단기개입, 구조화된 개입, 서비스 이용자의 자기결정권에 대한 존중, 서비스 이용자의 환경에 대한 개입, 개입의 책무성에 대한 강조 등을 포함한다(김혜란, 1996).

1) 주요 특성

(1) 단기 개입

과제중심 접근은 약 2~3개월 동안 8회기에서 12회기 전후로 이루어진다. 이런 단기 개입은 대부분의 서비스 이용자들이 8회 이내에 상당한 개입의 효과를 보고 한다는 연구 결과(Howard et al., 1986)에 근거를 두고 있다. 만일 서비스 이용자가 장기보호나 상담 혹은 사례관리를 받을 경우에는, 각각의 과제중심 접근을 연속적으로 실시하거나 필요한 시점에서 과제중심모델을 적용할 수 있다.

(2) 구조화된 접근

과제중심모델은 5단계로 이루어진(시작, 문제규명, 계약, 실행, 종결) 구조화된 접근으로 각 단계마다 사회복지사와 서비스 이용자의 역할을 구체적으로 명시한다.

(3) 서비스 이용자의 자기결정권 강조

첫째, 표적문제를 규명하는 데 서비스 이용자의 견해를 우선적으로 반영한다.
둘째, 서비스 이용자와 사회복지사가 함께 개입방향을 계약한다.
셋째, 서비스 이용자는 과제를 설정하고 실행, 평가하는 문제해결 전 과정에서 주체자로서 역할을 한다.

(4) 서비스 이용자의 환경에 대한 개입 강조

서비스 이용자의 문제를 자원부족, 혹은 기술 부족과 관련한 것으로 이해한다. 따라서 문제와 관련이 있는 환경과 자원을 탐색하고, 활성화하는 방안을 강조한다.

(5) 책임 있는 개입 강조

개입과정을 객관적으로 기록하고 상황을 각 회기마다 모니터한다. 전체 사회복지실천과정을 서비스 이용자와 사회복지사가 평가하는 등 개입의 책임성을 강조한다.

이렇게 과제중심모델은 서비스 이용자에 의한 활동단계들을 강조하는 개입구조의 활용을 통해 서비스 이용자의 사회적 기능을 향상시킨다. 또한 이 모델은 개인, 부부, 가족, 소집단에 활용될 수 있으며 비자발적인 서비스 이용자에게도 적용이 가능하다. 이 모델은 활동과 합의된 과제의 완수를 강조하기 때문에 직장, 주택문제, 주간보호 등과 같이 불충분한 자원들로 인한 문제를 해결하려는 서비스 이용자들에게 특히 유용하다(Saleebey, 2002). 그래서 과제중심모델은 모델의 간결성과 단기접근법으로 인하여 그동안 부부갈등, 청소년 비행, 학교부적응, 재가노인 문제 등 사회복지의 다양한 실천현장에서 다양한 사람들에게 적용되어 왔으며, 미국뿐 아니라 영국, 네덜란드 등에서 실시한 경험적 연구들을 통해 이 모델의 효과성과 효율성이 인정되었다(양옥경 외, 2000).

2) 기본 개념

(1) 표적문제

과제중심모델에서 표적문제(target problem)는 서비스 이용자가 인식하고 동의한 문제이다. 서비스 이용자가 직면하고 있는 다양한 문제 중에서 시급히 해결해야 할 문제, 즉 스스로 문제를 인식하고 변화하기를 원하며 사회복지사의 전문적 판단에 의해 인정된 문제로 서비스 이용자와 사회복지사가 변화시키기로 동의한 문제를 말한다(Epstein & Brown, 2002: 6-8).

(2) 과제

과제(task)란 목표를 달성하기 위하여 서비스 이용자와 사회복지사가 해야 하는 활동으로서 함께 계획하고 동의한 후에 수행하는 문제해결 활동을 말한다(Epstein & Brown, 2002: 101). 즉, 과제는 서비스 이용자 자신의 문제해결 노력과 의지가 구체적으로 표현된 것으로 서비스 이용자가 자신의 문제를 해결하기 위해 어떤 일을 수행하는 것을 의미하며, 문제를 완화하고 해결하기 위해 서비스 이용자와 사회복지사 사이에 당장 수행하기로 합의한 활동 목표 및 과정이다.

따라서 과제는 사회복지사가 서비스 이용자에게 일방적으로 부과하는 숙제와는 차이가 있으며, 서비스 이용자만 과제를 수행하는 것이 아니라 사회복지사도 그것을 수행한다. 서비스 이용자는 문제해결을 위한 혹은 문제해결에 도움이 되는 활동을 수행하게 되고, 사회복지사는 서비스 이용자의 과제 수행을 지원하기 위한 활동을 한다.

과제의 유형에는 기본적으로 일반적 과제와 조작적 과제가 있으며, 그 외에 다양한 유형의 부수적 과제가 있다. 과업의 분류는 활동 수행을 계획하는 데 필요한 것으로 특별한 효과나 목적을 갖는 것은 아니다(Epstein & Brown, 2002: 174).

① 일반적 과제

일반적 과제는 행동 방향을 대략적으로 기술하는 과제로 '무엇을 해야 하는가?'를 묻는 과제이다. 일반적 과제는 서비스 이용자의 목표를 반영하고, 목표는 과제가 행해졌을 때 달성되어야 하는 상태를 말한다. 다음의 〈표 4-1〉은 일반적 과제의 예를 제시한 것이다.

표 4-1 일반적 과제의 예

• 노인일자리사업 등록하기 • 결혼이민자 대상 한국어 교육강좌 수강 신청하기	
잘된 진술의 예	잘못된 진술의 예
• K씨는 복지관 노인일자리사업에 등록한다. • L씨는 결혼이민자 대상 한국어 교육 강좌에 수강 신청한다.	• 재취업하기 • 한국어능력 향상

② 조작적 과제(구체적 과제)

조작적 과제는 서비스 이용자가 수행해야 하는 구체적 활동을 말한다. 대부분 일반적 과제에서 나오며, 명확한 활동에 대한 정보를 포함하고 있기 때문에 상위 과제에 도달하기 위한 하위 과제의 형태를 보인다. 다음의 〈표 4-2〉는 조작적 과제의 예를 제시한 것이다.

표 4-2 조작적 과제의 예

• 직업훈련센터 지원서를 작성하여 제출하기 • 노인일자리사업 등록절차 확인하기 • 심리검사 예약하기	
잘된 진술의 예	잘못된 진술의 예
• 복지관 방문하기 • 심리검사 시간 문의하기 • 주거시설 방문하기	• 정기적 상담 받기 • 심리사회적 사정 실시 • 주거자원 파악하기

③ 다른 유형의 과제

일반적 과제의 하위 유형은 세분화될 수 있다. 이러한 유형은 유동적이며 다른 과제와 합쳐지거나 실천과정에서 우연히 실행되거나 중간에 누락될 수 있다. 과제를 분류하는 것은 특별한 조작적 의도가 있는 것이 아니라 수행과정을 더욱 주의 깊게 계획하기 위한 것이다.

- 유일 과제: 한 번의 수행을 위해 계획된 것(예: 지은 씨는 화요일에 복지관 사회복지사를 만난다)
- 반복 과제: 반복적 활동을 위해 계획된 것(예: 현아 씨는 매일 아침 아들을 안아준다)
- 단일 과제: 여러 단계가 필요한 하나의 활동(예: 민호 씨의 자활사업 신청하기)
- 복잡한 과제: 밀접하게 관련된 둘 또는 그 이상의 구분된 활동(예: 자활사업 참여를 위한 절차와 준비과정 담당자와 의논하기, 자녀를 돌보아줄 자원 탐색하기)
- 개인 과제: 한 사람이 수행하는 것(예: 지은 씨가 주민자치센터 전담공무원과 면담약속을 하기)
- 상호 과제: 둘 또는 그 이상의 사람들이 수행해야 하는 과제로서 구분되지만 서로 연관되어 있는 과제(예: 지은 씨는 남편에게 잔소리를 하지 않고, 남편은 술을 마시는 대신 화나는 감정을 아내에게 말할 것이다)
- 공유 과제: 둘 또는 그 이상의 사람이 같은 과제를 하는 것(김씨 부부는 함께 부부치료를 받는다)
- 인지적 과제: 사고 및 감정 활동과 관련된 과제. 정신적인 활동을 검토하여 명확히 하기(예: 김씨 부인은 남편에게 화가 날 때가 언제인지, 그때의 감정이 어떠한지에 대해 활동일지에 기록한다)

4. 모델의 개입 원칙

사회복지실천현장에서 과제중심모델을 활용할 때 염두에 두어야 할 개입 원칙은 다음과 같이 요약하여 설명할 수 있다(Reid, 1996: 618-620; 양옥경 외, 2000).

1) 경험적(실증적) 기원

과업중심모델은 경험적(실증적) 연구에 의해 검증되고 지지된 방법과 이론을 선호한다. 서비스 이용자 체계에 대한 가설과 개념은 실제 자료에 근거한 것이어야 하며, 사정, 과정, 성과 자료는 개별 사례에서 체계적으로 수집되어야 한다. 또한 과제중심모델을 발전시키기 위해 조사연구에 관한 프로그램을 지속적으로 시행한다.

2) 통합적 자세

과업중심모델은 다양한 접근방법, 즉, 문제해결, 인지행동적, 인지적, 가족구조적 접근방법 등 양립 가능한 접근방법 가운데 경험적 기초가 있는 이론과 방법을 선별적으로 선택하여 사용한다.

3) 서비스 이용자가 인식한 문제에 초점

서비스 이용자가 관심을 가지고 명백하게 인식하는 특정 문제에 서비스 초점을 두어 이용자가 문제라고 생각하고 있는 측면이 분명하게 나타나게 하여야 한다.

4) 체계와 상황

문제는 다양한 체계와 상황에서 발생한다. 문제의 해결이나 재발의 예방을 위해 상황적 변화가 필요하며, 문제의 해결은 역으로 문제가 발생한 상황에 긍정적 영향을 미칠 수 있다.

5) 단기 개입

일반적으로 서비스는 4개월 이내에 6~12회 정도, 단기간 서비스를 설계한다. 이러한 단기 개입은 많은 조사연구를 바탕으로 결정된 것이다.

6) 협력적 관계

서비스 이용자와 협력해서 노력하는 관계를 강조한다. 사회복지사는 사정 정보를 공유하며 숨겨진 목적이나 의도는 피한다. 서비스 이용자의 문제해결능력을 발달시키기 위해 전 과정에 광범위하게 참여시키다.

7) 구조화

개입실천 단계에서의 회기를 포함하여 개입 프로그램은 잘 계획된 연속적인 활동들로 구조화한다.

8) 문제해결을 위한 행동과제

서비스 이용자가 수행한 문제해결행동 즉, 과제를 통해 변화를 달성한다. 특히 과제는 서비스 이용자 자신의 환경 내에서 자신의 행동을 동기화하는 데 초점을 둔다. 사회복지사의 과제는 서비스 이용자의 환경적 변화에 영향을 미치는 수단을 제공하는 것이다.

SECTION 02 모델의 개입목표 및 과정

1. 개입목표

과제중심모델의 개입목표는 두 가지로 하나는 서비스 이용자의 문제를 해결하도록 서비스 이용자를 원조하는 것이고, 다른 하나는 서비스 이용자가 자신의 문제를 성공적으로 해결한 경험을 통하여 미래에 부딪히는 어려움을 극복할 수 있는 능력을 향상시키고자 하는 것이다(Payne, 1991).

2. 사회복지실천에서의 활용

첫째, 제한된 표적문제에 초점을 두고, 단기간 개입을 하기 때문에 사회복지실천에서 효율적인 방법으로 인식되어 있다.

둘째, 개입의 효과성을 검증하는 객관적인 실천방법으로 자주 활용되고 있다.

셋째, 이론보다는 실천경험과 과제 수행을 강조하기 때문에 다양한 이론들을 융통성 있게 통합할 수 있다는 장점이 있다. 그래서 다양한 사회복지실천현장에서 적용할 수 있다.

3. 개입과정

과제중심모델은 단기간의 개입을 하는 특성을 지니고 있으므로 진행과정에서의 계획성을 중시한다. 개입과정은 모두 다섯 단계로 이루어진다. 즉, 시작 단계, 문제규명 단계, 계약 단계, 실행 단계, 종결 단계이다. 각 단계는 엄격하게 분리되기보다 필요에 따라 상호 중복되거나 이전 단계로 돌아가는 등 유연하게 활용될 수 있다. 그러나 다른 모델에 비해 과제중심모델의 개입과정은 체계적이다. 체계적 실천을 통해 시간, 노력, 비용의 낭비를 최소화하고 실천과정을 효과적으로 진행한다.

1) 1단계: 시작하기(starting up)

시작은 타 기관으로부터의 의뢰 혹은 자발적인 서비스 이용자의 신청에 의해 이루어진다. 서비스 이용자가 자발적으로 지원한 경우에는 다음 단계인 문제규명 단계로 바로 넘어간다. 비자발적인 서비스 이용자가 다른 기관으로부터 의뢰된 경우, 서비스 이용자를 의뢰하는 구체적이고 확실한 이유는 무엇인지, 실행 가능한 목표와 그것을 달성하기 위해 필요한 자원을 의뢰기관에서 제공할 수 있는지를 파악하고 의뢰자와 직접적으로 협상한다.

2) 2단계: 문제규명하기(problem identification)

가장 큰 관심사는 표적문제를 규명하고 이를 설명, 구체화, 명명하는 과정에 서비스 이용자의 참여를 촉진시키고, 문제의 우선순위를 결정하며, 신속하게 초기사정을 하는 것이다.

첫째, 초기면접에서 사회복지사와 서비스 이용자는 문제를 구체적으로 탐색한다. 특히 탐색의 초점은 서비스 이용자가 원하는 것에 두어야 한다. 여기서는 서비스 이용자가 원하는 욕구를 중심으로 서비스 이용자와 사회복지사가 함께 문제를 구체적으로 규명할 것을 강조한다. 그러나 자신의 표적문제를 말하는 데 어려움이 있는 서비스 이용자의 경우 사회복지사가 변화되어야 할 상황에 대해 제안이나 권고의 형태로 제시할 수 있다. 이때 사회복지사는 가능한 한 명확하게 설명하고 서비스 이용자와 상호 협의하거나 동의를 구해야 한다. 다음의 〈표 4-3〉은 표적문제의 구체화된 예를 제시한 것이다.

표 4-3 표적문제의 구체화

잘된 표현	잘못된 표현
• 김씨 부부는 일주일에 2번 이상 싸운다. • 동수는 하루 4시간 이상 게임을 한다.	• 김씨 부부는 자주 다툰다. • 민수는 게임중독 상태다.

둘째, 표적문제의 탐색과 구체화 이후 효과적으로 문제해결 전략을 활용하기 위해서는 우선하는 표적문제를 선정해야 한다. 사회복지사와 서비스 이용자는 몇 가지 기준에 따라 우선순위를 선정할 수 있는데, 이런 기준은 문제를 다루기 위해 그동안 사용했던 방법의 특성, 기관으로부터 받은 권한, 서비스 이용자의 견해를 포함한다. 그중 서비스 이용자의 우선순위는 문제와 관련된 이용자의 인식방법에 따라 선택될 수 있다. 우선순위의 결정에 있어 서비스 이용자의 진술을 일차적으로 고려하지만 문제 목록에 전문가가 제안한 문제도 포함시킬 수 있다. 그리고 전체 목록을 검토하여 최대 세 가지로 우선순위를 제안하여 선택한다.

셋째, 신속한 초기사정이다. 초기사정은 표적문제의 규명과정에서 발달하며 개입계획을 위한 기초가 된다. 문제규명과정을 통해 필요한 정보가 제공되고 무엇이 변화, 개선, 향상되어야 하는지에 대한 방향이 설정된다. 따라서 사회복지사는 지지적이고 우호적이지만 과장되지 않은 태도를 취하고, 사정과 개입의 수행을 위해 바람직한 신뢰와 자기 노출을 촉진할 수 있다. 사정은 사례 진행의 전 기간에 의해 계속되는 과정이며, 이 과정에서의 초기사정은 표적문제의 규명과 명확화를 돕는다. 그것은 계약에 앞서 이루어지는 임시사정이다. 본격적인 사정은 실행 단계에서 이루어진다.

3) 3단계: 계약하기(contracting)

계약은 개입의 기본 요소로 서비스 이용자와 사회복지사 간 동의에 대한 현대적 의미의 합의양식이다. 서면 또는 구두 계약을 통해 개입의 목적과 형태, 구조 등에 대해 제시하는 것은 개입과정을 명확히 하는 데 도움이 되고 서비스 이용자와 사회복지사의 관계를 강화시킨다. 계약을 하는 이유는 개입에 대한 동의가 상호 성립되었고, 개입목표와 과정 등이 서비스 이용자의 자기 결정에 의한 것임을 강조하기 위한 것이다. 한편 초기 계약은 개입과정 중 중대한 문제와 상황의 변화가 생기면 서비스 이용자와 상의하여 변경 · 수정할 수 있다.

4) 4단계: 실행하기(implementation)

과제중심모델에서 개입의 대부분은 실행 단계이다. 8회의 면접을 가정할 때 면접 2~7회 사이에 진행된다. 이 단계의 주요 목표는 서비스 이용자가 과제를 성취할 수 있도록 원조하는 것이다. 이 단계에서는 문제에 대해 집중적으로 사정하고, 대안을 모색 · 결정하며, 문제를 해결하기 위한 과제를 수행하고, 과제 수행의 정도를 점검한다. 과제 수행을 위한 열다섯 가지 지침을 제시하면 다음의 〈표 4-4〉와 같다.

표 4-4 과제 수행을 위한 열다섯 가지 지침

1. 서비스 이용자의 과제에 대한 이해와 동의를 확인하기 위해 충분히 토론한다.
2. 서비스 이용자의 적극적 참여를 강조한다.
3. 서비스 이용자의 질문에 적절한 조언과 지침을 제공한다.
4. 과제 수행 동기의 중요성을 강조한다.
5. 과제 수행의 타당성 있는 근거를 제시한다.
6. 예상되는 문제를 현실성에 따라 분류한다.
7. 과제에 대해 정기적으로 요약한다.
8. 과제 수행에 필요한 세부 계획을 수립한다.
9. 자원의 특성에 대한 설명과 적절한 서비스를 제공한다.
10. 교육, 모의실험, 실연 등을 통한 과제 수행 방법을 제시한다.
11. 점진적으로 달성해 간다.
12. 과제 수행 계획을 수시로 요약한다.
13. 과제 수행 정도를 점검한다.
14. 남은 개입기간을 검토한다.
15. 난관 극복방법을 제시한다.

(1) 실행 단계의 사정(재사정, 표적문제 사정)

초기 단계의 사정을 보다 정교화하는 과정으로 표적문제와 사회적 맥락, 이용자의 강점을 포함한 인지·정서적 상황에 대해 포괄적으로 사정한다. 실행 단계의 사정을 통해 초기사정의 오류나 불충분한 부분을 보완함으로써 과업의 가치를 높이고 과제 수행을 방해하는 장애 요인을 제거한다.

(2) 대안의 모색과 결정

문제해결에 도움이 되는 실현가능한 대안을 살펴본다. 이때 서비스 이용자의 경험이나 사회복지사의 개인적·전문적 경험, 전문적 기술과 정보, 문헌 등을 참고한다. 특히 사회복지사는 실현 가능한 대안을 이해 가능한 형태로 구체화하고 명료화한다. 또한 대안의 모색 후에는 표적문제를 해결하는 데 효과적이거나 합당한 프로그램으로 알려진 것, 서비스 이용자와 기관의 자원, 서비스 이용자가 가장 적합하다고 인식한 것 등을 고려하여 전략을 선택한다.

(3) 개입전략의 실행

초기에 계약을 통해 설정된 과제는 실행 단계 동안 새로운 과제로 진행되거나 수정되면서 발전한다. 수행할 만한 가능성을 가진 과제를 발달시켜 가고, 동시에 과제 수행을 위해 다양한 지지활동이 수행된다. 즉, 자원을 획득하고 사용하기, 교육과 지도, 역할훈련 및 모델링 등 다양한 활동을 강화하기 위한 사회복지사의 과제를 적극적으로 발굴해낸다. 동시에 과업 수행에 대한 장해물을 탐색하여 그것을 감소시키기 위한 활동을 수행한다.

(4) 진행과정의 확인과 점검

개입의 효과를 검사하고 확인하기 위해 개입과정과 그 결과를 주기적으로 점검하는 것이 필요하다. 정기적인 모니터링을 위해 개별적인 면접상황에서 과제 수행 여부와 문제 상태 및 변화, 새로운 문제 혹은 수정된 문제 등을 검토해야 한다. 그러나 이때 괄목할 만한 향상을 기대하여 진전이 없다거나 문제가 새롭게 수정되는 것에 대해 당황할 필요는 없다. 이러한 과정은 과업수행에 있어서 일상적으로 나타날 수 있는 일이며, 모니터링을 통해 문제의 변화 정도를 명확히 파악할 수 있도록 한다.

모니터링을 통해 사회복지사의 개입을 실행할 수 없거나 비효과적이라고 판단될 경우 개입전략을 수정할 수 있다. 다음의 〈표 4-5〉는 모니터링 도표 양식의 예를 제시한 것이다.

표 4-5 모니터링 도표 양식의 예

1. 과제 수행	완성	많이	부분적으로	조금	기회 없음
과제1					
과제2					
과제3					
2. 문제 상태	나타나지 않음	상당히 완화됨	약간 완화됨	변화 없음	약화됨
문제1					
문제2					
문제3					
3. 변경된 문제	설명				
문제1					
문제2					
문제3					

출처: Epstein & Brown(2002), p. 216, 장수미 외(2010)에서 재인용

5) 5단계: 종결하기(termination)

사회복지실천과정에서 종결은 우연히 이루어지는 것이 아니라 계획된 활동이며, 종결계획은 개입의 처음부터 이루어져야 한다. 과제중심모델에서 목표는 제한적이고 구체적이어야 하며, 목표가 성취되었을 때 분명하게 측정할 수 있는 것이라야 한다. 따라서 종결 시 사회복지사와 서비스 이용자는 문제해결 정도를 파악하고 서비스 이용자의 과업 수행 여부를 평가한다. 이때 서비스 이용자가 성취한 것을 강조하면서 어떻게 유지할 것인지 계획을 세운다. 분명하게 합의된 목표와 관련하여 필요한 경우 개입을 연장하거나 사후지도 계획을 수립한다.

SECTION 03 모델의 개입기술 및 적용사례

1. 개입기술

과제중심모델의 개입기술은 크게 직접적 행동변화 기술과 간접적 행동변화 기술로 나누어 설명할 수 있다. 직접적 행동변화 기술은 인식 증진, 격려, 지시 등이 있고, 간접적 행동변화 기술은 의사소통기술, 탐색, 구조화, 상황분석 등이 있다.

1) 직접적 행동변화 기술

이 기술은 직접적으로 변화를 추구하는 기반을 마련해 주는 것으로, 특히 인식 증진(awareness-enhancement), 지시(direction) 및 격려(encouragement)는 서비스 이용자의 지각, 태도, 감정 및 행동에 수정을 가하도록 계획되는 것들이다(Reid & Epstein, 1972).

(1) 인식 증진

인식 증진 기법은 서비스 이용자의 과제 성취에 장애가 되는 요인을 제거하거나 극복할 수 있도록 서비스 이용자를 지원하는 과정에서 드러난다. 서비스 이용자의 인식 증진을 원조하기 위해서는 개별화된 교육적 노력이 필요하며, 특수한 기능과 상황에서의 인식 증진에 대한 사회복지사의 집중적 노력이 요구된다. 인식 증진은 서비스 이용자로 하여금 과제를 수행할 수 있도록 지원하는 데 큰 도움을 준다. 이는 인지적 왜곡이 과제 성취의 장애가 되고 있는 상황에서는 특히 중요한 기술이다.

(2) 격려

격려는 서비스 이용자가 세운 계획이나 수행한 행동에 대해 긍정적 반응을 표하는 것으로 서비스 이용자의 긍정적 행동을 강화하게 된다. 또한 과제 수행을 도울 것이라 기대되는 서비스 이용자의 행동을 강화하고 자극하기 위해 사회복지사가 그 행동에 대해 선택적으로 사용해야 하며, 진솔하고 정성된 마음으로 표현해야 한다.

(3) 지시

사회복지사가 과제와 관련된 가능한 행동에 대해 서비스 이용자에게 조언 · 충고를 하는 것을 말한다. 지시는 격려와는 달리 서비스 이용자가 생각하지 못했던 가능한 행동을 제안하거나 서비스 이용자가 생각하고 있는 내용에 대한 조언으로 이루어진다. 그러나 서비스 이용자의 의존성을 조장할 우려가 있기 때문에 무차별적으로 이유 없이 제공해서는 안 된다. 과제가 설정되면 지시는 서비스 이용자의 과제의 진보를 촉진할 목적으로 사용된다.

2) 간접적 행동변화 기술

변화는 기본적으로 문제해결 행동이나 과제를 통해서 이루어진다. 과제중심모델의 중심적이고 독특한 전략은 문제해결 수단인 과제에 의존한다는 점이다. 또한 사회복지사와 서비스 이용자의 관계는 문제해결 행동을 자극하고 촉진하는 수단이 된다. 문제해결은 서비스 이용자가 수용되고, 존경받고, 좋아지고, 이해된다는 느낌을 가질 수 있는 관계를 통해 촉진될 수 있는 것이다(Reid & Epstein, 1972).

(1) 의사소통기술

과제중심모델은 단기간에 서비스 이용자가 선택한 명확한 목표를 성취할 수 있도록 원조하는 서비스이다. 따라서 서비스 이용자가 무엇을 추구하고 바라고 있는가를 서비스 이용자와 함께 언어화하는 것이 이 모델에서 가장 중요하다.

(2) 탐색

탐색은 서비스 이용자로부터 자료 및 정보를 이끌어 내려는 사회복지사의 노력이다. 탐색은 두 가지 목적을 갖는데, 하나는 서비스 이용자에 관한 정보를 얻어내는 것이고, 또 하나는 의사소통의 내용을 문제와 관련시켜 초점화하는 데 목적을 둔다. 즉 탐색과정을 통해 서비스 이용자의 문제를 이끌어 내고 이를 명료화하며, 과제의 방향과 가능성을 검토하게 된다.

(3) 구조화

서비스 이용자와의 상호작용 구조와 방향에 대한 사회복지사의 의사소통으로 구성된다. 구조화에는 세 가지 단계가 있다.

- 1단계: 서비스 이용자에게 개입의 성격과 목적, 개입의 조직화와 관련된 문제, 과제, 시간제한 등 과제와 관련 있는 내용에 대한 명확한 의사소통 반응에 대해 서비스 이용자에게 다시 들려주는 작업
- 2단계: 서비스 이용자를 위해 개입계획을 구체화하는 사회복지사의 노력
- 3단계: 조작적 과제를 구조화하는 작업으로써 사회복지사가 서비스 이용자의 의사소통에 대한 명확한 지침을 제공하는 것 등의 활동들로 구성

(4) 상황분석

문제의 상황은 문제를 유지시키는 원인, 즉 문제해결의 장애물과 문제를 다룰 때 동원될 수 있는 자원으로 구성된다. 상황요인, 물리적 요인, 인지적 요인, 가족, 지역사회체계가 포함된 다차원적 틀 속에서 이루어지며 표적문제와 관련하여 검토한다.

사회복지사는 서비스 이용자의 왜곡된 지각, 비현실적 기대를 수정하도록 돕고 역기능적 상호작용이나 행동유형을 지적한다. 상황 분석과 관련하여 사회복지사는 서비스 이용자가 스스로 문제해결에 동원할 수 있는 자원을 찾아내어 활용하고, 또 문제해결의 장애물을 확인하여 해결하도록 돕고, 서비스 이용자의 생활상에서 나타나는 문제의 변화를 확인한다.

2. 과제중심모델을 적용한 사례[1)]

1) 사례 개요

김준호(가명, 만 15세)는 부모님이 이혼하였고 아버지와 새어머니, 할머니와 함께 생활하고 있으며 그는 작년부터 5차례 정도의 가출 경험이 있다. 가출 후 논산에서 서울로 올라온 서비스 이용자를 순찰 중이던 경찰이 발견하고 경찰서에 의해 기관에 의뢰되었다. 현재 준호는 기관에 수용중이며 집에 들어가길 거부하고 있으며, 새어머니의 자신에 대한에 지나친 기대로 부담감이 굉장히 크다. 그리고 평소 독단적이고 강압적이던 아버지의 성격으로 힘들어하던 중 부모님의 이혼으로 인해 아버지에 대한 부정적 감정이 더 커졌다.

1) 서울특별시립동부아동상담소(2001), pp. 242-256, 김정진 외(2007), pp. 119-124에서 재인용

2) 개입과정

(1) 초기 단계(시작, 문제규명, 계약 단계)

① 의뢰 이유에 대한 토의

준호는 반복되는 가출과 무단결석, 학습의욕 저하로 인해 퇴학 위기에 직면해 있었으며, 준호의 부모님은 이혼을 하셨고 시설에 있기 전 아버지, 새어머니와 함께 생활하였는데 그 과정에서 새어머니의 지나친 간섭과 기대, 독단적이고 강압적인 아버지와의 성격 차이로 많은 갈등이 있었다고 한다.

② 탐색과 사정

표적문제를 결정하기 위해 우선 본인이 느끼는 문제점에 대해서 이야기해보도록 하였다. 준호는 가정의 어려운 경제사정과 새어머니의 심한 간섭, 독단적이고 강압적인 아버지의 성격으로 인한 잦은 가출이 자신이 겪고 있는 문제라고 생각하고 있었다.

사회복지사가 생각하는 문제를 결정하기 위해 서비스 이용자의 특성과 또 그가 처해있는 상황을 알아야 했다.

ⓐ 서비스 이용자의 사회적 상황

• 서비스 이용자의 주거지와 주거지역의 주변 상황: 준호가 살고 있는 지역은 저소득층 세대들이 많이 살고 있는 곳으로 주변에 서비스 이용자의 상황과 비슷한 가정이 많은 편이며, 지금 주변은 개발로 인해 대형 평수의 아파트들이 들어서고 있다.
• 학교 상황: 준호는 현재 학교에서 문제아로 낙인찍혀 있는 상황이며 잦은 가출과 무단결석으로 인해 퇴학의 위기에 처해 있다. 서비스 이용자 본인도 학교에

애정이 있거나 학업에 의욕이 있지 않다. 그로 인해 학업 성적은 매우 낮다.

- 사회경제적 지위와 재정적 한계: 이혼 후 아버지께서 용역일을 하시며 집안 경제를 혼자 책임지고 있는 형편이며, 두 달 전 사고로 인해 허리를 다쳐 거동이 불편하여 그 일마저 나가지 못하는 날이 많아 현재는 경제적인 어려움을 느끼고 있다.
- 건강 상태: 아버지는 사고 후 허리통증을 호소하시며 거동이 불편하고, 준호는 다소 왜소하기는 하지만 건강하다.
- 가족과 또래관계: 가족관계에서 새어머니는 준호에 대한 기대가 굉장히 컸으나 현재 매우 낙심해 있는 상황이다. 간섭이 지나친 상태였고, 준호 역시 평소 새어머니의 자신에 대한 기대가 너무 크다는 것에 대해 스트레스를 받고 있다. 아버지로 인해 자신과 자신의 집안이 안 좋은 상황에 처했다고 생각해 아버지에 대한 감정이 좋지 못하다. 또래관계는 학교 친구들과는 잘 어울리지 못하며, 동네 친구들은 비슷한 상황에 있는 경우가 많아 잘 어울리고 있고, 동네 친구들이 자신의 마음을 훨씬 잘 이해하고 있다고 생각한다.

ⓑ 서비스 이용자의 특성

준호는 자신이 처해 있는 현실과 미래에 대해서 굉장히 부정적인 생각을 갖고 있었는데, 특히 가정불화와 집안의 경제적 문제로 인해 모든 문제가 생겼다고 믿으며 경제적 어려움에 대해 굉장히 부정적이었다. 그리고 새어머니가 자신에 대해 갖는 기대감으로 인해 굉장히 큰 부담을 느끼며 자신은 새어머니의 기대처럼 살아갈 수 없다고 생각하고 있었고 지나친 간섭으로 인해 스트레스를 많이 받고 있었다.

사회복지사가 생각한 서비스 이용자의 문제는 잦은 가출, 밤늦은 귀가, 새어머니의 지나친 간섭과 부담스러운 기대심, 학업에 대한 문제들이었다. 사회복지사와 준호는 함께 상의하여 우선순위가 높은 표적문제를 정했는데, 가출, 밤늦은 귀가, 새어머니의 지나친 간섭과 너무 큰 기대심을 선택했다.

③ 서비스 계약의 수립

- 우선순위가 되는 주요 문제: 가족과의 분리(현재 청소년쉼터 입소), 가출, 무단결석
- 구체적 목표: 가족 내 갈등 해결, 가출 재발 방지, 퇴학 위기 모면
- 서비스 이용자의 과제: 외출 시 귀가시간 약속하고 지키기
- 사회복지사의 과제: 서비스 이용자의 과제 이행 검토, 서비스 이용자가 과제 수행할 수 있도록 격려와 지지
- 개입의 지속기간: 2개월
- 참여자: 서비스 이용자와 그의 가족
- 장소: 서비스 이용자가 입소되어 있는 시설

④ 초기 과제의 발전과 이행

준호는 외출 시 귀가시간을 약속하고 지키도록 노력하기로 했으며, 학교에 결석하지 않고 학업에 충실하기로 약속했다.

(2) 중기 단계(실행 단계)

① 문제와 과제 검토

준호의 귀가시간 약속과 무단결석하지 않고 학업에 충실하기로 한 과제에 대해 잘 이행했는지 살펴본 결과 늦은 귀가가 여전히 지속되고 있었고 귀가시간의 약속을 지키는 것도 굉장히 어려워했다. 학교에 대해서는 결석은 거의 하지 않았으나 학업에 흥미가 없고 학교에 적응하지 못하고 있었다. 사회복지사는 위의 내용을 법원에 보고하고 협조를 부탁하였다.

② 장애물의 규명과 해결

사회복지사의 개입에 대한 새어머니의 저항을 염려하는 할머니를 위해 사회복지

사가 새어머니와 상담을 하였고 준호의 부적응에 대해 일러스트를 배울 수 있는 대안학교를 모색하여 의뢰하였다. 준호에게는 귀가시간에 대한 약속을 지키지 않을 경우의 결과를 제시, 반복하여 약속 이행의 중요성을 강조하였다.

③ 문제 초점화

준호의 학교부적응 문제에 대해 학교 유지가 우선이 아니라 학교의 대안으로 적절한 대안학교 모색과 함께 본인과 가족의 동의가 필요하며, 귀가 약속 준수에 있어 어려움을 느끼는 준호의 행동 변화를 위한 유인이 필요하다.

④ 과제 제시

- 가능한 과제 제시: 준호가 귀가시간을 지키기로 한 약속 이행에 어려움을 느낌에 따라 약속 이행을 하지 않을 경우 용돈이 줄어들거나 귀가시간이 앞당겨지는 등과 같은 불이익을 당할 수 있음을 제시하고 이행하기 불가능한 너무 이른 귀가시간에 대해서는 약간의 합의를 통해 적당한 시간으로 조정하였다.
- 동기 형성: 귀가시간 약속을 잘 이행할 경우 일러스트를 취미생활로 하는 것을 허락하겠다고 부모님이 제안하였고, 이를 위해 준호는 귀가시간을 지키려고 노력하였다.

⑤ 과제의 이행

준호와 준호의 가족, 사회복지사가 각각의 과제를 이행하였다.

(3) 종결 단계

① 표적문제와 전체 문제 상황의 검토

준호가 늦은 시간에 귀가하는 문제는 75% 정도 많이 호전되었으며, 새어머니의 간섭 역시 많이 줄어들었다. 대안학교를 다니는 것에 대한 본인 및 가족 전체의 동의를 얻었고, 새어머니와의 시범적 생활이 성공적으로 이행됨에 따라 법원으로부터 가족들과 함께 살도록 허가를 받았다.

② 서비스 이용자가 사용한 성공적인 문제해결 전략의 규명

가족의 지나친 간섭의 감소와 가족 성원 간의 신뢰와 협조, 준호의 학교부적응에 대한 부담 감소와 생활리듬 회복(늦은 방황과 밖에서의 배회 감소) 및 생활규칙 만들기 등에 대한 문제들이 해결되었다.

③ 남아있는 문제에 대한 토의

준호에게 새로운 대안학교에서의 적응이 과제로 남아 있다.

CHAPTER 05

해결중심모델

SECTION 01 해결중심모델의 철학과 기본 개념

1. 개요

해결중심모델(solution-focused model)은 상담현장에서는 해결중심상담으로, 가족치료현장에서는 해결중심단기가족치료라는 이름으로 알려져 있다. 기존 문제의 원인에 초점을 두는 문제중심적 접근과는 달리 해결책 구축에 초점을 맞추는 접근이다.

해결중심모델은 1970년대 후반 정신건강연구소(Mental Research Institute: MRI)의 단기치료센터에서 활동한 스티브 드쉐이저(Steve de Shazer)와 김인수가 주축이 되어 개발한 치료 모델이다. 이후 MBI를 떠난 드쉐이저와 동료들은 위스콘신 주의 밀워키에서 단기가족치료센터(Brief Family Therapy Center: BFTC)를 설립하고, 해결중심단기치료 모델이라는 이름을 사용하기 시작했다. 한국에는 해결중심단기치료가 1857년에 소개되었으며, 현재 '한국단기가족치료연구소' 및 '솔루션센터'가 이를 적용하고 있다(신성자 외, 2007).

해결중심모델은 현재 미국, 독일, 일본, 한국 등 여러 나라로 확산되어 실천과 조사연구가 진행 중이다. 정신건강, 학교, 가정폭력, 아동, 청소년, 가족관계 등 다양한 이슈들에 대해 여러 현장에서 적용되고 있다. 이 모델에서는 언어가 인간의 세계를 구성하며 인간의 세계는 전 세계를 구성한다고 보았다. 따라서 사람들이 그들의 문제에 대해 말하는 방식을 바꾸면 문제도 해결된다고 본다. 그 결과, 해결중심모델은 서비스 이용자가 문제중심적 대화에서 해결중심적 대화로 바꾸도록 돕는데 목적을 둔다(Nichols & Schwartz, 2008: 315-319).

해결중심모델의 중심 철학은 다음과 같다(De Shazer & Berg, 1995).

① 망가지지 않았으면, 고치지 마라. 서비스 이용자가 이미 가지고 있는 것이 잘 기능하고 있다면 사회복지사가 문제라고 생각할지라도 그것에 대하여 다루지 않는다. 서비스 이용자가 문제 삼지 않는다면, 사회복지사가 먼저 고치려 하지 마라.

② 일단 무엇이 효과가 있는지를 안다면, 그것을 더 많이 하라.

③ 그것이 효과가 없다면 다시는 같은 방법을 사용하지 말고, 다른 방법을 시도하라. 서비스 이용자가 사용하고 있는 방법이 문제를 지속시킨다면 다른 방법을 모색해야 한다.

또한 이 모델에서는 서비스 이용자(상담현장에서는 내담자)가 자기 삶의 전문가라고 전제한다. 여기서는 오히려 전문가로서의 사회복지사가 인식하는 것보다는 서비스 이용자가 인식하는 것에 더 큰 가치를 부여한다. 사회복지사는 자신에 대해 서비스 이용자의 문제를 전문지식을 통해 객관적으로 알 수 있는 존재라고 가정하기보다는 오히려 서비스 이용자로부터 정보를 알아내는 학습자이며, 서비스 이용자의 삶에 대해 배우는 사람이라고 생각한다(Dejong & Berg, 허남순·노혜련 역, 1998; 김윤주·황혜숙, 2006 재인용).

이처럼 해결중심모델의 철학과 원리는 전통적 치료 모델에 비해 서비스 이용자를 병리적으로 보지 않으므로 서비스 이용자와의 치료적 관계형성이 중요하다. 이 모델의 긍정적이며 미래지향적이고 예외 탐색을 통한 구체적인 질문은 목표 설정을 용이하게 하며, 서비스 이용자의 자원과 강점을 이용한 목표지향적 질문은 문제 해결과정을 촉진한다(Trepper et al., 2008; 정순돌 외, 2011 재인용). 이 모델은 서비스 이용자의 준거틀을 탐색하고, 준거틀 안에서 해결책을 구축함으로써, 서비스 이용자 스스로의 내적인 힘을 인식할 수 있도록 원조하는 것을 강조한다.

2. 이론적 기반

1) 사회구성주의

사회구성주의는 사회라는 집단에 속한 사람들과의 상호작용에 기반하여 현실 내지는 실체를 구성해 간다는 것이다. 사회구성주의에 의하면 현실은 사회적 환경과 관련되어 있으며, 모든 사람에게 똑같이 적용될 수 있는 실천의 본질적 요소는 없는 것이다(김경호, 2010).

사회구성주의 이론은 상호역동적인 관계에 있는 개인들 사이에서 사회세계가 창조되며 건설된다고 본다. 사회복지사와 서비스 이용자들이 만나는 현실도 마찬가지다(고미영, 2004). 서비스 이용자의 문제에 대한 인식과 정의 또는 의미가 시간이 지남에 따라, 그리고 다른 사람들과의 상호작용, 사회복지사와 서비스 이용자가 이야기하는 과정 속에서 전환할 수 있다는 것이다. 나아가 사회구성주의에서는 서비스 이용자의 인식과 정의의 전환은 그가 속한 지역사회 안에서 이루어지고, 지역사회의 다양성을 반영한다(Dejong & Berg, 허남순·노혜련 역, 1998).

해결중심모델은 사회구성주의 철학의 영향을 받아 현존하는 사실에 대한 다면적인 견해를 중요시했으며, 하나만의 확실한 진실을 근거로 사실을 보기보다는 사실에 대한 개방적인 견해, 즉 우리가 알 수 있고 존재하는 모든 가능성을 근거로 사실을 보려고 노력한다. 이 모델에서 강조하고 있는 것은 생활하고 있는 상황 속에서 의미를 구성하는 것과 해결방안을 구축하는 것, 치료과정에서 언어를 사용하는 것, 서비스 이용자와의 협력적인 관계, 치료자의 한 단계 아래의 자세, 서비스 이용자의 강점을 발견하여 활용하는 것 그리고 서비스 이용자와 함께 해결방안을 구축하는 것이라고 하였다(정문자 외, 2008).

사회구성주의자들에 의하면, 서비스 이용자의 인식과 경험은 그의 삶 속에서 경험하는 다른 사람들과의 상호작용을 통해서 구성된다. 즉, 사람들은 다른 사람과의 상호작용을 통해 의미를 만들어낸다는 것이다. 따라서 어떤 사람이 부여한 의미란 고정불변의 것이 아니라 중요한 사람과의 상호작용을 통해 변화할 수 있으며, 특히 언어가 실제를 만들어 낸다고 가정한다.

2) 강점 관점

해결중심모델의 기본 관점은 강점 관점과 일치하며, 강점 관점에 대한 개념을 가지고 접근할 때 해결중심 접근 기술의 효율성을 좀 더 높일 수 있다고 본다. 강점 관점은 문제중심 접근법과 차별화되며, 포스트모더니즘과 사회구성주의에서 주장하는 것과 같이 해결중심모델의 원리 및 가정과 일치한다. 이것은 전통적인 접근법에서 주장하는 변화 또는 문제해결에 대한 패러다임을 적용하지 않는 것을 확인하는 것은 물론 새로운 차원에서 도전, 즉 통합적 접근법을 시도할 수 있는 근거를 제시한다(송성자, 2003).

3. 모델의 주요 특성

1) 해결책 구축을 위한 면접활동에 기반

해결중심모델은 서비스 이용자와 사회복지사 간의 면접 혹은 대화, 질문과 응답에 기반하고, 사회복지사와 서비스 이용자 간에 이야기하는 과정 속에서 문제와 해결책에 대한 서비스 이용자의 정의와 인식의 전환이 있게 된다는 점을 강조한다.

해결중심적 면접은 크게 두 가지 활동을 중심으로 전개되는데, 첫 번째는 서비스 이용자의 준거틀 안에서 잘 형성된 목표를 발전시키는 것이고, 두 번째는 예외에 근거한 해결책을 구축하는 것이다(Dejong & Berg, 허남순 · 노혜련 역, 1998). 잘 형성된 목표는 우선 서비스 이용자에게 중요하고, 작고 간단하며, 구체적이어야 한다. 목표는 기적 질문을 통해 발전시킬 수도 있다. 그리고 해결책을 구축하는 데 있어 예외 질문을 활용하는데, 예외적인 상황이 일어나도록 '누가 무엇을 했는지'에 대해 질문한다.

해결중심모델에서는 서비스 이용자의 삶의 경험과 그 의미, 해결책에 대한 인식을 중요시하는 반면, 서비스 이용자의 문제의 성격과 그 심각성, 문제와 관련된 인물, 문제의 원인 등에 대해서는 크게 중요한 의미를 두지 않는다. 서비스 이용자의 문제의 원인이 될 만한 것들에 대해서는 묻지 않는다. 절대로 '왜'라는 질문을 하지 않는다. 따라서 문제해결적 접근에서의 사정, 개입계획 등의 과정들이 별도로 이루어지지 않는다.

2) 서비스 이용자를 위한 피드백 작성

해결중심모델에서는 매회 면접 종료 시 면접에서 얻은 정보를 잘 조직해서 서비스 이용자가 해결책을 구축하는 데 도움이 될 피드백을 제공한다. 물론 피드백이 면접과정의 다른 요소들보다 더 중요하지는 않을 것이다. 피드백은 칭찬, 연결문,

과제의 세 부분으로 구성된다(Dejong & Berg, 허남순 · 노혜련 역, 1998). **칭찬**은 서비스 이용자를 인정해 주는 것이다. '당신은 남편과 자식들의 행복을 위해 최선을 다하고 싶어 하는 진정한 가족중심의 사람입니다'라고 칭찬할 수 있다. **연결문**은 칭찬과 뒤따라올 제안이나 과제를 연결해 주는 피드백의 한 부분이다. '저는 당신이 공포스런 느낌을 없애는 방법이 무엇인지를 알아내야 한다는 것이 중요한 목표라고 말씀하시는 데 동감합니다. 부인이 평생동안 그 느낌을 가지고 살아야 한다면 부인이나 가족에게 좋지 않을 거예요. 그러므로 저는 …을 제안하려고 합니다.' **과제**는 관찰과제와 행동과제가 있을 수 있다. 관찰과제는 예외적인 날이 있는 경우 언제 어떻게 그런 일이 일어났는지, 그런 때는 무엇을 하고 있는지, 누구와 함께 있었는지 등에 관하여 잘 추적하여 다음 면접 시에 그 차이점을 얘기할 수 있도록 하라는 과제일 수 있다. 행동과제는 면접과정에서 조금이라도 도움이 된다고 이야기한 행동들을 계속하라는 과제일 수 있다. 이 같은 내용의 피드백을 제공하는 것은 해결중심모델이 '변화의 주동자는 서비스 이용자라는 사실'을 지향하고 있음을 단적으로 드러내는 부분일 것이다.

3) 무지의 자세 강조

해결중심모델에서는 서비스 이용자의 준거틀을 탐색하는 방법으로 알지 못하는 자세(not knowing posture)를 취해야 한다는 점을 강조한다. 알지 못하는 자세는 서비스 이용자 개인, 문제 또는 변화되어야 하는 것들에 대한 사회복지사의 선입견적인 견해와 예상을 나타내기보다는 서비스 이용자가 이야기하는 것들에 대해 더 알고자 하는 욕구, 풍부하고 진지한 호기심을 전달하는 태도나 입장이고, 서비스 이용자로부터 '설명을 듣고자 하는' 위치에 서는 것을 말한다(Anderson & Goolishian, 1992). 해결중심모델에서는 무지의 자세 기술(skill for now knowing)로 기본적인 면접기술인 경청, 사회복지사의 비언어적인 행동, 서비스 이용자가 사용하는 핵심용어의 반향 · 반복, 개방형 질문, 요약, 쉽고 간략한 설명, 침묵의 사용, 서비스 이용자의 비언어적 행동에 주목, 자기노출, 의사소통과정에 대한 주목, 칭찬, 서비스 이용자의 지각에 대한 긍정, 감정이입, 서비스 이용자에게 초점돌리기, 해결중심적 대화의 확대 등을 들 수 있다.

4) 서비스 이용자와의 관계유형 구분

해결중심모델은 첫 면접에서 서비스 이용자를 만날 때 서비스 이용자와의 관계유형을 구분 · 발전시켜 갈 수 있고, 각각의 상황에서 사회복지사가 어떻게 반응할 수 있는지에 대해 언급하고 있다. 서비스 이용자와 사회복지사 간의 관계유형은 세 가지로 분류하는데, 고객형과 불평형, 방문형이 그것이다.

고객형은 불평거리나 문제가 있음을 인정할 뿐만 아니라 그 문제나 불평 거리를 해결하기 위해 어떠한 일이든지 하고자 하는 사람들을 말한다. 이들은 어떠한 과제가 주어지더라도 문제가 해결될 수만 있다면 기꺼이 수행하겠다는 의지가 있다. 이 유형의 서비스 이용자는 자발적이며, 자기 자신과 관련되어 있는 개입목표를 표현하고, 자신의 행동을 변화하기 위한 많은 방법을 제시한다.

불평형은 문제행동을 보이는 다른 사람 때문에 자신이 희생당하였다고 생각하고 자신의 힘든 점을 이해받기를 원하는 사람들이다. 즉, 문제로 인해 고통받고 있지만 해결책을 찾는 단계에서는 수동적이고 불분명한 반응을 보이는 것이 특징이다. 따라서 사회복지사는 이들을 문제해결을 위한 자원으로 간주하고, 스스로 자신의 역할을 변화시킬 수 있도록 유도한다. 사회복지사는 많은 칭찬을 해주어야 하며, 쉽게 할 수 있는 간단한 관찰의 과제를 내어주는 것이 도움이 된다. 그리고 불평이나 목표를 서비스 이용자와 함께 탐구하기로 협의하고, 의도적으로 해결책을 가져올 수 있는 새로운 관점을 찾아보도록 유도한다.

방문형은 변화와 해결에 대한 기대나 소원이 적은 비자발적 유형이다. 이들은 자기가 사회복지사에게 와야 할 이유가 없다고 생각하므로 문제해결의 동기가 약하고 목표를 합의하기 어렵다. 사회복지사는 이들이 기관에 찾아온 것 자체를 칭찬하고 따듯하게 대하며, 이들의 어려움을 충분히 이해하고 있다는 것을 알린다. 서비스 이용자에게 문제해결을 위해 어떠한 것을 하도록 요구해서는 절대 안 되며, 사회복지사가 이들에게 많은 칭찬을 해주는 것이 이들과 함께 계속 일하도록 하는데 도움이 된다고 한다.

이처럼 해결중심모델에서는 사회복지사와 서비스 이용자 간의 관계유형을 세 가지로 분류했으나, 모두 고객형 쪽으로 변화시켜 가야 한다는 점을 강조하고, 사회복지사와 서비스 이용자 간의 관계유형은 전환할 수 있다는 것을 인식하는 것이 중요하다는 점을 강조한다.

4. 모델의 기본 가정 및 주요 원칙

해결중심모델의 기본 접근은 '문제(problem)'의 해결이 아니라 '해결한 경험' 또는 '성공한 경험'과 '예외적 경험'을 찾는 것이다. 따라서 해결중심모델은 문제의 진단과 제거와 초점을 맞추는 전통적 의료모델과는 다른 가정과 철학이 있다.

1) 기본 가정(인간관)

해결중심모델에서는 인간을 긍정적으로 바라본다. 인간은 자신의 문제를 충분히 인식할 수 있고, 해결해 나갈 수 있는 힘과 능력을 가진 존재라는 것이다. 따라서 서비스 이용자는 이미 문제해결을 위한 자원을 가지고 있고, 문제를 해결할 수 있는 능력을 소유하고 있다는 것을 전제한다. 서비스 이용자는 삶에서 무엇이 자신에게 유용한지 그렇지 않은지를 구분할 수 있는 능력을 가지고 있으며, 자신이 무엇을 원하고 삶에서 어떤 변화가 일어나는지를 바라는지 가장 잘 알고 있는 전문가인 것이다. 따라서 서비스 이용자는 진정으로 변화하고 협조하기를 원한다고 보고 있다.

따라서 사회복지사는 서비스 이용자의 문제에 대한 인식을 충분히 믿고 인정할 필요가 있고, 서비스 이용자가 원하는 것에 대한 이야기를 경청하는 과정에서 그가 가진 문제해결의 자원이나 해결방안을 스스로 인식할 수 있도록 돕고, 공동의 노력으로 해결하도록 하는 자문가(consultant)의 역할을 해야 한다. 사회복지사는 결코 서비스 이용자를 변화시키는 전문가가 아니고, 서비스 이용자에게 직접 어떤 것을 가르치거나 행동변화를 하도록 새로운 전략을 가르치지 않아야 한다는 것이다.

2) 주요 원칙

해결중심모델에서는 주요 원칙에 대해 다음과 같이 설명하고 있다(Berg & Miller, 가족치료연구모임 역, 1995; 정순돌 외, 2011: 228-230 재인용).

첫째, 정신건강에 대한 강조이다. 서비스 이용자가 자신들의 문제를 다루는 데 있어서 성공하였던 경험에 일차적인 초점을 두는 것으로, 이들의 장점과 자원, 능력이 결함이나 장애에 비해 부각된다.

둘째, 문제의 원인과 문제의 발전과정에 관심을 두기보다는 해결방안 구축과정에 초점을 둔다. 즉, 문제에 대한 많은 정보를 수집하는 대신에 서비스 이용자에게 적절한 해결방안을 모색하는 것이 더 효과적이라고 믿는다. 따라서 문제 관련 정보 수집에 오랜 시간이 걸리지 않으므로 개입기간을 줄일 수 있는 이점이 있다.

셋째, 탈이론적, 탈규범적이며, 서비스 이용자의 견해를 존중한다. 각 사람은 독특한 개인이다. 타 이론에서와 같이 인간행동에 대한 가설적 이론의 틀에 맞추어 서비스 이용자를 사정 · 평가하지 않는다.

넷째, 변화는 불가피하다는 것이다. 변화는 서비스 이용자의 삶의 일부이기 때문에 항상 일어나며, 그 변화는 막을 수가 없다. 어떠한 문제라도 문제가 발생할 때가 있고, 발생하지 않을 때가 있다. 문제가 발생하지 않은 예외상황이 발생하는 이유를 파악함으로써 서비스 이용자가 가지고 있는 장점을 파악한다.

다섯째, 변화는 연쇄적이다. 작은 변화는 큰 변화를 가져오고 이는 해결을 위한 출발이 된다. 따라서 사회복지사는 가장 단순하고 작은 것에서부터 시작하여 최소한의 개입을 한다.

여섯째, 과거보다는 현재와 미래를 강조한다. 서비스 이용자의 과거와 관련된 문제보다는 미래와 해결방안 구축에 관심을 집중한다. 과거에 대한 이해는 현재 문제를 이해하는 데 도움이 될 경우에 매우 제한적으로 시도한다.

일곱째, 서비스 이용자가 무엇을 해야 할지에 대해 말하기보다는 질문을 한다. 질문은 의사소통의 방법이면서 동시에 개입수단이다.

여덟째, 서비스 이용자는 자신의 문제해결을 위한 전문가다. 그는 자신의 삶에서 무엇이 변화하기를 원하는지 생각할 수 있는 힘을 가지고 있다. 따라서 개입의 목표는 서비스 이용자가 원하는 것이어야 한다. 사회복지사는 서비스 이용자의 변화에 도움을 주는 자문가 역할을 한다.

아홉째, 사회복지사는 '무지의 자세'를 취한다. 사회구성주의자들은 '현실'에 대하여 각각의 가족 구성원들이 가지고 있는 서로 다른 '신념체계'와 '의미체계'에 관하여 사회복지사가 알지 못한다는 것을 강조한다. 이것은 사회복지사가 서비스 이용자의 관점, 전제, 의미부여 등에 관하여 대화를 하지 않고는 미리 알 수 없다는 것을 의미한다.

열째, 해결책이 항상 문제와 관련되어 있지는 않다. 이러한 전제는 가장 획기적인 것이며, 그동안 문제와 해결에 대해 가졌던 통찰력과 반대되는 것이다. '문제해결 접근'에 의하면, 문제와 해결책 간에는 논리적이고 일관적인 관계가 있어야 한다. 그러나 해결중심모델에서는 그런 논리가 현실의 삶에서 적용되지 않는 수많은 예에 직면했고, '뭔가 다르게' 접근할 필요가 있다.

SECTION 02 모델의 개입목표 및 과정

1. 개입목표

해결중심모델의 개입목표 달성 과정에서 사회복지사가 다루는 네 가지 영역은 다음과 같다.

첫째, 서비스 이용자가 상담을 통해 원하는 것이 무엇이라고 말하는가?

둘째, 서비스 이용자가 원하는 것이 그들에게 어떻게 변화를 줄 수 있는가?

셋째, 서비스 이용자가 자신이 원하는 것을 위해 노력하고 있다는 것을 어떻게 알 수 있는가?

넷째, 서비스 이용자는 그들이 지금 원하는 것을 얼마나 경험하고 있는가?

목표를 잘 형성하기 위한 일곱 가지 원칙

① 서비스 이용자에게 중요한 것을 목표로 하기
② 작은 것을 목표로 하기
③ 구체적이며 명확하며, 행동적인 것을 목표로 하기
④ 없는 것(문제를 없애는 것)보다는 있는 것(바람직한, 긍정적인 행동들)에 관심을 두기
⑤ 지금 여기에서의 목표로 시작하기
⑥ 서비스 이용자가 성취 가능한 현실적인 것을 목표로 하기
⑦ 목표 수행은 힘든 일이라고 인식하기

출처: 솔루션센터(2008)

2. 개입과정

해결중심모델은 상담장면, 가족치료장면에서 주로 활용된다. 해결중심적 질문과 대답 속에서 해결책을 모색하게 되는데, 첫 번째 면접에서 서비스 이용자가 원하는 것을 중심으로 대부분 목표를 설정하고, 서비스 이용자의 강점과 성공에 기초한 해결책을 구축하는 과정을 거치게 된다. 첫 번째 이후의 면접에서는 서비스 이용자의 진전 상태를 발견하고, 확대, 변화에 대한 자신감을 확충해 가는 과정을 거치게 된다. 따라서 해결중심모델에 기반한 개입은 단기개입인 경우가 대부분이다.

1) 라포형성 및 문제로부터 해결책 모색으로의 전환

서비스 이용자와 처음 만나게 되면 라포를 형성하는 것이 중요하다. 서로에 대한 소개와 간단한 대화 등을 수행할 수 있다. 서비스 이용자에게 '당신은 대부분의 시간을 어떻게 보내는지, 어떻게 보내는 것을 좋아하는지' 등으로 시작하는 것이 좋다. 서비스 이용자는 종종 이런 질문에 답하면서, 자신에게 무엇이 그리고 누가 중요한지 또는 자신의 강점 등을 드러내기 때문이다.

이후 '제가 어떻게 도움이 될 수 있을까요?', '오늘 여기 오신 목적이 무엇인가요?', '오늘 상담하신 결과로 뭐가 좀 달라지면 여기 온 것이 보람 있었다고 말할 수 있습니까?' 등의 질문(시작을 위한 질문)을 통해 문제를 서술하게 한다. 그리고 그 문제가 서비스 이용자에게 어떤 영향을 미치는지, 서비스 이용자는 무엇을 시도했는지 등을 질문하고, 이러한 과정에서 서비스 이용자의 성공의 경험과 그러한 성공을 이루어내기 위해 활용한 강점들에 대해 이용자 스스로 인식하도록 돕는다.

문제를 서술하는 과정에서는 문제를 분석하기보다는 더 나아지는 상태가 되기 위한 일, 즉 해결방법을 생각해보도록 돕는다. 아울러 문제의 원인에 대해서는 묻지 않는다. 서비스 이용자가 문제를 서술하는 과정에서 문제에 초점을 두는 것보다는 그가 생활에서 무엇이 변화되기를 바라는지 등 목표 및 해결책 모색으로 전환해야 한다는 것이다.

2) 목표 설정하기

해결중심모델에서 개입의 효과를 가져 오는 가장 중요한 요인들 중 하나는 서비스 이용자가 분명한 목표를 갖도록 돕는 것이다. 보통 서비스 이용자가 문제나 어려움을 설명한 다음 사회복지사가 공감하며 그 문제를 잘 요약하여 설명한 후, "자, 그럼 그러한 어려움들이 모두 해결되었다면 생활에서 무엇이 달라질 것 같은가요?' 라는 질문을 하여 서비스 이용자가 바라는 궁극적 목표를 설정하도록 돕는다(이신영 · 박선영, 2012).

물론 시작을 위한 질문과정에서 서비스 이용자가 원하는 것에 주목하여 목표를 탐색할 수도 있다. 그러나 이 경우 시작을 위한 질문에 대한 서비스 이용자의 응답이 해결목표로 설정하기에 크거나 추상적이고 막연한 경우가 대부분이다. 크고 막연한 목표를 현실적이고 실행 가능한 작은 목표로 바꾸어 나가야 한다(예: 건강해진다, 기분이 좋아진다 등). 작은 변화라도 그것이 한번 이루어지면 조금씩 커지면서 또 다른 변화가 일어나고 결국은 문제가 해결될 수 있다는 점을 인식시키면서, 재차 질문을 통해 '무엇이 조금이라도 변하면 원하는 일이 일어날 수 있을까요?', '그런 기적이 일어나면 무엇이 달라질까요?', '건강해지면 생활에서 무엇이 달라질까요?' 등의 질문을 통해 작고 실행 가능한 목표를 설정해야 한다.

3) 예외탐색을 통해 해결책 구축

해결해야 할 목표를 설정한 후에는 해결책을 구축해야 하는데, 해결중심모델에서는 생활 속에서 목표 또는 문제가 일어나지 않은 상황 혹은 그 정도가 좀 덜한 상황에 대한 예외탐색을 통해 해결책을 구축해 간다. 예외란 서비스 이용자의 생활에서 일어난 과거의 경험으로서 문제가 발생할 것이라고 기대하였으나 문제가 발생하지 않은 상황을 말한다(Dejong & Berg, 허남순 · 노혜련 역, 1998).

해결중심적 면접자로서 예외를 탐구하는 데는 몇 개의 확인할 수 있는 부분들이 있다. 첫 번째는 서비스 이용자가 최근 몇 주 동안 문제가 발생하지 않았거나, 적어도 문제가 심각하지 않았던 때가 있었는가에 대해 인식하고 있는지 여부이고, 두 번째는 서비스 이용자가 예외를 인식하고 있다면, 예외가 의도적 예외(deliberate exception)였는지, 우연적 예외(random exception)였는지를 확인할 필요가 있다. 그러한 예외가 일어났을 때에 '누가, 무엇을, 언제, 어디서 예외가 일어났는가'를 확인함으로써, 서비스 이용자의 예외적 상황이 서비스 이용자가 어떤 행위를 해서 나타난 것인지, 아니면 우연히 나타난 것인지를 탐구할 필요가 있다. 의도적 예외였다면, 서비스 이용자에게 있어서는 성공의 경험인 것이고, 강점이 될 수 있을 것이다. 일반적으로 서비스 이용자들은 예외를 인식하게 되면, 태도가 달라진다. 의자에서 몸을 똑바로 고쳐 앉거나, 자주 미소 지으며 더 열심히 작업에 임하려고 한다.

4) 서비스 이용자의 진전 · 변화에 대한 평가

첫 면접 이후에는 서비스 이용자가 자신에게 중요한 해결책을 얼마나 만족스럽게 수행해 나가는지, 어떻게 진전 · 변화하고 있는지에 대한 평가를 통해 변화 동기와 자신감을 강화하고, 진전을 확대시킬 필요가 있다. 이 과정에서는 첫 면접 이후에 조금이라도 나아지거나 변화된 것에 초점을 두면서 사회복지사의 활동 'EARS'가 필요하다.

E(Eliciting)는 무엇이 나아졌는지를 이끌어내는 것이고, A(Amplifying)는 나아진 것을 확장시키며, R(Reinforcing)은 나아진 것을 통해 나타나는 성공과 강점을 강화

시키는 것을 말한다. S(Start again)는 또 다시 나아진 다른 것에 관하여 묻는다. 변화가 없다고 한다면 작은 변화라도 찾아보게 함으로써 변화의 파급 효과를 기대한다(정문자 외, 2012). 이 과정에서 동기와 자신감의 수준을 평가하기 위해 척도 질문을 사용한다.

SECTION 03 모델의 개입기술 및 적용사례

1. 개입기술

해결중심모델에서는 질문을 아주 중요하게 다룬다. 사회복지사는 좋은 질문을 던지는 것이 가장 핵심적 역할 중의 하나이다. 여기서는 해결중심적 기술에 초점을 두고 살펴보고자 한다(홍봉선 · 남미애, 2007).

1) 면담 전 변화에 관한 질문

해결중심모델의 기본 가정은 변화란 불가피한 것이므로 계속적으로 일어나고 있다고 본다. 따라서 서비스 이용자가 지난번 면담을 약속한 후부터 지금까지 일어났던 변화에 대한 질문은 때로 아주 중요한 단서를 제공한다. 면담 전의 변화가 있는 경우는 서비스 이용자가 이미 지니고 있는 해결능력을 인정하고 칭찬하여 확대할 수 있도록 격려한다.

예시 "우리의 경험에 의하면 처음 면담을 신청했을 때와 면담을 받으러 오기까지의 시간 동안에 어려운 상황이 좀 나아진 사람들이 많았습니다. 당신도 혹시 그런 변화를 경험하셨습니까?"

2) 예외 질문

해결중심모델에서는 어떠한 문제에도 예외는 있기 마련이라는 전제를 가진다. 예외 질문을 통해 인지하지 못했던 예외를 찾아내고 그것을 계속 강조하면서 서비스 이용자의 성공을 확대하고 강화한다. 서비스 이용자가 행한 우연적인 성공경험을 찾아내어 이를 의도적으로 계속해 보도록 격려한다. 예외는 정도 차이로 볼 필요가 있다. 문제가 일어나지 않는 경우뿐 아니라 문제가 덜 일어나는 경우를 포함한다. 예외 질문을 통해 서비스 이용자는 자신의 강점을 발견할 수 있을 뿐 아니라 스스로에 대한 긍정적 인식 및 미래에 대한 희망을 갖게 된다.

흔히 서비스 이용자는 어려움에 압도되고 지쳐서 자신의 현재 삶이 전적으로 암울하게 보일 수 있다(예외를 발견하기 힘들어하는 경우). 따라서 ① 문제가 없던 상황을 떠올리기 힘들 수 있으므로 그러한 생활에서도 조금이라도 편안했던 순간, 그리고 문제가 잘 해결될 수 있을지 모르겠다는 생각이 들게 했던 일에 주의를 기울여 시각을 좀 더 확장하고 여러 면을 살펴보도록 촉진한다("기적 같은 일들이 조금이라도 일어난 때가 있었습니까?"). 그리고 ② 서비스 이용자에게 중요한 사람에게 당신이 조금이나마 편안했던 경험에 대해 물어보면 뭐라 답할지 생각해 보라고 간접적으로 촉진할 수 있다. ③ 계속 예외를 발견하기 힘들어하면서 면접이 종결될 경우, 헤어지기 전에 다음에 만날 때까지 서비스 이용자 자신, 가족관계, 친구관계, 학교나 직장생활, 사회관계 등의 생활 속에서 계속 일어나기를 바라는 긍정적인 일에 대해 생각하거나 관찰해 오도록 요청할 수도 있다(이신영 · 박선영, 2012).

> **예시**
> "최근 문제가 일어나지 않은 때는 언제였습니까?"
> "문제가 조금이라도 나아진 때에 대해 말씀해 주세요."

3) 기적 질문

기적 질문은 문제가 해결되었다는 기적의 상황에서 서비스 이용자의 생활 속에서 무엇이 달라지겠는가를 질문하는 것이다. 기적이 일어나 문제가 모두 해결되면 자신이, 자신의 생활이, 혹은 관련된 사람들이 어떻게 달라질 것인가를 상상해보도록 촉진하는 역할을 한다.

기적 질문은 서비스 이용자로 하여금 문제에 초점을 두고 있는 사고에서 해결책으로 초점을 옮기는 극적인 전환을 요구한다. 기적 질문은 서비스 이용자에게 변화의 가능성에 대해 제한 없이 자유롭게 생각할 수 있게 해주고, 미래의 비전에 초점을 맞춘다는 점에서 유용하다. 다음은 김인수와 스티브 디 쉐이저가 사용한 기적 질문의 예이다.

> **예시**
> "자, 이제 이상한 질문을 하나 하고 싶은데요. 만약 오늘밤 당신이 잠들고 집안이 조용한데 기적이 일어났다고 생각해 봅시다. 그 기적은 당신으로 하여금 여기에 오도록 만든 그 문제가 해결되는 것입니다. 하지만, 당신은 잠들어 있기 때문에 기적이 일어났다는 것을 모르고 있습니다. 자, 당신이 내일 아침에 깨어났을 때 무엇이 달라지면 당신은 기적이 일어나서 당신을 여기에 오게끔 한 문제가 해결됐다고 생각하시겠습니까?", "아침에 깨어났을 때 기적이 일어났구나, 그래서 달라졌구나 하는 것을 알게 하는 첫 번째 신호가 무엇일까요?"

서비스 이용자가 기적에 대한 그림이나 가능한 해결책의 일부를 구체적으로 이야기하면("기적이 일어나면 산책을 더 많이 할 것 같아요.") 질문을 통해 한 단계 더 나아간다("산책을 더 많이 하면 무엇이 달라질 것 같습니까?")

기적 질문을 했을 때, 서비스 이용자가 "모르겠는데요", "글쎄요" 등의 말로 대답을 하는 경우가 있다. 이때 ① "조금이라도 생활에 어떤 변화가 있게 되면, '아! 기적이 일어났구나'라고 생각하시겠나요?"라고 좁혀갈 필요가 있고, ② "주변 사람들이(남편, 아이들 등 서비스 이용자에게 중요한 사람들) 무엇을 보면 '와! 세상이 달려졌어, 기적이 일어났어'라고 말할까요?" 등 관계성 질문을 해볼 수 있다. 또한 ③ 기적이라는 말에 거부감을 느끼는 경우도 있기 때문에 "문제가 해결되면"과 같은 식으로 질문해 볼 수도 있다("문제가 해결되면 무엇이 달라질까요?"). ④ 그럼에도 불구하고 기적그림이 잘 그려지지 않는 경우는 문제에 고통을 느끼고 있고, 노력하는 모습을 칭찬, 격려하면서 다음 면접 때까지 서비스 이용자의 생활에서 더 일어나기를 원하는 것이 무엇인지를 관찰하여 보고하도록 하는 과제를 제공할 수 있을 것이다.

4) 관계성 질문

사람들은 종종 심각하고 어려운 문제에 직면하게 되면 자기 입장에서만 상황을 파악하고 다른 사람들의 입장이나 관점은 생각하지 못하는 경우가 있다. 관계성 질문은 서비스 이용자에게 그 자신이 문제라고 생각하는 부분과 관련해서 자신 이외의 중요한 타자(가족, 친척, 직장 동료 등)의 생각, 감정, 의견 등에 대해 질문함으로써 자기중심적 사고에서 탈피하여 보다 다각적이고 객관적인 입장에서 생각할 수 있도록 한다.

예시

- "당신 어머니가 여기 계시다 치고 제가 어머니께 당신 문제가 해결되면 무엇이 달라지겠느냐고 묻는다면 어머니는 뭐라고 말씀하실까요?"
- "당신이 자신에 대해 기분이 좋아진다면 다른 사람들은 당신에게서 어떤 다른 점을 보게 될까요?"

5) 척도 질문

척도 질문은 서비스 이용자가 자신의 관찰, 인상, 예측에 관한 것들을 0점에서 10점까지의 수치로 측정하도록 하는 것이다. 이러한 척도 질문을 통해서 사회복지사는 서비스 이용자의 문제해결에 대한 태도를 보다 정확하게 알아볼 수 있으며, 서비스 이용자의 변화과정을 격려하고 강화해주는 구체적인 정보도 얻을 수 있다.

예시

- "1부터 10까지의 척도에서 1점은 우리가 처음 상담을 시작하였을 때 당신의 상태를 말하고 10점은 문제가 해결된 상태를 말한다면, 당신은 오늘 어디에 있습니까?"
- "그게 6점이라고 가정한다면 5점인 것과 비교해 무엇이 다를까요?"
- "4점에서 5점으로 올라간다면 무엇이 달라질까요?"
- "선생님이 1점 올라간 것을 부인이 아신다면, 부인은 어떻게 다르게 반응하실까요?"

척도 질문은 서비스 이용자의 인식에 대한 거의 모든 것들을 알아내는 데 사용될 수 있다. 즉 자존심, 면접 전 변화, 동기나 자신감, 변화에 대한 의지, 해결되어야 할 문제들의 우선순위, 희망에 대한 인식, 진척 상황의 평가 등을 포함한다.

6) 대처 질문

대처 질문은 자신의 미래를 매우 절망적으로 보아 아무런 희망이 없다고 하는 서비스 이용자에게 주로 사용된다. 이런 절망적인 상황에 빠져있는 서비스 이용자에게 희망을 심어주기란 결코 쉬운 일이 아니다. 대처 방안에 관한 질문을 통해서 사회복지사는 서비스 이용자의 신념체계와 무력감에 대항해 보는 동시에 서비스 이용자에게 약간의 성공을 느끼도록 유도할 수 있다.

사회복지사는 서비스 이용자가 어려움과 위기를 어떻게 극복하고 생활해 왔는지, 그리고 그런 상황에서 어떻게 희망을 버리지 않고 견뎌 올 수 있었는지에 관하여 질문함으로써 서비스 이용자의 능력을 인정하고 강화한다(김윤주 · 황혜숙, 2006).

예시
- "당신은 그 어려운 상황 속에서 지금까지 어떻게 견딜 수 있었습니까?"
- "어떻게 해서 상황이 더 나빠지지 않을 수 있었나요?"
- "그런 악몽에서 깨어날 때 어떤 것이 자신을 진정시키는 데 도움이 되었나요?"
  - 제 옆에 누워 자고 있는 아내의 숨소리를 듣는 것이 도움이 됩니다.
- "자는 아내의 얼굴을 보는 것이 어떻게 도움이 되나요?"

7) 간접적인 칭찬: 어떻게 그렇게 할 수 있었나요?

간접적인 칭찬은 사회복지사가 서비스 이용자의 작지만 긍정적인 변화에 대해 그런 변화가 일어나고 있음을 알리고 서비스 이용자가 문제해결을 위해 노력을 기울이고 있는 것에 대해 칭찬하는 것을 의미한다. 이 질문은 서비스 이용자로 하여금 자신의 강점, 자원, 노력, 가능성 등을 발견하게 하고 변화를 위한 노력을 계속 수행하고자 하는 동기를 강화시킬 수 있다.

예시
- "저번 주에는 어떻게 아버지와 한 번도 다투지 않았나요? 어떻게 그렇게 할 수 있었을까요?"
- "친구들과 놀다가 제 시간에 집에 가는 것이 쉬운 일은 아니었을 텐데, 어떻게 그렇게 할 수 있었을까요?"

8) 악몽 질문

해결중심모델에서는 유일하게 부정적이며 문제중심적인 질문이다. 단, 면담 전

변화에 대한 질문, 예외 질문, 기적 질문 등이 효과가 없어서 서비스 이용자에게 더 나쁜 일이 일어나야만 자신이 스스로 문제해결을 위해 노력을 할 거라 믿고 있음이 판단될 때 사용한다(정문자 외, 2008).

예시

- "오늘 밤에 잠자리에 들었다고 가정해 봅시다. 한밤중에 악몽을 꾸었어요. 오늘 여기에 가져온 모든 문제들이 갑자기 더 많이 나빠진 거예요. 그것이 바로 악몽이에요. 그런데 이 악몽이 실제로 생긴 거예요. 내일 아침에 무엇을 보면 악몽 같은 인생을 살고 있다는 것을 알 수 있겠습니까?"
- "어떻게 더 나빠지지 않았습니까?"
- "더 나빠지지 않도록 무엇을 했습니까?"
- "그렇게 하는 것이 도움이 될 것이라고 어떻게 아셨습니까?"
- "상황이 어떻게 변화되기를 원하십니까?"

9) 그 외에 또 무엇이 있습니까?

서비스 이용자의 장점, 자원, 성공적 경험 등 긍정적인 측면에서 예외를 더 찾아내는 질문이다.

예시

- "지난번 면담 이후 아주 조금이라도 변화하는 것이 또 무엇이 있었습니까?"
- "또 다른 좋은 생각이 없습니까?"
- "이전에 말한 것과 연결시켜서 또 다른 변화로는 무엇이 있습니까?"

2. 해결중심모델을 적용한 사례[1)]

1) 사례 개요

김소희(가명, 만 11세) 아동은 초등학교 5학년 여아로, 복지관 방과 후 교실을 이용하다가 상담센터에 의뢰되었다. 아동은 이혼 후에 혼자 딸을 양육하고 있는 어머니(43세) 그리고 외할머니(72세)와 함께 거주하고 있다. 아동은 가끔씩 어머니가 술을 먹고 소리를 지르는 등의 행동을 하여 자주 불안을 느끼며, 집에서는 어머니와 다투며 공격적인 행동을 보이기도 한다. 아동은 복지관에서 사람들과 눈을 마주치지 못하고, 수줍어하며, 사회성 부족 등의 문제로 상담센터에 의뢰되었다.

아동의 어머니는 10년 전 교통사고 이후 병원에서 정신과 치료를 받고 있으며, 알코올중독과 공황장애를 진단받은 상태이며, 아동 양육에 대해서 부담을 가지고 있다. 얼마 전까지는 공공일자리 사업을 하여 생계를 이어 왔으나 건강문제로 현재는 쉬고 있다.

2) 사례개입

첫회 면담에서 사회복지사와 서비스 이용자의 관계를 사정하였다. 아동과 사회복지사는 공동으로 문제를 확인하였고, 아동은 문제를 해결하기 위해 자신이 변하고자 하는 의지를 가지고 있었기 때문에 '고객형' 서비스 이용자임을 확인하였다.

2단계는 해결중심적인 목표설정 단계다. 사회복지사는 아동에게 변화의 가능성을 인식시키고 아동이 원하는 것을 달성할 수 있도록 하기 위해 개입목표를 설정하였다. 무엇이 변했으면 좋겠느냐는 질문에 아동은 성격이 활발해졌으면 좋겠다고

1) 정순돌 외(2011), pp. 233-239에서 재인용

하였다. 학교에서는 친한 친구가 있는데, 복지관에서는 친한 친구가 없어서 말없이 혼자 있을 때가 많다고 하였다. 이것은 아동에게 중요한 문제였고, 아동은 이 문제에 대한 해결의지를 보였다.

3단계에서는 개입목표를 아동의 삶 속에서 실현 가능한 것으로 구체화하기 위해 기적 질문, 예외 질문, 척도 질문 등의 해결지향적인 질문을 사용하여 아동이 자신의 소원을 이루기 위해 스스로 할 수 있는 일의 목록을 작성하도록 했다. 이를 통해 아동의 성공 경험을 확장시키고자 하였다. 아동은 복지관에서 우선 얼굴을 아는 선생님들한테 인사하는 것을 연습해 보겠다고 하였고, 본 사회복지사와 1:1 상담 중에 사회복지사에게 만화대본을 읽어 주고, 아동이 평소 좋아하는 만화주제가를 부르는 것을 해 보겠다고 하였다. 다음은 상담 내용의 일부다.

상담자: 선생님이 이상한 질문 하나 해볼게…… 눈 감아봐……. 소희가 오늘 집에 가서 잠을 자는데 밤에 천사가 나타나서 소희한테 기적을 베풀겠다고 그러는 거야……. 소희가 잠을 푹 자고 일어났을 때 밤사이에 기적이 일어났어……. 어떤 일이 일어났는지 그림으로 한번 그려볼까?

내담자: (매우 흥미있어 하면서 순식간에 그림을 그려 냄)

상담자: 와! 놀이공원이야? 소희가 그린 그림에 대해서 설명을 좀 해줄래?

내담자: 아니요……. 그냥 이상한 나라에요.

상담자: 여기서 소희는 뭐하고 있는데?

내담자: 사자 등에 업혀 있어요. 앞에는 뱀이 기어 다니고, 그 앞에는 TV에서 만화가 나오고 있어요. 날아다니는 건 손오공이고요…….

상담자: 하하하, 정말 재밌다. 소희는 정말 상상력이 풍부한데! 이 그림에서 소희는 기분이 어떨까? 10점 만점에서……

내담자: 많이 좋아요! 8점이요.

상담자: 지금 소희의 기분은 몇 점인데?

내담자: 7점이요……. 나쁠 때는 1점도 있어요. 제일 좋은 때는 10점인데요. 제가 만화 주인공이 되면 그럴 것 같아요.

상담자: 이 그림에 있는 일들이 진짜로 일어날 수 있을 것 같아?

내담자: 아니요……. 실제로는 손오공도 없고, 해와 달이 같이 있을 수도 없잖아요…….

상담자: 소희가 현실 속에서 기분이 8점만큼 좋을 때가 있었어?

내담자: 만화 볼 때요.

상담자: 10점이 된 적은?

내담자: 모르겠어요.

상담자: 그렇구나……. 이런 나라에서 살면 선생님도 정말 행복할 것 같아……. 이번에는 소희가 생각하기에 현실적으로 일어날 수 있는 것을 상상해서 한 번 더 그려볼까?

내담자: 네! (열심히 그림)

상담자: 한번 설명해 줄래?

내담자: 첫 번째 그림은 내가 일본에 가서 일본의 유명한 만화작가한테 사인을 받는 거고요, 두 번째 그림은 태국에 가서 맛있는 열대과일을 사먹는 거예요. 세 번째는 제가 존경하는 만화영화 성우 2명한테 박수를 치고 있는 거예요.

상담자: 와! 이런 일들은 언제쯤 이룰 수 있을까?

내담자: 20살 넘어서요…….

상담자: 이런 일들이 일어나면 소희 기분은 몇 점이 될까?

내담자: 10점이요!

상담자: 그렇구나! 그럼 소희가 이런 일들이 실제로 일어나도록 하려면 어떤 노력을 해야 할까?

내담자: 돈을 많이 벌어야 돼요. 비행기 표를 사야 되니까요.

상담자: 음……. 비행기 표라……. 소희가 비행기 표를 사려면 어떤 게 이루어져야 할까?

내담자: 일을 잘해야 돼요. 제 희망 직업이요. 만화영화 성우가 되거나 주제가 부르는 게 제 희망이에요…….

상담자: 소희는 정말 만화를 좋아하는구나! 그런 직업을 갖기 위해서는 지금 뭘 하면 될까?

내담자: 첫 번째는요. 달걀을 많이 먹어서 목소리를 꾀꼬리같이 해야 되고요. 두 번째는 노래 연습을 많이 해야 돼요……. 인터넷에서 벅스뮤직에 회원가입해서 만화영화 주제가 많이 따라 불러요……. 그리고 세 번째는 대학교에 가야 돼요……. 공부를 열심히 해야겠죠……. 외국어 공부도 해야 돼요.

상담자: 지금 소희가 할 수 있는 일들이 참 많네! 그런데 소희가 성우가 되거나 주제가를 부르려면 사람들 앞에서 자신있게 노래도 부르고 얘기도 할 수 있어야 할 것 같은데…… 누구 앞에서 해 봤어?

내담자: 할머니랑 엄마……. 그리고 친한 친구 1명 앞에서 해 봤어요…….

상담자: 와! 해본 적이 많구나! 그럼 소희가 선생님 앞에서도 한번 해 볼 수 있을까?

내담자: 떨리는데…….

상담자: 선생님 생각에는 사람들 앞에서는 자신감이 있어야 이런 것들을 할 수 있을 것 같은데 소희는 사람들 앞에서 자신감이 몇 점 정도 되는 것 같아?

내담자: 한 4점 정도요…….

상담자: 그럼 지금 선생님 앞에서는?

내담자: 5점?

상담자: 그럼 할머니나 엄마 앞에서는?

내담자: 8~9점이요……. 친한 친구 1명 앞에서도 8점이에요.

상담자: 어떻게 그렇게 점수가 높을 수가 있었어?

내담자: 할머니나 엄마, 친구는 내가 못 부른다고 해도 상관없으니까요.

상담자: 그러면 소희는 다른 여러 친구들 앞에서 몇 점으로 올리고 싶어?

내담자: 8점이요…….

상담자: 그럼 연습 삼아 선생님 앞에서 한번 불러 볼래? 다른 사람 앞에서 했으니까 선생님 앞에서도 할 수 있지 않을까? 선생님은 소희가 노래하는 걸 너무너무 듣고 싶어…….

내담자: 그럼 한 구절만 불러 볼게요. (만화영화 주제가를 약간은 쑥스러워하면서 부름)

상담자: 와! 너무 잘한다. 소희 목소리가 이렇게 예쁜지 몰랐네! 다른 사람들도 소희의 이런 예쁜 목소리를 들었으면 너무 좋아하겠다! 음……. 그런데……. 소희가 다른 사람들 앞에서 자신감이 높았던 적이 있었을 것 같은데……. 조그만 거라도 뭐 기억나는 거 있어?

내담자: 5~6살 때는 아무 것도 모르고, 사람들 의식을 안 하니까 자신감이 한 8점 정도 됐어요, 엄마가 그러는데 5살 때 내가 명동 같은 데서 사람들 많은 데서 춤도 막 췄대요…….

상담자: 와! 소희가 5살 때는 사람들 많은 데서 춤도 추었구나! 정말 멋지다. 소희도 사람들을 의식하지 않고 자신감 있게 행동하는 것이 중요하다고 생각하지?

내담자: 네!

상담자: 그럼 소희가 조금씩 연습해서 옛날에 소희가 그랬던 것처럼 사람들 앞에서 자신감을 높이는 게 중요하겠구나. 아까 소희가 사람들 앞에서 자신감이 4점이라고 했는데 다음번까지 몇 점으로 올리고 싶어?

내담자: 글쎄요……. 한 6점이요.

상담자: 그렇구나……. 그럼 그렇게 되기 위해서 소희가 한 주간 뭘 할 수 있을까?

내담자: 잘 모르겠는데요…….

상담자: 사람들 앞에서 조금씩 해 보는 연습을 해서 그게 아무렇지도 않다는 걸 알게 되면 좀 나아지지 않을까? 누구한테 연습을 해 볼래?

내담자: 선생님이요……. 선생님이 편해요.

상담자: 그럼 선생님이 숙제를 내주면 어떨까?……. 다음 시간에는 소희가 선생님 앞에서 성우처럼 만화영화 대본도 읽어주고, 만화영화 주제가 한 곡 불러 보는 거야……. 그렇게 할 수 있겠지?

내담자: 네.

상담자: 오늘 이상한 질문도 하고, 그림도 그리고 얘기 나누었는데 소희한테 어땠어?

내담자: 상상을 해 보게 되니까 재밌었어요…….

다음 회기에서 아동은 사회복지사 앞에서 본인에게 일어났던 일을 재미있게 이야기하였으며, 복지관 선생님들한테 인사를 잘 하고 있었으며, 사회복지사 앞에서 짧은 만화영화 주제가 한 곡을 불렀다. 아동은 남 앞에서 노래를 부른 것이 처음이라며 자신감이 6점으로 향상되었다고 하였다. 그리고 자신이 부른 노래 세 곡을 녹음하여 사회복지사에게 선물로 주었다.

다음 회기에서 아동은 처음으로 반 아이들 앞에서 노래를 불렀다고 자랑하였다. 6학년에 올라가서 담임 선생님이 자기 소개하라고 할 때 만화영화 주제가를 부르는 성우가 되고 싶다고 했고 선생님이 노래를 해 보라고 해서 반 아이들 전체 앞에서 만화영화 주제가를 불렀다고 하였다. 사회복지사는 아동의 용기에 대하여 매우 칭찬해 주었고, 아동은 자신감이 9점으로 향상되었다고 하였다. 사회복지사는 아동과 함께 계속 지금의 자신감을 유지할 수 있는 방법을 찾아보았다.

본 사례에서 사회복지사는 아동의 문제를 사정하기보다는 아동의 강점, 예외상황, 성공경험을 사정하였고, 아동이 스스로 면담목표를 정할 수 있도록 협력자 역할을 하였다. 복합적인 문제를 가지고 있는 빈곤가정의 아동을 병리적인 관점이 아닌 강점 관점의 시각에서 바라보고, 아동이 스스로 변화의 주체가 될 수 있도록 하였던 것이 본 사례의 특징이라고 볼 수 있다.

CHAPTER 06

위기개입모델

SECTION 01 위기개입모델의 철학과 기본 개념

1. 개요

위기이론과 이 이론을 단기 개입실천에 적용시키고자 하는 시도는 1960년대 이후 커다란 관심의 대상이 되어왔다. 위기개입모델과 실제는 린더만(Lindemann, 1944)의 극심한 슬픔반응에 관한 연구와 카플란(Caplan, 1964) 및 동료학자가 수행한 예방정신의학 연구 프로그램 등에 기초해서 1950년대 및 1960년대 걸쳐 급격한 속도로 성장하였다.

자연재해나 갑작스런 생활상의 사건, 발달과정에서 경험하는 스트레스 등으로 인해 격심한 고통의 감정을 일시적으로 경험하고 그 충격으로 유발되는 스트레스로 일상생활 수행에 어려움이 발생하는 경우, 이에 대처할 능력과 자원이 부족하여 문제가 생기는 사람들에 대한 관심으로부터 나온 것이 위기개입모델이다. 따라서 위기개입모델의 목적은 극심한 스트레스 상황에서 즉각적으로 필요한 서비스의 지원과 격심한 고통 이후에 발생할 수 있는 심각한 심리적 붕괴 현상의 예방에 있다(양옥경 외, 2000). 또한 위기개입은 단적으로 말해 인간의 정상적인 기능을 와해시키는 연속적인 사건들을 차단하기 위한 활동이라고 할 수 있다(이준우 외, 2006).

위기개입모델은 특히 정신건강 분야의 여러 서비스에서 폭넓게 활용되어 왔으며 최근 우리나라 사회복지실천현장에서는 폭넓게 각광받고 있다(이준우 외, 2006). 이 모델은 재난이나 위험 상황에 처한 집단이나 지역사회에 대한 개입과 예방의 필요성이 대두되면서 지역사회 정신건강 프로그램의 일환으로 실시되었다. 모델의 초기 단계에서는 위기에 처한 개인이나 가족을 중심으로 심리중심의 위기개입 실천을 강조하였다. 그렇지만, 1960년대에 카플란(Caplan)이 위기를 해결하고 난 후 적응과정에서 환경 자원, 특히 지역사회서비스 체계의 중요성을 주장하게 됨에 따라 개인의 심리적 문제뿐만 아니라 환경에 대한 접근을 중요하게 되었다. 인간의 위기가 사회구조적 측면과 사회체계적 측면에 의해 제기된다는 인식이 확산되면서 심리중심의 위기개입과 함께 생태학적 측면의 환경중심접근이 강조되었다(NASW, 이문국·이용표 역, 1998).

위기개입모델은 기존 모델들을 절충한 통합적인 형태를 갖고 있으나 이론적 측면에서는 정신역동적 관점에서 나오는 자아심리학의 기본요소들을 사용하고 있다. 따라서 외적 사건들에 대한 정서적 반응은 무엇이며, 어떻게 그 반응들을 합리적으로 통제해야 할 것인지에 초점을 두고 있다(서진환 외, 2001). 또한 위기개입에서 강조되는 중요한 사실은 위기에 대해 사람들이 어떠한 정서적 반응을 보이는가 하는 것과 매일 부딪치는 문제를 다루어 나갈 수 있는 능력에 변화가 일어나서 변화된 능력이 오랫동안 지속되어야 한다는 데에 있다. 이러한 위기개입모델은 위기개념과 단기개념을 포함한다. 즉, 위기개입은 위급한 상황에의 즉각적인 대처라는 의미를 갖고 있다.

위기개입모델의 특징은 긴박한 심리적 위기에 처한 서비스 이용자의 특별한 욕구와 관심을 설명할 수 있다는 것이다. 사회복지실천현장에서 위기개입모델에 기초한 사례관리는 개인이나 가족의 기능이 개인적 손상 혹은 비극으로 인해 갑작스럽고 심각하게 영향을 받았을 경우 적용된다. 이 모델은 그 위기를 불러일으킨 사건 직후 4주에서 6주 동안 활용되며 특히 개인적 위기로 인해 정상적으로 기능을 못하는 사람에게 제공되는 집중적이며 시간 제한적인 개입의 중요성을 강조한다 (이준우 외, 2006).

최근 30년 동안 위기개입에 대한 관심이 급부상하면서 위기개입은 하나의 분야로 성장하게 되었다. 지역사회 정신건강 운동의 성장과 자살에 대한 계속되는 관심으로 긴급전화가 출현한 것이 위기개입의 성장을 촉진해왔다. 그 외 점차 늘어나는 재해, 9·11테러리스트의 뉴욕 세계무역센터 빌딩과 워싱턴 펜타곤 공격, 총기난사사건, 각종 대인폭력의 발생 등으로 타인에게 희생되거나 재앙 경험 후 즉각적으로 치료하는 것이 장기적인 정신건강 문제를 예방할 수 있다는 인식이 확산되면서 위기개입의 중요성이 더욱 확대되고 있다.

한편 사회복지실천현장에서는 잠재적으로 위험한 생활사건을 경험한 개인이나, 현재 위기상태에 놓여 있는 개인과 자주 접하게 되는 것이 특징이다. 실제로 대부분의 사회복지사들은 매일 위기개입서비스를 제공하고 있다고 해도 과언이 아니다. 따라서 위기개입모델에 충실한 접근이 요구된다고 볼 수 있을 것이다.

2. 모델의 주요 특성

1) 절충모델

위기개입모델은 긴박한 긴장 속에 있는 개인이나 가족, 집단을 돕기 위해 기존의 인간행동과 성격이론들의 원칙이나 기술을 결합한 절충적인 개입 틀이다.

이 모델은 기본적으로 정신역동이론에 뿌리를 두고 있고, 인간발달 단계에 따른 심리사회적 위기에 대한 개인의 능력을 강조한 자아심리학, 개인의 인지와 인식이 감정, 행동에 상호교류방식으로 영향을 준다는 인지행동이론, 사회체계 내에서의 역할수행과 위기와의 관계를 설명하는 사회역할이론 등에도 기초를 두고 있다. 또한 생태체계이론의 항상성, 불균형, 상호의존과 같은 개념들을 공유하고, 해결중심모델도 다양한 서비스 이용자 집단을 위한 위기개입에 사용되어 왔다.

2) 낙관적인 인간관

위기개입모델에서는 사람들의 성장·적응능력에 대해 매우 긍정적인 입장을 취하고 있다. 위기는 개인에게 부정적 결과를 제공하기도 하지만 동시에 성장과 발전을 위한 기회가 되기도 한다(Golan, 1978). 사람들은 스트레스나 해로운 사건에 대항하여 정서적 균형과 평형상태를 얻으려 노력하면서 새로운 행동을 학습할 수 있다. 또한 위기개입에서 사람들이 상황적 스트레스나 위험적 생활사건에 직면하게 될 때 경험하는 정서적 불균형 상태는 병리적인 것과는 다르며, 누구에게나 일어날 수 있는 정상적인 삶의 경험으로 간주된다(정순돌 외, 2011).

3) 단기적·시간제한적이며 구조적인 개입 중시

위기개입모델은 최단 시간 내에 최소의 재정적·전문적 자원으로 최대의 치료적 효과를 지향하는 실천모델이다. 위기라는 사건 자체가 짧은 시간에 발생하는 것이며, 따라서 변화를 시도할 시간이 길지 않다는 것이다. 일반적으로 위기 지속기간은 4~6주 정도인데, 6주 이내에 아주 구조적으로 정립된 개입이 이루어져야 한다는 것이다.

4) 강점 관점에 기반

위기개입모델은 단기적·적극적·상황중심적 문제해결방법으로서 서비스 이용자의 작은 변화는 문제를 해결하는 데 충분하며, 이때 서비스 이용자의 능력과 강점이 문제해결에 핵심이 된다. 위기에 처한 개인은 매우 혼란스러운 상태에 있고, 다양한 측면을 보지 못하는 터널시각(tunnel vision)을 갖고 있기 때문에 위기해결에 필요한 자신의 강점을 스스로 인지하지 못한다. 강점 관점에 입각한 위기개입은 서비스 이용자가 위기 상황을 성공적으로 다루기 위한 자원과 대처기술을 이미 가지고 있지만 그것들을 사용하고 있지 못하거나 인식하고 있지 못할 뿐이라고 보고, 서비스 이용자가 그들 내에 있는 자원을 찾도록 도와준다. 이때 사회복지사는 서비스 이용자의 자원을 발견하고 사용하도록 하는 촉매역할을 한다(Saleeby, 2002; 장수미 외, 2010 재인용).

3. 주요 개념

1) 위기의 개념

위기란 개인의 현재 자원과 대처기제로는 감당하기 어려운 사건이나 상황을 지각하거나 경험하는 것이다. 다시 말해, 위기는 이에 대처하기 위해 많은 노력을 기울였음에도 불구하고 과거에 사용해 왔던 대처방법들이 별로 효력이 없는 상태를 의미한다. 위기란 용어는 일반적으로 붕괴 그 자체가 아니라 붕괴에 대한 공포, 충격, 고통의 감정을 말하는 것이다. 다시 말해, 위기는 사건 자체보다는 사건에 대한 개인의 주관적 반응에 따라 결과가 달라질 수 있다(James & Gilliland, 2001).

위기는 상실의 인식, 상실의 위협, 도전 등을 초래하는 명확한 스트레스적 생활사건이 전제된다(Turner, 1996). 일상적 생활사건들일 수도 있고, 배우자와의 사별, 조기출산, 신체적 질병, 이혼, 갱년기, 은퇴 등과 같이 보편적인 생활과정에서 상실감을 가져다주는 사건들일 수도 있을 것이다. 최근에는 심각한 외상적 사건을 겪는 피해자들에 대해 더욱 초점이 맞춰지는 경향이 있다.

위기는 위험과 동시에 기회의 시기이기도 하다. 위기상황에서 개인은 심각한 병리적 상태에 빠질 수 있으므로 위기는 명백한 위험이다. 위기가 건설적으로 해결되지 않으면 위기가 발생하기 이전에 비해 기능수준이 낮아진 상태로 고착될 수 있다는 위험이 있다. 반면 고통을 경험하고 극복하는 과정에서 자각과 자기성장을 하게 된다. 새로운 대처기술을 배울 수 있고 기능수준을 한층 더 향상시키는 생활의 변화를 갖는 기회가 되기도 한다.

위기는 모든 사람들의 생활경험의 한 부분이다. 위기에 처한 서비스 이용자를 대하는 사회복지사들은 그들이 위기사건 전에는 적절하게 기능하고 있었다고 가정해야 하며, 사회복지사의 역할을 치료라기보다는 원래 수준으로 서비스 이용자의 기능을 회복시킨다는 관점으로 생각해야 한다(Johnson & Yanca, 2001). 한편 위기는 같은 상황에서도 어떤 사람은 성공적으로 극복할 수 있는 반면 어떤 사람은 그렇지 못하다는 면에서 고유성이 있다(Myer & James, 2006 재인용). 결국 위기는 동일한 상황에 직면하더라도 개인에 따라서 위기일 수도 그러지 않을 수도 있다는 것이다. 그래서 상황이나 사건 자체가 위기라기보다는 개인이 상황이나 사건 자체를 위기라고 인식할 때 절망, 분노, 혼돈과 같은 감정을 동반하는 격심한 정서적 혼란 상태를 경험하게 되고, 이전의 대처방법으로는 문제를 해결하지 못하는 경우를 말한다. 위기는 사건 그 자체가 아니라 사건에 대한 반응인 것이다. 이러한 반응은 신체적·정신적·행동적으로 다양하게 나타난다.

> 모든 사람은 삶의 특정 시기에 심리적 외상을 경험한다. 그러나 외상으로 인한 압박이나 응급 상태 또는 그 자체가 위기를 가져오는 것은 아니다. 외상적 사건이 주관적으로 욕구 충족이나 안전 또는 실존에 위협이 되었을 때 비로소 위기의 상태에 들어서게 된다

출처: Caplan(1964), Myer & James(2006)에서 재인용

2) 위기의 특성

① 위기는 위기를 경험하는 개인에게 위험과 기회를 준다.
② 위기는 일반적으로 시간 제한적이지만 일련의 반복적인 전환 위기 시점으로 발달될 수 있다.
③ 위기는 복잡하며 해결하기가 어렵다.
④ 위기개입전문가의 삶의 경험이 위기개입의 효과성을 높일 수 있다.
⑤ 위기는 성장과 변화의 원동력이 될 수도 있다.
⑥ 위기에는 만병통치약이나 빠른 해결책이 적용되지 않는다.
⑦ 위기에서는 무엇을 할 것인가에 대한 선택이 필요하다.
⑧ 위기는 정서적 불균형을 동반한다.
⑨ 위기의 해결과 위기개입전문가의 개인적 특성은 서로 관련이 있다.

3) 위기의 영역

인간이 경험하는 위기는 여러 영역으로 나뉜다. 발달 단계에서 경험하는 발달적 위기, 예측 불가능한 사건이나 사고로 인한 상황적 위기, 인간의 존재 의미와 관련된 실존적 위기, 자연재해나 전쟁과 같은 환경적 위기 등이 있다(김경호, 2010; James & Gilliland, 2001).

(1) 발달적 위기

발달적 위기는 인간이 성장하고 발달해 나가는 흐름에서 발생하는 극적인 변화나 전환으로 인하여 비정상적인 반응이 발생하는 사건을 말한다. 예를 들어 아이의 출생이나 대학 졸업, 중년기의 직업변화, 은퇴, 노화과정과 같은 사건들의 반응으로 발달적 위기가 나타날 수 있다. 발달적 위기는 정상적인 것으로 볼 수 있으나 모든 개인과 모든 발달적 위기는 독특하며 독특한 방식으로 사정하고 다루어야 한다.

(2) 상황적 위기

상황적 위기는 사람이 예견하거나 통제할 수 없는 드물고도 극히 이례적인 사건이 발생할 때 나타난다. 자동차 사고나 유괴, 강간, 회사 부도로 인한 직업 상실, 갑작스러운 질병, 죽음과 같은 사건에서 발생한다. 상황적 위기는 예견할 수 없고, 갑작스럽고 충격적이며 맹렬하고, 많은 경우 비극적이라는 점에서 다른 위기와 차이가 있다.

(3) 실존적 위기

실존적 위기는 내적 갈등이나 불안을 포함하는 것으로 이는 삶의 목표나 책임감, 독립성, 자유, 의무와 같은 중요한 인간적 이슈와 함께 일어난다. 실존적 위기는 40세의 어떤 사람이 자신이 특정 전문직이나 조직에 중요한 영향력이 없음을 깨달으면서 경험하는 위기일 수도 있다. 결혼을 하지 않고 부모와 함께 사는 것을 선택한 사람이 50세에 자신이 진정으로 독립적인 삶을 꾸리지 못하였고 완전히 행복하고도 가치 있는 인간이 될 기회를 놓쳤다는 후회일 수도 있다. 60세의 사람이 자신의 삶이 의미가 없고, 의미있게 삶을 충족시킬 수 없다고 느끼는 만연된 공허감일 수도 있다.

(4) 환경적 위기

환경적 위기는 일반적으로 자연이나 인간이 야기한 재해가 어떤 잘못이나 행동을 취하지 않은 개인이나 집단 성원들에게 갑작스럽게 닥칠 때 발생하는 것으로,

같은 환경에 사는 사람 모두에게 사건의 부정적 여파가 미친다. 이러한 위기는 허리케인이나 홍수, 폭풍, 지진, 화산폭발, 산불과 같은 자연재해일 수도 있으며, 전염병이나 기름 유출 같은 생물학적으로 파생된 위기일 수도 있다. 또한 전쟁, 민족말살 등 난민이 경험하는 정치적인 문제일 수도 있고 심리적 우울과 대립되는 경제적 우울일 수도 있다.

4) 위기의 구성요소

위기는 다섯 가지 요소로 구성되어 있는데, 위험 사건(hazardous events), 취약 상태(vulnerable state), 촉발 요인(precipitating factor), 실제 위기 상태(active crisis), 재통합(reintergration)이 그것이다(Golan, 1978; 김혜란 외, 2005 재인용). 또한 위기의 위험요소(risk factors)와 보호요소(protective factors)가 포함될 수 있을 것이다(Turner, 연세사회복지실천연구회 역, 2004).

(1) 위험 사건

위기는 대개 위험 사건에 의해 시작되는데, 위험 사건은 외부적인 사건일 수도 있고, 내부적 압력일 수도 있으며, 하나의 재앙 사건일 수도 있고 혹은 연속적으로 추적된 사건일 수도 있다. 하나의 위험 사건으로는 갑작스런 배우자의 죽음, 교통사고로 인한 장애, 해고, 이혼, 강간 등을 예로 들 수 있고, 연속적인 사건으로는 최근 직장에서 상사와 갈등이 있는 여성이 남편의 질병, 시집과의 갈등, 자녀의 성적 부진 등을 연속적으로 경험하면서 위기에 빠지는 예를 들 수 있다.

(2) 취약 상태

위험 사건으로 항상적 균형(homeostasis)을 잃으면 취약 상태가 된다. 취약 상태에서는 이전의 평형 상태를 회복하기 위해 평소 사용하던 문제해결 기제를 시도하며, 이에 성공하지 못하면 위기 상황에 대처하기 위한 새로운 방법을 강구하게 된다.

(3) 촉발 요인

촉발 요인이란 긴장과 불안을 한층 고조시켜 취약 상태를 불균형 상태로 만드는 요인이다. 어떤 위기 상황에서는 위험 사건이 워낙 압도적이어서 위험 사건이 동시에 촉발 요인이 되지만, 어떤 경우에는 촉발 요인은 위험 사건과 직접적 관련이 없을 수도 있다. 예를 들어 최근 이혼한 여성이 운전 중 접촉사고를 당하고 가까스로 유지하여 오던 평형 상태가 깨지면서 실제 위기를 맞는 경우이다.

(4) 실제 위기 상태

실제 위기 상태는 혼돈, 불안, 염려, 절망, 분노 등과 같은 감정을 동반하는 격심한 정서적 혼란 상태를 말한다. 위기에 처한 개인은 심리적 취약성, 방어기제의 위축, 문제해결 및 대처 능력의 와해를 경험한다. 격심한 위기 상태는 일반적으로 일시적인 현상으로 간주되며, 보통 6~8주 정도 지속된다고 하지만(김기태, 1993), 촉발사건의 본질, 개인과 가족의 대처자원과 생활환경에 따라 다양해질 수 있다(Turner, 연세사회복지실천연구회 역, 2004).

(5) 위험요소와 보호요소

위험요소는 개인이 심각한 위기를 경험할 수 있는 가능성을 높이는 요소이고, 보호요소는 위기 이후에 심리적으로 심각한 손상을 받지 않도록 돕는 요소를 말한다. 심각한 위험 상태에 노출되는 것이 가장 큰 위험요소이지만, 그 밖에도 사회경제적 상태(빈곤 등), 과거의 정신과적 증상, 아동학대, 청소년기 또는 그 이전의 복합적 사건들이 포함될 수 있다.

한편, 위기 이후 스트레스와 그로 인한 부정적 결과를 감소시키는 데 효과적인 보호요소는 사회적 지원이다. 적응유연성(resilience), 유능한 양육자와의 긴밀한 유대관계 등의 효과적인 대처양식을 가진 가족과 개인, 보육적 교육 프로그램과 지역사회 프로그램 등 개인, 가족, 그리고 지역사회의 특징들이 포함된다.

(6) 재통합

재통합 단계에서는 일어난 문제에 대해 인지적으로 이해하게 되고, 위기 관련 감정을 표출하고 변화를 수용하며, 새로운 대처행동유형을 개발한다. 또한 위기 상황을 극복함으로써 자기효능감, 자기존중감이 증진되기도 하고, 새롭게 학습한 적응기제는 앞으로 있을 수 있는 다른 상황을 효과적으로 대처하는 데에 적용될 수 있다. 하지만 위기 상황에서 부적절하고 부적응적인 행동유형을 학습한 경우에는 앞으로의 상황에 적절히 대처하는 능력이 손상되어 위기 상황 이전보다 전반적 기능이 떨어질 수도 있다.

4. 모델의 개입 원칙

위기개입모델의 개입 원칙은 다음과 같다(Puryear, 1984; 장인협, 1996; 김경호, 2010; 신성자 외, 2007 재인용).

1) 신속하고 즉각적인 개입

위기는 보통 시간 제한적이며, 4~6주 동안 지속된다. 따라서 위기개입이 즉각적으로 이루어지는 것이 매우 중요하다. 이 시기가 지나면 급성위기는 사라지지만 위기를 유발하는 상황은 계속될 수 있다. 예를 들어 사고로 부모를 잃고 가장으로 살아가야 하는 장남은 부모의 죽음으로 인한 위기가 지나갔다고 하더라도 앞으로 어린 동생들을 돌보며 살아가야 하는 힘든 상황이 계속될 것이다. 이와 같은 경우는 당장의 위기개입 이후 사례관리와 같은 지속적인 사회복지실천이 요구된다(장수미 외, 2010).

2) 행동 지향성

위기개입에서 사회복지사의 역할은 적극적이고 직접적인 역할을 수행해야 하며, 서비스 이용자가 위기에 대처하는 어떤 행동을 하게 할 만큼 적극적인 개입이어야 한다. 비활동적이고 간섭적인 과정은 좋지 않다. 위기 상황에서는 서비스 이용자나 가족이 당황하여 어떠한 생각이나 대안을 찾아내기 어려운 행동 불가능 상태에 있으므로, 사회복지사가 해결의 대안을 제시해주고 이끌어갈 필요가 있는 것이다(양옥경 외, 2000).

3) 제한된 목표

위기개입의 목표는 위기 이전의 기능수준 회복에 있다. 성격 변화 또는 환경 전체적인 변화를 추구하지 않는다. 균형상태만 회복하면 되는 것이다. 그러므로 위기개입은 서비스 이용자의 과거를 탐색하는 데에는 큰 비중을 두지 않는다. 과거에 대한 정보 수집을 한다면 위기와 직접적으로 관계된 부분에 한정하는 것이 좋다. 즉각적으로 현재의 위기를 해결하는 것이 중요하기 때문에 그것과 관련이 없는 과거로 인해 시간을 낭비하는 것은 불필요하다(양옥경 외, 2000).

4) 희망과 기대

위기에 처하여 절망감을 가진 사람에게 그들의 문제가 마술적으로 해결될 수 있다는 지나친 희망을 갖게 하는 것은 피해야 하지만 서비스 이용자에게 희망을 갖게 하는 것은 중요하다. 이는 주로 사회복지사의 태도에 의해 성취된다. 위기 해결과 서비스 이용자의 기능 회복에 대한 사회복지사의 희망적인 태도가 중요하다. 사회복지사는 위기가 어떤 형식으로 해결될 것이라고 기대하고 서비스 이용자가 기능을 잘할 것이라는 기대를 한다.

5) 지지

서비스 이용자에게 위기 극복에 도움이 되는 실용적인 정보를 제공하거나 정서적으로 지지하며, 강점에 대한 명확한 지지를 제공할 필요가 있다. 또한 사회적 지지체계를 개발하고 형성하도록 해야 한다. 그렇지만, 서비스 이용자에게 필요한 만큼만 지지를 제공해야 한다. 필요 이상으로 지지를 제공하여 서비스 이용자가 사회복지사에게 의존하지 않게 해야 하며, 서비스 이용자의 비현실적인 기대는 조정해 주어야 한다.

6) 문제해결에 초점

위기개입은 직접적으로 위기 상황과 관련된 구체적인 문제 또는 위기를 유발한 문제해결에 초점을 두고 이루어져야 한다. 신속하고, 정확하게 위기를 유발시킨 문제를 파악하는 데 초점을 두고, 그것을 해결하는 데 초점을 유지하도록 노력해야 한다. 위기개입을 할 때에는 가장 적절한 원조전략을 수립해야 한다. 위기상황에 대해 정말로 최선의 접근이 되도록 잘 계획되어야 한다. 위기란 본질적으로 심각하기 때문에 가장 적절한 해결책을 모색하는 것 자체가 개입의 최우선순위가 되어야 한다. 서비스 이용자가 갖고 있는 다른 문제들에 대해서는 위기개입을 하고 난 후에 다룰 수 있다(양옥경 외, 2000).

7) 자립

위기에 처한 사람은 그가 아는 지식과 생각을 동원하여 많은 고민과 노력을 해보고, 최종적으로 사회복지사의 도움을 받기 위하여 오는 경우가 많다. 이때 서비스 이용자는 자기 자신을 실패자로 보는 경향이 있다. 그러므로 서비스 이용자가 문제해결능력을 가질 수 있도록 문제해결에 이들의 생각을 적극적으로 반영하고, 서비스 이용자가 할 수 있는 것은 스스로 하게 해서 자립심을 길러 주는 것이 필요하다.

SECTION 02 모델의 개입목표 및 과정

1. 개입목표

위기개입은 매우 초점화된 단기 개입으로서 위기개입의 목표는 제한적이다. 위기개입의 목표는 다음의 여섯 가지로 정리된다(Rapoport, 1970). 그 가운데 처음의 네 가지는 반드시 달성해야 할 목표이며, 마지막 두 가지는 상황이나 서비스 이용자 특성 등이 허락하는 경우 달성할 수 있는 목표이다(김혜란 외, 2005).

첫째, 위기로 인한 증상을 제거한다.

둘째, 위기 이전의 기능수준으로 회복한다.

셋째, 불균형 상태로 만든 촉발 사건에 대해 어느 정도 이해하도록 한다.

넷째, 서비스 이용자나 가족이 이용할 수 있는 지역사회자원이나 치료기제를 규명한다.

다섯째, 현재의 스트레스와 과거의 경험 및 갈등과의 연관성을 인식한다.

여섯째, 새로운 인식, 사고, 정서를 개발하고, 위기 상황 이후에도 사용할 수 있는 새로운 적응적 대처기제를 개발한다.

위기개입은 복잡하고 장기적인 치료적 목표를 성취하는 데 목표가 있는 것이 아니다. 즉 서비스 이용자의 인격을 성장시키거나 변화시키기 위해 서비스 이용자를 돕는 것은 위기개입이 아니다. 그러므로 위기개입의 목표는 서비스 이용자가 위기에 대해 적응하는 능력을 갖도록 하는 데 일차적인 초점을 둔다(양옥경 외, 2000).

2. 개입과정 및 위기대처방법

1) 개입과정

위기개입모델의 개입과정은 사정-계획-개입-위기대비 계획 단계로 구분할 수 있다(서진환 외, 2001, 이준우 · 최희철, 2020 재인용).

(1) 사정 단계

- 서비스 이용자가 왜 오늘 도움을 받으러 왔는지 고려한다. 위기문제로 사회복지사를 찾아올 때에는 보통 위기 발생 후 2주 정도 망설이다가 찾아오기 때문에 빨리 이를 파악해야 한다.

- 서비스 이용자가 현재 위기와 선행사건을 어떻게 인식하는지 고려해야 한다.
- 서비스 이용자가 주위의 도움을 받을 만한지 자원이 있는지, 그리고 지지수준과 질은 어느 정도인지 고려해야 한다.
- 서비스 이용자가 과거에 비슷한 문제를 겪은 적이 있는지, 있다면 어떻게 대처했는지 고려한다.
- 위기개입에서 반드시 고려해야 할 자살, 타살의 위험에 대해 질문해야 한다.

(2) 계획 단계

위기 때문에 서비스 이용자 기능은 어느 정도 손상되었는지, 일상생활수행능력은 어느 정도 회복될 것인지, 서비스 이용자 주변 자원들은 어떻게 반응하고 있는지, 서비스 이용자는 어떤 도움을 받을 수 있는지 등을 평가한다. 그 다음으로 가능한 대안들을 고려하고 이들의 장단점을 파악하여 무엇을 수행할 것인지 행동계획을 세운다.

(3) 개입 단계

- 개인이 자신이 처한 위기에 대해 지적으로 이해할 수 있도록 돕는다.
- 서비스 이용자가 표현하기 힘들어하는 감정을 표현하도록 돕는다.
- 대처기제를 탐색한다.
- 서비스 이용자가 자신의 사회적 지지체계를 형성하거나 다시 형성할 수 있도록 돕는다.

(4) 위기대비 계획 단계

서비스 이용자가 미래 다른 위기에도 대처할 수 있도록 돕는다. 위기개입 마지막 단계에서 서비스 이용자가 위기를 다루는 과정에서 무엇을 배웠는지 정리한다.

표 6-1 위기개입 단계별 내용

사정 단계	계획 단계	개입 단계	위기대비 계획 단계
• 위기와 선행사건 파악 • 위기사건에 대한 인식 파악 • 유용한 자원 파악 • 대처능력 파악 • 자해 및 타해 위험성	• 일상생활수행기능 손상 정도와 회복 가능성을 고려한 개입계획 • 대안 탐색과 대처 전략 세우기	• 위기 사건에 대한 이해 돕기 • 감정 표현 돕기 • 대처전략의 효과성 점검 • 사회적 활동 재개 격려와 점검	• 향후 있을 위기에 대비한 계획 수립

2) 위기대처방법: 긴급지원에 유용한 위기개입 6단계 모델

제임스와 질리랜드(James & Gilliland, 2001)가 제안한 위기개입 6단계 모델은 앞서 설명한 일반적인 위기개입모델에 근거하고 있으면서 가정폭력 및 가족학대, 성폭력, 자살충동 등과 같은 매우 긴박하면서도 심각한 위기상황에 보다 더 효과적인 매우 실제적인 위기개입실천모델이라고 본다. 동시에 위기개입 6단계 모델은 사례관리 개입과정을 수행해 나가는 데에도 크게 유용한 모델이라고 할 수 있다(Myer & James, 한인영 외 역, 2006).

(1) 사정

위기개입 6단계 모델은 사정과 개입으로 이루어진다. 우선 사정을 위해 사회복지사는 서비스 이용자에 대해 충분한 검사를 하거나 깊이 있는 정보를 얻을 수 있는 시간이 부족하다. 따라서 DSM-IV의 진단기준이나 자기보고형식의 측정도구를 사용하여 사정하기는 어렵다. 그래서 6단계 모델에서는 위기분류사정양식(Triage Assessment Form, TAF)을 주로 사용한다. '위기분류사정양식'은 긴박한 위기상황에서 서비스 이용자의 정서, 행동, 인지적 영역의 현재 기능을 빠르게 파악할 수 있도록 만들어진 도구이다(Myer & James, 한인영 외 역, 2006). 정서영역에서는 서비스 이용자가 현재 보이는 정서적 반응이 상황을 부인하거나 회피를 하는지, 정상적인 것인지, 충동적 상태 혹은 충격적 상태를 나타내는지 전반적으로 살펴본다. 이때 '분노/적의, 두려움/불안, 슬픔/침울' 등과 같은 다양한 정서의 출현 여부를 파악한다. 행동영역에서는 서비스 이용자의 행동양상이 접근적인지, 회피적인지, 무력해져서 비유동적 상태인지를 사정한다. 인지적 영역에서는 음식, 주거와 같은 물리적 측면, 자아개념, 정체감 등 심리적 측면, 가족, 친구와 같은 사회적 측면, 가치, 신념체계와 같은 영적 측면에서 손상 정도를 어떻게 인지하는지를 측정한다.

위기개입을 하는 사회복지사는 세 영역에서의 서비스 이용자 상태를 제시된 전형적 반응양식에 따라 분류하고, 서비스 이용자의 현재 기능수준을 수치화한다. 즉 1~10점으로 구분하여 1점: 손상 없음, 2~3점: 극소의 손상, 4~5점: 경미한 손상, 6~7점: 중등도의 손상, 8~9점: 현저한 손상, 10점: 심각한 손상으로 분류한다. 세 영역을 합하면 3점에서 30점까지 점수가 산출된다. 이때 점수가 높을수록 서비스 이용자가 평형 및 유동적 상태에 있음을 의미한다. 평형, 유동성의 정도에 대한 사정은 위기개입을 하는 사회복지사의 개입활동 정도를 결정해주기 때문에 중요하다. 서비스 이용자가 비유동적 상태에 있을수록 지시적 개입이 필요하며, 유동적 상태에 있을수록 비지시적 개입을 하도록 한다.

(2) 개입

사정이 위기개입의 전 과정에서 진행되는 역동적 활동으로 계속되는 동안 위기개입을 하는 사회복지사는 6단계에 따라 구체적 개입을 실시한다.

1단계는 문제를 정의하는 단계로서 이때 서비스 이용자의 관점에서 문제를 정의하고 이해하는 것이 중요하다. 위기개입을 하는 사회복지사는 위기상황에서 당황하는 서비스 이용자의 문제를 재빨리 파악하기 위해서 감정이입, 진실, 수용, 긍정적 관심을 제공하는 경청기술을 적극적으로 사용하는 것이 좋다.

2단계는 서비스 이용자의 안전을 확보하는 단계이다. 안전이란 자신과 타인에게 신체적·심리적 위험을 최소화하는 것이다. 여기서는 서비스 이용자의 안전을 두 번째 단계로 하였지만 안전은 위기개입 전 과정에서 우선적으로 고려해야 할 사항이므로 이 단계를 유연성 있게 적용해야 한다.

3단계는 지지하기이다. 위기개입을 하는 사회복지사는 서비스 이용자에게 '당신에게 진정한 관심을 가진 사람이 여기 있다'는 사실을 확신시켜, 서비스 이용자가 위기개입을 하는 사회복지사를 무조건적·긍정적으로 수용할 수 있도록 해야 한다. 이 세 단계에서는 위기개입을 하는 사회복지사의 경청하는 자세가 매우 강조된다.

4단계는 대안을 탐색하는 단계이다. 위기에 처한 서비스 이용자는 실제로 선택의 여지가 없다고 믿는다. 또한 비유동적 상태에서는 최선의 선택이 무엇인지 알기 어려우므로 이 단계에서 서비스 이용자에게 적절하고 가능한 선택이 무엇인지 폭넓게 찾아보는 것이 필요하다. 위기개입을 하는 사회복지사는 서비스 이용자에게 많은 대안이 있음을 인식시키기 위해 상황적 지지자, 대처기제, 긍정적 사고패턴을 찾아낸다. 상황적 지지자란 예전부터 서비스 이용자를 잘 아는 사람으로 도움을 제공할 수 있는 사람이며, 대처기제란 서비스 이용자가 위기를 극복하는 데 사용할 수 있는 행동적·환경적 자원을 의미한다. 긍정적 사고패턴은 서비스 이용자가 스트레스와 불안을 경감시키도록 하는 사고방식으로 문제를 보는 관점을 바꾸도록 한다. 위기개입을 하는 사회복지사는 이 세 가지를 찾아냄으로써 무기력하게 느끼는 서비스 이용자에게 도움을 줄 수 있다.

5단계는 계획 세우기로 이전 단계와 연결된다. 이 단계에서는 즉각 서비스 이용자에게 지지해줄 수 있는 사람과 집단, 의뢰자원을 명확히 하고 서비스 이용자에게 즉각 사용할 수 있도록 대처기제를 제시해야 한다. 중요한 것은 서비스 이용자가 계획된 사항을 자신의 것으로 느낄 수 있도록 서비스 이용자와 협력하여 계획하는 것이 중요하다. 서비스 이용자가 해야 할 일을 원조자가 결정하는 경우가 많기 때문에 서비스 이용자가 자율성을 갖고 위기개입을 하는 사회복지사에게 너무 의존하지 않도록 한다.

6단계는 참여시키기 단계로 계획 단계가 효과적으로 수행되면 참여단계는 쉬워진다. 이 단계에서는 서비스 이용자에게 계획한 내용을 요약해보게 하는 것으로 그가 위기 이전의 평형을 되찾을 수 있도록 행동수행에 참여하게 하는 것이다(James & Gilliland, 2001).

SECTION 03 모델의 개입기술 및 적용사례

1. 개입기술

위기개입모델의 초기에는 주로 응급실이나 상담실 등을 중심으로 개인의 부적응적 증상 제거에 초점을 두었다. 그러나 근래 들어서는 지구 온난화로 인한 전 지구적 자연재해 발생, 원자력 누출사고 등 대형 재난사고, 각종 범죄 등의 피해가 지역주민이나 시민에게 확대되고 있다. 따라서 이러한 위기에 대해서는 사회적 및 국가적 차원에서 대처할 필요가 있으며, 특히 원조전문직인 사회복지계의 다양한 활동 및 적극적인 개입이 절실한 시점이다.

위기개입은 개인을 스트레스 이전의 기능으로 회복시키는 데 초점을 두기 때문에, 그에 유용한 기술이면 이론에 상관없이 다양하게 사용하고 있다. 여기서는 홀리스(Hollis, 1964)의 기술 및 보편적 접근법을 중심으로 살펴보고자 한다.

1) 지지적 기술

지지적 기술은 여타 모델에서도 사용하지만 특히 위기에 처한 서비스 이용자를 돕는 위기개입에서 효과적이며 널리 사용되는 기술이다. 이 기술은 위기에 처한 서비스 이용자가 경험하는 불안, 죄책감, 분노, 무력감 등을 감소시키고 위기 이전의 평형상태를 찾도록 돕기 위해 사회복지사가 서비스 이용자로 하여금 현재 당면한 위기상황이나 문제가 본인 자신이 인식하는 것처럼 엄청나게 위협적인 것이 아니라는 것을 표현하는 것이다. 또한 사회복지사의 관심과 존중, 돕고자 하는 의지 등을 알림으로써 서비스 이용자의 불안 및 공포감을 감소시키고 안정감 및 자신감을 회복하도록 하는 데 그 목적이 있다. 뿐만 아니라 이것은 위기상황에 신속하게 개입해서 제한된 시간 내에 서비스 이용자와 신뢰로운 관계를 구축하는 데도 유용하다. 지지적 기술에는 격려, 구체적 관심의 표현, 비언어적 지지, 재보증 등이 포함된다.

2) 직접적 영향주기

이 기술은 2장에서 설명한 바와 같이 사회복지사가 개입의 목적을 달성하기 위해 서비스 이용자에게 자신의 의견을 제안 · 조언 · 주장하는 것을 뜻한다. 예를 들어, 위기로 인해 심한 불면증과 신체적 증상을 보이는 서비스 이용자에게는 병원에서 약물치료를 받도록 하는 것, 성폭력 피해 청소년에게는 증거 보존을 위해 사건 발생 직후 가까운 병원에 가서 의료적 조치를 받도록 하는 것, 서비스 이용자의 안전이 위협받을 우려가 있다고 생각할 경우 일정한 기간 동안 안전한 장소에서 보호받을 수 있도록 하는 것, 부모에게 위기에 처한 아동의 이상행동 시 대처방법이나 요령을 알려주고 그렇게 하도록 하는 것 등이 해당된다. 이 개입은 신중하게 고려해야 하며, 무엇보다 그런 직접적 개입은 서비스 이용자의 복지 및 문제해결을 위한 목적에 부합되며 그것을 사용하는 명백하고 타당한 이유가 있어야 한다. 또한 사회복지사는 위기에 처한 서비스 이용자에게 적절한 도움을 제공할 지역사회 자원의 유무, 제공기간, 종류 및 서비스 내용에 대해 충분히 숙지해야 한다.

3) 탐색-묘사-환기법

위기상황에 직면한 대다수의 사람은 불안, 분노, 두려움, 죄책감, 증오, 비통함 등을 갖는다. 이런 부정적인 감정은 참고 억압하는 것보다는 건강한 방식으로 외부로 발산시키고 정화하는 것이 필요하다. 특히 위기개입에서는 이런 정서적 정화가 매우 중요한데, 탐색-묘사-환기법은 그 대표적인 기술이다.

이 기술의 핵심은 사회복지사가 서비스 이용자로 하여금 현 위기와 관련해서 갖는 부정적 감정 및 정서, 생각에 대해 이야기할 수 있도록 안전한 분위기를 조성하고, 위기사건 및 부정적 감정에 대한 적절한 질문을 하고 그것을 서비스 이용자가 말로 표현하도록 격려하는 것이다. 예를 들어, 갑작스럽게 사랑하는 사람을 사고로 떠나보내고 우울하게 된 사람, 사고로 인해 회복될 수 없는 신체적 장애를 갖게 된 사람, 치명적인 질병을 진단받는 사람 등은 상실에 대한 애도와 비탄감을 표현하도록 하는 것이 필요하다. 이런 경우 사회복지사는 수용적 자세에서 서비스 이용자가 의도적으로 부정적 감정을 언어적으로 표현하도록 하고 필요할 때 적절하게 그 감정에 공감한다. 이러한 개입은 부정적 감정을 건강하고 안전한 방법으로 발산하도록 하여 강도를 완화시키고 안도감이나 후련함을 준다. 특히 위기로 인해 생긴 부정적 감정이나 정서를 억압하거나 인정하지 못하는 서비스 이용자의 경우, 사회복지사는 의도적으로 위기상황과 그때 느낀 감정에 대해 자연스럽게 이야기할 수 있도록 한다. 그러나 부정적인 감정을 표현하는 것이 이들로 하여금 감당하기 어려운 고통스러운 상황에 더 빠지게 하거나 왜곡된 생각을 심화시키는 등 오히려 도움이 되지 않을 수도 있다는 것을 염두에 두어야 한다.

4) 환경조정

위기상황에 있는 서비스 이용자는 불안이 고조되거나 우울한 상태에 있기 때문에 평소의 대처능력이 잘 기능하지 못할 수 있다. 그렇기에 평소에는 어려움이 있을 때 자신에게 도움을 줄 유용한 사람이나 자원을 찾고 도움을 요청했다고 하더라도 위기상황에서는 그런 기능이 잘 발휘되지 않는다. 따라서 사회복지사는 서비스 이용자에게 도움이 될 외부 자원을 파악하고 필요한 경우 동원할 수 있도록 적극적으로 개입하며, 경우에 따라 서비스 이용자가 속한 환경을 신속하게 변화시킬 필요가 있다.

5) 보편적 접근법

보편적 접근법은 제이콥슨과 동료들(Jacobson et al., 1968)이 위기개입을 위해 특별히 개발한 것으로 다음과 같은 세 가지 가정에 근거한다. 첫째, 중요한 상실을 수반하는 위기에는 보편적이고 식별 가능한 위기반응이 있다는 것과, 둘째, 서비스 이용자를 돌보는 사람이 이런 내용을 미리 숙지하고 이해하고 있으면 그가 힘든 위기상황을 경험할 때 어떤 반응을 보일지 미리 예상할 수 있고 적절하게 안내할 수 있다는 것, 마지막으로 개인 성격의 정신역동성을 평가할 필요가 없고 반드시 위기개입 전문가가 아니라도 비교적 짧은 학습에 의해 쉽고 신속하게 개입할 수 있다는 것이다.

사별로 인한 위기개입에 있어 보편적 접근법을 적용한 경우를 보면, 이 경우 대부분의 사람은 갑작스러운 사실을 받아들이지 못하고 부정하게 되며, 왜 그런 일이 자신에게 일어났는지, 떠난 사람과 자신에 대해 분노하고 급기야는 의기소침하고 우울한 단계를 거치는 등 상실에 대한 애도과정을 거치게 된다. 이런 애도과정을 거친 다음에는 상실을 수용하고 일상생활로 복귀하게 된다. 서비스 이용자는 이런 애도과정에서 외로움, 분노, 죄책감, 절망감, 불면증, 우울 등 보편적인 애도반응을 보인다. 이때 사회복지사는 지지, 수용, 명료화 등을 통해 서비스 이용자의 보편적인 애도반응을 이해하고 그에 따른 감정을 잘 처리하도록 도울 수 있다.

6) 디브리핑

디브리핑(debriefing)은 위기로 인한 피해자나 목격자, 관련인들을 대상으로 위기 발생 직후 24시간 이내에 위기 직후부터 미비하고 억압되어 있던 강력한 감정이 감당하기 힘들 정도로 표면으로 떠오르게 될 때 감정 분출과 해소(defusing)의 기회를 갖도록 하기 위해 실시하는 방법이다. 이것은 사건이나 상황에 대한 정확한 정보를 공유하고, 위기사건이나 상황에서 겪은 행동적, 신체적, 감각적, 정서적, 영적, 대인관계적 경험을 자유롭게 표현하고 공유하는 것이다. 디브리핑의 목적은 위기에 대한 정서적 반응에 대해 교육하고 앞으로의 대응방안에 대한 토론함으로써 심리적 긴장을 해소하고 문제해결력을 증진시키는 것이다(조현진, 2008: 23).

학교에서의 디브리핑 사례

- 맞이하기: 사회복지사는 학교장과 함께 협의한 결과 학생들을 대상으로 디브리핑을 하기로 하고, 이에 학생들을 강당이나 학급 등 정해진 장소에 모이게 하고 모임을 하게 된 배경과 간단한 일정에 대해 설명한다.
- 사실 설명: 사회복지사는 먼저 간결하고 정확하게 있는 그대로 위기사건에 대해 설명한다. 단, 설명과정에서 사건에 대해 지나치게 생생한 묘사를 하거나 고통을 자극하거나 호기심을 부추기지 않도록 주의를 기울여야 한다.
- 경험 나누기: 학생들에게 어제의 위기사건과 관련하여 어떤 경험을 하고 무엇을 알고 있으며 어떤 이야기를 들었는지, 어떤 생각과 느낌을 가지고 있는지를 질문함으로써 개별 학생들이 가지고 있는 감정을 표현하도록 해야 한다.

- 감정 및 반응 나누기: 사회복지사는 흥분된 학생들의 감정을 안정시키고 혼란스러운 감정에 대해서는 명료화해 주고, 특히 정서적으로 힘들고 고통스럽다고 말하는 학생들에게 정상적인 반응이라는 것을 인식시켜 주며, 편안하게 자신의 감정이나 생각을 표현하도록 도와주어야 한다. 또한 학생들과의 대화를 통해 사실과 다른 왜곡된 정보나 유언비어를 정확하게 바로 잡는 것이 필요하다.
- 기운 북돋우기: 사회복지사는 학생들이 경험하는 감정과 반응이 혼자만의 것이 아니라는 것을 알게 하고, 긍정적 지지와 함께 필요한 경우 상담이나 서비스를 제공할 수 있다는 것을 알려야 한다.

출처: 남미애 · 윤숙자(2013)

2. 위기개입모델을 적용한 사례[1)]

1) 사례 개요

서비스 이용자인 27세 데보라는 16세 이후부터 11년 동안 간헐적으로 치료를 받아왔다. 데보라는 몇 번은 심각한, 몇 번은 제스처에 그친 자살시도 경험이 있었고, 대학시절 여러 종류 약물을 남용했는데, 약물남용과 그로 인한 학업수행의 부족으로 2년간 학교를 중단해야 했다. 행복한 기분에 잇따른 심각한 우울증과 외로움, 무력감과 절망감으로 자주 기분이 바뀌는 문제와 종교에 깊이 빠지는 문제가 있고, 정신과 치료를 위해 수차례 입원하였다. 16세 때 부모가 이혼하여 깊은 상실감과 애도의 경험을 했고, 최근에는 친구나 가족, 동료와 스스로를 단절시켜 고립과 연민에 빠졌으며, 자신의 직업에 무력감을 느꼈다. 눈물로 하루하루를 살아가는 데보라는 급성 불안상태에서 떨고 있었다. 위기개입팀 경찰 장교인 위기개입전문가는 미시시피강 다리 난간에서 뛰어내리려는 데보라를 발견했다. 경찰과 고속도

1) James & Gilliland, 한인영 외 역(2011). pp. 208-209

로 순찰관은 모든 차량을 정지시켰고 차에 있던 사람들이 전부 내려 지켜보았다. 금방이라도 뛰어내릴 것 같은 긴장된 순간이었다.

2) 위기개입 실천과정

- **위기개입전문가**(이상 전문가): (자신있고 부드러우며 감정이입적인 목소리로 잘 들릴 수 있게) 내 이름은 마크예요. 당신 이름이 뭐죠?
- **데보라**: 데보라예요. 왜 그러죠?
- **전문가**: 당신을 도와주고 싶어요. 데보라. 뭔가 힘든 일이 있는 것 같은데 내가 도울 수 있는 일이 있는지 물어보고 싶어요.
- **데보라**: 아무도 나를 도와줄 수 없어요.
- **전문가**: 그곳은 위험합니다. 여기서는 바람소리와 소음으로 잘 들리지 않으니 난간에서 내려와서 여기서 얘기합시다.
- **데보라**: 얘기한다고 좋아질 것은 없어요. 가세요. 나를 혼자 내버려두세요. 도움은 필요 없어요.
- **전문가**: 데보라, 내 이름 기억나요? 마크예요. 얘기할 시간을 좀 가집시다. 앉아서 함께 얘기할 시간이 충분히 있어요. 내 이름 기억하고 있죠?

위기개입전문가는 자신의 이름을 말하면서 데보라와 의사소통을 시도하려고 했다. 데보라처럼 정서적으로 압도되고 꼼짝할 수 없는 상황에 처한 사람에게는 '개별화된 상호작용'을 하는 것이 효과적인 방법이다. 위기에 처한 서비스 이용자와 관계를 개별화하는 좋은 방법은 가능한 빨리 이름을 부르며 의사소통하는 것이다.

- **데보라**: 예. 당신 이름이 마크라는 것을 알고 있어요. 내가 어떻게 당신을 믿을 수 있죠? 당신이 내 인생을 어떻게 좋아지게 할 수 있는데요? 나는 벗어날 수

없는 깊은 고통 속에 있어요. 이제 지쳤어요.

- 전문가: 데보라. 나는 지금 당신의 어려움에 대해 한번 얘기해 보자는 겁니다. 좀 더 조용한 곳에서 시간을 갖고 얘기하는 것이죠. 도울 수 있는 몇 가지 방법이 있을 겁니다. 당신을 감옥에 넣을 생각은 전혀 없어요. 나의 역할은 당신을 안전한 곳으로 데려가 도와주는 겁니다. 당신이 상처받는 것을 바라지 않아요. 할 수 있다면 진정으로 돕고 싶어요.

짧은 시간 내에 위기개입전문가는 데보라의 신뢰를 얻을 수 있었다. 데보라는 위기개입전문가의 말을 따랐고 국립병원 응급실에서 의료적 · 심리적 평가를 받았다. 급성위기를 촉발시킨 자살의도에 대해서 필요한 응급치료를 받았고 만성문제를 다루기 위해 적절한 치료기관으로 의뢰되었다.

데보라의 사례는 공감적이면서도 진지한 언어기법이 급성 불균형 상태에 있는 많은 서비스 이용자를 구하고 개입에 있어서 극적인 차이를 가져온다는 예를 간단히 보여준다. 위협, 요구, 두려움, 판단, 처벌적 태도를 내포하는 언어와는 반대로 여기서 위기개입전문가는 정서적으로 혼란스럽고 불안정한 사람과 이야기할 때 더 안전하고 인간적으로 처신하는데 이는 상대방을 존중하는 효과적이며 효율적인 방법이다.

CHAPTER 07

임파워먼트모델

SECTION 01

임파워먼트모델의 철학과 기본 개념

1. 개요

임파워먼트(empower)는 사회복지이론과 실천의 중심가치 중 하나로서(Adams, 2007; Huff & Johnson, 1998), 1900년대 이후 사회복지 전반에서 널리 사용되고 있는 개념이다. 임파워먼트에 대한 공통된 정의는 인간이 그가 속한 환경 속에서 개인적, 대인관계적, 정치적인 힘을 강화함으로써 자신의 삶에 대한 권한을 획득하거나 극대화하는 적극적인 참여과정과 결과를 포함하고 있다는 점이다(정순돌 외, 2007).

사회복지실천에서 임파워먼트는 철학이자 방법론으로서 혼재되어 사용되고 있다. 서비스 이용자 개인, 가족, 집단, 지역사회와의 실천을 중심으로 볼 때, 철학적 기반으로서 임파워먼트는 사회복지실천에서 사회복지사의 가치, 태도, 서비스 이용자와 사회복지사 간의 관계에 영향을 미치고, 방법론으로서의 임파워먼트는 사회복지사의 구체적인 사회복지 지식과 기술의 활용에 영향을 준다고 볼 수 있다. 가치와 철학적 개념 틀로서의 임파워먼트는 사회복지실천에서 서비스 이용자 중심의 가치를 강화하고 서비스 이용자 개인, 가족, 집단, 지역사회가 나름의 잠재력을 지닌 능력있는 체계로서 존중받게 하는 데 기여한다. 아울러 서비스 이용자와 사회복지사는 각자의 생활과 소속 환경에 대해 잘 알고 있는 전문가로 간주되며 평등한 관계를 이루게 된다(이준우 외, 2006).

방법론으로서 임파워먼트는 사회복지실천의 구체적인 실천지식과 기술에 영향을 미치고, 따라서 기존 사회복지실천과는 다른 과정과 성과를 가져오게 된다. 자기 삶의 전문가인 서비스 이용자가 자신의 욕구에 기반한 목표를 스스로 설정하여 내·외적 자원을 활용하며, 힘을 얻게 됨으로써 안녕을 누리는 상태를 성과로 볼 때 기존의 전문가가 중심이 되어 주도하는 실천과는 달리, 사회복지사는 당연히 서비스 이용자를 중심으로 협력하게 된다(이준우·손덕순, 2007). 지식적인 면에서 서비스 이용자는 다른 사람이나 정부의 도움을 무상으로 받는 수혜자라기보다는 능동적이고 자율적인 힘을 가진 사람으로 인식된다. 따라서 학습된 무력감이나 우울 등 병리적 측면보다는 인간이 가진 회복능력, 희망감, 잠재력, 변화가능성 등의 측면에서 지식이 탐구되고 활용된다. 기술적인 면에서도 사회복지사의 의도된 목적 하에 서비스 이용자를 변화시키려는 전문가 중심주의로 사회복지의 면접, 관계형성, 지도 등의 기술이 사용되는 것은 지양된다. 대신에 서비스 이용자가 스스로의 욕구를 목표로 전환하고 힘을 추슬러 자신의 내적, 외부적 자원을 활용해 일상에 잘 대처해 나가도록 돕는 데 주안점을 두고 필요한 기술을 활용한다(정순돌 외, 2007).

따라서 임파워먼트모델은 사회적·조직적 환경에 서비스 이용자의 통제력을 키우는 임상실천의 과정과 개입기술을 의미한다. 이 같은 임파워먼트모델에서 임파워먼트의 기본적인 이념은 사회복지 발달의 근간이 된 인보관 운동으로부터 그 토대가 마련되었다. 1950년대 후반 문제해결모델이 사회복지실천모델의 주류를 이루게 되면서 사회복지사의 논리적, 실제적인 개입 준거틀로 임파워먼트 개념들이 부분적으로 활용되면서부터였다. 1970년대에 들어서면서 일반체계이론과 생태체계이론이 사회복지의 주요 이론틀로 활용되면서, 서비스 이용자의 강점을 지향하고 해결중심적 접근인 임파워먼트의 중요성이 더욱 대두되었다. 1970년대의 이러한 이론과 모델들이 통합되면서 임파워먼트모델로 새롭게 등장하게 된 것이다. 그러나 우리의 경우도 2000년대에 접어들면서 비로소 사회복지실천현장에 본격적으로 도입되기 시작했으며 최근에는 대부분의 사회복지실천에서 크게 활용되고 있다. 하지만 임파워먼트모델은 어떤 단일한 사회복지실천 방법에만 부합되는 것은 아니라고 본다. 임파워먼트의 원조는 상호부조, 자조 그리고 최근에는 해방과 권리, 사회운동의 전통이 결합된 것으로 볼 수 있으며 반인종주의, 페미니즘과 계층, 나이, 장애, 성, 지역적 차별에 대한 비판에 의해 강화되었다(최명민 역, 2007).

그래서 임파워먼트모델에서는 서비스 이용자를 문제 중심이 아닌 강점 중심으로 보며, 인간의 잠재력과 자원을 인정하고, 서비스 이용자에게 탄력성이 있음을 전제한다. 이 전제는 서비스 이용자가 자신의 삶을 통제할 수 있는 역량이 있음을 인정하는 것이다. 서비스 이용자와 사회복지사의 관계는 협력적인 파트너로, 문제해결 과정에 함께 참여한다. 임파워먼트모델의 시행 결과, 다양한 인구집단에서 효과적인 것으로 나타났는데, 특히 에이즈집단, 수용시설 거주자, 청소년 집단 등에 효과적인 것으로 밝혀지고 있다(양옥경 외, 2000). 임파워먼트는 1976년 Solomon이 자신의 저서를 통해 사회복지실천에서 임파워먼트 개념을 사용함으로써 사회복지 영역에서 처음으로 등장하게 되었다.

2. 이론적 기반

임파워먼트에 대해 하나로 통일된 개념이나 접근은 존재하지 않는다. 임파워먼트의 발달 전개에 있어서 주요 사회적 배경으로 1960년대 후반, 미국에서는 흑인운동과 소수민족, 장애인 인권운동이 일고 있었으며, 유럽에서는 반정신의학, 빈곤과 복지에 대한 사회학적 비판과 같은 운동이 급진적인 비판을 촉진시키고 있었다(Fook, 2007). 이후 급진주의의 영향은 임파워먼트, 옹호 등을 사회복지실천 전략 및 기법으로 제시하였고 사회복지실천에 영향을 주기 시작하였다. 특히 이 시기에 옹호는 사회적 약자들에게 도움이 되는 임파워먼트의 수단이자 서비스로 인식되기 시작하였다(Payne, 1991). 1970년대의 페미니스트 운동은 임파워먼트의 주요 이론과 실천의 발달에 많은 공헌을 하였다(Adams, 2007). 특히 1970년대 이후 생태체계 이론이 사회복지실천에서 새로운 실천이론으로 등장하면서 임파워먼트는 생태체계적 관점에 기반을 두고 재정립의 과정을 거치게 되었다. 생태체계 관점이 인간과 환경 간의 상호작용을 중시하고 전통적으로 사회복지실천에 내재되어 있던 강점을 지향하면서 임파워먼트는 새롭게 그 가치가 부각되기 시작한 것이다(양옥경 · 김미옥, 1999; 양옥경 · 최명민, 2006). 그 개념적 틀은 결국 생태체계 관점에 기초하면서 강점을 철저히 지향하는 것이다.

1) 생태체계 관점

생태체계 관점은 일반체계이론과 생태학 이론의 사고를 통합한 것이다. 인간과 환경 사이의 상호교환이 기반이 된 많은 이론들의 공통된 관점으로 인간행동에 대한 다양한 이론들을 통합한다(Bookman & Sandra, 1988). 생태체계 관점은 인간과 환경을 지속적으로 상호 교류하는 하나의 체계로 본다. 따라서 인간과 환경이 어떻게 서로 영향을 주고받는지 보여주는 준거틀을 제공해 준다. 나아가 환경적 맥락에서 서비스 이용자 체계를 조망하게 해 주며 사정과 계획 단계에 매우 유용하다. 생태체계 관점을 좀 더 세부적으로 살펴보면 다음과 같이 구분하여 설명할 수 있다(김기태 외, 2001; 엄명용 외, 2005).

(1) 인간에 대한 관점

- 인간은 매우 복잡한 존재이다.

- 인간에 대한 낙관론적인 시각을 갖는다.
- 인간과 환경이 지속적으로 상호작용하면서 서로 영향을 미치고 형성하며, 상호 적응하는 호혜적 관계를 유지한다.
- 기본적으로 '환경 속의 인간'이라는 관점에 기초한다.

(2) 행동과 부적응에 대한 관점

- 생태체계 관점에서 행동이란, 인간과 환경이 모두 상호이익을 추구하는 과정에서 나타나는 것이다. 즉 개인과 사회체계는 자원과 욕구 사이에서 상호이익을 달성할 수 있는 균형점을 찾고 거기에서 동기가 유발되어 '행동'이라는 실체로 구체화되는 것이다.
- 모든 인간행동은 내적 욕구와 환경적 욕구 사이에서 조화를 찾기 위한 적응과정이다. 생태체계 관점에서 부적응이란 존재하지 않는다.
- 생태체계 관점에서 문제는 환경의 자원 유무와 관련이 있기 때문에 부적응적인 행동은 환경 안에서 자원을 조정하면서 바꿀 수 있다고 본다.
- 서비스 이용자의 부적응에 대해 낙인찍거나 비난하지 않고, 문제행동을 변화 가능한 것으로 간주한다.

(3) 변화에 대한 관점

- 변화에 대해 개방적이다.
- 서비스 이용자의 문제행동이 서비스 이용자의 내적 욕구와 환경적 자원 간의 불일치에서 비롯되므로 다양한 가능성이 존재한다고 본다. 서비스 이용자가 가진 어떠한 문제도 서비스 이용자와 환경 간 상호작용의 산물로, 서비스 이용자 개인의 책임이 아니다.
- 생태체계 관점을 가진 사회복지사는 서비스 이용자의 병리보다 강점에 초점을

두고 서비스 이용자와 파트너십을 형성한다. 개인과 환경의 상호작용에 개입해서 변화가능성을 확대하고자 한다.

(4) 사회체계에 대한 이해

생태체계 관점에서는 다양한 체계 수준에서 개인들이 서로 어떻게 관련을 맺는지를 중요하게 여긴다. 이러한 다양한 체계수준을 생태학적 환경으로 규정할 수 있다. 즉, 이들 사이에는 위계질서가 존재하며, 경계가 있고, 자율성을 갖고 다른 체계와 긴밀하게 상호작용하는 것으로 본다.

(5) 사회복지실천을 위한 준거틀에 대한 이해

생태체계 관점은 인간의 다양성과 환경 사이의 관계를 이해하는 데 유용한 개념적 준거틀을 제시할 뿐 아니라, 사회복지실천에서 사회복지사가 서비스 이용자와 역량 강화 관계를 형성하고, 서비스 이용자 체계의 자원을 발견하며, 역량을 강화하는 구체적이고 개념적인 방법을 제공한다. 또한 서비스 이용자의 현재 상황을 체계적, 전체적 관점에서 이해하고 사정하는 효율적인 사정 도구 역할을 한다. 가령 생태체계도, 사회적 관계망 구성, 가계도 등이다.

2) 강점 관점

강점 관점은 서비스 이용자의 문제를 병리적으로 보지 않고 오히려 강점으로 보는 것이다. 즉 문제가 아닌 변화되기 이전의 있는 그대로의 상황으로 인식하는 것이다. 강점 관점을 구체적으로 살펴보면 다음과 같다(김기태 외, 2001).

- 서비스 이용자의 강점을 강화하는 것이 서비스 이용자의 역량을 가장 신속하게 향상시킬 수 있는 전략이라고 본다.

- 문제에 관심을 두기보다는 해결점을 발견하고 강점을 강화하는 데 초점을 둔다.
- 서비스 이용자를 독특한 존재로 보고, 다양성을 인정하고 존중하면서 서비스 이용자의 강점에 초점을 둔다. 가능한 모든 자원을 활용해서 서비스 이용자의 역량을 실현하도록 돕는다.
- 사회복지의 기본 가치와 맥을 같이 한다. 이러한 강점 관점은 사회복지의 전문적 가치를 실천하는 데 필수적이다.

이러한 강점 관점으로 인해 사회복지실천에는 중요한 몇 가지 변화가 일어났다(이영분 외, 2001; 양옥경 외, 2000).

첫째, 서비스 이용자의 문제를 '도전'으로 인식하기 시작했다는 것이다. 기존의 사회복지실천에서 개입의 초점은 문제를 정확히 사정하고 해결하는 것이었다. 그러나 문제는 수치, 비난, 죄의식 같은 부정적인 감정을 전달하기 때문에, 문제를 강조하는 것은 오히려 문제를 더 확대시켜 서비스 이용자의 역량을 강화하지 못하게 하는 한계를 낳게 될 우려가 있었다. 반면 문제를 도전, 전환점, 성장을 위한 기회로 간주할 때 서비스 이용자의 문제를 바라보는 시각도 의미있게 변화한다. 이는 사회복지실천의 새로운 방법을 제시하는 사고의 전환인 것이다.

둘째, 병리적인 시각에서 강점 시각으로의 변화가 일어났다.

병리적 시각에 초점을 둔 문제 중심의 부정적인 준거틀은 서비스 이용자를 병리적인 사람, 환자, 희생자로 보게 한다. 하지만 강점 시각을 지향하면 병리에 초점을 둔 접근에 내포된 함정을 피할 수 있다.

셋째, 과거지향에서 '지금-여기'를 기반으로 한 현재와 미래를 강조하게 되었다. 임파워먼트모델은 서비스 이용자의 문제에 대해 과거를 탐색하는 데 초점을 두지 않는다.

병리적 관점을 기반으로 하는 의료모델이 과거를 탐색하여 언제, 왜 서비스 이용자 체계가 잘못되었는지를 조사한다면 강점 중심 개입은 현재 시점에서 서비스 이용자체계에 있는 자원을 발견하고 현재 상황에서 무엇을 할 수 있는지, 어떤 대안이 있는지 사고를 전환하도록 유도한다. 과거지향적인 사회복지사는 현재 일어나는 것들을 간과하기 쉽지만, 미래지향적이 되면 현재 있는 자원, 습득하는 것, 도전을 극복하기 위한 대안이 있는지 탐색하게 되고 그 과정을 통해 현재 갖고 있는 강점과 부족한 자원을 파악하게 되어 통합하는 기회를 갖는다(Dubois & Miley, 1992).

표 7-1 병리적 관점과 강점 관점의 비교

병리적 관점	강점 관점
• 진단에 따라 증상이 있는 개인으로 본다.	• 개인은 독특한 존재로, 강점과 기질, 재능, 자원이 있는 존재이다.
• 치료의 초점은 문제이다.	• 치료의 초점은 가능성이다.
• 서비스 이용자가 말한 진술은 전문가에 따라 재해석된다.	• 서비스 이용자가 말한 진술은 그 사람에 대해 알아가는 중요한 방법 중 하나이다.
• 사회복지사는 서비스 이용자 진술에 회의적이다.	• 사회복지사는 서비스 이용자 진술을 인정한다.
• 어린 시절의 상처는 성인기 병리를 예측할 수 있는 전조이다.	• 어린 시절의 상처는 개인을 약하게 또는 강하게 할 수 있다.
• 치료의 핵심은 전문가가 세운 치료계획이다.	• 치료의 핵심은 개인, 가족, 지역사회의 참여이다.
• 사회복지사는 서비스 이용자 삶의 전문가이다.	• 개인, 가족, 지역사회가 서비스 이용자 삶의 전문가이다.
• 개인의 발전은 병리로 제한된다.	• 개인의 발전은 항상 개방되어 있다.
• 변화의 자원은 전문가의 지식과 기술이다.	• 변화의 자원은 개인, 가족, 지역사회의 장점, 능력, 적응기술이다.
• 원조목적은 행동, 감정, 사고, 관계에서 부정적인 결과와 증상의 영향을 감소하는 것이다.	• 원조목적은 그 사람의 삶의 가치를 확고하게 하는 것이다.

출처: Saleebey(2002), 이준우 외(2006), p. 422에서 재인용

3. 기본 개념

1) 임파워먼트

임파워먼트란 무엇인가? 임파워먼트는 힘을 키워 가는 과정으로, 서비스 이용자로 하여금 자기 삶에 대한 결정과 행위에 힘(power)을 가질 수 있도록 돕는 것이다. 이는 사회적 · 개인적 장애들의 영향을 감소시키고, 힘을 사용하는 데에 필요한 역량과 자신감을 증가시키며 환경으로부터 개인에게로 힘을 전환시킴으로써 가능하다(서진환 외, 2001). 이러한 임파워먼트의 과정은 사회복지사와 같은 원조전문가에 의해서 주도되는 것이 아니라 서비스 이용자에 의해 주도되고 서비스 이용자 내부에 있는 힘이 발현되는 것을 의미한다(오혜경, 1997; Lee, 2004).

임파워먼트는 이념적 배경과 접근방식에 따라 다양한 개념으로 해석된다. 신자유주의에 근거하여 사회복지실천을 하는 경우 '역량강화' 또는 '능력고취'로, 급진 사회주의 이념에 따라 사회적 불평등 제거에 초점을 두는 경우는 '세력화'로, 그리고 생태체계이론에 근거하여 자조와 개혁을 강조하는 경우는 '권한부여'의 의미로 사용된다. 결국 임파워먼트는 개인, 집단, 지역사회가 그들의 환경에 대한 통제력을 얻고, 그들 자신의 목표를 달성하여, 결과적으로 그들 자신과 다른 사람을 원조하여 삶의 질을 최대화시켜 나가는 수단으로 정의될 수 있다(장인협, 2004).

2) 임파워먼트의 차원

임파워먼트모델은 미시적인 개인적 문제에 대한 심리사회적 기능의 향상과 거시적인 사회구조의 개혁이나 사회정책의 전환을 동시에 원조하는 실천모델이라고 할 수 있다. 이에 따라 임파워먼트는 개인, 대인관계, 구조적 차원 등 모든 사회체계

수준에 적용이 가능하다. 이 세 차원은 모두 관련이 있어서 한 영역에 자원을 투입하면 다른 영역에도 기여한다. 서비스 이용자의 역량을 강화하고자 하는 사회복지사는 개인, 대인관계, 구조적 차원들을 고려하고 접근할 수 있어야 한다. 이를 좀 더 구체적으로 살펴보면 다음과 같다(김현훈 외 역, 2000).

첫째, 개인적 차원에서의 임파워먼트는 개인의 역량, 지배감, 강점, 변화능력을 포함한다. 또한 개인적 차원에서의 역량강화는 인성, 인지, 동기에서 자신의 삶에 대한 통제감이며, 가치에 대한 생각이나 느낌의 수준, 자신을 둘러싼 외부세계와 차별할 수 있는 수준, 좀 더 영적인 것을 추구하는 수준까지 나타난다.

둘째, 대인관계 차원에서의 임파워먼트는 다른 사람에 대한 영향력이다. 대인관계 차원에서 역량을 강화한다는 것은 다른 사람과의 관계에서 효율적으로 상호작용한다는 것을 의미한다.

셋째, 구조적 차원에서의 임파워먼트는 사회구조의 관계를 의미한다. 사회구조를 바꿔서 힘을 얻고, 새로운 기회를 창출할 수 있다. 사회적 수준에서 자원을 창출하는 것은 그 사회의 모든 개인에게 힘을 부여한다.

3) 협력과 파트너십

임파워먼트모델은 서비스 이용자가 잠재적으로 가지고 있고 이미 파악된 가용자원을 활용하여 창조적인 힘으로 전환시킬 수 있다. 이를 사회복지사는 서비스 이용자와 협력관계를 구축할 필요가 있다(이준우, 2009).

(1) 전문적 관계에 대한 시각: 협력과 파트너십

첫째, 서비스 이용자는 경험과 역량을 가진 원조과정의 파트너이다. 즉 서비스 이용자는 잠재력이 있는 존엄한 인간이며 자원이다. 따라서 서비스 이용자가 참여하는 것은 중요하며, 변화노력의 전 과정에서 서비스 이용자의 자기결정권을 강조한다.

둘째, 서비스 이용자는 변화과정에 능동적으로 참여하는 파트너이며, 자신이 처한 환경과 능력을 가장 잘 알고 있는 사람이다. 이에 수용, 존중, 신뢰에 바탕을 둔 파트너십 형성이 필요하다.

셋째, 서비스 이용자와 협력하면서 얻는 장점은, 서로의 자원을 상호 협력하여 활용하기 때문에 문제를 해결하는 데 필요한 자원의 범위를 확대할 수 있다는 것이다. 또 상호 책임에 바탕을 두기 때문에 변화 책임에 대한 전문가의 부담을 나눌 수 있다.

(2) 서비스 이용자에 대한 시각: 소비자

임파워먼트모델에서는 '클라이언트'라고 하는 전통적인 서비스 이용자에 대한 시각을 지양하고 복지 소비자로서의 인식을 새롭게 형성하였다. 좀 더 구체적으로 살펴보면 첫째, 1990년대 전문가의 우월적인 지위에 도전하여 자기결정권을 강조한 소비자 모델이 등장하였다. 둘째, 사회복지사와 서비스 이용자의 파트너십을 강조한 수평관계와 서비스 이용자를 개입의 주체로 보는 관점에 따라 서비스 이용자의 자기결정권이 보호되고 반영된다. 셋째, 서비스 이용자에 대한 기존의 수혜자, 환자, 도움을 받는 사람들이라는 낙인에서 적극적이고 자기결정권을 보호받고 활동적으로 역할을 하는 소비자라는 시각으로 바뀌었다. 넷째, 인간서비스 체계에서 소비자주의의 기본원리는, 특정한 생활경험(노인, 정신장애인, 장애인 등)으로 특별한 욕구가 있는 개인이 전문가보다 자신의 욕구와 관심에 대해 더 잘 알고 있다는 가정에 근거한다. 개인이 자신을 소비자로 규정할 때 자신의 삶에 대한 통제력은 증가한다.

(3) 역량(empower)

임파워먼트모델은 서비스 이용자의 역량(empower)을 강화시켜 줌으로써 서비스 이용자가 스스로 문제를 해결할 수 있는 힘(power)을 갖게끔 해준다. 여기에서 중요한 개념이 '역량'이다. '역량'의 개념을 정리하면 다음과 같다(장인협, 1994).

첫째, 역량은 인간체계의 구성원을 돌보는 기능을 수행할 수 있으며, 다른 체계와 상호작용하고 사회적 · 물리적 환경의 자원체계에 기여할 수 있는 능력이다.

둘째, 역량은 개인의 특성, 대인관계, 사회적 · 물리적 환경에서 비롯된다.

셋째, 개인적 역량과 환경적 요구가 일치하지 않아 발생하는 개인의 문제를 해결하기 위해서는 자원에 대해 정확하게 사정하고 활용하는 것이 중요하다. 강점을 확장하고 역량을 강조하는 그 자체만으로도 역량을 강화할 수 있다.

서비스 이용자의 역량이 강화되면 일상생활에서 사용하는 대처기술은 향상된다.

4. 모델의 주요 특성 및 실천 원칙

1) 주요 특성

(1) 인간관

임파워먼트는 인간과 환경 간의 상호관계 속에서 인간이 환경을 어떻게 지각하고 해석하는지에 관심을 갖고, 인간이 자신과 환경 간의 관계를 어떻게 정의하는지에 초점을 맞춘다. 즉, 임파워먼트 실천에서 인간에 대한 가정은 사람들이 자신의 문제를 해결할 수 있는 역량을 지니고 있으며, 자신이 속한 사회구조에서 경험하는 불평등뿐 아니라 조직화된 억압 및 그것을 유지시키는 구조를 분명히 알 수 있는 능력을 갖추고 있다는 것이다. 또한 인간은 자신이 처한 억압적이고 불공평한 상황 등을 변화시키기 위해 먼저 자신을 변화시키고, 자신을 도울 수 있는 가족, 집단, 지역사회와 협력하고 능동적으로 자원을 활용할 수 있는 존재로 본다. 이러한 인간에 대한 긍정적이고 강점적 시각은 인간이 스스로 자신의 행동과 주변 환경에 대해 성찰하는 능력을 가진 존재이며, 자신을 둘러싼 다른 체계와의 소통이 가능한 존재라고 보는 것이다(Lee, 2004). 이러한 인간관을 통해 임파워먼트는 서비스 이용자 체계를 잠재력과 역량을 갖춘 체계로서 존중하고, 서비스 이용자와 사회복지사가 각자의 생활과 환경에 대한 전문가로서, 문제해결의 동반자로서 평등하고 존중하는 관계 실현을 지향한다(정순돌 외, 2007).

(2) 문제에 대한 사정과 개입 간의 관계

임파워먼트모델에 있어서 사정은 매우 중요하다. 사정을 통해 서비스 이용자가 누구인지, 어떤 억압이 서비스 이용자의 안녕을 침해하였는지를 이해해야 한다. 사정 내용으로는 서비스 이용자의 기본정보(나이, 직업, 관계, 주거환경 등)를 비롯하여 발달 단계에서 삶의 중요한 전환점(주요한 발달력, 발달력과 관련 내용들, 위기 주제들, 지위/직업의 변화 등)이 구체적으로 포함되고, 기본적 생존과 관련된 영역에서 경험한 억압의 증거들이 사정되고 서비스 이용자 개인과 환경의 구체적 강점이 반드시 포함되어야 한다(Lee, 2004). 또한 서비스 이용자의 강점을 형성하기 위한 자아 기능의 사정과 지지적 개입을 제공하기 위해 정상적 발달이론이 사정의 근간이 된다(이윤로, 2007).

서비스 이용자와 사회복지사는 사정 단계에서 함께 자료를 모르고 평가하며, 문제의 내·외부적 요소와 그 배경에 대해 지속적으로 사정한다. 개인적 고통은 종종 정치적인 문제이기 때문에 사정은 경험의 내·외부적 차원을 포함해야 하며, 사정의 주요 쟁점은 서비스 이용자가 원하는 것뿐만 아니라 서비스 이용자의 경험과 전문성, 문제과정에 대한 초점에 있어 개인적 환경부터 외부 환경까지 문제의 근원에 주목한다. 특히 임파워먼트 접근에서 사회복지사의 가장 중요한 기능은 개인적 문제와 사회역동 간의 연계를 규명하도록 지원하는 것으로(Gutierrez et al., 1998) 사정 시 반드시 서비스 이용자를 둘러싼 환경적 접근이 고려되어야 한다. 이러한 과정을 통해 사정의 방향은 서비스 이용자 개인과 이를 둘러싼 환경의 다차원적인 강점을 찾아 현재와 미래의 변화에 초점을 두어 각 서비스 이용자에게 맞는 개별화된 개입을 가능하게 한다. 이때 개입전략의 목표는 사회복지사와 서비스 이용자가 협력하여 이용자의 자기결정에 기초하여 수립하게 된다(Gutierrez et al., 1998).

(3) 서비스 이용자 및 문제의 범위

임파워먼트모델에서 서비스 이용자의 단위는 개인, 가족, 집단 그리고 전체적인 사회환경과 이들의 연결 체계, 상호작용을 총망라하여 그 대상이 될 수 있다. 특히 임파워먼트는 빈곤하고 억압받고 낙인찍힌 사람들과의 개입을 선호하며 실천은 보통 임파워먼트에 대한 직·간접적인 장해물, 개인, 가족, 집단, 조직의 자원부족 문제(빈곤), 불공평한 교환이 발생하는 관계, 독단적인 사회기준이나 가치, 무기력의 문제를 표적으로 한다(이윤로, 2007). 임파워먼트모델에 적합한 주요 실천 대상은 정신건강 문제를 가진 자, 빈곤자 및 노숙자, 아동과 가족, 소수민족집단, 여성, 노인, 성적 소수자, 장애인 등이며, 이들과 관련된 학대, 폭력, 빈곤, 재활, 사회적응과 관련된 다양한 문제를 다룬다.

(4) 사회복지사와 서비스 이용자의 관계

임파워먼트모델에서 사회복지사와 서비스 이용자의 역할과 책임은 상호적이고 공유되며, 이들은 동반자로서 활동하게 된다(Gutierrez et al., 1998). 임파워먼트모델은 사회복지사의 의도된 목적 하에 서비스 이용자를 변화시키려는 전문가 중심

주의로서의 상담, 관계형성, 지도 등의 기술이 사용되는 것을 지양한다. 대신 서비스 이용자가 스스로의 욕구를 목표로 전환하고 자신의 내적·외부적 자원을 활용해 일상에 잘 대처해 나가도록 하는 데 주안점을 준다(정순둘 외, 2007).

사회복지사와 서비스 이용자 간의 조화로운 동반자 관계를 구축하는 데 방해가 되는 요소에는 전통적인 사회복지사 역할에 대한 선입견, 전문가주의적 입장을 견지한 권력과 지위와 관련된 가치와 신념이 있다. 이와 반대로 사회복자사와 서비스 이용자가 서로의 강점을 규명하고 인정하는 능력, 다양성을 인정하고 존중하는 서비스 이용자와 사회복지사의 능력, 서로에게서 인식된 약점에 대한 심판적 해석을 극복하는 능력, 다루는 문제 혹은 쟁점의 정치적 차원과 관련하여 사회복지사와 서비스 이용자가 공유하는 공통 관심은 동반자적 관계를 구축하는 데 도움이 된다(Gutierrez et al., 1998).

(5) 변화의 수행을 위한 원칙과 기법

임파워먼트모델은 기존의 전통적인 치료 패러다임이 서비스 이용자의 문제를 병리적 관점에서 이해하고 문제행동을 제거하는 데 일차적 초점을 두어온 것과 달리 질병과 장애보다는 서비스 이용자와 사회복지사 간의 동반자적 관계형성을 통해 서비스 이용자를 둘러싼 자원을 개발하고 서비스 이용자의 역량을 강화함으로써 문제를 해결하는 데 초점을 두고 있다(양옥경·최명민, 2006).

리(Lee, 1994: 267-271)는 임파워먼트 실천을 위한 주요 기술로 사회 변화/대처와 적응을 향상시키기 위한 기술, 동기를 강화하는 기술, 심리적 안정과 자존감 유지, 문제해결 향상 및 자기방향 증진, 문제해결을 위한 기술, 사회 변화를 향상시키는 기술을 제시하고 있다. 이러한 기술은 특정 기법이라기보다는 서비스 이용자를 원조할 때 필요로 하는 다양하고 광범위한 기술과 기법으로서, 서비스 이용자와 동등함을 유지하는 기술, 의식화, 실천, 비판적 교육 등을 기저에 두고 서비스 이용자의 역량을 강화하고 구조적 문제를 해결하는 데 활용할 수 있다면 어떤 것이든 활용 대상이 될 수 있다.

(6) 개입의 종결

임파워먼트에서 개입기간은 다양할 수 있으나 즉각적인 문제에만 초점을 맞추는 단기 개입은 임파워먼트모델에서 적절하지 않다. 서비스 이용자가 당면하고 있는 즉각적인 문제들과 함께 고질화된 억압들을 변화시키기 위해서는 오랜 시간이 소요된다.

(7) 문화적 특수성의 정도

임파워먼트는 개인주의와 자기발전이라는 서구의 개념에 뿌리를 둔 개념으로(Adam, 2007), 지난 30년간 미국 사회복지계에서 미시적 · 거시적 실천의 주요한 주제였다. 미국사회의 다양한 문화를 가진 소수민족집단에 임파워먼트를 적용해 왔음에도 불구하고 아직까지 임파워먼트의 개념과 실천을 미국사회와 다른 문화, 사회에 적용할 때의 검토 작업은 미흡한 상태로, 대부분의 문헌에서 임파워먼트가 실천되는 문화적 · 정치적 맥락에 대한 고려는 없는 것으로 나타났다(Shera & Wells, 2002). 그러나 몇몇 연구에서 임파워먼트를 적용함에 있어서 힘(power)에 대한 문화적 해석, 느낌의 차이가 있을 수 있기 때문에 문화적 특수성을 반영해야 한다는 지적도 있다(Yip, 2004; Shera & Wells, 2002). 특히 중국, 일본과 같은 동아시아권인 우리나라에서도 서구적 개념인 임파워먼트를 적용할 때에 당면할 수 있는 문제에 대해 민감성을 갖는 것은 필요하다.

2) 실천 원칙

로즈(Rose, 1990)는 임파워먼트에 관해 다음 세 가지의 실천 원칙을 제시하였다(Payne, 1991 재인용).

(1) 맥락화(contextualization)

이 원칙은 서비스 이용자가 사회복지사의 방침보다는 자신의 '사회적 존재성'에 대해 초점을 맞추는 것이다. 즉, 서비스 이용자의 현실에 기반하여 대화를 이어 나가는 것으로, 이 대화를 통해 서비스 이용자는 자신의 삶에 대한 느낌과 이해를 표현하고 설명할 수 있으며, 성찰하는 기회를 갖게 된다.

(2) 임파워먼트(empowerment)

이 원칙은 실천과정에서 사회복지사가 서비스 이용자로 하여금 자신의 욕구를 충족시킬 수 있는 다양한 가능성을 탐색하고, 가능하도록 도움을 제공하는 것이다. 이 원칙은 서비스 이용자가 자신의 삶에 대한 주도권을 쥐고서 삶에 영향을 미치는 결정을 스스로 할 수 있게 돕는다.

(3) 집단성(collectivity)

이 원칙은 서비스 이용자가 경험하는 소외감을 줄이기 위해 서비스 이용자를 대인관계로 연결시키는 것이다. 집단경험을 통한 사회화의 경험은 서비스 이용자로 하여금 자신의 가치와 경험이 다른 사람들의 삶과 유리되지 않았음을 깨닫게 하고 자신의 가치를 더욱 강하게 느끼는 기회가 된다.

SECTION 02 모델의 개입목표 및 과정

1. 개입목표

임파워먼트모델에 기반을 둔 사회복지실천의 개입목표는 다음과 같이 정리해 볼 수 있다(Dubois & Miley, 1992).

첫째, 무기력을 경험하는 서비스 이용자가 자신의 잠재된 역량을 개발하고 힘을 발휘하여 필요한 자원을 획득하도록 원조하고자 한다. 취약한 서비스 이용자들은 필요한 자원을 스스로 찾아내거나 이용하지 못하고, 스트레스 상황에 효과적으로 대처하지 못한다. 임파워먼트모델은 이러한 서비스 이용자가 자신의 삶을 스스로 통제할 수 있도록 원조하는 것이다.

둘째, 서비스 이용자가 자신의 삶과 자신이 배려하는 사람들에게 영향을 미치는 사건에 참여하고, 자신의 욕구, 복지, 만족감을 강화하는 데 환경과 상호작용할 수 있는 능력을 높이고자 한다.

셋째, 힘을 행사하는 데 방해가 되는 사회적 혹은 개인적 장애의 영향을 감소시키고자 한다. 이를 위해 힘의 상황을 재분배하기 위해서 구조적 상황이 수정되게끔 노력하고자 한다.

2. 개입과정

일반적으로 임파워먼트모델은 대화 단계, 발견 단계, 발전 단계로 구분되는데, 각 단계에서 다루어야 할 내용들을 살펴보면 다음과 같다.

1) 대화 단계: 파트너십 형성

대화 단계는 사회복지사와 서비스 이용자 간의 대화를 통해서 서비스 이용자의 현재 상황과 욕구 등을 공유해 나가는 과정이다(Miley et al., 2004).

(1) 대화 단계의 의미

사회복지실천이 성공적으로 수행되기 위해서는 서비스 이용자와 함께 그들의 현 상황과 목적, 강점에 대한 지속적인 대화가 요구된다. 왜냐하면 대화는 사회복지사와 서비스 이용자가 상호 협력하는 관계를 시작하도록 돕고 이를 유지시켜주기 때문이다. 또한 대화를 통해 서비스 이용자는 자신이 처한 상황을 어떻게 인식하고 있는지 스스로 깨닫게 되고, 사회복지사는 서비스 이용자의 강점을 파악하게 된다.

(2) 사회복지사와 서비스 이용자의 목표

대화 단계에서 사회복지사와 서비스 이용자가 설정해야 할 실천 개입의 목표는 다음과 같다.

- 수용, 존중, 신뢰에 근거하여 파트너십 형성하기
- 사회복지사와 서비스 이용자 각자의 역할 설정하기
- 서비스 이용자 상황에 대해 스스로 명확하게 인지하기
- 쉽게 활용할 수 있는 자원을 확보하기
- 서비스 이용자의 경험을 구체적으로 묘사하기
- 서비스 이용자의 감정을 구체화하기
- 함께 작업하기 위해 목적 정하기
- 협력관계 형성을 위한 일치감과 유대감 갖기

(3) 대화 단계의 주요 과제

- **함께 준비하기**: 사회복지사는 서비스 이용자의 개인적 · 전문적 가치를 구체화하고, 서비스 이용자의 지지체계를 분명히 밝혀 그들의 지식과 능력, 기술을 파악해 냄으로써 실천개입을 위한 준비를 한다. 서비스 이용자에 대한 긍정적인 기대로 준비된 사회복지사는 서비스 이용자의 강점을 활성화시킬 수 있다.
- **파트너십**(동반자 관계) **형성**: 사회복지사와 서비스 이용자 체계가 사회복지실천의 목적과 윤리적 원칙, 규범을 반영하는 여러 방식에 따라 그들의 관계를 규정하는 과정이다. 사회복지사와 서비스 이용자는 상황을 이해하고 변화를 이루기 위하여 함께 하는 협력자이다.
- **현재 상황의 명확화**(도전들을 자세히 설명하기): 서비스 이용자가 사회복지실천서비스를 제공받는 것을 촉진시키기 위하여 사회복지사와 서비스 이용자의 상호이해를 발전시키는 과정이다. 이를 위하여 사회복지사는 서비스 이용자의 말을 적극적으로 경청하고 그 메시지에 담겨 있는 정보와 감정에 반응해야 한다.
- **강점 확인하기**: 대화를 통해 현재 상황이 확실하게 드러나게 되면 사회복지사는 서비스 이용자의 강점을 발견할 기회를 가지게 된다. 강점을 확인하는 과정은 서비스 이용자의 강점이 변화하도록 돕는 중요한 초석이다. 사회복지사는 서비스 이용자의 특성, 대인관계, 자원망, 문화적 정체성, 지역사회 연계 등을 포함하는 생태체계 각각의 측면을 검토함으로써 강점을 확인할 수 있다.
- **방향 설정**: 사회복지사와 서비스 이용자는 특정 목적을 위하여 함께 나갈 방향을 정한다. 이러한 구체적인 방향 감각은 서비스 이용자가 직면하는 여러 도전을 적절하게 만들어 주고, 문제해결책을 만드는 데 유용한 자원과 강점이 무엇인지 결정하게 해 준다. 여러 가지 방향을 설정함으로써 목적의식이 구체화되고 서비스 이용자의 참여를 동기화한다.

2) 발견 단계: 강점 및 자원탐색, 해결책 구성

발견 단계에서 사회복지사와 서비스 이용자는 체계적으로 문제해결에 필요한 자원 발굴 방법을 모색한다. 이들 자원은 서비스 이용자 체계 내에 있을 수도 있으며, 그들의 생태체계 외부에 있을 수도 있다. 상호 협력하여 사회복지사와 서비스 이용자는 수집된 정보를 분석하고, 변화를 위한 전략을 개발한다(장인협, 2004).

(1) 발견 단계의 의미

발견 단계는 서비스 이용자와 사회복지사가 각자가 모르고 있는 자원과 자원이 있는 곳을 서로 힘을 합쳐 체계적으로 탐색한다는 데에 의미가 있다. 자원은 서비스 이용자의 생태체계 내·외부에 존재하며, 사회복지사와 서비스 이용자는 함께 수집한 정보를 분석하고 전략을 개발한다.

(2) 발견 단계의 내용

- 변화를 위한 자원인 서비스 이용자의 강점 탐색하기
- 서비스 이용자의 사회적·물리적 환경을 검토해서 도전에 대한 상호 교류적 관점 확인하기
- 서비스 이용자와 관련된 정보와 자원을 찾고 연결하기
- 이용 가능한 자원체계의 능력 분석하기
- 목적을 설정하고 목표를 구체화하기
- 행동계획 구성하기
- 변화를 목표로 계약 협상하기

(3) 발견 단계의 주요 과제

- 자원체계 사정하기: 이 과정은 서비스 이용자의 상황에 대한 이해와 더불어 서비스 이용자와 관련된 잠재적인 자원들까지 포함하여 사정하는 것이다. 사회복지사와 서비스 이용자는 함께 이용 가능한 개인적 · 대인 간 · 환경적 자원을 평가한다. 이러한 평가는 결과물이자 과정이다(Johnson, 1995). 즉 사정은 서비스 이용자 체계와 환경 상에 있는 자원에 관한 포괄적인 기술이다. 동시에 사정은 서비스 이용자와 사회복지사가 상황을 함께 조사하는 방법이기도 하다. 이러한 사정은 서비스 이용자와 사회복지사의 전체 생태체계를 기술한다. 그것은 서비스 이용자 내부와 외부에서 이용 가능한 자원에 관한 광범위한 정보를 제공한다. 이는 학교 혹은 수퍼바이저의 지지, 사회적 서비스 전달망, 사회복지 절차 및 정책과 같은 사회복지사 세계에 존재하는 자원을 고려한다. 또한 사정의 방법은 발견된 정보만큼 중요하다. 임파워먼트모델의 발견 단계에서 이루어지는 사정의 과정은 그 자체가 의미있는 자원을 발생시킬 수 있다. 서비스 이용자가 과감하게 그들 자신의 능력, 자원, 대안들을 발견해 나가는 사정과정에서, 서비스 이용자는 그들 상황에 대한 책임을 경험하게 된다.
- 자원의 능력 분석하기: 이 과정은 서비스 이용자와 사회복지사가 함께 설정한 변화의 목표를 실현하기 위해 어떤 자원체계를 활성화시켜야 하는지를 숙고하는 것이다. 즉 수집된 정보를 종합하고 조직화하는 과정이라 할 수 있다. 사회복지사와 서비스 이용자는 서비스 이용자가 통제력을 획득하고 필요한 자원에 연결될 수 있는 방법을 찾는다. 사회복지사와 서비스 이용자 체계는 정보를 분석하는 과정에 대한 책임을 공유한다. 서비스 이용자는 그들의 생각, 감정, 선호에 기여하고, 사회복지사는 서비스 이용자와 함께 했던 분석을 서비스 이용자와 개방적으로 공유하고, 서비스 이용자로부터 피드백을 적극적으로 이끌어낸다. 분석은 이용 가능한 자원을 조직하고, 연관되는 정보를 한 데 모으고, 주

제를 찾고, 추가적인 정보의 필요성을 결정하는 것이다.

- 해결방안 수립하기: 이 과정에서 사회복지사와 서비스 이용자는 문제해결을 위한 개입실천의 구체적인 목적을 설정하고 행동계획을 세운다. 행동계획에는 서비스 이용자가 달성하려는 희망사항에 관한 진술은 물론 여러 목적과 그에 따른 세부 목표의 성취를 위한 전략수립이 포함된다.

3) 발전 단계: 기회 확장, 성공인식, 성과통합

발견 단계가 지나면 발전 단계에 이르게 된다. 발전 단계에 대한 주요 내용은 다음과 같다(이준우 · 손덕순, 2007).

(1) 발전 단계의 의미

발전 단계에서 사회복지사와 서비스 이용자는 기존 자원을 활성화하고 서비스 이용자의 목적을 달성하기 위해 새로운 대안을 형성한다. 또한 이 단계의 모든 활동은 서비스 이용자 체계와 사회적 · 물리적 환경을 변화시키는 데에서 시작하고, 이를 강화하고 안정시키는 데에 초점을 둔다.

(2) 발전 단계의 주요 내용

- 행동계획 실행하기
- 서비스 이용자 체계 역량경험 증가시키기
- 목표달성에 필수적인 자원 사정하기
- 계획 완수를 위해 개인과 조직의 동맹관계 창출하기
- 추가적인 자원을 형성하기 위해 기회와 선택 강화하기
- 지속적으로 진전 상황과 결과 평가하기

- 달성한 목표를 구체화하고 일반화시키기
- 전문적 관계 종결하기

(3) 발전 단계의 주요 과제

- 자원 활성화시키기: 이 과정은 이미 접근 가능한 자원을 동원하는 활동들이 수행되는 것을 의미한다. 사회복지사와 서비스 이용자는 약속한 계획을 수행하기 위하여 협력한다. 서비스 이용자는 필요한 대인관계 및 제도적 자원에 연결되고, 새로운 행동방식과 상호작용을 실험적으로 경험하며 사회복지사와의 만남에서 발전된 의무를 수행한다. 사회복지사는 개입활동을 조직하고 점검하며 서비스 이용자를 계획에 참여시키도록 동기를 부여한다. 여러 선택과 기회를 세분화하고 서비스 이용자에게 도움이 될 만한 피드백을 제공한다.
- 동맹관계 창출하기: 동맹관계를 창출함으로써 사회복지사와 서비스 이용자는 임파워먼트 집단 내의 여러 서비스 이용자의 노력과 제휴하고, 또한 기존 원조망 내부에 있는 서비스 이용자의 기능을 강화하며, 서비스 전달망을 조직한다. 사회복지사 자신이 지원을 받는다고 느끼고 자신의 역량을 경험할 때 대부분 서비스 이용자에게도 같은 느낌이 생기는 경향이 있다.
- 기회 확대하기: 이 과정은 환경 내에서 현재 이용이 가능하지 않는 자원을 이용이 가능하도록 새롭게 창출해 가는 것이다. 예를 들면 서비스 이용자에게 필요한 자원이 현재 이용 가능하지 않거나, 또는 서비스 이용자의 접근을 거부하는 규정이나 공식적인 해석이 있을 수 있다. 이러한 상황에서 사회복지사와 서비스 이용자는 자원개발을 위해 노력한다. 서비스를 조정하고, 기존 서비스에 대한 접근을 새롭게 규정하며 새로운 프로그램들을 창출하게 되는 것이다.
- 성공 인식하기: 모든 효과적인 행동계획은 평가 절차를 포함한다. 이 과정은 목적 달성을 측정하는 많은 방법들을 드러나게 하여 서비스 효율성을 평가한다.

결과의 평가는 서비스 이용자 체계와 실천현장에 대한 사회복지사의 책무를 보장하고, 서비스 이용자가 성공에 공헌하는 것을 신뢰하게 하며, 전문적 관계를 종결하기 위한 과정으로서 기능한다. 성공을 측정함으로써 서비스 이용자와 사회복지사에게 성취감을 주고, 이들이 각각 직면하게 될 다른 상황에 대처하기 위해 현재 각자의 성공 노력을 일반화시킨다. 이렇게 성공을 측정함으로써 성공에 대한 인식은 파악될 수 있으며 이는 서비스 이용자와 사회복지사 모두에게 실천개입의 목표를 달성했다는 성취감을 제공한다.

- 성과 집대성하기: 마지막 과정인 성과의 집대성은 서비스 이용자가 사회복지사와의 노력 끝에 성장, 발전, 변화한다는 것을 강조한다. 서비스 이용자의 독립성과 성공의 지속을 격려하기 위해 사회복지사는 종결과정을 쉽게 함으로써 서비스 이용자에게 지난 과정을 검토하도록 도우며, 종결에 대한 서비스 이용자의 의견과 느낌을 표현하게 하고, 또한 이 과정의 결과를 비슷한 다른 문제의 처리에도 적용할 수 있도록 한다.

지금까지 설명한 임파워먼트모델의 개입과정에 대해 간략히 정리하면 아래의 〈표 7-2〉와 같다.

표 7-2 임파워먼트모델의 개입과정

단계	과정	활동
대화 (dialogue)	• 파트너십의 형성 • 파트너십의 명료화 • 방향 설정	• 사회복지사와 서비스 이용자 간의 상호 협력적인 파트너십을 형성하고, 서비스 이용자 역할의 중요성을 강조함 • 서비스 이용자의 경험을 파악하며 동기부여를 촉진하는 관련 자원을 탐색함
발견 (discovery)	• 강점 정의 • 자원탐색 및 분석 • 해결책 구성 • 동맹관계 구축	• 서비스 이용자가 보유하고 있는 강점 탐색 • 서비스 이용자를 둘러싼 자원 탐색 • 활용 가능한 자원 동원 및 자원 발견을 통해 네트워크 구축

단계	과정	활동
		• 문제해결을 위한 해결책 구성과 사회복지사와 서비스 이용자 간의 동맹관계 구축
발전 (development)	• 기회 확장 • 성공 인식 • 성과 통합	• 프로그램 개발, 지역사회조직화, 옹호를 비롯한 사회행동 등을 통해 새로운 자원과 기회 개발 • 지속적인 협력관계를 유지하며, 서비스 이용자의 변화노력의 성공에 대해 평가 • 종결

출처: 정순돌 외(2007), p. 366에서 재인용

SECTION 03 모델의 개입기술 및 적용사례

1. 개입기술

임파워먼트모델에서 많이 사용하고 있는 개입기술로는 강점사정하기, 문제해결기술 습득시키기, 자원확보와 체계 활용하기, 촉진적 개입하기 등을 들 수 있다(이준우, 2009 재인용).

1) 강점 사정하기

임파워먼트모델을 사용하는 사회복지사와 서비스 이용자는 지속적인 사정과정에서 발견된 서비스 이용자의 강점을 십분 활용해야 한다. 서비스 이용자의 강점은 인지, 정서, 동기, 대처 및 대인관계적 측면 등 다차원적으로 발견할 수 있다(정순돌 외, 2007).

2) 문제해결기술 습득시키기

'문제해결기술 습득시키기'는 서비스 이용자의 강점과 그들이 이미 가지고 있는 대처방식을 기반으로 도움이 될 자원에 대한 정보와 지식을 습득하게 하고 그러한 자원을 활용하여 그들의 문제를 해결할 수 있도록 필요한 기술을 습득하게 하는 기법이다(Brueggemann, 2006). 문제해결을 위한 정보와 지식 그리고 문제에 대처하는 효과적인 기술의 습득은 실제로 서비스 이용자 자신의 상황에 대해 다른 사람들에게 알리고, 스스로를 대변하는 기술을 향상시키는 것으로 이어진다. 나아가 자신과 유사한 상황에 처한 다른 동료들에게 자신이 배운 것을 알려 주고 서로 돕는 관계를 형성함으로써 임파워먼트가 되는 것이다.

3) 자원 확보와 체계 활용하기

'자원 확보와 체계 활용하기'는 서비스 이용자의 어려움에 도움이 되는 자원을 확보하기 위해 사회복지사가 대변하고, 여러 관련 체계들을 중재하는 일을 수행하는 기술이다(이준우 외, 2006). 사회복지사와 서비스 이용자는 욕구 충족과 문제해결에 도움이 되는 주변의 자원체계가 무엇인지 확인하고 잠재자원을 찾으며 그에 대한 접근 방법을 사정하고 동원 가능성을 최대화하는 일이 중요하다.

4) 촉진적 개입하기

촉진적인 활동들은 사회복지사에게 보다 명확한 임파워먼트의 가능성을 제공해준다. 촉진적 개입을 하기 위해 널리 활용되는 구체적인 기법으로는 다음과 같은 것들이 있다(정순돌 외, 2007).

(1) 카타르시스 제공

서비스 이용자가 슬픔이나 분노와 같이 고통스러워하는 감정을 발산할 수 있도록 돕는 것이다. 이를 위하여 개인의 경험에서부터 임파워먼트를 시작하도록 하며, 서비스 이용자가 가고자 하는 방향과 속도에 보조를 맞춤으로써 욕구를 충족시키게 된다.

(2) 촉매

여기서 추구하는 것은 서비스 이용자가 자기발견, 자기주도적 삶 · 학습 · 문제해결에 참여할 수 있도록 하는 것이다. 다시 말하면 그 과정의 출발지점을 각 개인의 과정과 방향에 부합되도록 해서 개인의 임파워먼트를 극대화하고자 하는 것이다.

(3) 지지

이것은 서비스 이용자의 개인적 성격, 태도 및 행동의 가치를 확고히 하고자 하는 것이다. 지지 작업이 의도하는 바는 개인의 느낌과 생각이 확고하게 함으로써 달성될 수 있다. 또한 그 방법이 임파워먼트의 방식이 되도록 개발해 감으로써 달성될 수 있는 것이다.

(4) 옹호

여기에는 시민옹호에서부터 사회복지사에 의한 옹호에 이르기까지 다양한 범주의 활동들이 포함된다. 옹호에는 여러 가지 유형이 있다. 즉, 개인옹호, 시민옹호, 보호자에 의한 자기옹호, 전문적 옹호 그리고 어떤 유형의 사람들이나 집단에 변화를 가져오기 위한 집단적 옹호 등이 있다. 이 중에서 한 사람이 여러 사람들을 위해서 하는 개인옹호는 타인의 권한을 위탁받은 것이기 때문에 그들의 자율성 및 독립성을 훼손할 수 있는 약점이 있다.

2. 임파워먼트모델을 적용한 사례[1)]

1) 사례 개요

서비스 이용자인 오씨는 초기면접 당시 매우 절망적인 상태로 무력감을 호소하였다. 오씨의 남편 이씨는 6개월 전에 발생한 산재로 뇌손상을 입었고 현재 회복 중이다. 그러나 남편의 회복이 너무 느려서 오씨는 모든 것이 엉망이라고 생각하며 상황에 압도당하고 있다. 최근 남편이 영구적인 장애를 갖게 될 수도 있다는 의사에 말에 완전히 소진하여 모든 희망이 사라진 상태이다. 이 부부에게는 두 명의 자녀가 있으며, 이씨는 은퇴를 3년 앞두고 있는 상태에서 사고를 당하였다. 이씨는 시간제 교사로 일해 왔으나, 현재는 부부가 모두 실직한 상태이다.

2) 개입과정

(1) 대화 단계: 대화를 통한 관계형성

사회복지사는 현재 오씨의 상황이 매우 스트레스를 받을 수 있는 환경임을 인정하고 오씨를 지지하고 정서적으로 감정이입하여 서비스 이용자가 이전에 생각하지 못했던 잠재능력을 드러낼 수 있는 강점을 찾아내기로 했다. 사회복지사가 오씨 집에 도착했을 때 오씨는 변화에 대해 강한 동기를 가지고 있음을 보여주었다. 오씨는 6개월 전으로 되돌아가 자유롭게 이야기를 꺼내기 시작했다. 둘 다 안정된 직업을 갖고 있었으며 여유로운 삶을 살고 있었는데 이씨가 사고를 당하고 난 후부터 문제가 시작되었다. 전 같지 않은 이씨의 태도와 수입의 감소로 상황은 악화되어 예전의 관계로 되돌아가는 데 불안감을 가지게 되었다.

1) 전남련 외(2011), pp. 305-306에서 재인용

사회복지사는 그 상황에서도 어떻게 잘 이겨낼 수 있었느냐며 놀라움을 표시하면서 어떤 도움을 원하는지를 물었다. 그들은 이전 상태의 복귀를 원했고 재정적 안정과 일을 원했다. 사회복지사는 개입의 목적을 설정하고 서비스 이용자와 합의해서 함께 해나가기로 했다.

(2) 발견 단계: 가능성 발견

목적이 설정된 후 사회복지사는 부부가 가지고 있는 자원을 탐색하기 시작했다. 첫 단계는 초점체계의 구체화로 사회복지사는 부부와 함께 초점체계를 선정하고 부부 내부체계에서 어떠한 일이 발생하는가를 보기 위해 부가적인 정보를 수집하기 시작했다. 이들은 이씨의 사고로 정체성 독립에 손상이 와서 결혼의 평등과 파트너십이 손상되었다. 그러나 어려움에도 불구하고 진정한 관심과 보호는 해오고 있었다.

체계 내부에서는 처음에 주위 사람들이 지지와 격려를 보내 주었지만 갈수록 시들해져 갔고 결국에는 중단되었다. 그래서 사회복지사는 지지체계의 잠재력은 존재하지만 활성화가 안 되어 있어 지지프로그램 및 재활서비스와 연결시켜 주었다.

사회복지사는 아직 부부에게 외부와의 재연결을 시도할 수 있는 잠재적인 힘이 있다고 보았고 변화능력과 적응능력이 있다는 것을 강점으로 보았다. 함께 수집한 정보를 분석한 결과 여러 중요한 요소가 나왔고 변화를 위한 전략으로 초점이 맞추어졌다. 이러한 분석에 따라 함께 일할 수 있는 구체적인 목표와 보험문제를 해결하는 데 안정시키도록 했다.

(3) 발달 단계: 자원과 기회 개발

사회복지사와 부부는 상호 협력하는 파트너로서 함께 행동했다. 그들은 가정원조서비스를 받았고 오씨는 하루 종일 자신의 시간을 가질 수 있도록 일주일에 하루를 이씨와 함께 보냈고, 오씨는 뇌손상환자 보호를 위한 병원의 교육에 참여하였다. 또한 친구들과 시간을 보냈으며, 이씨도 재활활동에 참여했고 뇌손상환자 지지집단에 참여하였다. 그들은 다시 자신감을 얻을 수 있었으며 법적 문제, 오씨의 상황을 의뢰하여 단기보호서비스를 확대할 수 있도록 했다. 사회복지사와 그들은 진전을 점검한 결과 성공경험을 인정했고 미래를 계획하고 있음을 발견했다. 그동안의 많은 장애물을 극복하였고, 그들 자신을 유지할 수 있는 힘을 갖게 되었다.

CHAPTER 08 개인대상 사회복지실천의 이해

CHAPTER 09 개인대상 사회복지실천의 개입기술

CHAPTER 10 집단대상 사회복지실천의 이해

CHAPTER 11 집단대상 사회복지실천의 개입기술

CHAPTER 12 가족대상 사회복지실천의 이해

CHAPTER 13 가족대상 사회복지실천의 개입기술

PART 03

대상별 사회복지실천

CHAPTER 08

개인대상 사회복지실천의 이해

개인대상 사회복지실천은 오랫동안 사회복지실천을 대표하는 방법으로 인식되고 있다. 즉, 개인과 1:1 형태의 실천방법은 가장 오래되고 빈번하게 활용되는 사회복지실천이라 할 수 있다. 이러한 개인대상의 사회복지실천은 전통적 사회복지실천 고유의 방법인 개별사회사업(casework)이라는 용어로 그동안 이해되어 왔다.

개별사회사업을 위한 이론적 기반을 닦은 사람은 메리 리치몬드(Mary Richmond)이다. 그녀는 『사회진단(social diagnosis)』에서 개별사회사업을 '개별과 사회환경 간의 개별적인 의식적 조정을 통해 인격발달을 도모하는 과정'이라고 정의하였다. 이러한 초기 사회복지실천의 흐름은 다수가 경험하는 사회문제에 대한 거시적 관점보다는 개별화된 문제의 다양성과 적응방식에 초점을 둔 미시적 접근 중심으로 사회복지사의 역할을 한정하였다(김혜란 외, 2005 재인용).

사회복지실천의 발전과정을 살펴보면, 개별사회사업(casework)의 이론과 실천은 개인의 심리문제에 대한 접근만을 중시해 결과적으로 사회복지실천 내에서 분화된 접근을 지나치게 강조함으로써 합리성과 효과성, 효율성 등의 결여를 초래하였다. 즉 사회복지사는 개인, 가족, 집단, 지역사회를 다루는 분야에서 오랫동안 오직 하나의 기술영역만을 강조하거나 아동이나 가족, 정책, 행정 등과 같은 분야에서는 하나의 실천영역만을 교육시킴으로써 다양한 요인이 복합적으로 작용하는 문제에 효과적으로 대처해 오지 못하였다. 그래서 개인의 문제에 대한 사회적 요인이 강조되고, 생태체계적 관점이 도입됨에 따라 사회적 문제는 서비스 이용자의 심리에서 비롯되기보다는 서비스 이용자와 환경 간의 상호작용의 결과물이라는 인식이 증대되었다. 이러한 개념적 변화에 따라 개인에 대한 심리내적 적응과 개입을 강조하는 개별사회사업(casework)으로부터 대상체계의 수준을 강조하는 개인대상의 사회복지실천(social work practice with individuals)으로 전환되고 개인을 대상으로 개입하게 되는 실천영역이 확대되고 있다.

이러한 인간과 환경 간의 상호작용에 대한 인식의 증대는 사회복지실천과 교육에서 제너럴리스트 실천(Generalist social work practice)을 태동케 하였다(장인협, 2004). 현대 사회복지실천현장에서 활용되고 있는 개인대상의 사회복지실천은 이제는 제너럴리스트 사회복지실천의 틀을 기반으로 수행된다. 제너럴리스트 사회복지실천은 개인수준의 개입에서만이 아니라 가족, 집단, 지역사회 등에 이르기까지 폭넓게 사용되고 있으며 최근에는 서비스 이용자의 주변체계에 대한 개입과 서비스 전달체계 내의 자원을 연결하고 조정하는 간접적 역할이 더욱 강조되고 있다.

SECTION 01 개인대상 사회복지실천의 개념

개인대상 사회복지실천의 개념이란 서비스 이용자와의 일대일 관계 속에서 이루어지는 직접 실천이라고 정의할 수 있다(김혜란 외, 2005). 여기에서 수행하는 직접실천은 개별 서비스 이용자가 가진 문제에 초점을 두고, 서비스 이용자를 둘러싼 다양한 체계들과의 관련 속에서 개별화된 원조과정을 진행하는 것이다. 즉 개별 서비스 이용자와 그를 둘러싸고 있는 체계들을 직접적으로 활용하는 전문적인 활동이라고 할 수 있다. 서비스 이용자의 기능이나 외부 환경조건이 불충분할 때, 서비스 이용자의 욕구 충족이 정상적으로 이루어지지 않게 되는데, 이때 외부의 전문적 도움을 통한 변화를 필요로 하게 된다. 개인대상의 사회복지실천은 개인이 지닌 문제에 관심을 갖고 사회복지사와 서비스 이용자와의 긴밀한 관계 속에서 개입이 이루어지는 사회복지실천방법의 하나이다.

개인대상의 사회복지실천을 수행하는 사회복지사는 서비스 이용자 각 개인들이 현재 있는 위치에서 그들이 도달하고자 하는 곳으로 옮겨갈 수 있도록 도와준다. 이 과정에서 사회복지사는 서비스 이용자들이 자기 자신이나 가족, 집단, 학교, 직장 등을 면밀히 살펴보도록 개인을 대상으로 서비스 개입을 한다. 사회복지사는 서비스 이용자 개인이 자신의 가치관과 삶의 목적, 재능과 능력 그리고 이미 갖고 있는 강점을 명료화하게끔 돕는다. 사회복지사는 문제해결을 방해하는 태도나 두려움, 불안감 같은 장애물들에 주목하도록 돕고 궁극적으로는 서비스 이용자가 스스로 그 모든 어려움을 딛고 일어설 수 있도록 지원한다.

그래서 개인대상의 사회복지실천에서 그 기술로 면담 및 상담 기법을 사용한다고 하더라도 사회복지실천과 상담은 다르다. 상담자는 문제해결에 중심을 두지만 사회복지실천은 문제해결의 가능성에 초점을 맞춘다. 상담은 사람들이 과거의 정서적 · 인지적 · 영적 고통 등으로부터 회복되도록 돕는 데에 국한되지만 사회복지실천은 이 모든 것을 포함하면서도 한 걸음 더 나아가 서비스 이용자들이 목표를 설정하고, 좀 더 보람있는 미래를 향해 나아가도록 돕는다. 상담은 상당히 힘든 작업이 될 수 있지만, 사회복지실천은 더욱 유쾌하며, 성취감을 안겨 주는 과정이 될 수 있다. 왜냐하면 모든 변화의 방향과 범위, 수준 등을 사회복지사와 서비스 이용자가 함께 결정하고 그에 따른 실천도 함께 하는 과정으로 자연히 전문가의 일방통행식 접근이 아니어서 사회복지사와 서비스 이용자가 서로 만족할 수 있기 때문이다.

이런 맥락에서 복잡하고 다양화된 현대사회에서 개인을 대상으로 하는 사회복지실천의 가장 효과적이며 효율적인 사회복지실천 개입방법은 자연적 지지체계를 활용하는 것이라는 데에 대해 계속적인 합의가 이루어지고 있다. 과거 개별사회사업

(casework), 집단사회사업(group work), 지역사회복지(community welfare) 등으로 파편화되어 각각 접근했던 전통적인 개입방법은 서비스 이용자를 '환자'나 '서비스 이용자'라고 보는 기본 시각을 고수하면서 서비스 실천을 하였기 때문에 사실상 서비스 이용자들을 고립시켰다. 따라서 전통적인 개입방법은 너무도 중요한 가족체계와 친구체계, 지역사회체계 등을 통합하지 못했기 때문에 성공하기가 어려웠다. 사실상 가족체계와 지역사회체계는 잠재적인 강점자원이라기보다는 오히려 경쟁자 혹은 부정적인 영향력으로 빈번하게 인식되었다(Rapp, 1998). 긍정적인 변화와 발전의 동력으로 기능할 수 있었던 이러한 동일한 체계가 궁극적으로는 사회복지사에게 대항하는(against) 역할을 했던 것이다. 불행하게도 사회체계에 대한 분노, 수치심, 죄책감, 거부감의 정도가 서비스 이용자와 체계들 간의 관계를 분리시키는 요인이 되었다. 하지만 개인은 사회체계와 상호작용하고, 사회체계를 개발하며 유지할 수 있는 능력을 가지고 있다. 물론 역기능적이거나 정신적으로 문제가 있는 개인도 있다. 이와 같은 개인이 서비스 이용자가 된다는 것은 가족이나 친구체계와 건강한 대인관계를 긍정적으로 유지할 능력이 없는 경우를 의미한다. 사회복지사들이 정의하는 서비스 이용자는 거의 일관되게 역기능적이거나 실제로 존재하지 않는 사회체계와 관계를 맺고 있는 사람들이다. 일반적으로 들 수 있는 사례를 제시하면 다음과 같다(배태순 외 역, 2007).

- 낙담해 있고 지지를 받지 못한 가운데 우울증을 갖고 있는 어머니
- 자신과 유사하게 역기능적이고 우울증이 있는 동료 알코올중독자들을 제외하고는 가족이나 친구가 없는 알코올중독자
- 친구가 없거나 또래 혹은 이성친구로부터 거부를 당했기 때문에 자살을 시도하는 10대 청소년
- 서로가 돌봐주지 않는다고 느끼기 때문에 헤어진 부부
- 가족들이 찾아와 주지 않고 아주 가까운 친구가 죽었기 때문에 스스로 무가치하다고 느끼는 노인

• 자신이 '짐'이 되지 않으려고 과거 연결되었던 이전 체계와의 상호작용을 중단한 이동이 불편한 장애인

이렇게 개인대상 사회복지실천의 대상이 되는 서비스 이용자들은 공통적으로 미흡하거나 역기능적인 사회체계를 가지고 있거나 혹은 사회체계를 전혀 가지고 있지 않은 경우가 대부분이다. 그러므로 사회복지사의 초기 임무는 서비스 이용자의 사회체계 내에서 확인되는 문제를 사정하는 것이다.

그런 이후 사회복지사는 가족이나 친구와 같이 이전에 존재했던 비공식적 체계가 최대한 실질적인 수준으로 활용될 수 있도록 체계를 개발해야 한다. 최종적으로 사회복지사는 지역사회에서 공식적인 전문적 자원을 활용해서 새롭고 효과적이며 효율적인 체계들을 개발하고 조정하며 유지해야 한다. 그래서 사회복지사는 서비스 이용자의 체계를 활용하는 전문직이라고도 정의할 수 있다. 이러한 역할은 전문적 실천, 일반사회복지 방법들, 생태학적 접근, 사례관리, 집단과 가족체계 개입을 포함하는 광범위한 제너럴리스트 사회복지실천을 통해서 수행된다.

이에 따라 개인대상 사회복지실천에서 최근 사회복지사의 개입방식은 크게 대면접촉을 통해 서비스를 제공하는 직접 실천과 자원연계나 환경적 조정과 같은 개입을 하는 간접실천으로 나누어진다. 직접 실천은 임상사회사업 분야에서 서비스 이용자에 대한 면담이나 상담을 주로 활용하여 접근하는 반면, 간접 실천은 지역사회를 중심으로 서비스 이용자의 주변체계에 개입하여 사회적 지지체계나 관련자원들을 활용하는 방법이다. 점차 간접 실천이 확대되어 갈 것으로 보이지만 여전히 개인대상 사회복지실천은 일대일 대면접촉을 가장 큰 비중으로 두고 있다.

한편 개인대상의 사회복지실천을 개입자의 수에 따라 단독형과 지지망형으로 구분하기도 한다. 단독형은 1인의 서비스 이용자에게 사회복지사 1인이 개입하는 것이다. 즉 사회복지사 단독으로 개별사례를 맡아 문제해결과정에 직접 개입하는 것을 말한다. 이러한 단독형은 서비스 이용자의 문제에 대한 개입의 초점을 개인에게

두고 개인의 심리내적 기능이나 대인관계적 측면을 강조하던 전통적인 개별사회사업의 개념에 가깝다고 할 수 있다. 다음으로 지지망형은 1인의 서비스 이용자에게 사회복지사 외에 다수의 전문가가 개입하는 모형으로 사회복지사는 서비스 이용자의 문제해결을 위한 공식적·비공식적 지원체계를 조직하고 활용하며, 필요로 하는 서비스가 적절히 제공되는가를 모니터링하는 역할을 한다. 지지망형은 서비스 이용자 체계는 개인이지만 다양한 행동체계와 자원을 활용하기 때문에 통합적 접근에 가깝다(김혜란 외, 2005).

SECTION 02 개인대상 사회복지실천의 특성

개별 서비스 이용자를 대상으로 개입하는 현대 사회복지실천은 다음과 같은 특성을 갖고 있어야 한다(조휘일·이윤로, 1999; 김혜란 외, 2005; 배태순 외 역, 2007).

첫째, 개별적인 개입은 과정이며 기술이다. 그래서 예방보다는 치료적 입장에서 문제해결과 재조정을 중요시한다. 사회복지실천기술들 중에서 개별적인 개입에서 활용되는 기술은 서비스 이용자와의 효과적인 만남을 통해서 활발하게 의사소통하는 가운데 주로 발휘된다. 서비스 이용자와의 만남과 상호작용에는 단계적 과정이 필요하다. 사회복지사는 각 단계마다 서비스 이용자의 상황에 따른 적절한 대처능력을 발휘할 수 있어야 한다.

둘째, 사회복지사와 서비스 이용자와의 일대일 파트너십이 구축된다. 진정한 사회복지실천이라면 서비스 이용자가 사회복지사를 찾아온 동기가 무엇이든 간에 사회복지사는 상황을 개선하기 위해 서비스 이용자의 파트너로 협력하는 일에 혼신을 다하겠다는 각오를 서비스 이용자가 충분하게 느낄 수 있다.

셋째, 1인의 서비스 이용자 체계를 문제해결을 위한 변화의 표적으로써 설정하되, 서비스 이용자와 관련된 미시·중시·거시체계를 포함한다. 사회복지실천의 핵심은 서비스 이용자와 그를 둘러싸고 있는 체계들에 영향을 주는 데 있다. 체계와 영향을 주고받는다는 것은 체계와의 상호작용을 통해서 각자의 체계가 연결된다는 것을 의미한다. 따라서 사회복지실천은 사회복지사가 서비스 이용자와 그를 둘러싸고 있는 다양한 체계들과 관계를 형성하고, 발전시켜서 그 관계의 힘을 통해 체계를 필요에 따라 변화시키는 것이다. 그러므로 사회복지실천은 '관계'에 초점을 맞춘다. 사실 인간이 된다는 것은 다른 사람과 연결되는 것이다. 좋은 인간관계는 우리를 형성하며 격려하고, 가르치며 동기를 부여하고 세워줄 수 있다. 관계 속에서 우리는 인생에서 가장 큰 기쁨과 가장 만족스러운 행복을 경험한다. 개인대상의 사회복지실천은 서비스 이용자 개인과 관련된 많은 체계들과의 상호작용을 통해서 수행되는 것이라 할 수 있다.

넷째, 개인의 문제해결을 위해 다양한 개입모델을 활용한다. 과학적인 지식과 전문성을 갖춘 사회복지사에 의해 서비스 이용자의 실질적인 변화를 도모할 수 있는 여러 개입모델들이 서비스 실천으로 제공된다. 이렇게 여러 가지 관점을 통해서 거의 대부분의 문제들이 설명될 수 있다.

다섯째, 개인대상의 사회복지실천은 유연한 문제해결 방법을 사용한다. 특히 문제해결 방법에서 서비스 이용자의 성장, 발달과 환경에의 적응을 다루는 계획된 원조과정을 가진다.

SECTION 03 개인대상 사회복지실천의 개입목표 및 실천과정 기술

1. 개입목표

개인대상 사회복지실천의 궁극적인 목적은 서비스 이용자의 삶의 질을 향상시키기 위한 것이다. 이러한 목적을 달성하기 위해서 구체적으로 실행해야 하는 개입의 목표는 구체적이고 단순하며 세분화되어야 한다. 개입의 목표는 개입의 방향을 설정하는 역할을 하기 때문에 분명해야 한다. 일반적으로 개인대상 사회복지실천의 목표는 개입을 통해서 변화되기를 바라는 것을 말한다(양옥경 외, 2000).

① 주변 환경이 좀 더 서비스의 욕구에 반응하도록 변화시키는 것
② 자신과 타인에게 혹은 환경에 부정적인 행동을 변화시키는 것
③ 관계 변화로 다른 사람과의 관계를 변화시키거나 그 사람에 대한 자신의 인식을 변화시키는 것
④ 기능적인 사회적 역할 수행에 필요한 기술을 익히는 것
⑤ 중대한 결정을 내리는 것 등

2. 실천과정의 기술

미국교육협의회의 학부와 석사과정을 위한 교과규정 규정에서는 사회사업 교과과정 내에서 다음과 같은 실천과정의 기술을 제공하도록 규정하고 있다. 즉 이슈의 정의, 자료의 수집과 사정, 계획과 계약, 가능한 개입방법의 확인, 적합한 일련의

행동 선택과 수행, 모니터링과 결과평가를 위한 연구, 검증된 지식과 첨단기술의 적용, 종결.

이와 같은 실천과정의 기술을 단계별로 준비-초기/탐색-사정-계약-개입-평가/종결로 나누어 살펴보면 다음과 같다(Coumoyer, 1996; 김혜란 외, 2005 재인용).

1) 준비 단계의 기술

사회복지사는 서비스 이용자의 첫 만남을 위한 준비 단계(preparing phase)의 기술을 활용하여 효과적인 서비스의 전달이 이루어지도록 해야 한다.

① 기관이나 사회복지사에게 주어진 정보를 초기접촉 이전에 검토하고 점검한다. 기초정보를 사전에 파악하게 함으로써 이미 제공된 정보에 대해 서비스 이용자에게 반복적으로 요구하지 않게 되며, 특정 서비스 이용자에게 필요한 시설이나 장비 등을 준비하는 것이 가능하다.

② 초기면접자나 의뢰인, 이전에 사례를 담당했던 직원들로부터 서비스 이용자(이름, 연령, 연락처, 주소, 기타 인적사항 등)와 문제 상황(문제의 특성, 심각성, 위급성, 활용 가용자원 등)에 관해 알아본다.

③ 서비스 이용자와의 첫 만남이 이루어지기 전에 슈퍼바이저나 동료로부터 조언을 구한다. 잠정적으로 면접의 목적을 설정하고 관련된 실무적 사항들에 관해 논의를 하는 것은 면접의 효과를 높인다.

④ 면접을 방해하는 요소를 사전에 차단하고 의사소통이 원활히 이루어지도록 구체적인 준비를 한다. 사회복지사는 약속시간과 장소를 확인하고, 면접장소의 분위기나 가구배치뿐 아니라 자신의 외모 등도 점검한다.

⑤ 예상되는 서비스 이용자의 문제와 상황에 대해 공감적 이해를 한다. 직접적인 대면접촉이 일어나기 전에 서비스를 찾게 된 배경이나 서비스 이용자의 동기, 초기에 느낄 수 있는 서비스 이용자의 생각이나 감정, 관련된 이슈에

대해 서비스 이용자의 입장에서 생각하는 기술이 필요하다.

⑥ 효과적인 면접을 위해 사회복지사는 서비스 이용자와 만나기 이전부터 면접에 관한 임시계획을 세운다. 면접의 목적이나 동기, 방향성, 예상되는 결과, 전문가의 역할, 질문의 내용, 과정 등에 관한 잠정적인 계획은 서비스 이용자와 함께 실제 계획을 세우고 면접을 일관되게 이끄는 과정에 도움이 된다.

2) 초기 단계와 탐색 단계의 기술

서비스 이용자와의 첫 만남으로부터 시작되는 초기 단계(beginning phase)에는 모임이 긍정적이며 생산적이라는 확신을 갖게 하는 기술이 필요하다. 초기 만남에서 서로의 소개가 이루어지고, 모임의 목적이나 방향이 설정되고 서비스 이용자의 기대가 확인되고, 기관의 정책이나 규정, 윤리적 원칙들에 대한 검토가 이루어짐으로써 서비스 이용자는 서비스가 제공되는 맥락을 이해하며 참여할 수 있다. 이때 서비스 이용자의 피드백은 매우 중요하며, 서비스 이용자가 혼란스럽거나 복잡하게 느끼는 내용이 있는 경우 이를 명확히 밝히는 것이 중요하다.

초기 단계와 연결되는 탐색 단계(exploring phase)에서는 서비스 이용자의 사고나 감정, 주요 관심사나 상황 등을 공유하도록 서비스 이용자를 격려하며, 이러한 과정 속에서 서비스 이용자-문제-상황에 관한 많은 정보를 수집하도록 한다. 탐색 단계에서 활용될 수 있는 구체적인 기술에는 탐색, 명확화, 반영, 세분화, 이해와 공감 등이 있다.

3) 사정 단계의 기술

탐색 단계를 통해 많은 양의 정보를 얻은 후, 사정 단계(assessing phase)에서는 서비스 이용자와 문제, 상황의 연관성에 대한 이해를 높인다. 사정 단계에서 요구되는 기본적인 기술은 첫째, 기술적 정보를 정리하는 것이다. 서비스 이용자의 상황을 명확히 이해하며 개입의 초점과 방향을 구체화함으로써 수집된 자료에 대한 체계적인 이해가 가능하도록 한다. 두 번째는 임시적인 사정 틀을 구성하는 것이다. 사정을 통해 사회복지사와 서비스 이용자는 문제 상황에 영향을 주는 요소들에 대해 이해하게 된다. 문제를 정의하고, 주로 서비스 이용자 체계를 결정하고, 개입과정에 참여하게 되는 체계들을 명확히 하고, 변화목표를 설정하고, 변화결과를 예측해본다. 또한, 변화과정에 발생할 수 있는 위험요소나 장애요소, 자원이나 강점을 찾아보고 문제해결에 활용될 수 있는 전략을 살펴본다. 아울러 사정 단계에 필요한 과제들을 체계적으로 기술하기 위한 다양한 양식들을 기관이나 사례의 성격에 알맞게 선택하여 활용하는 기술도 필요하다.

4) 계약 단계의 기술

계약 단계(contracting phase)에서는 서비스 이용자에 관한 사정자료를 기초로 구체적인 목표와 개입방법 등에 관한 실행 및 평가계획을 세우고 합의해 나가야 한다. 따라서 계약 단계에서는 서비스 이용자와의 상호이해를 통해 문제를 구체화하고, 목표를 설정하며, 효과적인 접근방법을 개발하며, 단계적 행동방법을 구상하고, 평가계획을 세우는 실천기술이 요구된다.

5) 개입 단계의 기술

개입 단계(working phase)에서는 문제해결과정에 직접적으로 활용되는 다양한 실천기술을 필요로 한다. 서비스 이용자의 문제해결이나 적응능력을 향상시키는 기술, 사회적 기능 향상을 위해 지역사회의 자원, 서비스, 기회 등을 연결시키는 기술, 사회적 정의에 입각하여 소외된 약자들이 권리를 찾고 기회를 얻도록 개입하는 기술, 서비스 이용자나 소비자의 욕구에 반응적인 새로운 서비스의 개발이나 기존 지역사회 서비스 및 자원체계의 개선과 향상을 위해 개입하는 기술 등이 포함된다. 이러한 개입기술에는 전문가로서의 지식과 신념, 경험 등이 필요하며, 특정한 개입 방법을 선택하는 데 따르는 명확한 근거와 전문가적인 판단이 중요하다.

6) 평가와 종결 단계의 기술

평가기술은 서비스를 제공받는 서비스 이용자와 서비스 전달체계, 사회에 대한 책임성 차원에서 실천의 효과성을 검토하는 데 활용되는 실천기술이다. 평가 단계(evaluating phase)에서는 목적달성을 위해 지금까지 진행해 온 과정을 다양한 평가 방법을 통해 검토한다. 만일 평가를 통해 변화가 없거나 부정적인 결과를 보이는 경우, 이전의 사정이나 계획, 개입 단계에 대한 점검이 필요하다. 과정에 대한 검토와 최종평가를 통해 함께 진행과정을 돌아보고 앞으로의 방향에 대한 논의가 가능하다. 또한 종결 단계(ending phase)에서는 원조관계가 끝나는 데 대한 종결소감을 서비스 이용자와 공유하는 것이 중요하며, 종결 이후 종결기록을 남기는 것도 필요하다.

CHAPTER 09

개인대상 사회복지실천의 개입기술

사회복지사는 전문적인 대인관계를 통하여 서비스 이용자의 문제를 파악하고 해결하는 데 이용 가능한 지식과 기술을 적용하고 응용한다. 개인대상 사회복지실천 과정에서 서비스 이용자의 감정, 문제, 변화과정 등을 사실적이고 객관적으로 이해하는 것은 실천의 밑거름이 된다. 그래서 주변체계에 대한 개입이나 간접적인 원조기술보다는 대면접촉을 통한 면접기술이나 상담기법을 실천과정 전반에 걸쳐 보다 빈번하게 활용하는 특징이 있다. 그래서 개인대상 사회복지실천기술은 상담과 상당히 유사한 측면이 많다. 그러나 사회복지실천기술은 상담이 아니다. 그리고 과거로부터 받은 고통스러운 영향을 극복하기 위해 심리치료를 필요로 하는 사람들을 위한 것이 아니다.

사회복지실천기술은 상담을 도구로 활용하여 서비스 이용자가 비전을 세워서 미래를 향해 나아가도록 돕는 것이다. 즉 치료와 재활만이 아니라 그것을 포함하여 자원을 활용하고 환경을 개선함으로써 궁극적으로는 서비스 이용자가 성장하게끔 하는 것이다. 그래서 사회복지실천기술은 약점을 극복하는 데에만 초점을 맞추기보다는 서비스 이용자의 문제해결기술과 힘을 기르는 데 역점을 둔다. 일반적으로 사회복지사는 '상담자-서비스 이용자' 관계보다 덜 형식적이며 대등한 두 사람 사이의 파트너십에 더 가깝다. 두 사람 중 한 사람이 상대에게 도움이 될 수 있는 경험이나 시각 또는 지식을 갖고 있는 동반자 관계라고 할 수 있다.

이러한 관점에서 실천과정상의 기술, 관계기술, 면접기술 등은 서비스 이용자에 대한 이해와 문제 상황을 파악하는 데 필요한 실천기술이라 할 수 있다. 본 장에서는 개인대상 사회복지실천에 도움을 주는 이러한 기본 실천기술들을 중심으로 살펴보고자 한다.

SECTION 01 실천과정상의 사회복지기술

미국 사회복지교육협의회(CSWE)의 실천지침(2001)은 사회복지 전공 학생들이 사회복지실천과정을 이해하기 위해서는 열 가지 기술을 이해하고 개발해야 한다고 제안하고 있다. 쟁점의 명확한 규정, 자료의 수집과 사정, 계획, 대안적 개입의 확인, 적절한 행동과정의 선택과 수행, 정보검색과 활용, 결과평가를 위한 적절한 조사연구방법의 활용, 효과적 개선을 위한 슈퍼비전의 활용, 다양한 의사소통기술의 활용, 사회경제적 정의의 실현과 신장이 그것이다(배태순 외 역, 2007).

1. 쟁점을 명확하게 규정하는 기술

사회복지실천과정에서 가장 먼저 다루는 기술은 사회복지사가 다루어야 할 문제와 쟁점을 분명하게 정의하는 것이다. 이는 사회복지실천과정의 시작으로써 서비스 개입의 방향을 설정하기 때문에 중요하다. 사회복지사는 겉으로 보기에는 일상적인 복잡한 업무에 대해 오랫동안 너무나 익숙해져 있다. 그래서 사회복지사는 손쉽게 서비스 이용자의 문제나 쟁점을 정확하게 정의내릴 수 있을 것으로 인식될 수 있지만 실제로는 서비스 이용자의 문제나 쟁점을 명확하게 규정하기란 그리 쉬운 일이 아니다. 일반적으로 문제와 쟁점을 정의내리는 데에는 다음의 네 가지 요소를 필요로 한다. 이 네 가지 요소는 서비스 이용자가 갖고 있는 동일한 문제 현상을 각각의 사회복지사가 다르게 볼 수 있게 한다.

첫째, 문제나 쟁점은 맥락(context)과 배경(setting)에 따라 차이가 있다는 것이다. 왜냐하면 '문제'나 '쟁점'은 다양한 사회복지실천 환경에서 상이하게 정의될 여지가 많기 때문이다. 가령 사회복지실천분야가 정신과 병원 등과 같은 정신건강 영역이라면, 문제나 쟁점은 실질적으로 DSM-5(정신장애 진단분류체계) 등을 사용해서 서비스 이용자를 진단함으로써 파악할 수 있을 것이다. 만일 사회복지실천분야가 가족과 아동을 돕는 전형적인 사회복지기관이라면, 사회복지사는 PIE(환경 속의 인간) 체계를 수행할 것이다. 혹은 국민연금관리공단이나 노인장기요양보험공단 등과 같은 대규모의 공공 사회서비스기관이라면, 이미 표준화되어서 사회복지사에게 제공된 '사정지(assessment report)'의 항목으로 나와 있는 '문제 진술'을 활용함으로써 나타나게 될 것이다.

둘째, 사회복지사가 개입 실천을 수행할 때, 결정해야 하는 변화 혹은 치료의 방향에 따라 차이가 있다는 것이다. 가령 행동주의 계열의 이론에 기반을 두고 있는 사회복지사는 '문제'를 정확하게 관찰할 수 있으며, 측정 가능한 용어를 사용하여 문제를 정의한다. 정신역동 계열의 모델에 따른 접근을 하는 사회복지사는 서비스 이용자의 '문제'를 어린 시절의 학대와 관련된 미해결된 외상의 하나로 정의할 수 있다. 각각의 변화 내지 치료의 방향들은 사회복지사가 규정하는 자체적인 용어로 표현되고, 또한 사회복지사는 이미 갖고 있는 실천모델에 따라 개입과정은 상당히 다양하게 나타날 수 있는 것이다.

셋째, 사회복지사의 가치관에 따라 문제나 쟁점은 차이가 날 수 있다. 예를 들면 성적 관계를 갖는 커플 사이에 학대와 위협이 일어난다면, 남자 사회복지사는 아내 혹은 여성 파트너가 남자 배우자 혹은 파트너에게 강압적인 어떤 행동을 유발했을 것이라고 속단하고 그것이 학대행위 자체보다 더 큰 문제라고 본다. 이렇게 되면 학대받고 있는 여성은 학대를 용납될 수 없는 것으로 인식하기보다는 오히려 자신에게 문제가 있어서 학대를 받았다고 여기면서 학대행위를 자기 비난으로 받아들일 수 있다. 이 경우 학대받는 여성은 학대는 결코 그녀의 잘못이 아니라는 것을 인식할 수 있도록 도움을 받아야 하고, 학대관계에서의 '쟁점'은 재정의될 필요가 있다. 이는 변화 내지 치료의 초점이 정확하고도 적절하게 재정의되어야만 한다는 것을 분명하게 보여준다. 여기에서 개입의 목표는 여성의 자신감, 독립성, 자존감을 향상시키는 것이어야 하고, 남자 사회복지사에게 학대 혹은 위협의 부적절함과 위험을 인식하게 하는 일이 필요하다. 이렇게 사회복지사가 갖고 있는 가치관은 사회복지실천에 큰 영향을 미칠 수 있다.

넷째, 문제나 쟁점은 어떤 용어와 문장으로 표현되느냐에 따라 차이가 날 수 있다. 문제나 쟁점은 너무 난해하거나 복잡하며 동일한 용어의 지나친 반복 등으로 진술되어서는 안 된다. 만약 이렇게 되면 문제나 쟁점은 매우 혼란스럽고 이해하기 어려운 내용으로 나타날 가능성이 높다. 필요하다면 이렇게 표현된 문제나 쟁점은 재정의될 필요가 있으며, 사회복지사와 서비스 이용자가 모두 이해할 수 있는 용어로 명확히 표현되어야만 한다. 궁극적으로 사회복지사가 개입 가능한 업무와 성취 가능한 목표로 적응할 수 있도록 재정의되어야 한다.

2. 자료의 수집과 사정기술

자료의 수집과 사정이라는 두 번째 실천기술은 분명하고 객관적인 자료에 강조를 두고 있다. 사실 자료의 유형과 성질에 따라 개입실천의 방향이 결정될 수 있다. 개인대상의 사회복지실천이라고 해도 사실은 모든 사회복지실천은 포괄적이다. 그러므로 수집된 자료의 유형은 연령, 교육, 수입, 직업력, 가족력, 개인력과 같은 인구사회학적 배경과 쟁점 및 문제를 촉진, 유지, 동기화 혹은 강화시켰던 사회환경적 요소들을 모두 포함하고 있어야 한다. 자료는 매우 구체적이어야 하며 특히 중요한 가족력 혹은 사회력에 관한 쟁점이 있을 때는 더욱 그러하다.

3. 서비스계획 수립기술

세 번째 기술은 문제를 감소시키기 위한 실질적인 행위로써 서비스 이용자와 함께 분명한 작업계획과 동의를 수립하는 것이다. 이것은 흔히 문서화된 개입계획 혹은 계약의 형태를 취하며 법적으로 구속력이 있는 동의서와 유사하다. 이 개입 계약에는 서비스 이용자와 사회복지사 간에 상호 동의한 문제에 직접적으로 영향을 미칠 수 있는 특정 업무에 서로 동의한다는 내용이 포함되어 있다.

공식적으로 문서화된 개입 계약서에는 문제, 행동계획, 희망하는 목표가 명확하게 나타나 있어야 하며, 공식적인 사회복지실천 개입 계약서는 적어도 네 가지 분명한 이점이 있다. 첫째, 개입 계약은 동의된 문제를 정확하고 분명하게 정의한다. 이것은 관련된 사람들이 후에 언급된 문제 및 계속되는 업무와 목표에 동의하지 않을 가능성을 최소화하는 데 도움이 된다. 둘째, 공식적인 계약은 특히 문서로 작성되고 서비스 이용자와 사회복지사가 서명을 한 경우에는 동의에 대한 법적 구속력을 가진다. 그것은 문제에 따라서 심각하게 행동하기 위한 약속, 동의, 구속력 있는 계약이다. 공식적인 개입 계약의 세 번째 이점은 계약서가 후에 '실질적'인 문제와 각 사람들이 수용하거나 동의한 것과 관련해서 논쟁이 발생하는 경우 조회할 수 있는 기록이라는 점이다. 이러한 공식적인 계약서는 치료 상황에서의 공통적인 문제를 피할 수 있게 하면서, 분쟁이 시작되기 전에 상황을 안정시킬 수 있다.

공식적 개입 계약의 네 번째 이점은 합의된 행동계획을 명확화함으로써 관련된 사람들을 개입계획에 효과적으로 참여시킨다는 점이다.

4. 대안적 개입을 확인하는 기술

근거 중심의 대안적 사회복지실천 개입을 수행하기 위해서는 효과적인 대안이 되는 효과적인 개입들을 확인해야 한다. 어느 누구도 불가피하게 발생하는 문제를 예견할 수 없다. 처음에 도움이 되었던 교사가 장기휴가를 갈 수도 있고, 학교의 심리상담사가 목표의 변화를 주장할 수도 있으며 혹은 기가 죽어 있는 청소년 서비스 이용자는 사회복지사에게 자신의 인터넷중독 문제를 숨길 수도 있다. 그것들이 드러난다면 필히 계약서를 완전히 다시 작성해야 한다. 이러한 것들은 실수가 아니다. 그것들은 삶의 예기치 않는 사건이기 때문에 실질적인 교체가 필요하다. 서비스 이용자와의 첫 만남에서, 사회복지사는 계약상 유연성의 필요성과 대안들을 고려하고 필요할 경우 교체해야만 한다. 서비스 이용자와 사회복지사는 문제서술, 과업설정, 계획과 목표수립 과정에서 변화, 구체화, 심지어는 상당한 교체가 불가피하다는 것을 짐작하고 있어야만 한다. 그러나 사회복지사의 지속적인 의무는 사회복지실천 개입계획을 달성하기 위해 일부 계획을 수정하기에 앞서 표적에 대한 초점을 유지하고, 효과적이고 효율적으로 서비스 개입이 진행되도록 하는 것이다.

5. 적절한 행동과정을 선택하고 수행해내는 기술

서비스 이용자에 대한 적절한 행동계획을 선택하고 수행하기 위해 개인대상의 사회복지실천은 분명하고, 일관적이며, 합의된 행동과정을 개별 서비스 이용자에 대해 적용해야 한다. 이때 개입의 목표는 당면한 문제의 해결뿐만 아니라 서비스 이용자가 미래에 동일하거나 유사한 문제를 다루는 데 필요한 기술을 배울 수 있도록 하는 데까지 이르러야 한다. 경험이 부족한 신입 사회복지사들이 흔히 부딪히는 문제는 한 문제에 너무 집착해서 서비스 이용자를 관여시키지 않거나 충분한 투입이 없이 무리한 계획을 하는 점이다. 이것은 종종 서비스 개입 과정을 지연시키거나 혹은 중단하는 결과를 가져온다. 사실상, 서비스 이용자는 가능한 다양한 행동양식에 대해 사회복지사보다 더 잘 이해하고 있을 수 있다. 서비스 이용자의 모든 가능한 문제해결에 도움이 되는 체계가 탐색되어야 한다.

6. 정보검색과 활용기술

오늘날 사회복지사가 가장 효과적으로 정보를 검색하고 활용할 수 있는 도구는 역시 컴퓨터라고 할 수 있다. 컴퓨터는 명백하게 모든 프로그램에서 이용 가능하기 때문이다. PC는 사회복지사들이 보다 나은 임상 기록들을 유지하고, 심리사회적 문제의 요인과 서비스 개입 실천과정에 새로운 개발이 병행될 수 있도록 해준다. 사례기록들이 정규적으로 PC로 처리되면 사회복지사는 서비스 이용자의 변화과정에 관련된 자료에 쉽게 접근하고 이용할 수 있다. 또한 사회복지사들은 편리하게 서비스 이용자의 행동을 도표화할 수 있고, 웹에서 도움이 되는 참고문헌을 확인할 수도 있다. 지역사회 자원 또한 손쉽게 접근이 가능하므로 사회복지사들은 PC 정보검색을 통해 발견되는 자원과 정보들을 활용함으로써 서비스 이용자들의 능력을 강화시킬 수 있다.

7. 결과평가를 위한 적절한 조사연구방법 활용기술

사회복지실천은 지속적이고 객관적인 평가와 모니터링을 필요로 한다(Mattaini, 1997). 다양한 시간 간격을 두고 달성되는 구체적인 목표와 일정을 명확히 기록하는 것은 계획 달성을 위해 모니터링 진행과정을 촉진함으로써 도움이 된다. 단일사례연구방법이 추천되는데, 이것은 전형적으로 시계열분석 혹은 초기행동 기초선을 설정한 후 중복되는 평가를 하는 형태를 말한다(Ivanoff et al., 1994). 이외에도 많은 임상적인 성과도구들 중 하나를 사용해서 서비스 이용자의 변화 여부에 대한 객관적 측정을 수행할 수 있다. 모든 사회복지사들은 새롭게 진보하는 평가 및 연구조사 기술을 습득하고자 희망한다.

8. 효과성 개선을 위한 슈퍼비전 활용기술

사회복지실천의 효과성을 개선하기 위해 슈퍼비전과 자문을 활용하는 것도 매우 중요한 기술이 된다. 슈퍼비전과 사례에 대한 자문은 사회복지실천의 효과성을 향상시키는 데 크게 유용하다. 사회복지사들도 인간이므로 다양한 면에서 서비스 개입과정에 영향을 줄 수 있는 편견과 선입견을 가질 수 있다. 그러한 편견들은 때로는 긍정적이고, 건설적이며, 개입과정에 도움이 되기도 하지만 더 많은 부분에서는 서비스 이용자의 긍정적 변화에 장애요소가 된다. 슈퍼비전은 사회복지사가 미처 보지 못하는 한계와 약점을 수정하는 데에 필수적인 통찰을 제공해 준다.

9. 다양한 의사소통기술의 활용

다양한 체계만큼 그 체계들과 끊임없이 상호작용을 해야 하는 사회복지사는 서비스 대상이 되는 체계에 따라 상이한 의사소통기술을 효과적으로 활용할 수 있어야 한다. 사회복지사들은 서비스 이용자의 사회체계, 이웃, 동료, 정책을 개발하는 정치체계, 사회를 지지해주는 경제체계를 대상으로 일한다. 어떤 체계에서 일하는지 사회복지사는 각 체계의 성향에 적응하여 서비스 대상자와 어떻게, 언제, 어디서, 무슨 욕구, 요구, 충고, 생각 등을 의사소통해야 하는지를 인식하고 있어야 한다.

10. 사회경제적 정의를 실현하고 선정하는 기술

사회복지사는 리더이다. 리더십은 기술을 요구한다. 효과적인 리더가 되기 위해서 사회복지사는 변화를 분석하고, 개발하고, 옹호하는 기술을 필요로 한다. 사회적 · 경제적 정의는 정의로운 사회 내에서 적절한 생활의 질을 개선하기 위한 토대이다. 개입기술과 임상지식은 필수적이고 중요하다. 그러나 사회복지사는 억압하는 사람, 해를 입히는 사람, 서비스 이용자의 필요와 문제를 무시하는 사람을 향해 도전하는 변함없는 대변자이다. 사회복지사는 서비스 이용자에게 그들의 권리를 보호하고 방어할 권리를 가르친다. 사회복지사는 서비스 이용자가 그들 자신 혹은 가족, 지역사회에 영향을 주는 체계와 미래에 상호작용할 때, 손해를 당하거나 불리한 입장에 몰리지 않도록 서비스 이용자의 역량을 강화시키는 행동들을 보여준다.

SECTION 02 관계기술

학자들마다 원조과정에서 사회복지사들이 전문적 관계를 형성하기 위해 갖추어야 할 요소들이 약간의 차이는 있으나 기본적으로 주장하는 공통적 기반이 되는 기술들이 있다. 전문적 관계의 기술을 살펴보면 다음과 같다(Compton & Galaway, 1994).

1. 타인에 대한 관심

서비스 이용자에게 일어난 일에 대해 진실된 관심을 가지며, 이들의 감정과 교류할 수 있어야 함을 의미한다. 사회복지사는 목적의식을 가지고 서비스 이용자와의 관계를 유지해 나가는 민감성과 책임성이 있어야 한다. 책임감, 배려, 존중, 타인에 대한 이해는 필수적인 요소이다. 하지만 다른 사람을 도우려고 할 때 깊이 있는 관계를 맺어야 하는 것이 사실이지만, 정서적으로 유대가 가까워지면 질수록 해결해야 할 문제에 대해 과도하게 관여하게 될 위험이 있다. 전문적 관계에서 타인에 대한 진정한 관심은 자신의 기술과 지식, 그리고 자기 자신을 이용하여 목표를 달성하는 방향으로 나아가는 것을 의미한다. 따라서 항상 도움받는 사람을 주체로서 존중하고 서비스 이용자가 자유로울 수 있도록 도와야 한다.

2. 헌신과 의무

헌신(commitment)과 의무(obligation)는 돕는 과정에서의 책임감을 의미하는 것으로 일관성을 포함하는 개념이다. 전문적 관계에서 관계의 목적을 달성하기 위해서는 사회복지사뿐 아니라 서비스 이용자도 관계에 대한 헌신과 의무를 가져야 한다.

사회복지사의 헌신과 의무는 관계를 맺을 때 필수적인 절차상의 조건들로써 시간약속, 서비스 이용자의 문제에 대한 초점을 유지하는 것, 성장과 변화를 가져오는 관계유지를 지키는 것을 말한다. 서비스 이용자의 헌신과 의무는 자신의 문제에 대해서 정직하고 개방적으로 제시하고 전문적 관계에서 요구되는 시간약속 등을 지키는 것 등이 있다.

3. 수용

수용(acceptance)이란 서비스 이용자를 자신의 감정과 사고에 대한 권리를 가진 독특한 개인으로서 배려하고 서비스 이용자에 대한 관심과 인식, 경청하는 태도, 그들의 행동에 대한 주의집중, 돕고자 하는 열망의 전달, 서비스 이용자에 대한 진실된 염려를 의미한다(Northen, 1995). 또한 서비스 이용자를 수용한다는 것은 서비스 이용자의 문화적 전통에 적절한 인사를 나누는 것, 편안하게 대하는 것, 이용가능한 자원의 안내, 적절한 방식으로 호칭하는 것과 같은 소소한 행동까지도 포함한다(Shulman, 1984).

수용은 단순히 서비스 이용자의 행동에 대해 인정해 주는 것과는 의미가 다르다. 수용은 사회복지사가 그 사람이 한 행동에 대한 것이 아니라 그 사람 자신에 대한 수용을 전달하는 것을 의미한다. 수용된다는 느낌은 서비스 이용자로 하여금 안전하고 존중받고 있다는 가치감을 느끼게 해준다. 수용을 통해 서비스 이용자는 자기 존중감을 회복하고 자기패배적 행동에서 자신의 잠재능력을 깨닫는 방향으로 움직일 수 있도록 희망을 갖게 되는 것이다.

연습하기

여러분이 개인적으로 편견적 태도를 경험했거나, 차별적 행동을 한 경우 아니면 여러분의 생각을 정리해서 상대방과 이야기해 본다.

- 자신과 다른 성(性)을 가진 사람들에 대해
- 다른 민족 집단에 속한 사람들에 대해
- 자신보다 나이 든(혹은 나이 어린) 사람들에 대해
- 동성애적 경향을 가진 사람들에 대해
- 자신보다 경제적으로 부유한(혹은 어려운) 사람들에 대해
- 교육을 많이(혹은 적게) 받은 사람들에 대해
- 키, 몸무게, 피부색, 얼굴 모습, 매력이 자신과 다른 사람들에 대해
- 자신보다 신체적으로 유능한(혹은 유능하지 못한) 사람들에 대해
- 다른 신념체계(예: 종교적, 철학적, 정치적)를 가진 사람들에 대해

출처: Cournoyer, B. 저, 김인숙·김용석 역(2006), pp. 74-77에서 재구성

4. 감정이입

감정이입(empathy)은 수용과 매우 밀접한 관계가 있다. 감정이입은 타인이 경험한 것을 이해하기 위해 타인의 감정과 생각에 자신을 투사시키는 능력이다. 감정이입은 지적인 것이 아니라 직관적인 것이다. 감정이입의 가장 뚜렷한 특징은 동료들에게서 갖는 감정과는 다른 것이며 동정심이나 통찰과는 다른 개념이다. 그것은 사회복지사가 서비스 이용자의 상황에 동정을 하면서도 그 짐의 무게에 눌리지 않도록 하면서 그들의 정서적 상태를 경험하도록 놓아두는 것을 말한다.

객관적으로 감정이입에 있어 필수적인 것은 편견 없이 그들을 있는 상태 그대로 바라보는 능력이다. 이럴 때 자기 인식은 타인에 대한 그릇된 판단을 할 가능성을 감소시켜 주는 데 도움이 된다. 감정이입을 통하여 서비스 이용자는 사회복지사라는 중요한 타인으로부터 충분히 이해받고 있다고 느끼면서 자기 인식이 확장됨과 동시에 자신의 문제를 탐색하고 정체성을 발견하며 자신에 대한 현실적 목표를 세우고 이를 달성하기 위해 나아가게 된다(양정남 · 최선령, 2007).

5. 권위와 권한

권위(authority)는 서비스 이용자와 기관에 의해 사회복지사에게 위임된 권한(power)으로 정의된다. 사회복지사는 일정한 지식과 일정한 경험을 보유함으로써, 또한 일정한 지위에 있음으로써, 영향력을 미칠 수 있는 권한을 가진다.

전문적 관계에서의 권위는 제도적 측면에서 사회복지기관 내에서 사회복지사의 위치와 기능으로부터 나오는 것을 말한다. 심리적 측면에서의 권위는 전문가인 사회복지사에게 정보와 조언을 구함으로써 서비스 이용자가 사회복지사에게 부여하는 것을 말한다. 권위와 권한이 잘못 사용될 경우 서비스 이용자는 사회복지사에게 반감과 불신을 나타낼 수 있고, 이로 인해 관계 자체에 저항을 표출하게 되고 관계 형성이 어려워진다. 사회복지사는 그들이 갖는 권위와 권한의 범위 및 사용방법 등을 서비스 이용자에게 설명해야 한다.

6. 진실성

진실성(genuineness)은 솔직성과 관련된 개념으로 정직성, 믿음직함, 가장되지 않은 것, 신뢰감 그리고 진실함과 같은 뜻을 함축하고 있다(Northen, 1995). 진실된 태도는 신뢰감 발달에 필수적이다. 신뢰는 서비스 이용자가 자신의 문제를 돕는 사회복지사의 정직성과 성실성을 시험하여 성공적인 경험을 함으로써 발달된다.

대부분의 정서적 어려움을 겪는 서비스 이용자는 신뢰와 불신감이라는 기본적 문제에 대하여 성공적인 경험을 가질 기회를 갖지 못한 경우가 많다. 즉, 새로운 관계를 가질 기회가 생겼을 때 서비스 이용자는 신뢰보다는 불신의 태도를 가지고 대하게 된다. 그리고 신뢰의 능력이 적을수록 서비스 이용자는 사회복지사와의 관계에서, 또는 가족과 집단의 다른 성원들과의 관계에서 치료적 동맹관계로 들어가는 데 어려움이 많다. 따라서 사회복지사가 서비스 이용자와 관계를 맺을 때 일관성이 있고 정직한 개방성을 유지하며, 대화의 내용과 행동이 항상 일치하면서도 전문가로서의 자아와 가치체계에 부합하여야 함을 의미한다.

7. 그 밖에 요구되는 기술

사회복지사에게 요구되는 그 밖의 관계기술로는 창조성도 요구된다. 창조성은 서비스 이용자의 문제 상황에 대한 해결책에 대해 개방성을 유지하며, 최선을 해결책을 찾기 위해 자신을 개방하는 것을 말한다. 또 사회복지사는 자기를 관찰하는 기술이 요구된다. 이는 자신의 목표에 관해 신중히 생각하고, 자신을 신뢰하며, 자신을 복잡한 개입활동의 한 부분으로 관찰할 수 있는 기술을 말한다. 또한 사회복지사는 도우려는 열망이 요구되는데, 이는 서비스 이용자로 하여금 스스로 자신의 삶을 선택하고 통제하는 능력을 향상시키도록 도우려는 헌신적인 자세라고 할 수 있다.

용기는 실패, 어려운 상황에 휘말리는 일, 통제할 수 없는 상황에 감정적으로 비난 또는 학대받는 일, 예측할 수 없는 상황에 계속적으로 연관되는 일, 신체적으로 위협받는 일 등을 받아들일 수 있는 용기를 필요로 한다. 민감성 또한 필요한 전문가적 기술이다. 민감성은 특정한 단서 없이도 서비스 이용자의 내면세계를 느끼고 감지할 수 있는 능력으로, 사회복지사 새로운 상황에 대한 개방성과 변화에 대한 준비 자세를 갖추고 있는지와 밀접하게 관련되어 있다.

SECTION 03 면접기술

기본적으로 면접기술의 내용에는 크게 면접기술 외에 의사소통기술, 관찰기술, 기타 개입기술 등이 포함되어 있다. 이를 살펴보면 다음과 같다.

1. 면접기술

면접기술이라 함은 상담의 과정에서 내담자인 서비스 이용자의 의도를 올바르게 파악을 하고 상담을 성공적으로 이끌어 줄 수 있는 방법, 즉 상담자가 내담자의 관계 속에서 지니고 있어야 할 의사소통기술이다.

면접기술은 초기면접(intake)에서부터 실천의 전 과정에 걸쳐 요구된다. 면접을 통해 사회복지사는 실천에서 서비스 이용자와의 신뢰관계를 유지하고 정보를 획득한다. 서비스 이용자는 면접을 통해 수용과 지지적인 경험, 억제되고 복잡한 감정의 표출과 정리가 가능해지므로 면접 그 자체가 서비스 이용자에게 치유의 효과를 준다. 또한 면접은 실천의 진행 단계에 따라 면접의 초점을 달리하는데, 예를 들어 초기 단계에서는 신뢰 형성에, 사정 단계에서는 정보 수집에, 개입 단계에서는 치료적 효과 등에 면접의 비중을 둔다. 면접기술을 구체적으로 살펴보면 다음과 같다.

1) 경청기술

경청기술은 면접에서 가장 중요한 기술이다. 경청이란 사회복지사가 서비스 이용자가 무엇을 말하는지, 면접자의 질문에 어떻게 반응하는지를 듣는 것이다. 이때 경청은 서비스 이용자의 어려움에 공감하고 그에게 필요한 반응을 해나가면서 적극적으로 잘 듣는 것이다. 경험 없는 사회복지사의 공통된 실수는 자신이 이야기를 많이 하고 서비스 이용자가 말할 기회를 적게 주는 것이다. 이러한 태도는 전문적 관계형성을 방해할 뿐만 아니라 서비스 이용자로 하여금 사회복지사의 신뢰감을 떨어뜨리게 한다. 사회복지사가 효과적인 의사소통을 위한 중요한 관건은 상대적으로 더 비중을 두어야 할 내담자의 말과 행동을 선택하여 주목하는 것이다. 경청을 잘하기 위한 방법은 다음과 같다.

- 서비스 이용자가 말을 할 때에 적절한 반응을 보여준다. 예를 들어 고개를 끄덕거린다든지, 단순히 '아, 네' 등과 같은 음성적 반응 등을 보여준다.
- 사회복지사가 궁금하거나 내용을 잘 이해하기 위해 적절한 질문을 하면, 서비스 이용자는 자신의 말을 경청하고 있다는 느낌을 받게 된다.
- 서비스 이용자가 한 말에 대하여 반복과 환언을 실시한다. 이를 통해 서비스 이용자의 말을 충분히 경청하고 있음을 표현할 수 있다.

연습하기

경청에 대해 함께 연습할 파트너를 정한다. 그리고 연습의 목적이 상대방이 말한 것을 얼마나 잘 이해할 수 있으며 기억할 수 있는가를 파악하는 데 있다. 파트너와의 대화 내용을 녹음하고 기록한다. 파트너와 어떤 주제에 대해 약 10분 정도 이야기를 한다. 상대방의 파트너가 이야기한 내용을 기억해서 기록하도록 한다. 그리고 녹음한 내용을 들어보고 기록한 내용과 얼마나 일치하는지를 비교해 본다.

출처: Cournoyer, B. 저, 김인숙 · 김용석 역(2006), pp. 130-131에서 재구성

2) 요약기술

요약기술은 지금까지 서비스 이용자가 한 말의 내용과 그 속에 담겨 전해진 감정들을 전체적으로 묶어 정리하는 것을 의미한다. 요약은 면접동안에 줄곧 사용할 수 있는 기술이며 각각의 내담자를 개별화하고 특별하게 다루는 데 필수적 기술이다. 요약은 서비스 이용자의 생각, 행동, 감정들을 사회복지사의 언어로 정리해 줌으로써 사회복지사가 서비스 이용자의 말을 주의 깊게 듣고 있다는 확신을 주고 또한 서비스 이용자의 말을 정확히 이해했음을 확인시켜 준다. 대개 서비스 이용자의 이야기는 많은 사고와 느낌이 혼합되어 있으므로 그동안 나눈 대화의 느낌과 사고들을 하나의 문장으로 정리해주는 것이다. 일반적으로 감정 요약보다는 내용 요약을 더 자주 사용한다.

사회복지사는 지금까지 행한 면접 내용이나 지난번 면접 내용을 요약한다. 사회복지사가 토의를 해 온 것과 면접의 방향을 제시한 것을 간략히 반복한다. 요약은 토의해 온 항목의 주제를 명확히 해 주게 되며 또 사회복지사가 계속된 토의의 내용을 알고 주의 깊게 들었다는 것을 확인해 주는 데 의미가 있다.

트레비식(Trevithick, 2000)은 요약기술의 유용한 점을 다음과 같이 지적하고 있다.

- 사회복지사는 지난 면담시간 내용을 요약함으로써 새로운 면담기술을 시작할 수 있다.

- 이제까지 논의된 핵심적인 내용을 간략하고 정확하게 부분적으로 혹은 상세하게 정리해 준다.
- 서비스 이용자와의 면담에서 방향을 잃었을 때 혹은 주제에서 벗어났을 때 한 주제를 정리하고 새로운 주제로 옮겨갈 수 있도록 해 준다.
- 면담시간을 만족스럽게 마감할 수 있도록 돕는다.

3) 해석기술

해석기술은 서비스 이용자가 말한 내용을 명확하게 설명하는 것이다. 즉 서비스 이용자가 말한 내용을 확인하거나 명료화하거나 부연 설명하는 것과는 달리 이 기술은 사회복지사의 이론적 지식과 직관력, 사고적 유추가 통합되어 서비스 이용자의 상황, 특히 산재해 있는 행동과 사고, 감정 등의 유형을 서비스 이용자에게 설명하는 것으로 충분한 타당성을 확보한 상태에서 이루어져야 한다.

해석기술은 사회복지사가 서비스 이용자에게 그의 어떤 행동이나 사고, 감정이나 생각 등을 지적해 주는 것이기도 하지만, 거기에 대해서 그런 생각이나 감정이 본인에게 어떤 의미를 지니는지 그 의미에 관한 사회복지사 나름의 추리를 제시해 주는 것을 말하기도 한다.

해석은 면접자가 서비스 이용자의 현존 상태에 대해 이해하도록 인식시키는 데 있다. 면접자는 서비스 이용자가 직면한 문제 상황에 대해 해석을 내리는 것이 중요하다. 해석을 사용하는 목적은 서비스 이용자의 통찰을 촉진시키고자 하는 것이다. 해석을 통하여 새로운 대안, 좀 더 기능적인 행동, 깊은 책임감을 갖도록 하는 데 도움을 준다. 즉 서비스 이용자의 표현과 행동 상황 저변의 단서를 발견하고 그 요인들을 이해하여 서비스 이용자 스스로 자신의 문제를 해석하고 직면할 수 있도록 해 주는 방법이다.

사회복지사는 해석을 제공하기 위한 정보와 이론적 근거를 충분히 검토한 후 언제, 어떤 방법으로 해석을 제공할 것인지 결정하는 것이 중요하다. 이를 위해 서비스 이용자의 문제 상황을 임시적인 가설로 설정하고 보다 덜 위협적이거나 불안을 덜 야기시키는 해석을 먼저 제공함으로써 서비스 이용자의 반응을 살펴볼 수 있다.

4) 명료화기술

명료화기술은 서비스 이용자가 말하는 것을 반영하는 것인데 이해하기 쉽도록 보다 유사한 말로 바꾸어서 표현하는 것이다. 즉, 서비스 이용자가 표현을 분명하게 할 수 있도록 격려함과 동시에 서비스 이용자가 말한 내용을 사회복지사가 잘 이해하고 있는가를 확인하기 위한 질문을 말한다. 서비스 이용자가 한 말을 사회복지사가 보다 이해하기 쉬운 말과 생각으로 정리를 하는 것으로 특히 서비스 이용자가 겪고 있는 가장 중요한 문제나 어려움을 파악하고, 확인하고, 순위를 정할 때 사용된다. 명료화는 가끔 주관적 현실을 객관적 현실과 구별하고 고려하기 위하여 여러 가지 선택을 제시하고 상이한 선택의 결과에 관한 서술을 하는 데 관심을 가진다.

명료화기술의 장점은 사회복지사가 서비스 이용자의 이야기를 주의 깊게 경청하고 있으며 한편으로는 이야기에 중요성을 부여하고 있음을 보여주는 것이다. 하지만 면담의 흐름을 방해할 수도 있다는 점과 서비스 이용자가 혹시 잘못 설명하고 있을 수 있다는 점을 암시할 수 있다는 측면에서 주의해서 활용해야 할 필요가 있다. 명료화기술은 우선 내담자의 말이 모호하고 이해가 잘 되지 않는다는 것을 밝히고, 서비스 이용자에게 자신의 말을 재음미하거나 구체적 예를 들어 명확히 해 줄 것을 요청하는 것이다(백은령 외, 2009).

예시
- 서비스 이용자: 내 아내와 나는 사이가 좋지 않습니다.
- 사회복지사: '이러한 관계가 정말 싫다'고 할 때, 구체적으로 어떠한 것을 의미합니까?

출처: Cournoyer, B. 저, 김인숙 · 김용석 역(2006), p. 204에서 재구성

연습하기

가족 간의 긴장과 충돌로 사회복지사의 도움을 받고자 하는 가족 구성원이 7명인 S가족과 첫 번째 면접을 시작했다. 가족이 가진 문제의 본질과 발달 단계를 탐색하는 중에 한 10대 아들(아버지의 친아들)이 아버지의 아내(아이들의 계모)를 '가장 파탄자'라고 화내며 부른다. 이에 S부인은 책상 아래를 쳐다보며 아주 조용해진다.

☞ 명료화하기 위해 이 10대 아이에게 할 말들을 적어 본다. 그렇게 말한 아이는 사회복지사의 질문에 어떻게 반응할 것이라고 생각하는가? S부인, S씨 그리고 다른 식구들은 어떠한가? S부인이 '가정 파탄자'라는 말에 보일 비언어적 반응을 명료화하기 위해 할 말을 적어 본다.

출처: Cournoyer, B. 저, 김인숙 · 김용석 역(2006), p. 205에서 재구성

5) 초점유지기술

초점유지기술은 현재 다루고 있는 주제에 주의를 집중하고 유지하기 위해 사용되는 것이다 초점이란 주의나 고려해야 할 어떤 핵심의 선택을 의미한다. 즉 이 기술은 유용한 기술이지만 때론 강압적인 면을 갖고 있다.

면접이 본질을 이탈하였을 때 사회복지사는 논의했던 주제로 되돌아가거나 필요한 다른 주제를 논의하면서 초점을 다시 맞추게 된다. 비록 면접의 초점을 다시 맞추는 동안이라도 사회복지사는 면접 내용의 본질이 이탈하게 된 이유와 한 주제에서 다른 주제로 바꾼 이유를 이해하려고 노력한다(Brown, 1992).

라포 및 신뢰관계에 방해를 주지 않으면서 주제와 면담의 목적을 유지하는 데 활용된다. 초점 및 면담의 목적 유지 이유를 살펴보면 다음과 같다(Trevithick, 2000).

- 이제까지의 논의가 특정 문제에 지나치게 초점을 둔 나머지 다른 문제에 대해서는 다루지 못하였을 수 있다.
- 논의 내용이 소진되어 같은 내용이 반복적이다.
- 논의 내용이 주변적이거나 관련성이 없어 핵심에서 벗어나 있다.
- 어려운 주제에 벗어나 이 주제에 다시 초점을 맞출 필요가 있다.
- 논의 내용으로 인해 격한 정서적 감정을 불러일으켜서 진정하고 균형을 유지할 필요가 있다.

연습하기

부모와 3명의 10대 자녀들과 면접을 하고 있다. 면접 주제는 사춘기 자녀의 성에 대한 것이다. 그러나 부모님들은 좀 편안한 문제로 주제를 바꾸려고 시도하는 것을 사회복지사가 관찰했다. 그러나 청소년의 성에 대한 주제를 이야기하는 것이 가족의 가치관과 문화적 배경과 일치되고 가족에게 도움이 되며 목표 달성을 위한 단계를 의미하는 것으로 사회복지사는 초점유지기술을 사용하기로 결정했다.

☞ 이 가족과 함께 할 수 있는 초점유지기술의 두 가지 형식을 보여주기 위해 자신이 할 말을 적어본다. 첫째, 주제를 청소년의 성으로 다시 이끌어가기 위해 자신이 어떻게 할 것인지를 설명하도록 한다. 둘째, 주제로부터 벗어나려는 패턴에 대한 가족의 인식을 높이기 위해 어떻게 초점을 유지할 것인지 나타내 본다. 그리고 부모의 반응에 대해 예상해 보라.

출처: Cournoyer, B. 저, 김인숙 · 김용석 역(2006), p. 318에서 재구성

6) 탐색기술

탐색기술은 보다 자세하고 구체적인 정보 혹은 특정 정보에 대해 자세하게 알고자 할 때 활용하며 특히 의사소통 과정에서 종종 주제에서 벗어나는 말을 하는 서비스 이용자를 대상으로 정확한 정보를 수집할 때 활용할 수 있다. 카두신 등의 탐색기술 구분은 다음과 같다(Kadushin & Kadushin, 1997).

- 명료화 탐색: 보다 자세한 설명을 위한 탐색
- 완결을 위한 탐색: 빠트리거나 다루지 못한 혹은 지나쳐 버린 내용을 탐색
- 반응적 탐색: 서비스 이용자의 생각과 감정에 초점을 두면서 서비스 이용자의 정서적 깊이를 향상시키기 위한 탐색

서비스 이용자가 자칫 방어적이거나 숨기려는 태도를 보일 수 있으며 이 기술을 잘못 사용하면 마치 서비스 이용자를 심문(혹은 반대심문)하는 느낌을 줄 수 있기 때문에 주의를 요하며 또한 사회복지사는 적극적이지만 서비스 이용자는 수동적이 되는 단점도 가지고 있다.

7) 분위기 조성기술

분위기 조성기술은 면접을 위해 심리적으로 편안한 분위기를 만드는 기술이다. 이를 위해 서로에 대한 이해와 개방성을 촉진시킬 수 있는 방향으로 분위기를 조성해야 한다. 면접 분위기를 조성하기 위해서는 일단 자연스럽게 자신의 관심사에 대해 이야기할 수 있도록 가벼운 일상 대화로부터 시작하여 서비스 이용자의 관심사와 문제에 초점을 두어 진행하도록 한다.

분위기 조성의 중요한 요건은 공감, 진심, 온화함 등이 있다.

공감(empathy)은 동정과는 달리 서비스 이용자를 이해하면서 서비스 이용자가 느끼는 정서도 함께 느끼는 것을 말하며, 이는 서비스 이용자의 눈과 귀, 또한 심정을 느낄 수 있어야 한다. 공감은 서비스 이용자가 말하는 말 속에서 주요한 감정, 태도, 신념, 가치 기준을 포착하는 것과 내면적인 메시지도 이해하고 있다는 것을 서비스 이용자에게 전달해 주는 의사소통의 과정도 포함한다. 이러한 공감적 이해를 하게 되면 서비스 이용자는 편안한 분위기 속에서 이해받고 있다고 생각할 수 있으며, 관계형성에도 많은 도움을 얻을 수 있다.

진심(genuineness)은 서비스 이용자에게 사회복지사가 믿을 만한 사람임을 전달하는 것이다. 이는 사회복지사의 언어적 표현과 비언어적 표현이 일치함으로써 전달된다.

온화함(warmth)은 친밀하고자 하는 욕구를 전달하는 것으로 이러한 친밀감 속에서 서비스 이용자는 긍정적 또는 부정적 감정을 표현할 수 있고 가치있는 존재로 느낄 수 있게 된다. 이러한 온화함은 서비스 이용자에게 긍정적 존경과 친절을 보여줌으로써 그리고 서비스 이용자의 성장과 발전을 진심으로 기뻐함으로써 표현된다(양옥경 외, 2000).

2. 의사소통기술

1) 의사소통의 정의

의사소통이란 용어는 영어의 커뮤니케이션(communication)을 의미하는데, 본질적으로 의사의 전달만이 아니라 소통을 통하여 정보나 감정도 동시에 전달하는 것이다. 즉, 의사소통은 둘 또는 그 이상의 사람들 사이에 사실, 생각, 의견 또는 감정의 교환을 통하여 공통적인 이해를 추구하고 상대방의 의식이나 태도 또는 행동에 변화를 일으키는 행동이다. 따라서 이러한 의사소통상의 문제를 최소화하고 원만한 의사소통을 유지하기 위해서는 효과적인 의사소통기술이 필요하게 된다.

2) 의사소통의 종류: 언어적 의사소통, 비언어적 의사소통

모든 인간관계는 언어를 통한 관계라고 할 수 있다. 여기서 언어는 비언어적인 행동, 몸짓을 포함하므로 언어적(verbal) · 비언어적(non-verbal) 의사소통이 모두 포함된다. 언어를 통한 의사소통은 사실적인 지식을 정확하게 효율적으로 전달할 수는 있으나 감정이나 의미의 뉘앙스를 전달하기에는 효과적인 수단이 되지 못하므로, 비언어적 의사소통의 요소를 포함시킴으로써 이러한 문제점을 극복하려고 노력해야 한다.

(1) 언어적 의사소통

언어적 의사소통의 기술은 한마디로 말하면 효과적인 나-전달법(I-Message)과 상대방에게 적절히 반응하는 방법을 훈련하는 것을 의미한다. 그러나 이 훈련은 단순히 말하고 듣는 기법을 훈련하는 것이 아니라 인간을 어떻게 보고 어떻게 대하는 것인가에 대한 하나의 관점이고 철학이다. 인간관계에서의 의사소통의 핵심은 분별력과 민감성을 갖고 상대방의 세계에 몰입한다는 것이다. 즉, 감정이입(empathy)을 통해 상대방의 인식과 감정의 세계에 함께 거하면서 서로에 대한 신뢰를 창출해내는 것을 의미한다. 언어적 의사소통의 대표적인 기술로 소극적 경청, 반영적 경청과 나-전달법, 촉진기술, 침묵, 질문기술을 소개하면 다음과 같다.

① 소극적 경청

소극적 경청은 의사소통의 걸림돌을 사용하지 않으면서 주로 의사소통의 시작단계에서 사용할 수 있는 방법으로 첫째, 상대방의 이야기를 침묵으로 들어주는 것인데 강력한 비언어적 메시지라고 할 수 있다. 둘째, 상대방과 이야기 도중 대화가 잠시 끊어질 때에는 잘 경청하고 있다는 것을 알리는 언어적, 비언어적 신호를 보내는 것으로 나의 의견이 포함되지 않은 '아, 그렇군요', '그래요', '정말이세요?' 등의 인정하는 반응을 보이는 것이다. 마지막으로 상대방의 마음의 문을 여는 데 도움을 주는 언어로 '그것에 관해 이야기하고 싶으세요?', '당신의 생각을 알고 싶은데요?', '당신이 어떻게 느끼시는지 궁금한데요?' 등이 있다.

② **반영적 경청**(적극적 경청)

반영적 경청은 비판이나 판단을 포함하지 않고 상대가 한 말을 그대로 반영해 주거나 확인하는 종류의 언어적 반응을 보여주는 것이다. 이것은 메시지가 지닌 의미를 새로운 표현으로 되돌려 보냄으로써 잘 듣고 있음을 보여주는 것이다. 즉 사회복지사가 서비스 이용자의 감정을 정확하게 이해하고 이를 공감하며 이해했다는 반응을 보이는 것으로 이는 문제해결의 선행 조건이 된다.

예시) 공감적 반영의 틀

"~해서 ~하시겠네요."

'남편이 애들을 봐주지 않아 화가 나신 것 같군요.'

'남편과 말이 통하지 않아 참 답답하시겠군요.'

③ **나-전달법**(I-Message)

나-전달법은 개인의 감정을 밝히고, 피드백을 주고받으며, 행동의 변화를 유도하는 효과적인 의사소통의 기술은 "나"라고 하는 메시지를 전달하는 방법이다. 우리는 다른 사람이 우리가 어떻게 느끼고 있는지를 안다고 생각한다. 그러나 다른 사람들이 우리의 마음을 읽을 수 있는 것은 아니다. 우리의 감정과 상대방의 행동에 대한 느낌, 상대방의 행동을 변화시키려는 우리의 욕구를 상대방에게 정확하게 전달해야 한다. 특히 나-전달법은 부정적인 감정을 효과적으로 표현하는 데에 매우 효과적이다. 나-전달법에는 몇 가지 부분으로 이루어진다. 첫째, 감정을 밝힘, 둘째, 감정의 원인에 대한 설명, 셋째, 다른 사람에게 미치는 영향에 대한 설명이다.

[그림 9-1] I-Massage와 You-Massage의 비교

④ 촉진기술

서비스 이용자가 적극적으로 말할 수 있게 하는 기술로, '끄덕임', '맞장구', '적절한 질문' 등이 있다. 촉진기술은 서비스 이용자로 하여금 자신의 말을 진지하게 잘 들어주고 있다는 기분을 갖게 하여 자유롭게 이야기할 수 있도록 한다. 하지만 필요 이상으로 많이 사용하면 서비스 이용자로 하여금 자신의 말을 가벼이 건성으로 넘겨버리는 것 같은 기분이 들게 하므로 내용의 요소에 주의해 가면서 사용해야 한다.

⑤ 침묵

서비스 이용자가 말을 하지 않을 때, 어떤 이유에 의해 말을 멈추었을 때, 다시 시작할 때까지 조용히 기다리는 것이 침묵이다. 침묵을 이어줌으로써 서비스 이용자로 하여금 자신의 생각이나 감정을 정리할 수 있도록 하며, 쉬게 하거나 적절한 표현을 끌어낼 수 있도록 하는 기술이다. 서비스 이용자는 곤란한 상황이나 일찍이 경험하지 못한 감정에 직면했을 때 쉽사리 그것을 말로 표현하기 힘들 것이다. 이 때 사회복지사는 침착히 의도적으로 침묵을 지키며 기다리는 것이 보다 심도있는 의사소통을 촉진하기에 효과적임을 잘 이해해야 한다.

⑥ 질문기술

대부분의 의사소통은 질문을 하지 않고는 대화가 이루어지지 않는다. 질문은 면접의 중심이 되는 기술이다. 면접자는 몇 마디의 질문으로 서비스 이용자에게 많은 이야기를 하도록 해야 한다. 특히 서비스 이용자의 보조에 맞추어 질문을 해야 하고, 우회적이며 도움을 주기 위한 질문을 해야 한다. 질문을 하는 목적은 필요한 정보를 얻기 위해, 그리고 서비스 이용자의 마음을 탐색하기 위해, 서비스 이용자의 말을 정확하게 이해하기 위해, 대화의 실마리를 풀기 위해 질문을 한다. 그리고 면접에서 치료의 개입수단으로 질문을 하게 된다. 질문에는 여러 가지 기술이 있다. 질문의 형태를 살펴보면 다음과 같다(백은령 외, 2009).

ⓐ 개방형 질문과 폐쇄형 질문

개방형 질문이란 자유로운 응답이 나올 수 있는 질문형태를 말한다. 반면 폐쇄형 질문이란 비교적 제한된 답이 나올 수 있는 질문의 형태를 말한다. 어떠한 질문의 형태가 좋다고 말할 수는 없지만, 서비스 이용자의 생각이나 감정이 어떠한지 폭넓게 들어보고 싶은 경우에는 개방형 질문이 좋다고 할 수 있겠다. 특히 폐쇄형 질문을 많이 할 경우에 서비스 이용자는 조사당한다는 느낌이 들 수 있으며, 불쾌할 수 있다.

- 개방형 질문: '오늘 기분이 어떠세요?', '오늘 무엇을 느꼈나요?'
- 폐쇄형 질문: '오늘 기분이 좋은가요?', '오늘 약속의 중요성을 느꼈나요?'

ⓑ 직접 질문과 간접 질문

직접 질문은 문장의 형태가 의문문이고, 간접 질문은 서술문의 형태로 이루어진다. 간접 질문은 서비스 이용자 자신이 질문을 받는다는 느낌을 덜 받으며, 질문 공세를 받는다는 느낌을 주지 않는다.

- 직접 질문: '이것 선생님이 했나요?'
- 간접 질문: '이것을 누가 했는지 모르겠네요.'

ⓒ 왜(why) 질문

대부분 '왜'라는 질문은 면접의 과정에서 논란이 되고 있는 질문의 형태이다. 왜냐하면 책임 추궁이나 비난, 비판의 의미로 느껴지기 때문에 그 사용에 주의를 기울여야 한다. 그러나 서비스 이용자 행동의 이유, 배경, 원인 등을 알아보고자 할 때에는 '왜' 질문을 사용할 수 있다. 다만 책임 추궁, 비난의 의미로 받아들여지지 않도록 주의해야 한다.

연습하기

사회복지사가 만날 서비스 이용자는 작은 아파트에 혼자 살고 있는 77살의 미망인 할머니이다. 할머니와의 면접을 시작했다. 이미 자신에 대한 소개를 했으며, 할머니가 관심을 가질 만한 서비스(교통편, 집에서 받을 수 있는 의료서비스)를 설명하였고 시작 단계의 다른 절차들에 대해서도 이야기했다.

☞ 이제 첫 번째 탐색적 질문을 하기 위해 사회복지사들이 할 말을 적어본다. 준비한 질문을 적은 후에 그것이 개방형인지 아니면 폐쇄형인지 알아본다. 특정 질문을 택한 이유를 토론해보고 할머니가 어떻게 반응할 것인지 이야기해 본다.

출처: Cournoyer, B. 저, 김인숙 · 김용석 역(2006), p. 201에서 재구성

(2) 비언어적 의사소통

비언어적 의사소통은 언어를 사용하지 않고, 언어가 아닌 다른 방법으로 메시지

를 전달하는 방법이다. 비언어적 행동표현은 다음과 같다.

① 신체 각 부위를 통한 비언어적 의사소통

몸짓, 눈 마주침, 피부, 자세, 얼굴표정, 손과 팔의 자세, 반복적인 행동, 접촉 등을 통해서 이해할 수 있다. 시선의 방향과 응시하는 시간이나 빈도, 피곤해 보이는 표정, 팔짱을 끼거나 손가락 만지작거림 등이 해당된다.

상대방이 내게 관심을 기울일 때 사용할 수 있는 기술은 SOLER이라는 말로 다음과 같이 요약할 수 있다(Egan, 2001).

- S: 상대방을 바로(Squarely) 바라본다. 상대방에게 관여하고 있다는 자세를 취하는 것으로 '나는 당신과 함께 있다. 당신과 함께 나누고 싶다'라는 뜻을 전달한다. '바로'라는 말은 상대방에게 관심이 있다는 사실을 전해준다.
- O: 개방적인(Open) 자세를 취한다. 상대방과 상대방의 말에 마음을 열고 있다는 증거로서 '내가 개방적이고 만나고 싶은 태도를 갖추고 있다는 사실을 상대방에게 얼마나 잘 전달하고 있는가'하고 자문해볼 필요가 있다.
- L: 이따금 상대방 쪽으로 몸을 기울인다(Lean). 상대방 쪽으로 몸을 기울이는 것은 의사소통을 촉진시키는 일종의 신체적 유연성 또는 반응성을 가리킨다.
- E: 좋은 시선의 접촉(Eye contact)을 유지한다. 상대방과의 좋은 시선의 접촉은 '당신과 함께 있다. 당신에게 관심을 느끼고 있다. 당신이 하는 말을 듣고 싶다'는 뜻을 전달해준다.
- R: 편안하고(Relaxed) 자연스러운 자세를 취한다. 편안한 자세는 조바심내거나 주의를 흩뜨리는 표정을 짓지 않는 것이며, 개인적인 접촉과 표현의 도구인 몸짓을 편안하고 자연스럽게 하는 것이다.

② 음성을 통한 비언어적 의사소통

음성효과, 말의 속도, 음성의 강도, 말씨 등을 통해서 이해할 수 있다. 소리의 대부분은 무의식적으로 나오는 것이기 때문에 다른 사람이 지적해 주거나 어떤 다른 방법으로 알게 되지 못한다면 이를 깨닫지 못할 것이다.

③ 환경을 통한 비언어적 의사소통

상대방과의 거리, 물리적 환경, 실내에서의 위치 등을 들 수 있다. 거리를 두는 것, 자신의 영역을 확보하는 것으로 알려져 있는 공간유지는 신체접촉과 밀접한 관계가 있다. 홀(Hall, 1966)은 우리의 생활에 있어 다음과 같은 네 가지 기본 구역을 시사하였다.

- **친밀한 거리**(0~45cm): 자신과 타인 사이에 있을 수 있는 가장 근접한 거리이다.
- **사적인 거리**(45cm~1.2m): 친구, 가족, 동료와 같은 사람들과 서로 친밀하게 대화를 나눌 수 있는 거리이다.
- **사회적인 거리**(1.2m~2.1m): 공식적인 사업상으로 만날 때의 거리에 해당하며, 상거래, 취직면접, 복도에서 지나갈 때 하는 인사 등 사무적인 형태의 상호작용에 적절한 거리이다.
- **공적인 거리**(2.1m~2.8m): 공식적인 모임에서 청중 앞에서 큰 목소리로 강의할 경우 혹은 공적인 모임 등이 대표적으로 해당한다.

3. 관찰기술

면접과 의사소통에서 기본적으로 선행되어야 하는 것이 관찰기술이다. 사회복지사는 항상 자신의 관찰이 완벽하다고 생각해서는 안 되며 쉽게 속단하지 않도록 관찰기술을 통해 얻은 정보나 다른 정보와 일치되는지를 판단하여 사용해야 한다(양옥경 외, 2000). 구체적인 조성기술을 살펴보면 다음과 같다.

1) 서비스 이용자의 신체적 상황

먼저 서비스 이용자의 신체적 상황에 대한 관찰은 신체 기능의 이상이나 장애 정도에 주의하여 언어 기능, 시각 기능, 청각 기능, 운동능력 등에 주시한다. 예를 들어 서비스 이용자가 고령자인 경우 청각장애, 시각장애 등을 고려하여 의사소통의 정도를 확인한다. 또한 체형을 관찰할 필요가 있는데, 과도의 체중 초과나 미달일 경우, 심리적인 문제나 스트레스의 유무, 섭취장애 등의 신호가 될 수 있다. 그 외 얼굴 상태, 복장, 헤어스타일, 화장 상태 등은 본인의 성격, 사회적 지위, 생활배경에 대한 정보를 제공해 준다.

2) 서비스 이용자의 타인과의 관계 양상

서비스 이용자의 대인관계 양상을 관찰할 경우, 서비스 이용자의 다른 사람에 대한 말씨, 태도, 매너, 예의, 표정 등을 관찰하여 서비스 이용자가 어떻게 행동하고 있는가를 관찰한다. 또한 서비스 이용자가 특정 인물들과 가지는 대인관계의 깊이, 넓이, 친밀감, 거리감 등이 현실에서 어떻게 나타나고 있는지 관찰할 필요가 있다.

3) 서비스 이용자의 생활·문제 상황

문제 상황의 정확한 파악은 원조활동에 있어 중요하다. 서비스 이용자가 면접에서 이야기하는 문제나 상황의 설명이 반드시 객관적이고 정확하다고만은 할 수 없기 때문이다. 그러므로 사회복지사는 필요에 따라 문제나 상황 속에 들어가 관찰하여 사실 여부를 파악해야 한다. 관찰은 문제 발생이 생활에 미친 영향, 어려움 정도, 문제를 둘러싼 주변 사람들의 협력관계 등에 중점을 둔다.

4) 서비스 이용자의 생활환경

서비스 이용자의 생활 장소와 문제가 발생하고 있는 거주공간에 관심을 두고 관찰을 한다. 서비스 이용자가 미처 생각지도 못한 곳에 생활환경 조건이 스트레스나 피로를 악화시킬 수도 있다. 관찰 결과로 알게 된 열악한 주거환경이 문제의 발생에 직접적으로 영향을 미치지 않았다고 하더라도 문제가 환경 속에서 어떤 형태로 발생하게 되었는가라는 주거환경에 대한 방문과 관찰은 케이스에 대해 사실적이고 객관적인 이해를 추구한다는 점에서 중요하다고 할 것이다(남일재 외, 2007).

4. 기타 개입기술

1) 지지기술

사회복지사는 서비스 이용자의 감정, 내적 강점이나 반응방식, 혹은 의사결정 사항이나 행동, 그리고 관계 등과 같은 다양한 영역으로 어떤 면을 지지할 것인지 결정해야 한다. 여기에서는 지지기술을 세부적으로 살펴보도록 한다.

(1) 정서적 지지

심리적 고통이나 스트레스 혹은 위기를 경험할 때 누군가에게 의지하려는 욕구에 반응하는 것이다. 이를 통해 서비스 이용자는 문제나 상황에 대처할 수 있는 것이다. 정서적 지지를 제공할 때 사회복지사는 서비스 이용자에게 어떠한 도움이 얼마 동안 그리고 어떤 목적으로 제공될 것인지에 대해 분명하게 설명할 필요가 있다. 또한 그러한 지지가 실제로 의도한 바대로 제공받고 있는지 그리고 도움이 되는지 확인할 필요가 있다.

(2) 격려하기

초기 단계에서는 면담을 활성화하기 위해 사용된다. 서비스 이용자에게 말을 하도록 격려하기 위해서는 사회복지사는 서비스 이용자를 수용하는 자세를 보여주고 서비스 이용자가 판단되지 않을 것이라는 관점을 나타내야 한다. 이에 비해 중간 단계에서는 서비스 이용자가 특정한 행동이나 경험 혹은 생각으로부터 벗어나도록 하거나 그런 쪽으로 행동을 취할 수 있도록 도움을 주는 것을 의미한다. 이 기술의 장점은 사회복지사로부터 자신의 행동이나 사고, 감정에 대해 인정받으면서 자신감을 가질 뿐 아니라 일부 위험한 행동을 중단하거나 긍정적인 행동을 취하는 계기가 되기도 한다. 반면 단점은 서비스 이용자의 의존감을 지속하거나 자기결정권을 침해할 것이라는 우려 때문에 사회복지사가 활용을 꺼려할 수도 있다.

(3) 인정하기

서비스 이용자가 어떤 행동을 취하거나 벗어난 이후에 이에 대해 긍정적인 평가를 내려 주는 것을 의미한다. 이 기술은 서비스 이용자가 자신의 결정이나 독자적인 행동을 취하는데 자신감이 결여되어 있을 때 도움이 되고 사회복지사가 이 기술을 사용할 때는 과장된 표현이 아닌 진실하고 솔직한 표현이 될 수 있도록 해야 한다.

(4) 재보증하기

자신의 능력이나 자질에 대해 회의적인 서비스 이용자를 대상으로 이들의 자신감을 향상시키기 위해 활용하는 기술이다. 또한 서비스 이용자의 불안감이나 불확실한 감정을 줄이고 편안한 감정을 가질 수 있도록 돕기 위해 사용하는 기술이다. 특히 서비스 이용자가 자신의 삶에서 경험하는 사건이나 문제들로 인해 자신의 문제를 객관적으로 바라보지 못하거나 판단이 흐려질 때 매우 유용하게 활용될 수 있다. 나아가 적시에 재보증기술을 사용하면 사회복지사는 서비스 이용자에게 희망과 지지를 갖도록 도울 수 있다. 이 기술은 사회복지사가 서비스 이용자의 판단에 확신을 갖고 확인해 주는 것으로 사회복지사가 서비스 이용자의 상황 판단에 확신이 없으면 이 기술을 사용해서는 안 된다.

2) 정보제공기술

정보제공은 사회복지사가 서비스 이용자에게 의사결정이나 과업 수행에 필요한 정보를 제공하는 것으로 실천의 효과와 업무량의 효율을 증가시키기 위해 다양한 형태의 정보기술을 사용한다. 사회복지사는 서비스 이용자가 필요한 정보제공을 위해 이들 정보를 제공하는 기관의 위치와 연락처 그리고 담당자에 대해 알고 있어야 하며, 최신 정보를 갖고 있어야 한다. 정보제공은 문제해결과 의사결정과정에 있어 매우 중요한 기술이다. 특히 타 기관으로 의뢰할 경우, 서비스 이용자의 동의하에 의뢰되는 기관과 사전 조율을 할 필요도 있다. 그리고 사람들의 개인차가 있기 때문에 서비스 이용자에게 정확하게 정보를 제공하고 이를 충분히 이해했는지 확인할 필요가 있다. 쉐퍼 등(Sheafor et al., 2005)은 정보제공에 있어 다음과 같은 지침을 제공하고 있다.

- 서비스 이용자의 현재 심리상태를 주의 깊게 고려해야 한다.
- 정보나 지시를 논리적, 체계적, 단계적으로 제공한다.
- 복잡하고 다단계적인 지시사항은 서면으로 한다.
- 대명사의 사용에 조심하고, 분명하고 명확하게 이해할 수 있도록 한다.

3) 조언기술

조언은 서비스 이용자가 해야 할 것을 추천하거나 제안하는 사회복지사의 진술을 의미한다. 쉐퍼 등(Sheafor et al.,2005)과 트레비식(Trevithick, 2000)은 조언기술이 초기 단계에서 사회복지사가 서비스 이용자를 대상으로 이들의 문제를 명확하게 파악할 수 있도록 돕거나 문제해결을 위한 해결책을 파악할 수 있도록 돕는 데 활용된다고 하였다. 나아가 이 기술은 더 이상 다른 선택이나 개입의 여지가 없을 때 최후의 수단으로 활용될 것을 권하고 있다. 특히 단순하게 조언을 해 주는 것으로 끝나는 것이 아니라 사회복지사 조언을 하게 되는 배경이나 논리적 근거를 분명하게 제시할 것을 요구하고 있다. 또한 조언기술은 많은 한계점을 가지고 있어 매우 신중하고 제한적으로 활용될 필요가 있다. 이는 사회복지사의 조언으로 인해 서비스 이용자의 행동에 부정적인 결과가 발생했을 때 이에 따른 책임이 사회복지사에게 있을 수 있기 때문이다. 또한 서비스 이용자의 사회복지사에 대한 의존성을 높일 수 있고 사회복지사도 조언기술을 활용하는 데 혹시 잘못된 조언을 하지 않을까 불안할 수 있기 때문에 서비스 이용자에게 아는 것과 모르는 것을 솔직하게 말하고, 특정 상황의 구체적인 조언을 위해 관련 법과 규정, 자원을 정확히 이해하고 활용할 수 있는 전문능력을 갖춰야 한다.

연습하기

김 할머니에게 자신의 지역사회에서 활용 가능한 도시락 서비스 프로그램에 대한 정보를 제공했다. 그러나 김 할머니는 프로그램에 대해 불확실한 태도를 보인다.

☞ 김 할머니가 도시락 서비스 프로그램을 활용할 수 있도록 조언하기 위해 자신이 할 말을 적어본다.

출처: Cournoyer, B. 저, 김인숙 · 김용석 역(2006), p. 324에서 재구성

4) 설명기술

설명기술은 사회복지실천기술의 핵심 기술 가운데 하나이지만 잘못 활용되기 쉽다. 설명기술은 서비스 이용자에게 특정 사건이나 상황에 대해 분명하게 이해할 수 있도록 돕거나 상황을 해석해 주는 것을 포함하고 있다. 특히 서비스 이용자가 잘 이해할 수 있도록 새로운 시각을 제시해 주어 사회복지사가 자신의 가치관, 전문지식, 기술에 근거해 서비스 이용자의 문제나 상황을 설명하는 것은 잘못 활용되는 하나의 예이다.

트레비식(Trevithick, 2000)은 설명기술을 예를 들어 설명하는 방법, 실제 시범을 보이는 방법, 말로써 설명하는 방법을 들었다. 또한 그는 서비스 이용자의 문제 상황에 대한 이해를 돕기 위해 사회복지사는 서비스 이용자의 생각과 감정을 민감하게 고려하고, 흥미롭고 분명하게 잘 구조화된 방식으로 설명하며, 학습과 이해를 향상시킬 수 있는 방법으로 설명하는 것이 좋다고 주장한다. 특히 서비스 이용자가 이해한 바를 사회복지사에게 다시 설명할 수 있도록 함으로써 이해 여부를 확인하는 것도 좋은 방법이다(엄명용 외, 2005).

5) 재구성기술

특정 문제에 대해 서비스 이용자가 부여하는 의미를 수정해 줌으로써 서비스 이용자의 시각을 긍정적인 방향으로 변화시키는 기술이다. 이는 인지행동접근법에서 많이 활용되는 기술로써 인지 및 사고과정과 행동의 변화에 목표를 두고 있다. 장점은 문제 상황이나 행동을 보다 긍정적이면서 다른 각도에서 조명해 볼 수 있는 기회를 제공한다는 것이다. 이 기술은 서비스 이용자의 자아존중감이 낮거나 자신감이 결여되어 있을 때 혹은 자기 비판적이면서 자책할 때 매우 유용하게 활용될 수 있다. 사용할 때는 매우 구체적인 사실을 가지고 재구성하되 새로운 시각의 해석이 신뢰성 있고 서비스 이용자가 이해할 수 있는 것이어야 한다.

부정적 관점을 긍정적 관점으로 재구성하기(예시)

저는 당신이 어떤 것을 선택하는 데 있어 어려움을 느끼기 때문에 자신이 어리석고, 우유부단하다고 말할 때 좀 혼란스러움을 느낍니다. 저는 당신이 우유부단하다고 말하는 것은 다른 관점을 볼 수 있는 능력이라고 생각합니다. 그것은 당신이 개방적이며 다양한 관점과 의견을 고려할 용의가 있다는 것으로 생각됩니다. 저에게 그것은 우유부단함이 아니라 융통성 같이 들립니다. 그리고 당신이 어리석음이라고 하는 것이 제게는 조심성, 철저함 그리고 인내와 같은 것으로 들립니다. 이런 것들은 사람의 마음을 끌며, 긍정적인 기능을 한다고 생각합니다. 그것이 정말 그렇게 나쁘다고 생각하십니까?

☞ 이처럼 서비스 이용자가 책임의 소재를 다른 사람 혹은 외부 요인으로부터 자기 자신에게 옮길 수 있도록 권유하는 것을 들 수 있다.

출처: Cournoyer, B. 저, 김인숙·김용석 역(2006), p. 332에서 재구성

연습하기

S가족의 10대 소녀와 면접 중이다. 그녀는 '우리 엄마는 내 일에 대해 언제나 간섭합니다. 엄마는 성격이 거칠고 나를 통제하려고 하지요. 제가 원하는 것을 할 수가 없습니다. 엄마는 제가 5살인 줄 알아요'라고 이야기한다.

☞ 그녀의 말을 부정적인 것에서 긍정적인 것으로 재구성하는 데 자신이 할 말을 적어보고 그녀의 반응을 예상해 기록해 본다. 그녀의 말이 개인화된 의미를 갖도록 그녀의 말을 재구성해 본다.

출처: Cournoyer, B. 저, 김인숙·김용석 역(2006), p. 334에서 재구성

6) 환기기술

환기기술은 서비스 이용자의 억압된 감정, 특히 부정적인 감정인 분노, 증오, 슬픔, 죄의식, 불안 등이 문제해결을 방해하거나 감정 자체가 문제가 되는 경우, 이를 표출하도록 함으로써 감정의 강도를 약화시키거나 해소시키는 기술이다. 나아가

해소되어야 할 감정이 표면으로 표출될 수 있도록 하는 방법이며, 이러한 감정을 탐색하고 고려해 볼 수 있는 기회를 제공한다. 사회복지사는 서비스 이용자가 갖고 있는 억압된 감정을 적절한 언어로 표현될 수 있도록 도움으로써 문제해결능력 및 대처능력을 강화할 수 있도록 도울 필요가 있다.

7) 직면기술

직면기술은 주로 서비스 이용자의 행동이 자기에도 도움이 되지 않으면서 타인에게 위협이 될 때 이를 재인식하도록 돕기 위해 활용되는 방법이다. 카두신 등(Kadushin et al., 1997)은 일시적으로 서비스 이용자에게 불안정을 유발한다고 지적하였다. 양옥경 등(2000)은 변화를 방해하는 부정적인 감정, 생각, 행동들을 서비스 이용자가 인식하도록 돕는 매우 직접적인 방법이라고 지적하였다. 사회복지사는 직면기술을 자신의 분노나 화, 초초함을 표현하는 방법으로 사용해서는 안된다. 직면기술은 다음과 같은 단계를 거쳐 활용될 수 있다.

- 서비스 이용자가 직면하고자 하는 문제나 상황을 서비스 이용자가 의식할 수 있도록 돕는다.
- 서비스 이용자가 문제나 상황에서 어떻게 불일치하거나 일관성이 없는지 사회복지사 입장에서 설명하도록 한다.
- 서비스 이용자가 왜 이 시점에서 이 문제를 고려해 보아야 하는지 그리고 이것이 서비스 이용자의 문제나 상황과 어떤 관련이 있는지 분명하게 설명한다.
- 사회복지사가 말한 내용에 대해서 서비스 이용자가 반응할 수 있는 시간을 충분히 주도록 한다.
- 후속조치를 취한다.

직면은 정서적 부담이 크므로 사회복지사는 상황을 정확히 판단하여 내담자에게 거부되지 않으리라는 확신이 있을 때 이를 사용해야 한다. 그리고 직면했다고 해서 서비스 이용자의 행동에 즉각적인 변화가 있으리라고 예측하는 것은 잘못된 생각이다. 오히려 직면하기는 서비스 이용자가 자신의 행동에 변화가 필요하다는 점을 인식하는 계기를 마련해 주며, 자신을 점검해 보는 기회를 제공해 주는 것이다.

연습하기

도시락 서비스 프로그램을 통해 김 할머니가 매일 따뜻한 식사를 받기 시작한 지 약 2주 후에 김 할머니와 면접 중이다. 이전에도 김 할머니는 더 균형잡힌 식사를 원하며 음식이 오면 먹겠다고 이야기했다. 이 면접에서 사회복지사는 김 할머니가 배달된 음식을 먹지 않은 것을 발견했다. 김 할머니가 지난 이틀 동안 배달된 음식을 먹지 않은 것을 나타내는 증거도 있다.

☞ 먹지 않은 음식에 대해 김 할머니를 직면하게 하기 위한 말을 기록해 본다. 김 할머니가 어떻게 반응할 것으로 생각하는가?

출처: Cournoyer, B. 저, 김인숙 · 김용석 역(2006), p. 336에서 재구성

8) 자기주장기술

자기주장이란 자신과 타인의 권리를 동등하게 존중하면서 자신의 사고, 감정, 원하는 것, 성취하고자 하는 것, 의견 등을 단호하게 요구하거나 표현하는 것을 의미한다. 자기주장은 내가 '아니요'라고 말할 수 있고, 자신을 방어하며, 결과적으로 더 이득이 되고 성공적인 방법으로 불평하는 것을 학습하도록 도와준다. 사람들이 자신의 생각, 감정, 선택 혹은 욕구를 공개적으로 직접적으로 주장할 수 있는 능력의 중요성은 강조되어 지나침이 없겠지만, 이는 비단 서비스 이용자들에게만 한정되는 것은 아니다. 사회복지사 또한 본인의 견해와 관점, 개인적 · 전문적 욕구를 주장하고 대변할 수 있어야 한다(엄명용 외, 2005).

CHAPTER 10

집단대상 사회복지실천의 이해

집단대상 사회복지실천은 집단을 원조의 도구 또는 매개체로 활용하여 의도적인 집단 경험을 제공함으로써, 집단이 가진 힘을 활용하여 집단의 사회적 기능을 강화·회복시키고, 집단을 구성하는 개개인들의 사회적 기능의 회복이나 성장을 촉진할 수 있도록 원조하는 사회복지실천방법 중의 하나이다. 집단을 대상으로 하는 사회복지실천은 전통적으로 집단사회사업(group work)으로 발전되고 왔고, '집단지도', '집단사회사업실천', '집단사회복지실천', '집단수준 사회복지실천' 등의 이름으로 사용되기도 한다.

현대적 의미의 집단사회복지실천은 노동운동, 인보관운동, 사회복지관, 청소년단체 등을 포함한 사회기관의 역사와 궤를 같이하고 있다. 미국 집단사회사업의 초기발달은 YMCA와 YWCA의 활동과 인보관운동 등이 확대됨으로써 집단사회복지실천의 초기 모습이 나타나게 되었다. 이 단체들은 빈곤, 열악한 노동조건, 질병, 범죄 등의 상태에 있는 청년들에게 기독교신앙을 바탕으로 집단활동 및 레크리에이션을 통해 정신적 생활기술을 지도하였다. 또한 건강하고 인간다운 생활을 할 권리에 대한 인식 증진을 목표로 자발적이고 비공식적인 집단 내에서 인격적 교제를 기초로 한 사회교육적 여가활동을 시작하였다. 1984년 바네트(Samuel Barnett)가 세운 영국 런던 빈민가의 토인비 홀(Tonybee Hall)과 1989년 아담스(Jane Adams)가 시카고의 빈민가에 세운 헐하우스(Hull House)에서 편물, 강습회, 아동모임 등 각종 사회교육적 집단활동이 실시되었다. 1920년대 도서관, 성인교육기관, 보육원 등 지역사회 공공시설이 발달되면서 집단활동 및 주민들의 자발적 여가활동이 성행하게 되었다(이신영 · 박선영, 2012).

1930년대 미국의 대공황 이후 집단사회사업의 전문화 및 체계화가 진행되었고, 집단사회사업이 별도의 사회복지실천방법으로 자리하게 되었다. 1935년에는 미국 사회사업회의(NCSW)에서 집단사회사업분과가 만들어졌고, 1936년에는 집단사회사업연구협회(NASGW)를 결성하기에 이르렀으며, 1937년까지 10개 대학에서 집단사회사업 교과목을 개설하였다. 1940~50년대에는 정신분석 개념이 집단사회사업에 도입되어 집단사회사업의 개념이 넓어지게 되었다. 집단사회사업의 목적 역시 교정, 예방, 사회적 성장, 개인적 성장, 시민으로서의 책임성과 참여 등으로 확대되었고, 정신병원, 교도소, 아동복지기관, 학교 등에서 다양한 형태의 집단활동이 이루어졌다(도광조, 2014).

그러나 1960~1970년대에는 사회복지방법론의 통합화에 관심이 모아지고, 방법론별 접근방법으로는 급격한 사회변동이나 문제에 대처하기 어렵다고 보아 사회복지실천의 통합적 방법을 지향하게 되었다(이신영 · 박선영, 2012).

집단사회복지실천은 개인을 대상으로 하는 개별실천보다 일반적으로 파워풀하다고 평가해 볼 수 있다. 동일한 문제를 가지고 있는 다수의 서비스 이용자들을 대상으로 이루어지고, 개별실천보다 시간이나 노력면에서 상대적으로 적게 들 수 있기 때문이다. 그리고 사회복지실천현장에서 상당부분 집단활동이 이루어지는 경우가 많기 때문에 집단사회복지실천분야에 대한 교육 및 전문가 양성이 절대적으로 필요하다.

SECTION 01 집단대상 사회복지실천의 개념

1. 집단에 대한 이해

사회복지실천에서 집단이란, 2인 이상의 공통의 관심사를 지닌 사람들이 공동의 목표를 달성하기 위해 지속적으로 상호작용하는 집합을 말한다. 집단은 상호작용과 정서적 결속의 정도에 따라 일차집단과 이차집단으로 구분하며, 구성방법에 따라 자연발생적 집단과 인위적 집단으로 구분할 수 있다. 또한 집단의 목적에 따라서 치료 집단, 과업 집단, 자조 집단으로 나눌 수 있다.

치료 집단(treatment group)은 지지 집단, 교육 집단, 성장 집단, 치유 집단, 사회화 집단으로 세분화할 수 있다. 지지 집단(support group)은 집단 성원들이 상호원조하면서 지지와 정도를 제공하고 대처기술을 향상할 수 있도록 돕는 치료 집단이고, 만성정신질환자 가족모임, 이혼가정의 자녀모임, 암환자 가족모임, 한부모집단 모임 등을 들 수 있다. 교육 집단(education group)은 특정 분야의 전문가 혹은 훈련받은 전문가에 의해 교육을 통해 집단 상호작용이나 토론을 통해 진행되는 치료 집단이며, 청소년 성교육 집단, 부모역할훈련 집단, 조울증 정신건강 교육 집단 등이 있다. 성장 집단(growth group)은 병리적인 현상을 치료하기보다는 심리적 건강을 증진시키는 것으로 주목적으로 집단구성원들이 자신의 능력을 최대한 발휘하기 위한 하나의 도구로 집단이 사용되며 결혼생활 향상집단, 퇴직준비집단, 참만남집단, 여성 의식고양집단 등이 있다. 치유 집단(therapy group)은 정서적·개인적 문제를 가진 구성원들의 상호 지지를 강조함과 동시에 치유와 회복에 중점을 두고 집단역동과 집단상담을 지도할 수 있는 전문가에 의해 집단 성원 스스로 자신의 행동을 바꾸고 개인적인 문제를 완화하거나 대처할 수 있도록 돕는 집단이며, 조현병 환자 정신역동 치유 집단, 조울증 환자 인지행동 치유 집단, 외상후 스트레스장애 치유 집단, 마약중독자 치료 집단, 공황장애 외래 치료 집단, 금연 집단 등이 있다. 사회화 집단(socialization group)은 사회관계에 어려움이 있는 집단 성원들이 사회생활에 필요한 기술을 배우거나 증진시키는 것을 목적으로 프로그램 활동에 참여하여 개인적 기술을 향상시키고 활동을 통한 학습을 할 수 있도록 돕는 집단이며, 사회기술훈련 집단, 자치 집단, 여가 집단, 퇴원한 정신장애인들의 취미 집단 등이 있다.

과업 집단(task group)은 조직이나 기관의 문제에 대한 해결모색, 새로운 아이디어 개발, 효과적 원조전략 등의 과업수행을 목적으로 한다. 팀, 직원 발전 집단, 자문위원회, 이사회, 대표위원회, 협의체, 치료회의, 사회행동 집단, 사례회의 등이 해당된다.

자조 집단(self-help group)은 유사한 어려움이나 관심사를 가진 성원들이 자발적으로 집단을 만들어 동료끼리 경험을 나누어 개인적으로 바람직한 변화를 가져오도록 노력하는 상호원조 집단이다. 익명의 알코올중독자들의 모임(Alcoholics Anonymous, AA)이 그 대표적인 예이다.

2. 집단역동에 대한 이해

집단이란 상대방과 유형화된 방식으로 상호작용하고 스스로 집단 성원으로서 소속감을 느끼며 타인에 의해서 집단 성원으로 간주되는 사람들의 집합이다. 집단치료와 집단활동에서의 소그룹은 일대일로 대면하는 만남 속에서 상호작용하는 사람들로 각자는 모임을 통해 서로를 구분하여 인지함으로써 개인적인 반응을 서로에게 보일 수 있다고 한다(김종옥 · 권중돈, 1993). 이러한 집단은 사람들 사이의 상호작용으로 구성되어 있으며 이러한 상호작용을 집단과정(group process)이라고 한다.

이와 같은 집단과정은 개인이 집단 내에서 다른 성원들과 상호작용을 하는 과정에서 발생하는 다양한 심리적 관계로서, 개인 서로 간에 혹은 체계로서 집단 전체에 영향을 미치는 독특한 힘을 만들어 내는데 이러한 집단과정에서 만들어진 힘을 집단역학 또는 집단역동(group dynamic)이라고 한다. 이러한 집단역동은 집단의 발달단계, 구조, 문화, 성원들의 활동 등에 영향을 받고 발달한다. 집단을 통해 의도적인 변화를 일으키기 위해 집단대상 사회복지실천을 하는 사회복지사는 집단과정에서 만들어지는 집단역동을 잘 이해함으로써 집단을 효과적으로 활용할 수 있으며 집단 참여자들을 효과적으로 도울 수 있을 것이다. 집단역동을 이해하기 위해서는 집단 내에서 이루어지는 의사소통과 상호작용 유형이 어떠한지, 집단구성원이 집단에 대해 느끼는 매력이 무엇인지 그에 따라 집단기능에 미치는 영향은 무엇인지, 구성원들에게 순응과 복종하게 하는 집단의 사회적 통제는 무엇이며 규범과 그에 따른 지위 및 역할은 어떠한지, 집단 내에서 발달한 집단 구성원들이 공통적으로 가지고 있는 가치, 신념, 관습이나 전통과 같은 집단의 문화 등이다(김종옥 · 권중돈, 1993).

집단역동을 적절히 활용하게 되면 집단과 구성원들에게 모두 긍정적인 영향을 미치지만 집단역동이 집단 발전에 역기능적인 영향을 미치기도 한다. 긍정적이고 결속력 있는 집단은 구성원들에게 좋은 영향력을 행사할 수 있으며 목표달성을 촉진시키고 만족스러운 관계를 만든다. 집단사회복지실천은 집단에서 발생하는 사회적인 힘, 집단역동성이 집단 성원을 변화하도록 작용하기 위함이다. 집단을 활용하는 사회복지사는 집단이 발달함에 따라 나타나는 집단역동성을 잘 이해하고 있어야 한다. 또한 집단역동성에 영향을 미치는 요소들인 가치와 규범, 지위와 역할, 집단응집력, 집단의사소통과 상호작용(정서적 유대, 하위집단 등), 집단의 크기와 물리적 환경, 집단문화, 피드백, 대인관계, 집단의 목적, 긴장과 갈등, 집단의 발달단계, 집단지도력, 집단의 응집력 등의 집단역동의 구성요소에 대해서도 잘 이해하고 활용하여야 하겠다.

3. 집단의 치료적 효과

집단에 참여함으로써 얻을 수 있는 이점, 집단과정을 통해 일어나는 치료적 요인에 대해 얄롬(Yalom, 1985)은 열한 가지 집단의 치료적 요인(therapeutic factors)을 제시하였다.

1) 희망의 고취(Instillation of hope)

치료에 대한 신뢰는 서비스 이용자가 도움에 대한 높은 기대를 가지고 있을 때나 치료자가 치료의 효과를 믿고 있을 때 모두 그 자체가 치료적으로 효과적이다. 희망의 고취와 유지는 모든 정신치료에서 절대적인 것이지만, 이는 집단 장면에서도 독특한 역할을 한다. 모든 치료 집단에는 악화되는 분도 있고 호전되는 분들도 있다. 서비스 이용자들은 치료 종결 시에 다른 이용자들이 좋아지는 것을 보고 그들 자신도 호전되리라는 커다란 희망을 갖게 되었다고 자주 말한다. 술과 약물 남용자들을 목표로 하는 단주 친목과 같은 집단들은 새로운 구성원들에게 희망을 고취시키기 위해 호전된 중독자 또는 회복된 알코올 상습자란 명칭을 사용하여 집단 구성원들에게 희망을 주고 있다.

2) 보편성(Universality)

많은 서비스 이용자들은 커다란 고립감을 가지고 인생을 보내는데 그들은 자신만이 유일하게 외롭고 비참하며 혼자만이 어떤 받아들일 수 없는 충동이나 문제를 가지고 있다고 내적으로 확신한다. 그런 사람들은 흔히 사회적으로 고립되어 있고 솔직한 사회적 교류의 기회가 거의 없다. 치료 집단에서 특히 조기 단계에 그들의 문제가 혼자만의 문제가 아니라는 것을 인식할 때 사람들은 안도감을 경험한다. 실제로 어떤 특수 집단에서는 인생의 비밀을 특히 중요한 부분으로 간주하고 고립되어 살아온 사람들을 돕는 데에 초점을 둔다. 예를 들면 섭식장애를 가진 이용자들을 위한 단기 구조화된 집단은 신체에 대한 자신들의 태도를 솔직히 드러내는 것과 한꺼번에 많이 먹고 하제를 복용하는 행동 등에 대해 자세히 설명할 것을 요구한다. 대체적으로 이들은 그런 것이 혼자만의 문제가 아니고 그들의 문제가 보편성이 있으며 다른 구성원들과 공유하고 있다는 것을 발견함에 따라 큰 안도감을 경험한다.

3) 정보를 나눔(Imparting of information)

정보를 나누는 것은 사회복지사가 서비스 이용자에게 정신 기능이나 신체 기능에 대해서 교훈적으로 지시하는 것과 사회복지사나 다른 구성원들이 인생의 문제에 대해서 충고나 직접적인 지침을 제공하는 것이다. 장기 상호작용 집단에서는 교훈적 지시나 충고의 사용을 가치 있게 여기지 않으나 다른 형태의 집단들은 충고나 지시에 보다 많이 의존한다. 교훈적 지시는 알코올중독자 모임이나 도박중독자 모임과 같은 자조 집단들은 교훈적 지시를 강조한다. 교과서가 사용되고 강연을 위해 전문가가 초대되며 성원들에게는 정보교환이 강력히 촉구된다. 특히 의학적 또는 심리적인 장애를 가지고 있거나 특수한 인생위기에 직면한 서비스 이용자들(예, 비만, 성폭력피해자, 간질환자, 만성통증 환자)을 위한 특수한 집단들은 교훈적인 요소를 치료에 포함시키다. 사회복지사는 개인의 질병과 인생의 상황에 대해 뚜렷한 지시를 제공한다. 특수집단을 이끄는 사회복지사는 스트레스 감소나 이완을 위한 기술과 대체기제 역시 성원들에게 가르친다. 충고주기는 사회복지사의 뚜렷한 지시와 달리 성원들의 직접적인 충고는 예외 없이 모든 종류의 치료 집단에서 일어난다. 비상호작용 집단은 사회복지사와 다를 성원 모두가 뚜렷하고 효과적이며 직접적인 제안과 지도를 사용한다. 퇴원집단의 경우 서비스 이용자가 일시적으로 집에 다녀온 일에 대해 논의하고 서로 충고하는 기간을 가질 수 있다.

4) 이타주의(Altruism)

모든 치료 집단에서 서비스 이용자들은 다른 집단 성원에게 매우 큰 도움을 주게 된다. 그들은 비슷한 문제를 함께 공유하고 있고 서로가 지지하고 안심하며 제안과 통찰을 제공한다. 사기가 떨어져 있고 누구에게 기여할 가치가 없다고 느끼며 처음 치료를 시작하는 서비스 이용자에게 있어 자신이 집단의 다른 성원에게 도움이 된다는 경험은 굉장한 보람이고 이것은 집단치료가 성원들의 자존심을 높여주는 경험이다. 이런 이타주의의 치료적 요인은 입단치료에만 있는 유일한 경험이다. 이처럼 이타주의적 행동은 자존심을 높여줄 뿐만 아니라 병적인 자기 몰입상태에 정신적인 에너지를 많이 소모하는 서비스 이용자의 마음을 분산시켜 내면세계(inner world)에 빠져있는 이들을 치료하는 데에도 효과적이다.

5) 사회화하는 기술의 발달(Development of socializing techniques)

가르치는 기술의 성질이나 과정은 집단의 형태에 따라 상이하나 사회적 학습은 모든 집단치료에서 작용하는 치료적 요인이다. 장기 입원 서비스 이용자들의 퇴원 준비를 위한 집단 또는 행동상의 문제를 갖고 있는 청소년을 위한 집단과 같은 집단에서는 사회적 기술의 발달을 매우 강조한다. 역할극 등을 통해 이런 기술을 학습된다. 상호작용이 강조되는 집단에서는 성원들이 정직하게 피드백해 줌으로써 부적응적인 사회행동이 사회화하게 된다.

6) 모방적 행동(Imitative behaviour)

집단치료를 통해 성원들은 자신과 비슷한 문제를 가지고 있는 다른 성원을 관찰학습 또는 대리학습(vicarious learning)함으로써 자신들의 문제해결에 도움을 얻곤 한다.

7) 감정정화(Catharsis)

감정정화는 집단의 다른 과정인 보편성이나 결속력과 연결되어 있는 하나의 복잡한 치료적 요인이다. 감정정화는 그 자체가 정서적 안도감을 수반하기는 하지만 서비스 이용자에게 영구적인 변화를 촉진시키는 경우는 드물다. 가장 중요한 것은 다른 성원들에게 자신의 내적 세계를 정서적으로 나누며, 다른 성원들은 이를 수용하는 것이다. 이 같은 과정은 감정적으로 교정경험(corrective emotional experience)을 가져오며 이는 현실과 실제를 인지하는 주춧돌이 되기도 한다.

8) 최초 가족 집단의 교정적 반복(Corrective recapitulation of the primary family group)

대개의 서비스 이용자들은 가장 중요한 집단이 가족과의 초기 경험에 대해 불만족스러운 역사를 가지고 집단치료에 참여하게 된다. 집단치료는 그런 경험을 반복하는 가능성을 제공하므로 부모와 형제자매들과 상호작용했던 것처럼 사회복지사나 다른 성원들과 상호작용하기 일쑤다. 무력하고 의존적인 이용자는 사회복지사가 엄청난 지식과 힘을 가지고 있다고 생각하며 반항적이고 도전적인 이용자는 사회복지사를 자율성을 차단하거나 성원들의 개성을 빼앗은 사람으로 간주하고 반응한다. 경쟁적인 이용자는 사회복지사의 관심을 얻기 위해 다른 성원들과 경쟁하거나 사회복지사를 쓰러뜨리기 위해 성원들의 동조를 구하기도 한다. 이런 모든 행동양상은 초기 가족과의 경험의 반복으로 나타나며, 집단치료에서는 반복 상황을 통해 갈등을 재현할 뿐만 아니라 교정적으로 반복하도록 도와야 한다.

9) 실존적 요인(Existential factors)

서비스 이용자의 문제를 이해하는 실존적인 접근은 인간존재의 중요한 갈등이 주어지는 실존, 즉 죽음, 소외, 자유, 고독, 무의미함, 무기력함 등을 인정하는 것이다. 어떤 특정한 집단의 경우 특히 암이나 만성적이고 생명에 위협을 주는 의학적 질병을 가진 사람을 위한 집단이나 사별 집단에서는 이런 실존적인 문제가 치료의 중심적인 역할을 한다. 치료자가 이런 문제에 대해 충분히 고뇌한다면 일반 집단치료에서도 실존적인 고려를 놓치지 않을 것이다. 이런 고려는 치료과정에서 성원들은 자신들이 다른 사람으로부터 받을 수 있는 지도나 지지, 도움에 한계가 있다는 것을 깨달을 수 있으며 집단의 자율성과 인생의 책임에 대한 깊이 있는 자각이 일어날 수 있다.

10) 집단 결속력(Group cohesiveness)

성원들이 집단과 다른 성원들에게 끌어당기는 힘으로 간주되는 결속력은 서로를 수용하고 지지하며 집단에서 의미있는 관계를 형성하는 경향이 있다. 결속력 있는 집단이 치료적으로 보다 효과가 있다는 연구가 보고되고 있다. 예를 들어 정신과에 입원한 서비스 이용자들의 경우 집단의 소속감이 결여되어 있는 과거를 가지고 있기 때문에 순수하게 성공적으로 결속된 집단치료의 경험은 그 자체가 치료적이다. 집단 결속력은 집단의 존경을 얻기 위해 집단 밖의 사회적 행동에 대해서도 성원들은 보다 나은 적응을 보이게 된다. 고도의 결속력이 있는 집단은 참석률이 높고 성원들의 활발한 개입과 참여가 드러나며 성원의 변화가 적은 안정된 집단의 형태를 보인다.

11) 대인관계적 학습(Interpersonal learning)

대인관계는 성격의 발달과 정신병리의 생성에 기여하는 것으로 대개의 심리적 장애를 이해하고 치료하는 데 대인관계 상호작용은 매우 중요하다. 그럼에도 불구하고 서비스 이용자들은 일반적으로 그들의 병적인 대인관계 문제의 중요성을 알지 못한다. 그들은 불안이나 우울과 같은 다양한 고통스러움 증상을 해소하기 위해 치료를 받으려 한다. 이때 대인관계 지향의 사회복지사는 특정한 복합증상 이면에 깔려 있는 대인관계적 병리에 대해 집중해야 한다. 즉, 사회복지사는 정신과적 증상을 대인관계적 언어로 바꾸어 표현해야 한다. 이를 통해 서비스 이용자 자신이 증상과 그 이면의 관계를 이해하고 밝힐 수 있는 기회를 제공해야 한다. 이 같은 대인관계적 학습에 중요한 경험은 교정적 감정 경험(corrective emotional experience)이다. 사실 집단 장면은 이들이 반응해야하는 많은 대인관계적 상황과 수많은 긴장감들을 포함하고 있기 때문에 교정적인 감정 경험이 발생할 기회가 보다 많이 나타난다. 이를 위해 집단이 갖추어야 할 조건은 첫째, 성원들이 자신들의 차이점이나 긴장감을 표현할 수 있도록 집단이 충분히 안전하고 지지적인 곳으로 경험하도록 해야 한다. 둘째, 효율적인 현실검증이 가능하도록 충분한 피드백과 정직한 표현이 있어야 한다. 이를 통해 성원들은 자연스러운 감정 유발과 그런 감정의 통합 과정을 얻게 된다.

4. 집단대상 사회복지실천의 목적

집단대상 사회복지실천의 목적은 다음의 세 가지로 설명할 수 있다(도광조, 2014).

첫째, 사회적 관계 능력의 향상이다. 하트포드(M. Hartford)는 '집단사회사업의 중요한 목적 가운데 하나는 사람들이 사회적 관계에서 발생하는 문제를 해결할 수 있도록 돕고, 사회적으로 더욱 성숙하도록 돕는 것'이라고 했고, 골드스타인(H. Goldstein)은 '집단은 종종 관계의 부적응적 양상을 교정하는 데 목표를 두고 있다'고 주장하였다. 앞서 언급한 것처럼 집단역동(치료적 요인)은 사회적 관계에서 발생하는 어려움이나 부족한 면(의존과 독립, 형제갈등, 권위를 가진 사람과의 갈등, 폭력, 따돌림, 소외감 및 외로움 등)에 대처하는 데 이상적인 사회적 상황을 제공해 준다.

둘째, 사회적 능력의 향상에 있다. 집단은 사회적 기능의 문제를 예방할 목적으로 활용될 수 있고, 집단의 목표는 집단 성원들이 그들의 사회적 역할을 보다 적절하게 수행할 수 있도록 돕는 것이며, 생애주기를 따라 전환해 갈 때 발생하는 역할 기대의 변화에 적절하게 대처할 수 있도록 돕는 것이다. 새로운 심리사회적 발달 단계나 전환단계에서 새로운 혹은 변화된 역할을 수행할 때, 적절히 대처할 수 있는 지식과 경험, 기술이 부족하여 어려움을 겪는 경우 집단사회복지실천이 효과적일 수 있다. 예를 들어, 예비 위탁가정 부모들은 아동이 새로운 발달 단계나 교육과정에 진입할 때 어떻게 적절한 결정을 해야 하며, 무엇을 고려해야 하는지에 대한 정확한 지식정보가 없을 수 있다.

셋째, 생애 전환기, 문화적 차이, 생명을 위협하는 질병, 이혼, 신체적 폭력 등과 같은 상황으로 인해 발생하는 스트레스에 효과적으로 대처할 수 있는 능력을 개발하기 위한 것이다. 동료로부터의 지지나 자극은 이러한 문제들을 경험한 성원들이 감정을 표현하고 관리할 수 있도록 도울 뿐만 아니라 긴장감을 해소하고 손상된 자긍심을 향상시키며 스트레스 상황과 문제의 현실에 대한 새로운 대처방법을 발견할 수 있도록 돕는다.

SECTION 02 집단대상 사회복지실천의 유형과 실천모델

1. 집단의 분류와 유형

1) 집단의 분류

집단은 개방 대 폐쇄, 동질성 대 이질성, 1차와 2차, 심리 대 사회 집단에 따라 분류된다. 개방 집단은 새 집단 성원을 위해 열려 있는 집단으로 폐쇄 집단에 비해 변동이 크므로 집단 성원 간 강한 유대를 기대하기는 어려운 반면, 폐쇄 집단은 집단 초기부터 종결까지 집단 성원이 그대로 유지되는 집단으로 관계형성과 신뢰를 기반으로 집단응집력이 강하고 일정 기간 지속되는 특성이 있다.

동질적인 집단은 성원들이 공통의 문제나 생활조건을 공유하는 반면, 이질적인 집단은 유사한 수준의 사회기능을 요구할 수 있지만, 그 관심사와 제시하는 문제가 혼재되어 있다. 동질적인 집단은 자연적으로 유대가 빠르고 상호작용이 활발한 반면 이질적인 집단은 진행은 느리지만, 유사한 수준의 능력으로 좀 더 심도있게 진행할 수 있는 장점이 있다. 일차적인 집단은 소규모 집단으로 성원들이 서로 잘 알고 있는 집단이라면 이차적인 집단은 하나의 목표를 위해 새로 형성된 집단을 의미한다. 심리적 집단은 자아성장과 대인관계상의 변화에 관심을 두고 만나는 집단인 반면, 사회적 집단은 사회의 특정 문제해결과 변화를 목표로 하는 집단이다 (배태순 외 역, 2007).

2) 집단의 유형

사회복지사가 빈번히 활용하는 주요 집단의 유형을 살펴보면 다음과 같다(Zastrow, 2003; 김동배 · 이윤로, 2004).

(1) 레크리에이션 집단(recreation groups)

레크리에이션은 그 자체가 목적일 수 있지만, 레크리에이션을 통해서 치료적 효과를 얻고자 하는 경우에는 레크리에이션이 목적에 이르는 수단으로 활용된다. 레크리에이션 집단에서는 게임과 운동장에서의 활동 등과 같은 프로그램을 사용함으로써 집단 활동에 거부적인 태도를 보이는 잠재적 성원들을 집단에 끌어들일 수 있는 가능성을 높일 수 있다. 또한 레크리에이션 집단은 흥미와 재미가 있는 집단 활동이 되게끔 하는 장점이 있다.

(2) 레크리에이션 기술 집단(recreation skill groups)

이 집단은 집단에서 제공하는 즐거움을 증가시키기 위한 레크리에이션 기술의 증가에 목적을 둔다. 레크리에이션 집단과는 달리 레크리에이션 기술 집단은 레크리에이션 집단을 지도하는 코치나 감독자들을 위한 집단이다.

(3) 교육 집단(educational groups)

교육 집단의 목적은 성원들이 자기 자신과 자신이 속한 사회를 이해할 수 있도록 원조하는 것이다. 이러한 집단은 병원, 학교, 교정기관 등에서 많이 활용되고 있는데 예를 들면, 청소년 성교육 집단, 부모역할훈련 집단 등이 있다. 모든 교육 집단에서는 성원들이 보다 많은 정보나 기술을 습득하게 하는 데 목적을 두고 있으며 전문가들이 이러한 정보와 기술 그리고 지식들을 가르친다. 물론 집단 성원들이 전문가의 교육을 받은 후에 자신들의 지식을 보다 확고히 하기 위하여 집단토의를 하기도 한다. 교육 집단을 지도하는 집단 사회복지사는 개별 성원뿐만 아니라 전체 집단에도 관심을 기울여야 한다.

(4) 문제해결과 의사를 결정하는 집단(problem-solving and decision making groups)

사회복지실천 서비스 제공자와 이용자 모두가 이 집단에 포함된다. 서비스를 제공하는 사회복지사는 집단 모임을 사용함으로써 집단 구성원 개개인과 집단을 위한 개입계획을 발전시키고, 가장 최선의 자원을 어떻게 활용할 것인지를 결정한다. 또한 서비스 이용자를 위한 다양한 서비스를 어떻게 제공할 것인지도 정할 수 있다. 나아가 서비스 이용자를 위한 정책 결정들을 사회복지기관들이 하도록 대변해 주며, 다른 관련 기관들과 연결해 주는 노력을 어떻게 제공할 것인가도 결정한다. 잠재적인 서비스 소비자들은 지역사회 내에서 필요로 하는 욕구들을 충족시키기 위해서 집단을 활용할 것이다. 그리고 서비스 소비자들의 집단 경험에 대한 욕구를 충족시킬 수 있도록 새로운 프로그램을 제안하고, 개발을 주장할 수도 있다. 사회복지사는 이러한 소비자의 욕구들을 잘 파악하여 지역사회의 적절한 자원을 끌어들여 원조할 수 있고, 소비자의 사회적 기능을 강화시켜 줌으로써 과업을 완수할 수 있다.

(5) 자조 집단(self-help groups)

자조 집단은 공통의 문제나 관심사를 가진 사람들, 또는 그 문제를 해결하고자 하거나 이해하고자 하는 사람들로 구성된다. 또한 자조 집단은 자발적으로 모인 작은 집단이다. 성숙과 일상적인 필요나 문제들을 성취하기 위해 주로 또래들로 구성된다. 그래서 자조 집단은 친밀한 사회적 상호작용과 각 구성원들 간의 인격적인 관계가 강조된다. 전형적으로 자조 집단에서는 집단의 일반구성원인 비전문가가 리더로 활동하게 된다. 자조 집단은 소규모로 구성되어 상호 지지를 제공하는 유형(예: 단주모임, 편부모모임 등)이 있고, 외부 활동이나 정치적인 활동을 주로 하는 전국적 기구(예: 정신장애인 가족협회, 한국치매가족협회 등)로 구성되기도 한다. 자조 집단은 점차 증가하고 있으며 종종 특정한 사회적 · 개인적 문제를 가진 서비스 이용자를 돕는 데 성공적이다.

(6) 지지 집단(support group)

지지 집단은 일종의 자조 집단으로 고려될 수도 있지만 자조 집단에 비해 일반적으로 사회복지사나 전문가가 지도하게 된다. 지지 집단의 목적은 아이디어나 제안, 조언을 공유하고 지지를 제공하기 위한 것이다. 지지 집단은 종종 사회적 어려움이나 비극에 관한 문제로 구성되는 경우가 많다. 지지 집단의 성원들은 자기 비난을 해서는 안 되며 건설적인 방법으로 다른 사람들의 편견에 반응하는 방법을 배워야 한다는 점을 인식하도록 강조된다. 가령 한 성원이 자기에게 발생한 어떤 사건에 대해 자기 비난을 하면서 우울해 한다면, 동료 성원은 그 성원에게 당신은 희생자이며 가해자는 따로 있다는 사실을 직시하도록 한다. 이렇게 지지 집단은 성원들이 자신의 경험을 표출하도록 도와 다른 동료 성원들과의 관계 속에서 자신의 경험을 보게 함으로써 그 경험을 객관화할 수 있도록 돕는다. 성원들은 자신의 죄의식이나 자기 비난이 부정확했다는 것을 곧 의식적으로 인식하게 된다.

(7) 사회화 집단(socialization groups)

사회화 집단은 집단 성원들이 사회적 기술을 습득하고 사회적으로 수용되는 행동 유형을 학습함으로써 지역사회의 생활에서 효과적으로 기능할 수 있도록 원조하는 데 일차적인 목적을 둔다. 즉 사회화 집단의 주요 목적은 성원들이 사회적으로 좀 더 수용할만한 행동이나 태도를 개발하도록 하여 지역사회에서 효과적으로 기능하도록 하기 위한 것이다. 가령 위기청소년들이 사회적응기술을 배우거나 자신의 미래를 계획하도록 돕는 것, 노인들이 지역사회 활동에 관여하도록 재동기화시키는 것, 사회적 관계형성에 어려움을 갖는 소심한 청소년들에게 의미있는 관계형성을 할 수 있도록 돕는 것, 미혼모들이 미래를 계획하도록 돕는 것 등을 예로 들 수 있다.

(8) 치료 집단(therapeutic groups)

치료 집단은 일반적으로 정서적으로나 개인적으로 비교적 심각한 문제를 가진 사람들로 구성된다. 치료 집단의 목적은 성원들의 행동 변화, 개인적 문제의 완화나 제거, 재활을 원조하는 것이다. 치료 집단은 집단 사회복지실천에서 매우 중시되고 있는데 이는 환자나 역기능적 문제를 가진 개인을 치료하는 데 강조점을 두는 사회복지실천의 전통이 아직도 상존해 있기 때문이다. 치료 집단에서 집단 성원들은 자신의 문제를 해결하기 위하여 집단활동을 한다. 치료 집단에는 정신역동치료 집단, 인지치료 집단, 행동치료 집단 등이 있으며 섭식장애, 외상후 스트레스장애, 성폭행 같은 문제를 다루는 집단이 포함된다.

(9) 상담 집단(counseling groups)

상담 집단은 성원들의 상호작용 과정을 활용함으로써, 현재 당면한 성원들의 대인관계와 관련된 문제들과 교육적 · 직업적 · 사회적 문제들을 다루도록 돕는다. 집단 성원들은 문제가 되어 왔던 지속적인 관계형성이나 행동을 향상시키기 위해 집단활동에서 배운 것을 응용하고 활용하도록 훈련받는다. 상담 집단은 치료 집단과는 달리, 서비스 이용자의 성격 변화를 주요 목적으로 하지는 않는다. 상담 집단의 대상은 성격 개조나 발달적 장애를 가진 사람들이 아니라 기본적인 일상적 생활을 어느 정도 해 나가고 있는 개인들이다. 상담 집단활동을 통해 개인의 강점이 분명하게 드러나고 자기 개발이 이루어져서 생활하면서 겪게 되는 어려움과 장애물들을 잘 극복하거나 다루어 나갈 수 있도록 돕는 데에 주안점이 있다.

(10) 참만남 집단(encounter groups)

참만남 집단 혹은 감수성 훈련 집단은 성원 사이의 친밀한 태도와 자신을 솔직히 개방하는 자세를 필요로 한다. 참만남 집단의 목적은 개인 상호 간의 인식도를 높이고 자연스러운 분위기에서 자신의 비밀스러운 이야기를 털어놓음으로써 문제해결의 단서를 찾는 데 있다. 즉 참만남(감수성 훈련) 집단은 성원 자신과 자신의 행동에 대한 새로운 통찰력을 개발하고 대인관계기술을 향상시켜 건강하고 잘 기능하는 개인으로 성장하기 위한 기회를 제공하기 위한 것이다. 이 집단을 참만남이라고 한 이유는 자아실현에 대한 동기화가 이루어진 사람들 사이에서의 참된 만남이 이루어지게끔 하기 때문이다. 참만남 집단은 일종의 성장 집단으로 간주할 수 있다.

2. 집단사회복지실천모델

집단사회복지실천의 세 가지 모델은 파펠(Papell)과 로스만(Rothman)에 의해 개발되었는데, 사회적 목표 모델, 치료 모델, 상호작용 모델이 그것이다.

1) 사회적 목표 모델(social goals model)

사회적 목표 모델은 집단활동을 통해 폭넓은 식견과 능력을 갖춘 시민을 양성할 수 있다는 인식 하에 도래하였다. 사회적 목표 모델에 의하면 사람들은 어떤 사회적 이득을 획득하기를 희망하기 때문에 집단활동에 참여하게 되는 것이다. 이러한 사회적 목표 모델은 지역사회 내 문제, 즉 범죄, 빈곤, 쓰레기 처리 등과 같은 사회적 문제들을 해결하기 위해 주로 활용된다. 그래서 사회적 목표 모델은 지역사회복지관, NGO, 보건복지 관련 민간조직 등에서 빈번하게 사용되기도 한다. 이 모델은 민주적인 집단활동을 중요시하며 집단을 대상으로 실천개입을 하는 사회복지사들은 소집단 내에서 민주적 절차를 개발하고 준수함으로써 그 절차를 유지하고 발전시키는 데 힘을 모으게 된다. 여기에서 집단 리더는 집단 성원들을 사회화시키기 위해 캠프, 수련회, MT, 토론회 또는 워크숍 등과 같은 사회교육적인 프로그램들을 활용하며 가능케 하는 사람(enabler)으로서 활동한다. 리더는 성원들이 머리를 맞대고 의견을 조율하는 과정을 통해 합의된 결정을 내리도록 도우며 리더와 성원 모두가 단합하여 일하도록 지원한다. 나아가 그들 모두의 권한과 역량을 강화시켜 지역사회가 그들의 욕구에 보다 더 적극적으로 반응하게끔 한다.

2) 치료 모델(remedial goals model)

치료 모델은 임상지향적인 접근으로서 집단이 변화 대행자로서 사용되는 것이라 할 수 있다. 치료 모델에서 집단 리더는 집단 성원들 간의 상호작용을 촉진하여 변화를 이끌어 낸다. 사회복지사는 전문적 기술을 적용하여 개인들이 자기 인식을 하도록 돕고 사회적 기능을 향상시키도록 지원한다. 집단은 개인들이 좀 더 새롭고 적합한 기능을 하도록 고무하고 지지한다. 개입의 초점은 각 성원의 관계형성 면에서 역기능적 유형에 맞추어진다. 치료 모델은 심각한 행동 문제나 사회기술이 부족한 사람들에게 주로 적용되며 정신병원, 지역사회정신건강복지센터, 교정시설, 가족지원 서비스기관, 기타 치료중심 프로그램 등에서 자주 활용된다.

3) 상호작용 모델(reciprocal goals model)

상호작용 모델은 개인과 집단 사이의 상호작용적 관계형성을 가정하고 있기 때문에 상호작용 모델이라고 불린다. 상호작용 모델에 의하면 개인은 그가 연결되어 있는 많은 체계와 하위 체계와 관련해서만 이해되고 다루어질 수 있는 존재로 인식된다. 이 모델은 개인과 사회 사이의 유기체적 · 체계적 관계를 가정하고 있고, 개인과 더 광범위한 체계 사이의 상호 의존에 초점을 둔다. 이런 상호 의존이 사회복지실천의 초점이 되고, 집단은 바로 개인적 · 사회적 기능이 조성되고 조정되는 현장이 된다. 사회복지사는 집단 성원들이 자신의 욕구와 사회적 요구 간에 공통 기능을 찾도록 돕는 중재자 역할을 하면서 상호 원조체계를 형성하도록 지원한다. 이러한 상호작용 모델은 집단 내에서 치료적 환경을 형성하기 위해 집단활동을 중요시 하며, 인간중심적인 접근을 강조한다.

이 모델은 치료 모델과 달리 의도된 결과를 미리 선정하지 않는다. 즉 어떤 치료적 목적이나 정치적 변화 목표도 미리 설정하지 않는다는 것이다. 집단을 구성하는 성원들이 서로 함께 만나면서 집단의 방향이나 문제해결을 향한 기본적인 사항들이 결정되게끔 한다. 이 점이 상호 원조하는 체계로서의 집단 특성을 유지하게 하는 요인이 된다. 그래서 상호작용 모델에 의한 집단에서 사회복지실천을 수행하는 사회복지사는 주로 성원 간의 대인관계 과정에 관여하는 데에 집중한다. 즉, 상호작용 모델에서 사회복지사는 주로 집단 성원이 서로 협력하여 생산적으로 활동할 수 있도록 돕는 중재자 역할을 한다. 그러므로 상호작용 모델은 서비스 이용자 개인의 정신건강을 강조하고, 지역사회 참여와 심리적 기능 사이에는 강력한 유대관계가 있음을 가정한다. 지지 집단이나 자조 집단이 상호작용 모델의 대표적 예가 될 수 있다고 본다.

SECTION 03 집단대상 사회복지실천의 발달 단계 및 기본 원칙

1. 집단의 발달 단계

집단발달은 집단과정에서 나타나는 집단 및 성원들의 변화하는 역동에 의해 일련의 단계로 구분될 수 있다. 집단은 처음에 개인들의 단순한 집합체로 시작하지만, 시간이 지남에 따라 성원들의 상호작용에서 비롯된 집단구조나 집단문화가 형성되는 것과 같은 변화를 맞이한다. 집단의 발달 단계 구분에 대한 학자들 간의 다양한 견해들 중에서 갈랜드와 존스 그리고 콜로드니(Garland, Jones & Kolodny)는 집단의 발달 단계를 5단계로 나누어 정의하였다(Garland et al., 1965; 김동배 · 이윤로, 2004).

1) 1단계: 친밀 전 단계

집단의 초기 단계로서 집단구성원들이 서로의 눈치를 보며 탐색하는 단계이다. 이 단계에서는 전형적인 집단 성원들의 '접근-회피 행동'이 나타난다. 책임을 맡거나 성원들과 상호작용을 하거나 프로그램 활동에 참여하는 데 자신의 분명한 입장을 나타내지 않는 경향이 두드러진다. 성원들은 불안감이나 두려움에 사로잡힌 모습으로 침묵을 지키거나 유보적인 대답을 하면서 집단활동에 참여하기를 주저할 수 있다. 또한 집단 성원들 간에 서로 서먹해 하거나 대화도 상투적이며 일반적인 내용으로 이루어지게 된다.

2) 2단계: 권력과 통제 단계

집단이 서서히 움직여 가는 단계로서 집단 내의 규칙과 목적이 설명되고 집단의 목적에 부합되도록 노력을 요청하는 단계이다. 이 단계에서 집단 성원 간에는 조금씩 친밀감이 향상되어져 가는데, 이로 인해 발생하는 과도기적 혼란도 나타나게 된다. 집단 내에서 지지와 보상을 더 얻기 위해 각 성원들은 자신과 유사한 성원들을 찾아 나가면서 하위집단을 형성하고 지위의 상하관계를 만들어 나간다. 또한 개인들이 어떤 역할과 책임을 맡는 과정, 그리고 집단 과업을 수행하기 위한 규범과 방법을 설정하는 과정에서 권력 갈등이 발생하기도 한다. 집단은 종종 개인들이나 하위집단 사이의 분열, 집단 목적, 과정, 구조 등에 대한 불평, 리더십에 대한 도전 등으로 혼란에 빠지기도 한다. 언어적 폭력, 낮은 지위의 성원에 대한 거부, 집단 내 주요 권한을 누가 갖게 되는가에 대한 문제 등이 구체적으로 부각되기도 한다. 이러한 일련의 상황들은 불안을 초래한다. 그래서 이 단계에 성원들의 이탈률이 높게 나타난다. 주로 고립되거나 반항하는 성원들이 떨어져 나가게 된다.

3) 3단계: 친밀 단계

집단 구성원들이 집단에 친밀감을 느끼며, 함께 집단을 움직여 가는 단계이다. 즉 갈등이 사라지고 성원들 사이에 개인적 관심이 깊어지며 집단 경험의 중요성에 대한 인식이 증가한다. 사기와 공동체성이 높아지고 집단 목적을 달성하려는 동기 또한 크게 높아진다. 성원 간에 서로 인정해 감에 따라 상호 신뢰도 높아지고 자신의 감정과 문제를 자발적으로 노출시키며 집단의 의견을 구한다. 하지만 바람직하다고 설정되어진 친밀감을 성취하기 위해 성원 간의 갈등을 양산할 수 있는 부정적 감정이 지나치게 인위적으로 억압되는 경우도 생길 수 있다고 본다. 이 단계에서는 분명한 규범이 설정되고 성원 개개인의 집단 내 역할도 구체적으로 형성되어 있으며 집단의 리더십도 안정된다.

4) 4단계: 분화 단계

구성원들에게 자유가 부여되며, 구성원 스스로 자신의 문제를 바라보고 집단 속에서 독특한 자신의 역할을 수행하는 단계이다. 즉, 이 단계는 확고한 집단 응집력과 조화로서 특징지어진다. 집단의 정체감이 실질적으로 개발된다. 집단은 자기 고유의 구조와 습성을 창출한다. 고도의 신뢰와 자유로운 감정의 표현, 안정감, 분화된 역할, 개방된 의사소통이 나타난다. 관계형성은 더욱 동등해지고, 리더십은 더욱 균등하게 공유되며, 권력 갈등은 최소화된다. 성원들은 특별한 전문성과 능력에 대한 욕구를 나타내며 리더 역할을 자발적으로 떠맡기도 한다. 개별 차이에 대한 수용이 폭넓게 이루어지므로 의견의 불일치가 억압되지 않고 반대 의견을 가진 성원의 지위를 주의 깊게 고려하면서 토론을 통해 일치점을 이끌어 낸다. 집단은 상호 원조 체계가 되어 성원들은 각 개인의 욕구에 상응하는 정서적 지원을 자발적으로 상호 간에 하게 된다. 분화 단계는 마치 어린 아이가 성인기에 도달하여 성공적으로 자신의 삶을 추구하는 모습으로 비유될 수 있다.

5) 5단계: 이별 단계

집단의 목적이 수행되고 집단 성원 각자가 또 다른 목적을 향해서 떠나며 집단을 종료하는 단계이다. 하지만 종결이 늘 쉽게 수행되는 것은 아니다. 집단에 매우 깊이 관여해 왔던 성원들에게는 특히 힘든 시기이다. 성원들은 집단의 존재를 더 유지시키고자 퇴행적인 행동을 보이기도 한다. 성원들은 불안감과 노여움을 표하기도 하고 종결을 부정하기도 한다. 리더에 대한 의존성이 나타나기도 하고 싸움을 벌이기도 한다. 집단 경험의 긍정적인 의미를 부정하는 것도 흔히 발생한다. 과거

버림받은 감정, 거절당한 감정을 다시 경험할 수도 있다. 종결은 또한 평가의 시간이기도 하다. 성취한 과업을 숙고하고, 학습한 것을 다지는 시간이다. 미완결된 과업을 마무리하고, 집단에 대한 피드백을 주고받는다.

2. 집단의 기본 원칙

집단대상 사회복지실천의 기본 원칙은 다음과 같다(손광훈, 2009).

① 각 개인의 고유한 상이성을 인정한다.
② 다양한 특성을 지닌 집단을 하나의 집단으로 인정한다.
③ 개인은 고유한 장점과 단점을 가진 존재임을 수용한다.
④ 집단대상 사회복지실천 지도자와 집단 성원 간의 의도적인 원조관계를 수립한다.
⑤ 집단 성원 간의 상부상조, 협조적 관계수립을 격려한다.
⑥ 진단과정의 적절한 수정을 도모한다.
⑦ 각 성원이 자신의 능력에 따라 참여하도록 격려하여 능력을 향상시킨다.
⑧ 문제해결과정에 성원이 직접 참여하도록 유도한다.
⑨ 성원이 점차적으로 만족스러운 갈등해결 방법을 경청할 수 있도록 원조한다.
⑩ 대인관계와 성취의 새롭고 다양한 경험의 기회를 제공한다.
⑪ 각 개인과 전체적 상황에 대한 진단적 사정평가에 따라 현명하게 제한한다.
⑫ 각 성원에 대한 진단적 평가, 집단의 목적, 적절한 사회목적의 진단 평가에 근거하여 의도적으로 상이한 프로그램을 활용한다.
⑬ 개인과 집단발전에 대한 계속적인 평가활동을 한다.
⑭ 전문가는 원만하고 절도있는 자기활용을 위해 노력한다.

CHAPTER

11 집단대상 사회복지실천의 개입기술

집단대상 사회복지실천에 있어 집단의 발달 단계에 대한 구분은 학자에 따라 다양하나, 여기서는 준비 및 계획 단계, 초기 단계, 개입 단계, 종결 단계로 구분하고 각 단계에서 나타나는 집단의 특징과 이에 대한 사회복지사의 역할과 개입기술을 살펴보고자 한다.

SECTION 01 준비 및 계획 단계

효과적으로 집단을 운영하기 위해서 사회복지사는 사전에 충분히 준비하고 계획해야 한다. 예를 들어, 집단은 어떤 목적과 목표로 운영될 것인지, 어떤 사람들로 구성할 것인지, 집단 운영의 시간과 장소는 어떻게 결정할 것인지, 집단의 내용은 어떻게 구성할 것인지, 평가방법은 무엇인지 등을 구체적으로 계획해야 집단의 효과를 극대화할 수 있을 것이다. 이를 위해 일정한 형식에 따라 집단계획안을 작성하는 것이 좋다. 작성된 집단계획안은 원활한 집단 운영을 위해 필요할 뿐 아니라, 인력 지원이나 외부기관 연계 등 기관의 내부 및 외부 자원을 협력 · 지원받을 수 있다. 카두신(Kadushin, 1972)은 준비 단계에서 사회복지사가 고려할 집단계획의 영역을 다음의 〈표 11-1〉과 같이 제시하였다. 여기서는 준비 단계에서 필요한 내용을 집단계획안 작성 시 필요한 구성항목으로 구체화하여 설명하고자 한다.

표 11-1 준비 단계에서 사회복지사가 고려할 집단계획의 여섯 가지 영역

① 욕구: 집단에 참여한 집단 성원들의 문제나 어려움, 관심사는 무엇인가?
② 목적: 집단 전체가 추구하는 목적과 목표는 무엇인가? 개별 성원의 목표는 무엇인가? 집단 전체의 목적 및 목표와 개별 성원의 목표 간에는 어떤 연관성이 있는가?
③ 구성: 집단에 참여할 성원 수는 몇 명인가? 집단 성원들의 공통점과 차이점 가운데 중요한 부분은 무엇인가? 집단을 이끌 사회복지사는 누구인가?
④ 구조: 집단의 운영을 촉진하기 위해 필요한 것은 무엇인가? 특히 집단모임의 시간 및 장소와 관련해서 고려해야 할 것은 무엇인가?
⑤ 내용: 집단의 목적을 성취하기 위해 활용될 도구는 무엇인가? 집단 내에서 실제로 어떤 일들이 벌어질 것인가?
⑥ 사전접촉: 집단참여에 필요한 인원은 몇 명 확보할 것인가? 집단의 참여를 위해 집단 성원을 어떻게 준비시킬 것인가?

출처: Northern & Kurland 저, 노충래 역(2006), p. 139

1. 집단의 목적과 활동내용

집단을 구성하기 위해서는 이 집단의 필요성과 목적이 분명해야 한다. 이를 위해 가장 먼저 고려되어야 할 것은 '욕구'로서 집단에 참여할 가능성이 있는 집단 성원들이 겪는 문제나 어려움, 관심사가 무엇인지 파악되어야 한다(Northern & Kurland, 노충래 역, 2006). 예를 들어, 우리 기관이 위치해 있는 지역적 특성으로 다문화가정이 증가하고 있으며, 특히 자녀의 중도입국으로 교육 및 사회적응에 대한 호소가 많다면, 이러한 욕구를 반영하여 다문화가족 자녀의 사회성 발달을 위한 집단 운영을 고려할 수 있을 것이다.

대상자에 대한 구체적인 사정을 통해 욕구가 파악되었으면, 이를 구체화하여 충

족시키는 것이 집단의 목적이 될 수 있다(Northern & Kurland, 노충래 역, 2006). 이때 집단의 목적은 집단이 집합적으로 추구해야 할 목표뿐만 아니라 개별 성원들이 집단 참여를 통해 얻고자 하는 기대까지도 포함할 수 있어야 한다. 집단의 목적은 사회화 집단, 치료 집단, 지지 집단, 과업 집단 등 집단유형에 따라 달라질 수 있으므로, 사회복지사는 계획 단계에서 집단의 유형을 파악하고 있는 것이 도움이 된다.

집단의 목적이 설정되면 집단의 목적을 성취하기 위해 활용될 도구가 무엇이며, 세부목표를 달성하기 위한 활동내용을 구성하도록 한다. 예를 들어, 중도입국 다문화가족 자녀의 사회성 발달이라는 집단목적을 위해서 활동내용으로 멘토와의 연계를 통한 학습지도, 문화활동, 요리교실, 가족캠프 등을 구성할 수 있다.

2. 집단 성원 모집과 선별

준비 단계에서 사회복지사는 집단의 목표를 홍보하여 참여할 대상자를 모집하여 선정해야 한다. 집단 참여를 원하는 대상자에게 집단을 알릴 수 있는 방법을 모색하는 것은 중요하다. 집단 구성원 모집은 내부기관을 이용하는 대상자 중에서 집단에 적합한 대상자를 발굴할 수 있으며, 유관기관에 집단의 목적과 계획을 설명하여 집단 성원을 의뢰받을 수 있다. 지역사회에 현수막이나 안내문을 게시하고 배포하여 잠재적 성원에게 접근하여 알릴 수도 있다.

사회복지사는 집단에 관심을 보이는 잠재적 성원 중 집단을 통해 도움을 받을 수 있는 자를 선발해야 하는데, 집단을 통하여 도움을 받고자 하는 동기와 관심사, 도움 받고자 하는 문제 등을 점검하는 과정이 필요하다. 이처럼 주의 깊게 구성원을 선별하고 사전에 접촉하는 과정은 집단의 목적 및 초점과 관련하여 강한 유대감을 형성할 수 있으며, 집단의 효과를 높일 수 있으므로 필요하다.

만약 아동 혹은 청소년으로 구성된 집단을 진행할 경우에는 집단 성원뿐 아니라 그들의 부모나 보호자들이 집단의 목적과 내용 등을 알 수 있도록 정보를 제공하며, 문서화된 참가동의서와 연락처 등을 받아 두는 것이 좋다.

3. 집단의 구성

1) 집단의 크기

집단규모의 결정은 대인관계 경험, 성원 간의 상호작용과 만족도에 영향을 미칠 수 있으므로 매우 중요하다. 집단이 작을 경우 집단 성원은 사회복지사에게 쉽게 접근할 수 있으며, 역으로 사회복지사도 집단 성원에게 쉽게 접근하여 집단 성원의 욕구를 충족시키는 데 유연할 수 있다. 그러나 집단이 작으면 집단의 다양성, 활력 등 적절한 자극을 제공할 수 없고, 참여에 대한 압력으로 긍정적 변화를 촉진할 수 있는 역동적인 힘이 상쇄될 수 있다. 반면 집단의 규모가 커지면 각 성원은 상호작용해야 할 성원이 많아져 2인 혹은 3인 관계가 발달함에 따라 그에 대한 반응도 많아지게 되지만, 과업을 수행해야 할 압력도 적어지며, 의사소통이 집단 성원보다 사회복지사에게 향하게 된다(Northern & Kurland 저 · 노충래 역, 2006).

따라서 집단의 규모는 집단의 목적과 집단 지도자의 능력 등을 고려하여 결정하도록 하며, 최소 5명에서 15명까지 구성하도록 한다. 일반적으로 나이가 어릴수록 적은 수로 구성하는 것이 바람직하고, 성인인 경우에는 다소 많은 수로 구성할 수도 있다.

2) 집단구성원의 동질성과 이질성

집단의 목적에 따라 대상자의 기준이 달라질 수 있으므로 사회복지사는 대상자의 욕구뿐 아니라 집단 전체의 목표를 고려하여 대상자를 선별해야 한다. 이때 집단이 유지되기 위해서는 동질성과 이질성의 균형이 필요하다. 동질 집단은 연령, 지능, 성별, 관심사, 교육수준, 직업 등이 유사한 사람들로 구성되는 집단을 말하며, 이질집단은 남녀 혼성으로 구성되거나 관심사의 다양성, 인구학적 특성과 배경이 다른 사람들로 구성된 집단을 의미한다.

집단 성원들이 동질적인 경우 집단 내의 관계 증진, 높은 소속감 등을 가질 수 있지만, 다양한 경험을 나누고 현실검증의 기회가 적을 수 있다. 반면에 이질적일 경우 다양한 관점과 견해를 제시하여 개인의 문제를 해결하는 데 자극이 될 수 있지만, 너무 이질적이라면 유대감을 형성하는 데 많은 시간이 소요되고 집단 초기에 저항과 방어가 발생하여 집단이 유지되기 어려울 수 있다.

따라서 집단의 구성은 집단의 안정성을 위해 동질적이면서 동시에 집단의 역동을 위해 이질적이어야 한다(Redl, 1953). 즉, 연령이나 교육수준, 사회경제적 배경 등 개인적 특성과 집단의 목적 등을 동질적인 것으로 하고, 삶의 경험, 문제에 대한 대처능력 등을 이질적으로 구성한다면 보다 효과적인 집단운영이 될 수 있을 것이다.

3) 집단의 유형

집단의 유형은 앞에서 설명했듯이 상담, 치료, 교육, 성장, 과업, 자조 집단 등이 있으며, 집단의 욕구와 목적에 따라 적합하게 결정하도록 한다.

집단을 준비하면서 집단을 개방적으로 운영할 것인지 폐쇄적으로 운영할 것인지 여부도 정해야 한다. 개방 집단은 집단이 운영되는 매 회기마다 새로운 집단 성원이 참여할 수도 있으며, 기존의 집단 성원이 탈퇴할 수도 있는 집단을 말한다. 개방 집단의 장점은 새로운 집단 성원이 참여할 수 있어서 당장 도움이 필요한 사람들에게 유용하며, 새로운 상호작용을 하고 다양한 피드백을 받을 수 있다. 개방 집단의 문제점으로는 집단의 응집력이나 역동성에 변화를 가져와 집단의 안정성을 깨뜨릴 수 있다. 폐쇄 집단은 집단 초기부터 종료 시까지 같은 성원으로 운영되는 집단을 의미한다. 폐쇄 집단의 장점으로는 집단이 연속성이 있으므로 성원들이 신뢰감을 갖고 자유롭게 의사표현하며 응집력을 가질 수 있으나, 성원이 빠질 경우 대체할 방법이 없어 운영에 어려움이 있을 수 있다.

한편 집단을 구조화하여 운영할 것인지 비구조화 형태로 운영할 것인지도 결정해야 한다. 구조화된 집단은 회기별로 도입, 개입, 종결 과정으로 구분하여 어떤 내용으로 진행할 것인지를 정해진 순서에 따라 운영하는 것을 의미한다. 구조화된 집단은 집단의 목적 달성을 위한 효과를 향상시킬 수 있다는 장점이 있지만, 집단 안에서 이루어지는 성원들의 역동을 노련하게 탐색하거나 다루지 못하여 집단 성원들의 욕구나 저항 등을 탐색하거나 배려하지 못한다는 단점이 있다.

4) 집단의 일정

집단의 전체 기간과 모임 소요시간과 빈도 등은 집단의 유형과 목적, 집단구성원에 따라 달라질 수 있다. 일반적으로 집단 전체의 기간은 총 6~12회로 운영되며, 일주일에 1~2회 정도 운영한다. 평균적인 모임 소요시간은 1~2시간이지만, 아동은 주의집중 시간이 길지 않으므로, 짧게 자주 모임을 갖는 것이 바람직하다. 고등학생 이상일 경우에는 120분 정도 진행하는 것이 효과적이다. 모임시간은 성원들의 특성과 상황에 따라 변경될 수 있지만 성원들이 원만한 집단활동을 할 수 있는 요일과 시간으로 정하여 참여하도록 한다.

시간과 관련하여 사회복지사가 유의해야 할 것은 정해진 시간에 시작하고 마쳐야 한다는 점이다. 보통 집단활동이 모임의 끝부분에 가서 무르익는 경향이 있기 때문에 경험이 적은 사회복지사들은 마치는 시간을 연장하고 싶은 유혹을 받게 되는데, 이런 경우 시간을 연장하게 되면 성원들로부터 제한성에 대한 학습과 현실검증에 대한 경험의 기회를 박탈하게 된다. 따라서 특수한 경우를 제외하고는 정해진 시간에 시작하고 마치는 것이 바람직하다.

5) 모임장소

집단모임이 이루어지는 장소는 집단 성원의 수에 적당한 규모인지, 집단 성원들이 편안하고 비밀이 보장받을 수 있는 공간인지를 고려해야 한다. 외부인의 출입이 제한되어야 하며, 주의집중을 방해하는 소음이 차단되고 실내 온도가 적절하게 유지될 수 있어야 한다. 집단 성원들이 서로를 볼 수 있도록 테이블과 좌석을 배치한다. 만약 집단을 녹화하거나 일방경으로 관찰할 예정이라면, 집단 성원들로부터 반드시 허락을 받아야 한다.

6) 지도자 선정과 공동지도자 유무

집단 성원의 구성만큼 집단의 지도자 선정도 중요하다. 사회복지사와 집단 성원들의 공통점과 차이점으로 인해 장점과 단점이 모두 있을 수 있다. 카두신은 사회복지사와 서비스 이용자 간에 유사점이 너무 많으면 지나친 동일시와 함께 객관성이 결여될 위험이 있으며, 차이점이 너무 많으면 상호 간의 이해와 공감을 형성하는 데 어려움이 있을 수 있다고 하였다(Kadushin, 1972). 따라서 사회복지사는 자신의 특성과 상이한 서비스 이용자를 대하는 데 있어 편안하면서도 신중하게 접근하는 것이 중요하며, 사회복지사의 역량과 능력은 가장 중요하게 고려되어야 할 것이다.

집단구성을 계획하는 과정에서 집단과 일할 사회복지사를 몇 명으로 할 것인가도 중요한 문제다(Galinsky & Schopher, 1980). 공동지도자를 활용하는 이유는 첫째, 사회복지사의 사정과 객관성을 향상시킬 수 있기 때문이다. 즉, 한 사회복지사가 놓친 것을 다른 사회복지사가 관찰할 수 있다. 또한 한 사회복지사가 갖는 집단에 대한 이해를 동료 직원이 갖고 있는 것과 견주게 되어 보다 현실적이 된다. 둘째, 동료 사회복지사의 활용이 집단 성원들의 경험을 보다 풍부하게 할 수 있다는 것이다. 집단 성원들은 사회복지사들이 서로 상호작용하면서 차이점을 다루는 방법을 이해하게 되므로 새로운 의사소통과 문제해결 방법을 배울 수 있다. 이는 사회복지사가 집단 성원들에게 역할 모델이 되는 것이다. 공동지도자가 이성의 사회복지사라면 집단 성원들에게 성 역할뿐 아니라 이성과의 적절한 관계와 모델을 보여줄 수 있다. 셋째, 공동지도자가 집단의 안전을 유지하고 관리하는 데 있어 보완역할을 할 수 있기 때문이다.

SECTION 02 초기 단계

집단 초기 단계에서 나타나는 특징은 기대와 불안 혼란으로 요약될 수 있다. 집단 초기에 집단 성원들은 집단을 통해 얻을 수 있는 긍정적인 성과에 대한 기대를 가지고 있으며, 또한 집단경험이 없는 성원에게는 집단의 규범이나 역할을 경험하는 과정이 혼란스러울 수도 있다. 이 단계에서 사회복지사는 기대와 불안, 혼란을 동시에 느끼고 있는 구성원들을 공감하고 존중하면서 신뢰관계를 맺고, 집단 성원들이 서로 공통적인 관심사를 나누며 집단결속력을 가질 수 있도록 격려한다. 사회복지사에게도 첫 회기는 긴장되고 부담이 되는 시간이지만, 집단 전체 기간의 방향성을 결정할 수 있는 기회이므로 중요하게 다룰 필요가 있다. 초기 단계에서 집단 성원의 특징과 사회복지사의 역할을 정리하면 다음의 〈표 11-2〉와 같다.

표 11-2 집단 초기에서 집단 성원과 집단의 특성 및 사회복지사의 역할

집단 성원의 특징	집단의 특징	사회복지사의 역할
• 낯선 사람에 대한 불안, 불신 • 사회복지사와 대화 시도 • 탐색 및 거리감 유지 또한 친해지려고 노력을 보임 • 성공할 수 있을 것인가에 대한 불안감 • 집단에서 도움을 받아 성공할 수 있을지에 대한 두려움	• 집단, 사회복지사, 집단 성원에 대한 오리엔테이션 • 집단의 규범, 가치, 대화 양식 등이 설정됨 • 집단의 목적을 공유 • 집단 성원 간 공통점 모색 → 응집력에 영향	• 비밀보장에 대해 설명 • 집단 성원이 사회복지사에게 의존하므로 사회복지사의 적극적인 개입이 요구됨 • 집단 성원의 불안감 감소시킴 • 집단의 목적을 모두 공유하게 함 • 집단 성원 간 공통점 연결함 • 집단의 규범이 설정되도록 도움

출처: 김성이 외(2004), p. 199에서 재인용

1. 오리엔테이션

집단 성원들이 처음 모임에 참석하였을 경우에 어색한 분위기를 경험하는 것은 당연하다. 사회복지사는 집단 성원들을 상대로 오리엔테이션을 실시하여 집단의 정보를 제공해야 한다. 오리엔테이션에 포함될 내용은 사회복지사 소개, 집단 성원들의 소개, 집단의 목적에 대한 소개, 규칙에 대한 소개로 구성된다.

1) 사회복지사 소개

사회복지사가 집단 성원들과 처음 대면했을 때 자신을 소개한다. 예를 들면, 이름과 직위, 지금부터 운영할 집단과 관련된 경험과 경력, 자격증 등을 소개한다.

집단 구성을 소개하기에 앞서 집단 지도자로서의 역할을 명확하게 설명하고 전문성을 함께 안내하는 것은 집단 참여자들에게 집단에 대한 안정감과 호기심 그리고 참여의지를 높일 수 있다. 집단의 유형과 성격에 따라 사회복지사가 집단 성원의 조력자이며 촉진자, 치료자, 중재자, 교사 등의 역할을 하게 될 것임을 구성원들에게 안내할 수도 있다.

집단의 지도자인 사회복지사는 자신의 역할에 대한 소개뿐만 아니라 집단 성원들에게 집단의 목적과 방향에 대한 소개와 함께 집단의 활용내용과 절차, 모임 시간과 빈도, 성원의 역할 및 행동규범 등에 대해 안내하고 동의를 이끌어 내도록 한다. 이러한 집단구조화는 집단 성원의 궁금증과 불안을 해소하고 사회복지사의 역할을 재인식시킬 수 있다.

2) 집단 구성원의 소개

첫 모임에서 집단 구성원의 소개과정은 구성원 간 상호 관심사와 흥미를 공유하고 신뢰관계를 발전시킬 수 있다. 사회복지사는 집단 구성원의 생활경험이나 겪고 있는 어려움, 관심사, 감정뿐 아니라 집단에 대한 기대, 집단 참여동기 등을 표현하도록 돕는다. 집단 성원의 소개에서 공통점을 부여시켜 집단에 대한 관심을 증대시킨다.

집단 성원을 소개하는 일반적인 방법은 순서대로 돌아가면서 자신을 소개하는 것(사발통문, round robin)이다. 이때 사회복지사가 먼저 자신을 소개하여 구성원들이 소개방식에 대한 실마리를 제공할 수 있다. round robin의 방법은 순서대로 소개하므로 다음 순서를 기다리는 성원은 긴장감 때문에 혹은 자신의 발표내용에 대한 생각으로 발표하는 성원의 소개를 경청하지 못하는 경우가 있으므로, 발표를 한 성원이 다른 집단 성원을 초대하여 소개받는 방식으로 운영할 수도 있다.

round robin의 변형방법으로 집단 성원 간에 상호작용을 촉진하기 위하여 계획적 짝짓기로 소개하는 방법이 있다. 짝을 지어서 5~10분간 미리 준비한 질문을 가지고 상대방을 면접하고 자기가 면접한 상대방에 대해서 집단에 소개하는 방법이다. 이러한 방법은 집단 성원이 집단 전체를 상대하는 경우보다 개인적 관계 속에서 자신을 소개하고 개방하여, 불안하지 않고 더 쉽기 때문에 첫째 방법보다 더욱 효과적일 수 있다. 사회복지사는 첫 모임에서 집단 성원의 긴장감과 불안, 불신을 감소시킬 수 있는 다양한 방법과 활동을 준비해 두어야 할 필요가 있다(Reid, 1997; Toseland & Rivas, 2001).

3) 집단목적 소개 및 목표 설정

집단에 참여한 성원들이 유사한 문제나 관심사를 가지고 있을지라도 사회복지사는 집단의 목적에 대해 간결하게 설명하고 안내해야 한다. 집단의 목적과 이에 따른 과정을 분명하게 알게 되면 집단 초기의 심리적 불안감을 감소시킬 수 있기 때문이다. 초기 단계에서는 집단의 목적과 함께 집단의 목표를 분명히 할 필요가 있다. 사회복지사는 집단 전체의 구성원이 지향하는 공통목표뿐 아니라 집단 성원 개개인의 목표를 설정할 수 있도록 도와줘야 한다. 집단의 목적에 따른 구체적인 개별목표가 세워지면 집단 구성원들은 집단에 참여할 동기를 더 분명히 할 수 있으며, 집단 구성원으로서 소속감을 가질 수 있을 것이다. 집단 구성원의 개별목표를 기록한 후 그 성취 정도를 종결 단계에서 집단 전체의 목표 정도와 함께 평가하는 것도 집단목적을 평가하는 좋은 방법 중 하나이다.

4) 집단 규칙

초기 단계에서 집단 구성원들은 목표의 설정과 함께 집단 규칙과 규범을 함께 설정해야 한다. 모든 집단에서 기본적으로 적용되는 규칙으로는 비밀보장이다. 집단에서 일어나는 모든 일과 논의된 내용을 집단 밖에서 논의하지 않는다는 원칙을 집단 성원에게 반드시 알리도록 한다. 집단에서 적용되는 일반적인 규칙으로는 출석과 시간 엄수, 음주와 흡연 금지, 신체적 공격 금지, 핸드폰 사용 여부, 의사소통 관련 규칙, 참여태도 등이 있다. 그 밖의 집단 규칙 내용은 사회복지사와 협의하여 집단 성원들이 직접 선택하고 조율하여 구성원들의 집단 참여동기를 제공하고 책임감을 가질 수 있도록 한다.

2. 신뢰감 조성

초기 단계에서 집단 성원들은 낯선 상황에서 서로를 탐색하는 시기이므로 집단 지도자인 사회복지사에게 의존하는 경향이 있다. 사회복지사는 집단 성원들이 안전감을 가질 수 있도록 신뢰관계를 형성하는 것이 필요하다. 집단 분위기를 안전하고 편안하게 조성하기 위해 사회복지사는 집단 성원들의 말을 적극적으로 경청하며 집단 성원의 문제나 배경에 관계없이 집단 성원을 있는 그대로 수용하는 적극적인 태도로 임한다. 사회복지사의 이러한 태도는 집단 성원들에게 영향을 미쳐 집단 성원들 간의 상호작용에도 반영되어 성원들의 응집력 형성에도 기여하게 한다.

3. 참여 촉진 및 저항에 대한 대처

사회복지사는 집단 첫 회기에 모든 구성원이 집단에 기여할 수 있도록 기회를 제공한다. 집단에 대한 적극적인 참여를 독려하기 위해 질문보다는 자기 개방과 피드백의 형식으로 이야기하도록 한다. 또한 참여하는 행동에 대해 긍정적인 강화를 제공한다. 이때 사회복지사가 자주 하는 두 가지 실수가 있다. 첫째, 구성원의 질문을 사소하고 하찮은 것으로 여겨 성의 없이 답변하거나 그냥 지나치는 경우다. 사회복지사는 구성원이 궁금해 할만한 질문을 중심으로 성의 있고 간결하게 답변해 준다. 둘째, 특정 집단 성원에게 한정된 사안에 대해 압도되어 오랜 시간을 할애하는 것이다. 이 경우에는 개인적인 질문은 회귀 종결 후에 하도록 유도하여 발언의 기회가 편중되지 않도록 한다.

초기 단계에서 집단 성원들이 불안해하고 저항하는 것은 자연스러운 상황이므로 사회복지사는 이에 적절하게 응대해야 한다. 만약 보호관찰 청소년의 부모가 의무적으로 부모교육을 받아야 하는 집단일 경우, 자녀에 대한 분노와 죄책감 등으로 집단 참여에 노골적으로 저항을 드러낼 수 있다. 이때 사회복지사는 저항하는 구성원의 태도를 집단 전체 구성원의 저항으로 다루지 않아야 하며, 법적인 참여논쟁보다는 참여과정에서 경험한 부정적인 감정에 초점을 두고 다룰 수 있어야 한다.

4. 집단에 대한 사정

집단대상의 사회복지실천에서 사정은 개인을 대상으로 할뿐 아니라 집단 전체에 대해 사정해야 한다. 사회측정 연구에서 가장 많이 사용되는 객관적이고 구조화된 방법으로 소시오그램을 활용할 수 있다. 소시오그램은 집단 성원들 간의 관계를 선을 통해 표현하는 것으로(Toseland & Rivas, 2001), 집단 내 성원 간 개인적 수용과 거부, 집단 내의 대인관계를 표현한 그림이다. 집단 성원 간 선호도와 무관심, 배척하는 정도와 유형을 파악할 수 있고, 하위집단형성 여부, 소외된 성원 여부, 결속의 정도(응집력) 등을 파악할 수 있다. 여기서 실선은 호감(우호적)을 갖는 관계, 점선은 무관심한(소원한) 관계, 끊어진 선은 불편한 관계(거부)를 의미하고, 화살표는 호감의 방향을 의미하며 화살표가 없는 선은 상호관계를 의미한다.

소시오그램은 집단 초기에 발생하는 일시적인 결속을 그림으로 나타내어 성원들 간의 관계를 언제 어디서 개입하고, 수정하고, 강화하고 또는 교정할지를 결정하는 데 매우 중요하다. 또한 다양한 시점에서 작성될 수 있고, 작성된 집단의 소시오그램을 비교해 보면 집단 성원들 간의 안정성과 변화를 살펴볼 수 있다. 아래는 소시오그램의 예를 나타낸 것이다.

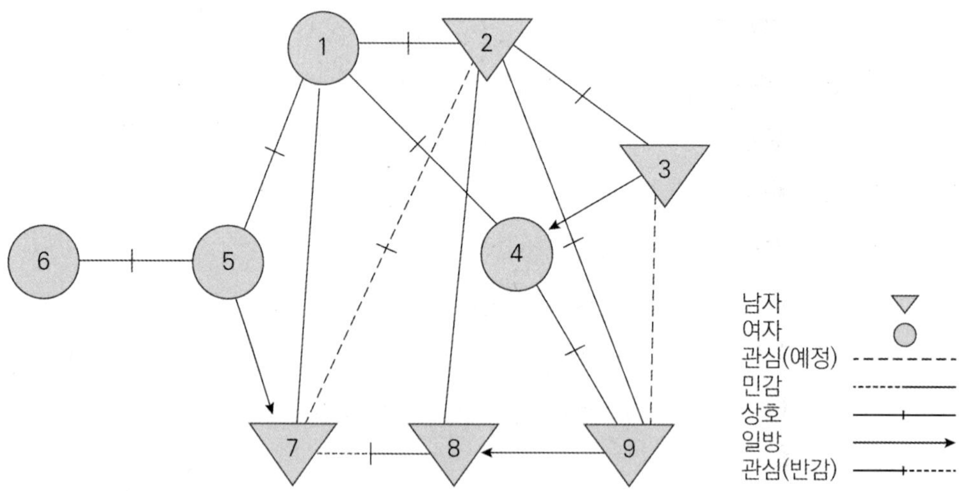

[그림 11-1] 소시오그램의 예

출처: Hepworth, Rooney & Larsen(2004), p. 248

SECTION 03 개입 단계

집단의 발달 단계 과정에서 개입 단계는 초기 단계에 비해 집단 성원들이 자신의 감정이나 생각, 행동을 기꺼이 표현하게 되면서 집단 성원들 간에 소속감이 증가하고 활발한 상호작용이 일어나는 특징을 가진다. 따라서 사회복지사는 집단 구성원들이 자신의 문제를 이해한 것을 토대로 문제해결을 위한 행동을 촉진하며 책임을 질 수 있도록 돕는다. 집단 성원과 집단 전체가 초기 단계에서 나타나는 특징과 사회복지사의 역할을 정리하면 다음의 〈표 11-3〉과 같다.

표 11-3 개입 단계에서의 집단 성원과 집단의 특성 및 사회복지사의 역할

집단 성원의 특징	집단의 특징	사회복지사의 역할
• 집단에 대한 탐색이 점차 감소 • 집단 성원 간 짝을 이루고 하위집단 발생 • 하위집단 간 알력이 발생 • 자신의 지위 및 역할을 모색 • 집단 성원의 독특성 인정, 집단에 대한 공헌 모색 • 집단의 중요성을 내면화 • 사회복지사에게 덜 의존하게 되고 자신의 의사표현 시작	• 집단의 문화, 행동, 규범, 갈등이 발생하고 이를 해결 • 집단 성원의 지위, 위계질서, 역할, 리더가 형성 • 집단 성원 및 리더를 실험하고 신뢰할 수 있게 됨 • 집단 성원 간의 공통점, 차이점을 인정하고 존중함 → 집단의 응집력 발달	• 집단의 현 위치를 파악(진행상황, 갈등, 협조체계 등) • 각 성원에 대한 평가(태도, 관계, 행동, 동기, 목표 등) • 집단의 목적, 목표를 재확인하고 성원 모두의 참여 유도 • 집단 성원 간의 공통점 및 차이점 파악 • 집단 리더에 대한 실험을 인정 • 집단 성원이 다양한 경험을 할 수 있도록 도움 • 직면 • 집단의 갈등 해소

출처: 김성이 외(2004), p. 199에서 재인용

1. 각 회기의 시작과 마무리 방법

각 회기의 시작과 마무리 단계에서 일정한 구조와 절차가 있다. 회기를 시작하고 마무리할 때 사회복지사는 미해결 과제 언급, 부여된 과제 점검, 집단 회기의 목표 공유, 공지사항 전달 등을 다루어야 한다. 시작 부분에서 사회복지사는 먼저 지난 회기에 대한 경험을 점검하고, 다루지 못한 부분이 있었는지를 확인하고, 있다면 오늘 집단에서 계속 다룰 것인지를 집단 성원과 함께 결정한다. 둘째, 지난 회기에서 과제를 부여했다면 그 과제를 수행하면서 경험했던 것을 성원들과 함께 나누며, 잘한 부분과 실패 경험 등에 대해서 집단 성원들이 서로 칭찬과 지지, 위로를 할 수 있도록 돕는다. 셋째, 집단 회기의 목표를 상기하여 이번 회기에서는 어떤 목표를 가지고 임할 것인지를 이끌어 내어 함께 공유하도록 한다. 마지막으로 집단 성원에게 공지할 사항이 있거나 함께 공유할 필요가 있는 소식을 전한다.

집단 회기의 마무리 부분에서는 이번 회기에서 다루었던 내용을 요약하면서 정리한다. 집단에서 느꼈던 점과 새롭게 배우고 알게 된 점에 대하여 집단 성원 모두가 표현하도록 가이드하며, 참여도가 높은 집단 성원에 대해서는 긍정적인 피드백을 제공한다.

2. 집단 의사소통을 위한 실천기술

집단의 의사소통을 촉진하여 집단과정을 이끌기 위한 기술로 토스랜드와 리바스(Toseland & Rivas, 2001)는 집단과정 촉진기술, 자료수집 및 사정기술, 행동기술 등을 언급하였다. 이를 정리하면 〈표 11-4〉와 같다.

표 11-4 집단사회복지사의 기술 범주

집단과정 촉진기술	자료수집 및 사정기술	행동기술
• 집단 성원 참여촉진 • 주의집중 • 표현기술 • 집단의사소통의 초점 유지 • 집단과정의 명료화 • 상호작용 내용의 명료화 • 집단 상호작용의 지도	• 사고, 감정, 행동의 확인 및 묘사 • 정보의 요청, 질문 및 탐색 • 정보의 요약과 세분화 • 사고, 감정, 행동의 통합 • 정보의 분석	• 집단 성원의 지지 • 재구조화 및 재정의 • 성원 간 의사소통의 연계 • 지시 • 조언, 제안, 교육 • 자원제공 • 모델링, 역할연습 및 지도 • 직면 • 갈등해결

여기서는 개입 단계에서 집단실천의 과정에서 대표적으로 활용되는 갈등해결기술과 집단응집력 유지 및 향상기술에 대해 설명하고자 한다.

1) 갈등해결기술

먼저 집단실천의 개입 단계에서 필요한 실천기술은 경우에 따라 나타날 수 있는 집단 성원들 간 갈등이나 하위집단 간 갈등들을 적절히 다루어 집단이 보다 성장할 수 있도록 하는 것이다. 집단 내 갈등을 해결하기 위한 활동은 집단응집력을 높이기 위해서 필수적으로 요구된다.

집단 내에서 갈등이 일어나는 것은 자연스러운 현상이라는 사실을 받아들이며 갈등을 피할 것이 아니라 관리해 나가야 한다. 개별 성원들 각각의 관점은 집단활동에 기여하는 바가 크다는 사실을 받아들이며 존중되어야 한다. 그러므로 의견의 차이는 공개적으로 논의되고 협의되어야 한다(최선화, 2016). 갈등해결에 도움이 되는 기법은 다음과 같다(한인영 외, 2006).

첫째, 갈등을 한 사람의 문제가 아니라 집단의 문제로 규정한다.

둘째, 모든 관점을 경청하고 그들의 차이점뿐 아니라 유사점도 찾도록 한다.
셋째, 모든 관점이 충분히 이해되도록 설명을 요구한다.
넷째, 한쪽은 이기고 다른 쪽은 지는(승-패) 해결책을 피한다.
다섯째, 갈등이 존재하게 되는 계기를 무시하지 말고 그것을 찾도록 한다.
여섯째, 경쟁적인 분위기보다는 협동적인 분위기를 갖도록 한다.

토스랜드와 리바스(Toseland & Rivas, 2001)는 행동기술에서 갈등해결기술을 언급했다. 집단 성원들 사이의 갈등은 물론 집단 밖 사회체계나 개인들과의 갈등해결을 도와주는 기술은 행동기술 중의 가장 중요한 기술 가운데 하나이다. 집단 상황에서 갈등은 피할 수 없지만, 사회복지사는 갈등이 적대적 논쟁으로 발전하기 전에 불일치를 해소하고 불필요한 갈등을 피할 수 있도록 도와주어야 한다. 이를 위해 사회복지사는 집단의 규칙을 개발하고 유지하도록 원조해야 하고, 갈등을 완화하기 위해 조정, 협상, 중재 기술을 사용할 수 있다. 때로 집단 밖의 다른 인물을 직접 만난다거나, 더 큰 사회와의 조정 · 중재 · 협상 등의 기술을 사용해야 하고, 동원이나 사회행동기술이 사용되어야 하는 경우도 있음을 설명하고 있다.

2) 집단응집력 유지 및 향상기술

집단응집력(group cohesion)은 집단 내에서 함께하는 공동체라는 느낌을 의미한다. 응집력이 있는 집단은 집단 내 존재하는 것에 대한 보상이 주어지고 집단구성원이 소속감이나 유대감을 나누는 집단이다. 진정한 의미의 응집력은 대체로 집단에서 갈등을 경험하고 고통을 나누며 의미있는 정도의 위험을 감수하기로 마음먹은 이후에 형성된다. 그러나 응집력의 토대는 집단 초기 단계에서 형성되기 시작할 수 있다. 진정한 응집력은 자동으로 도달하게 되는 고정된 지점이 아니라 집단 구성원이 다른 구성원과 함께 위험을 감수하면서 점점 다져지는 지속적인 과정이다.

다음은 집단응집력을 촉진하는 데 도움이 될 만한 몇 가지 방식들이다(김진숙 외 역, 2012).

- 집단 성원이 그들 자신에게 중요한 측면을 서로 나눈다면, 그들은 위험을 감수하고 집단응집력을 높일 수 있는 방법을 알게 된다. 집단 지도자는 모범을 보임으로써 위험을 감수하는 행동을 촉진할 수 있다.
- 집단목표와 개인의 목표는 집단 성원과 집단 지도자가 협력하여 세울 수 있다. 집단이 분명하게 목표를 세우지 못한다면 집단 내에서 상호 반목이 생길 수 있으므로 결과적으로는 집단의 분열을 초래한다.
- 응집력은 모든 집단 성원이 적극적으로 참여하도록 초대함으로써 높일 수 있다. 말이 없거나 물러나 있는 성원들에게 그들이 집단 안에서 느끼는 감정에 대해 표현하도록 초대한다.
- 응집력은 집단 지도자 역할을 다른 성원들과 함께 공유할 때 형성될 수 있다. 독재적인 집단은 모든 것이 집단 지도자에 의하여 결정된다. 그러나 협조적인 집단에서는 탐색주제에 대해 성원이 결정하도록 격려되고, 집단 지도자와 성원들 간의 상호작용을 촉진하기보다는 성원과 성원들 간의 상호작용을 증진시킨다. 집단 성원끼리의 상호작용은 피드백 주기, 공유하기, 상호작용에 가능한 한 많은 성원을 참여시키기 등에 의해 활성화될 수 있다.
- 집단에서 갈등은 불가피하다. 갈등이 일어났을 때는 집단 성원들이 갈등의 원인을 인식하고 공개적으로 다루어야 한다. 집단 상호 간에 긴장감이 감돌 때 정직하고 수용하는 방식으로 갈등을 다루는 것은 집단의 힘을 강화시킨다.
- 집단응집력은 집단의 매력도와 관련되어 있다. 집단 분위기가 우호적이거나, 집단 성원들이 존중받는 느낌을 받는다거나, 관심 있는 주제들이 잘 다루어진다고 느낄 때 집단에 대한 매력도가 높아질 수 있다.
- 집단 성원은 집단 내에서 일어나는 것들에 대한 자신의 생각과 감정 그리고 반응들을 노출하도록 촉진된다. 긍정적이고 부정적인 반응 모두 표현될 수 있다.

> 만약 이것이 잘 이루어진다면 집단의 소속감을 발전시킬 수 있는 정직한 반응들이 집단 안에서 일어날 수 있다.

또한 개입 단계에서는 집단 성원들이 서로의 공통점을 볼 수 있게 되며, 자신들이 안고 있는 문제들이 너무도 비슷하다는 사실에 놀라게 된다. 집단 내에서 50대 초반의 여성이 20대 초반의 청년과 마찬가지로 자기도 부모의 인정을 받으려 애쓰고 있다는 사실을 깨닫게 된다. 상처입고 실망하게 되는 상황은 사람마다, 문화마다 다르지만 그로 인해 느끼는 감정에는 공통적인 특징이 있다. 집단 성원들이 일상적인 사사로운 사건을 이야기하는 대신 이런 보편적인 주제에 대해 좀 더 진지한 토론을 나눈다면 집단의 응집력은 최고조에 이른다. 집단 지도자는 집단 성원들에게 공동으로 나타나는 문제나 감정, 욕구에 중점을 둠으로써 응집력을 높이도록 도울 수 있다. 집단 성원들의 응집력과 신뢰를 높이는 공통의 주제에는 다음과 같은 것들이 있다. ① 거부당하는 것에 대한 두려움 ② 외로움과 버림받은 기분 ③ 열등감과 타인의 기대를 저버리는 일 ④ 고통스런 추억 ⑤ 자신이 한 일과 하지 못한 일에 대한 죄책감 및 후회 ⑥ 가장 큰 적은 자신의 마음속에 있다는 깨달음 ⑦ 가까워지고 싶은 욕구와 동시에 가까워지는 것에 대한 두려움 ⑧ 성적 정체성과 성행위에 대한 감정 ⑨ 부모와의 풀리지 않는 문제 등이다(김진숙 외 역, 2012).

SECTION 04 종결 단계

집단에서 종결 단계는 사회복지사와 집단 성원이 설정한 계획에 따라 집단 목표가 만족스럽게 달성되었다고 동의함으로써 이루어지는 절차를 의미한다. 이 단계에서는 그동안 이루어진 집단경험을 검토하고 요약하며, 집단 성원들의 성장과 변화를 평가한다. 사회복지사와 집단 성원들이 강한 아쉬움을 표현하면서 기쁘게 헤어지는 경험을 할 수 있도록 돕는다. 만약 미해결 과제가 남아있다면 처리하고 일상생활에 변화를 적용하도록 한다.

종결은 계획적이고 성공적으로 종결할 수도 있지만, 집단 성원이 중도에 탈락하거나 조기에 종결될 수도 있다. 개별 성원이 조기에 탈락하여 종결하게 되는 경우 사회복지사는 그 원인을 확인하여 앞으로 탈락을 예방하고 어떤 요인이 집단 해체에 영향을 미쳤는지를 검토하여 앞으로의 집단 운영에 반영하고 대안 등을 마련하도록 준비한다.

종결 단계에서 집단 성원과 집단의 특성 및 사회복지사의 역할은 다음의 〈표 11-5〉와 같다.

표 11-5 종결 단계에서의 집단 성원과 집단의 특성 및 사회복지사의 역할

집단 성원의 특징	집단의 특징	사회복지사의 역할
• 집단 성원이 자신의 성공담을 집단에서 표현함 • 대화가 자유로움 • 집단 참여가 저조해짐 • 집단의 종결에 대한 양가감정 및 퇴행 발생 • 집단 경험이 자신의 생활에서 준거 틀이 됨	• 집단의 종결에 대한 논의 • 집단에서 얻은 성과를 일관되게 유지하도록 함 • 집단 성원, 집단, 사회복지사에 대한 이별 준비 • 집단 종결	• 집단 종결을 준비함(집단의 종결이 임박함을 알림) • 집단 종결에 대한 욕구와 목표 달성 정도, 성과의 유지 정도 점검 • 집단 종결에 대한 개별 성원의 반응 점검 • 남은 기간 성취해야 할 일과 과정을 논의 • 집단 성원의 성과에 대한 논의 • 사회복지사의 감정 처리

출처: 김성이 외(2004), p. 199에서 재인용

또한 제이콥스, 마송과 하빌(Jacobs, Masson & Harvill, 2011)이 제시한 종결을 위한 목표를 제시하면 다음과 같다.

- 집단에서의 경험 검토하기
- 집단 성원들의 성장과 변화를 평가하기
- 이별 감정 다루기
- 미해결 과제 처리하기
- 일상생활의 변화 적용하기
- 집단 성원들과 상호 피드백 제공하기
- 계속된 문제해결을 위하여 계획하기

1. 집단의 경험 요약 및 성장과 변화 인식

종결 단계에서 사회복지사는 집단 성원 모두가 집단 경험을 통해 배운 것에 대해 요약하고, 구체적으로 검토하여 피드백을 나눌 수 있도록 한다. 집단 성원이 막연하게 '좋았다', '도움이 되었다'라고 말하는 경우 사회복지사는 어떤 점이 도움이 되었는지를 질문하여 집단에서 경험한 것을 구체적으로 표현하여 인식할 수 있도록 돕는다.

사회복지사는 집단 성원이 집단에서 긍정적인 경험은 무엇이며 새롭게 배우고 알게 된 것을 실제 생활에서 적용해 보고 싶은 것은 무엇인지를 정리하도록 돕는다. 집단을 통해 일어난 성장과 변화에 대해 스스로 인식할 수 있도록 격려하고, 지지하는 과정은 집단 성원들의 자존감을 높일 뿐만 아니라 성원들이 현실에서 효과적으로 시도하고 활용할 수 있는 기회로 연결될 수 있을 것이다.

2. 종결에 따른 이별 감정 다루기

종결을 앞두고 집단 성원은 복합적인 양가감정을 느낄 수 있다. 집단과정을 잘 마쳤다는 만족감과 집단을 통해 목표를 이루었다는 성취감, 자신감 등을 경험하지만, 동시에 정들었던 사회복지사와 집단 성원들과 헤어진다는 것에 대한 불안감과 상실감 등을 느낄 수 있다. 종결을 잘해야겠다는 마음 때문에 이러한 슬픔과 상실의 감정을 숨길 수 있으므로, 사회복지사는 집단 성원들이 이별에 대한 정서를 충분히 표현하고 공유할 수 있도록 돕는다. 특히 집단을 떠나는 것이 무조건 슬픈 것이 아니라 집단과정을 통해 성장하였으므로 기쁘게 헤어지는 경험을 선물로 가져갈 수 있음을 알려준다.

3. 미해결된 과제 다루기

집단을 마치기 전에 참가자에게 혹시 자신의 문제가 미해결로 아쉽거나 미진한 것이 있는지 또는 해결되지 않은 부정적인 감정으로 남아있는 것이 있는지 물어보고 표현하도록 기회를 준다. 미해결 과제가 시간제약으로 다루지 못할 경우에는 그 문제를 표현한 개인이나 집단 성원에게 다시 묻도록 한다. 대안으로는 시간을 연장해서라도 해결하는 것, 문제를 제안한 사람이 미해결로 내버려 두는 것, 집단을 마치고 개별적으로 돕는 방법이 있다(김혜숙 외, 2013).

4. 사후관리와 평가

집단을 종결할 때는 집단 종결 후에도 집단에서 경험한 학습내용을 실생활에서 효과적으로 적용하는지를 검토할 수 있는 사후관리 모임의 일정을 결정하기도 한다. 사후관리 모임을 통해 사회복지사는 집단의 성과를 평가할 수 있으며, 집단 성원들은 집단 경험으로부터 얻은 바를 현실적으로 점검할 수 있는 기회로 삼을 수 있다. 사후모임은 사회복지사의 도움 없이 자조 집단을 만들도록 격려할 수도 있다. 종결 이후에 구성원들이 새로운 위기상황이나 서비스가 필요한 경우에는 언제든지 사회복지사를 다시 만날 수 있다는 것을 설명해야 한다.

사회복지사는 집단을 평가함으로써 집단의 효과를 검증해야 한다. 이를 위해 사전-사후검사를 통해 수치상의 변화를 측정하는 양적인 평가방법을 이용할 수 있으며, 집단과정상의 변화를 기록한 내용 및 종결 시 구성원들의 주관적이고 서술적 평가, 집단 구성원의 만족도 등을 통한 질적인 평가방법이 있다.

CHAPTER 12

가족대상 사회복지실천의 이해

가족대상 사회복지실천이란 가족을 단위로 한 사회복지실천활동이고, 한 단위로서의 가족이 서비스 이용자 체계이며, 가족 단위의 문제가 주요 실천대상이다. 사회복지실천에서 가족은 초기부터 지금까지 항상 중요한 주제였고, 실천에 있어서 가족의 중요성은 근대적인 사회복지실천의 초기부터 강조되었다. 사회복지실천의 역사를 보면 1950년대와 1960년대에 특히 다중문제를 가진 가족에 초점을 맞추게 되었고, 가족대상 사회복지실천은 가족사회사업, 가족복지실천 등으로 전문화되고 있다.

가족대상 실천은 가족 구성원 각자에 국한하지도 않고, 가족생활의 성격에 영향을 미치는 보다 큰 환경체계에 제한되지도 않는다. 관심과 초점은 인간(가족 구성원), 가족, 환경들 사이의 상호 교류인 것이다. 즉 가족을 사회와 분리되어 있는 존재로 보지 않고 관심의 중심부에 가족을 두면서, 한 단위로서의 가족이 가지는 문제들 또한 개별가족 구성원들이 가지는 여러 가지 문제나 욕구에 집중하여 다양하게 원조함으로써 가족 구성원 모두가 건강하고 만족할 수 있는 환경을 발전시킬 수 있도록 하고 이전보다 더 조화롭게 일상적인 기능을 할 수 있도록 하는 실천을 말한다. 여기에서 '관심의 중심부에 가족을 둔다'라는 의미는 모든 가족 구성원들에게 주의를 기울이고, 가족 구성원을 가족 단위에서 분리시켜 생각하지 않고, 전체 가족의 유지 및 기능향상이라는 관점을 유지하면서 하나의 단위로서 가족을 존중한다는 것이다. 나아가 가족이 가지는 본질적인 기능을 인정하고, 이를 발달시킨다는 것을 말한다.

가족 구성원 개인이나 두 사람 또는 전체 가족에게 구체적으로 문제를 해결해 주거나 지원해 주는 것, 격리되고 억압된 가족 구성원을 위해 정서적 지지를 제공하는 것 그리고 기술과 능력을 가르치는 것, 가족원이나 가족 전체를 위해 옹호하는 것, 직업훈련 또는 약물남용 문제와 같은 구체적인 서비스 등 지역사회에서 이용할 수 있는 자원에 접근할 수 있도록 가족을 돕는 활동을 포함한다. 가족대상 실천은 가족이 잘 기능할 때 그 가족 구성원들에게도 도움이 된다는 입장을 견지하고, 가족이 문제를 일으키는 곳이기도 하지만 가족은 또한 해결책도 마련되고 수행될 수 있는 단위라는 기본 관점을 가진다.

SECTION 01 가족대상 사회복지실천의 개념

1. 현대사회 가족의 변화

1) 가족 개념의 변화

오늘날 가족의 개념은 혈연, 결혼, 입양 등으로 엮어지고 부부, 자녀로 이루어진 기본적 핵가족구조에서 많이 변화되었다. 핵가족을 중심으로 하는 전통적인 가족에 대한 관점은 오늘날 더 이상 다양한 가족 형태의 삶을 반영해 주지 못한다. 비록 아직까지 상당한 가족이 이러한 전통적인 가족의 형태를 유지하고 있다 할지라도, 다른 다양한 형태의 가족 비율이 점차 증대되고 있는 것 또한 사실이다.

가족은 모든 문화, 모든 사회에서 발견되는 보편적인 사회제도이지만 사회와 문화에 따라 그리고 사회경제적 변화에 따라 다양한 양상으로 나타나고 있다. 가족을 어떻게 정의하느냐는 사회복지실천에서 상당히 중요한 부분이다. 가족을 어떻게 정의하느냐에 따라 가족에 대한 직접적 실천뿐 아니라 정책과 프로그램, 서비스의 자격기준을 정하는 데 영향을 미치기 때문이다(성정현 외, 2005). 적절한 개입을 계획하기 위해서는 서비스 이용자 집단을 정의할 수 있어야 한다.

가족은 '혈연, 결혼, 입양 등으로 관련된 둘 이상의 사람들로 구성된 집단으로 동일한 가구에서 함께 거주하는 사람들의 집단'(Barker, 1991)으로 규정될 수 있다. 이러한 정의는 전통적인 가족의 특성을 반영한 개념이다. 이 개념들은 핵가족을 전제로 하고 있으나 현대사회에 있어서는 가족유형이 보다 다양해짐으로써 '혈연, 혼인, 입양 등에 기반한 특수한 관계'와 '동일한 가구에서의 동거'를 전제로 할 수 없게 되었다. 헵워스 등(Hepworth et al., 2006)은 '현대적 가족이란 둘 이상의 사람들이 유대와 친밀감으로 함께 지내는 것'이라고 개념화하였고, NASW 가족분과위원회에서도 1982년에 가족을 '그들 스스로 가족이라고 생각하고, 건강한 가족생활에 필수적인 의무, 기능, 책임을 수행하는 두 명 이상의 사람들'로 정의하고 있다. 이러한 현대사회에서 가족 개념의 변화에 따라 가족을 대상으로 하는 사회복지실천에 있어서도 가족의 보편적이고 중요한 특성인 '관계'가 잘 정립될 수 있도록 하는 것과 가족 및 그 구성원의 복지와 발달에 기여하는 '기능'이 잘 수행될 수 있도록 해야 할 것이다.

2) 가족구조 및 기능의 변화

현대사회에서 가족은 그 구조면이나 기능면에서도 많이 변화하고 있다. 산업화 과정에서 핵가족화, 출산력 저하, 단독가구의 증가 등으로 현대가족에 있어서 핵가족이 보편적인 가족형태를 보이고 있지만, 현대가족은 이혼율 증가, 각종 사고 등의 증가로 인해 한부모가족, 조손가족, 재혼가족이 늘어나고 있고, 점차 가족규모가 축소되는 경향을 보이고 있다. 이 밖에도 무자녀가족, 동거가족, 독신가족, 1인가족과 노인단독가족, 다문화가족, 맞벌이가족 등 다양한 형태의 가족이 증가하는 모습을 보이고 있다.

또한 산업화 이전의 가족은 자녀의 출산과 양육 기능, 생산과 소비의 경제적 기능, 교육 기능, 사회화 기능, 가족 성원의 보호와 부양 기능 등 많은 기능을 수행하여 인간의 욕구와 문제는 가족을 통해 해결될 수 있었다. 그러나 산업화 이후 여성교육수준의 상승과 성평등 개념 확대 등으로 인한 여성취업 및 사회참여활동이 많아지고, 이혼율이 증가함에 따라 가족이 가진 전통적인 기능들은 다른 제도로 이관되고, 가족의 기능이 대폭 축소·약화되기에 이르렀다. 기혼여성의 취업이 증가함에 따라 아동을 양육하고 노인과 장애인을 보호하는 가족의 기능이 약화되고 있다.

더불어 사회환경의 변화에 따라 가족의 기능은 그 중요성이나 내용 면에서 상당히 달라지고 있다. 개인의 사회화와 기본적 욕구충족 면에서 가족의 영향력이 점차 약화되고 있다고는 할지라도, 가족은 개인에게 여전히 최대의 영향력을 행사하는 중요한 사회적 최소 단위임은 분명하고, 특히 가족만이 제공할 수 있는 정서적 기능은 더욱 중요하게 부각되고 있다.

가족구조가 다양해짐에 따라 새로운 욕구나 문제들이 다양하게 나타나고, 가족기능이 축소, 약화, 변화됨에 따라 이제는 더 이상 개인의 다양한 욕구나 문제 또는 가족이 가지는 문제들을 가족에 맡겨두어서는 어려운 상황에 직면하게 되었다. 가족문제에 사회나 국가의 개입을 필요로 하게 된 것이고, 다양한 가족복지서비스가 필요하게 되었다.

3) 가족가치관과 가족관계의 변화

가족가치관의 변화로 전통적인 가족관계를 지배해 온 가족관과 가치관은 민주적 사고방식, 평등의식, 개인주의적 사고, 독립의식 등에 대한 사회교육으로 가치의 혼돈을 일으키고 있다. 이러한 혼돈과 갈등은 가족 구성원 간에 심리적 압박, 저항, 긴장 등을 유발시키므로, 가족 구성원 간의 갈등, 부부간의 갈등 또는 이혼, 부모와 자녀 간의 갈등, 자녀들의 비행이나 일탈행동 발생의 중요한 요인이 된다. 게다가 소속감의 부족으로 가족해체의 증가, 인간소외, 청소년 문제 및 일탈행동 발생의 주요 원인이 된다. 이 외에도 노인들의 거주문제, 간병문제, 소외와 고독의 문제, 제반 경제적 · 심리적 · 정서적 문제 등이 증가하고 있다.

가족관계와 관련하여 가족에서의 다양성에 대한 이해와 수용이 요구되고 있다. 여기서 다양성이란 가족 구성원에 대한 권위주의적 사고를 내세우기보다는 개개인의 개성과 강점, 기여할 수 있는 역할이 최대한 발휘될 수 있는 가능성을 의미한다. 이러한 다양성에 대한 존중과 신념은 다른 구성원과도 조화를 이루기 위한 기본자세가 되기도 한다. 가부장적 사회에서 양성평등으로의 가족의 변화는 가족 내 남성의 적응을 필요로 한다. 또한 경제적인 부양의무의 부담을 분담하신 대신에 이양해야 하는 가족 내 결정권과 영향력에 대한 재인식이 요청된다.

이혼 문제는 부부 당사자뿐만 아니라 자녀에게도 극도의 혼란과 불안을 경험하게 하는 가족 전체의 위기로 다가온다. 협의이혼에서 미성년 자녀에 대한 친권, 양육권, 양육비, 면접교섭권 등에 대한 부부간의 합의 정도를 점검하는 이혼숙려제도는 부부간의 일시적 감정충동에 의한 성급한 이혼결정을 막고 자녀에게 미치는 부정적인 영향을 줄이기 위한 방안이다. 또 다른 변화는 재혼가족의 증가이다. 재혼가족은 초혼가족과는 매우 다른 구조와 내력으로 시작된다. 재혼은 초혼과는 달리 재혼을 안내해주는 규범이 없기에 불완전한 제도이며, 실제 재혼이 초혼보다 이혼율이 높다고 보고되고 있다. 자녀를 데리고 재혼하는 가족의 경우 외국과는 달리 친모, 친부와의 연락이 두절되는 경우도 많다(이영분 외, 2008).

2. 가족을 바라보는 관점의 변화

각 시대의 환경적 변화에 따라 현대사회에 이르기까지 가족을 바라보는 관점에 여러 다양한 시각과 변화가 있었는데, 이를 정리하면 다음과 같다(성정현 외, 2005).

1) 가족을 문제의 원인으로 보는 관점

제2차 세계대전 이후 미국의 정신의학은 급진론적 환경론자들에 의해 주도되었는데, 이들은 성인의 정신장애는 가족의 환경에 근거하는 것으로 보았다. 정신분석이론에서 훈련된 실천가들은 정신장애를 정신병리적 의사소통, 이중구속, 또는 유아기 동안 모와 자녀 간의 불충분한 유대관계의 결과라고 주장했는데, 문제의 원인을 가족에서 찾으려는 경향이 두드러졌다. 1950년대 정신의학에서 분리되어 나온 운동으로서 가족치료도 동일한 맥락에서 볼 수 있다.

1960년대 들어서 더욱 발전하게 된 가족치료(family therapy)에서는 가족을 하나의 사회체계로 보고, 상호작용적 관점(개인의 행동은 가족 상호작용의 역동성을 반영한다)을 견지했다. 어느 한 부분의 변화는 체계의 다른 부분들과 나아가 전체 체계의 변화를 초래한다고 이해하며, 개인이 호소하는 문제나 증상은 가족의 역기능에 대한 표현으로서, 가족의 항상성을 유지하기 위해 가족 구성원들 중 한 사람에게서 나타나는 것이라는 입장을 취한다. 어떤 행동을 비정상적이라기보다는 필요에 의한 표현, 가족 내 문제점으로부터 벗어나기 위한 시도로 본다. 개인의 문제는 결함을 가진 가족체계의 표현이고, 가족 상호작용 패턴에 의한 것으로 보는 것이다. 개입의 목표는 궁극적으로 가족체계의 작용을 근본적으로 변화시키는 것(개인의 증상이나 문제보다 가족 내 역동적인 갈등에 초점)에 있고, 의사소통은 언어적 · 비언어적 모두 가족체계에 관해 알 수 있는 중요한 수단이기 때문에 매우 중요하게 고려된다. 곧 개별 가족 구성원에 집중하지 않고, 가족단위를 변화의 표적으로 보고 가족의 역할과 관계를 재구조화하는 데 집중한다.

2) 가족을 자원으로 보는 관점

가족을 문제의 원인이 아니라 문제를 가진 가족 구성원을 가장 잘 도울 수 있으며, 현재 돕고 있는 자원체계로 인식하면서부터 가족이 보다 기능적으로 활동할 수 있도록 다양한 정보와 자원을 제공하는 지지 집단 형성이 장려되었다. 가족들은 지지 집단으로의 참여를 통해 다양한 정보를 교환함으로써 가족 구성원의 문제에 보다 잘 대처해 나갈 수 있는 능력을 발달시킬 수 있게 되었다.

3) 가족을 희생자로 보는 관점

1970년 후반 서구에서는 탈시설화가 활발히 진행되기 시작하였다. 탈시설화 정책으로 지역사회와 가정으로 복귀한 정신장애인, 장애인, 아동, 노인들의 보호는 아무런 준비가 되어 있지 않은 가족에게로 떠넘겨지게 되었다. 가족들은 지역사회 지지체계가 충분히 갖추어지지 않은 상황에서 이들을 돌보게 됨에 따라 부담과 긴장을 더욱 많이 경험하였고, 이후부터 실천분야나 학계에서는 가족이 받는 스트레스와 부담에 관한 논의가 급증하였다. 가족이 문제의 원인이나 자원체계가 아닌 서비스 이용자와 더불어 또 다른 희생자, 즉 숨겨진 희생자로 파악되기 시작함에 따라 서비스 이용자를 위한 서비스나 치료와는 별도로 가족을 위한 다양한 서비스가 마련되기 시작하였다.

4) 가족을 전문가의 파트너, 협력자로 보는 관점

사회복지실천의 역사는 대부분 문제, 결핍, 병리에 초점을 두는 경향이 있었다. 문제에 초점을 두는 관점은 문제를 규정하고 평가하는 데 많은 비중을 둔다. 가족에 대한 접근 또한 가족 구성원의 문제를 가족 역기능의 한 증상으로 간주해 왔다. 그러나 1990년대부터 개인의 강점에 초점을 두는 접근은 가족을 보는 관점에도 영향을 미쳤다. 강점 관점에서 볼 때, 가족은 자신의 생활, 강점, 자원, 능력에 있어서 전문가이다. 그들은 그들이 필요로 하고 원하는 것이 무엇인지를 가장 잘 안다. 또한 가족 주변 환경에 대해서도 잘 알고 있다. 그리고 가족은 오랫동안 역경을 극복하고 도전을 이기기 위해 누적해 온 기술, 능력, 지식, 통찰력 등을 갖고 있다. 이러한 강점과 레질리언스(resilience)에 초점을 둔 실천은 사회복지사와 가족 간의 협력관계를 중요시한다. 협력관계는 상황에 대한 정의, 기대되는 결과, 목적 달성을 위한 방법 등에 있어 가족과 함께 의견을 공유하는 것에서 시작된다. 사회복지사와 가족은 문제, 목표, 전략을 정의하는 데 협력적 관계를 형성하고, 사회복지사는 가족을 대등한 동반자, 시민으로서 간주한다.

3. 가족의 기본적 속성

가족을 단위로 한 사회복지실천을 수행하기 위해서는 가족에 대한 이해가 필요하다. 가족이 어떤 속성을 갖고 있고 어떤 기능을 수행하고 있는지 상관없이 모든 가족은 공통적으로 두 가지 차원의 속성에 영향을 받아 형성·유지된다(엄명용 외, 2005). 하나는 시간적 차원이고 다른 하나는 공간적 차원이다. 먼저 시간적 차원에서 가족은 여러 세대를 거쳐 아버지 쪽과 어머니 쪽 가족의 특성이 전해 내려오면서 통합과 조정의 과정을 거쳐 형성된 결과물이라는 것이다. 가족을 시간적 관점에서 이해한다는 것은 가족은 생애주기(발달주기)에 따라 계속 변화할 뿐 아니라 가족의 문화, 가치, 관계유형 등이 세대 간에 전승된다는 점을 이해하는 것이다.

하지만 가족의 속성은 이러한 역사성에 의해서만 영향을 받아 형성되는 것은 아니다. 동 시대에 함께 존재하는 가족을 둘러싼 각종 환경과의 교류를 통해 가족의 속성이 변화될 수 있다. 이것을 가족의 공간성이라고 말할 수 있다. 가족의 공간성이란 가족이 진공상태에서 존재하는 것이 아니라 주변 환경과 끊임없는 교류를 하면서 생존, 적응해가고 있음을 의미한다. 권위적이고 경직된 가족관계 양상에 영향을 받고 성장한 아버지라 할지라도 애정 중심적이고 비권위적인 이웃 가정과 전반적인 사회분위기 속에서 생활해 가면서 자신의 가족관계 양상에 변화를 가져올 수 있을 것이다. 가족을 공간적 관점에서 이해한다는 것은 가족을 하나의 사회체계로 이해하는 것이다. 즉 가족은 개별 성원들로 이루어진 상위 체계임과 동시에 확대가족, 지역사회, 문화 등과 지속적으로 상호작용하는 하위 체계로 이해하는 것이다. 이렇게 볼 때 가족은 역사성과 공간성을 동시에 띠고 있다고 볼 수 있다.

가족이 가지고 있는 기본적 속성에 대해 골든버그 부부(Goldenberg & Goldenberg, 2013, 엄명용 외, 2005 재인용)는 다음과 같이 설명하였다.

첫째, 가족은 특정한 목적달성을 위해 인위적으로 형성된 집단이 아니라 자연스럽게 형성된 사회집단이다. 따라서 가족의 목적과 기능은 가족들이 생활해 나가는 가운데 가족 성원들 간의 상호교류, 타협, 조정의 결과로 자연스럽게 형성된 것이라고 볼 수 있다.

둘째, 가족은 생활해 가는 가운데 일련의 생활유형 또는 규칙을 발전시키게 된다. 이러한 생활규칙은 대부분 분명하지 않아 가족 성원들도 모르고 지내는 경우가 많다. 이것을 우리는 가족의 생활방식, 가족관계 양상, 가족관습 등으로 부를 수 있다.

셋째, 가족의 각 구성원들에게는 나름대로 할당되고 부여된 역할들이 있다. 이러한 역할의 종류와 특성들은 가족이 성장해 가면서 가족 내부 상황 또는 가족 외부

환경의 영향에 따라 생성, 소멸, 분화 또는 변화될 수 있다. 경제적 부양의 책임, 가사 운영의 책임, 자녀교육의 책임, 가족 내 감정조절의 책임 등이 각 가족 구성원들에게 분담될 수 있다. 이에 따라 가족 성원들의 상호작용이 이루어진다.

넷째, 가족은 나름대로의 권력 구조를 가지고 있다. 어느 가정에서는 아버지가, 다른 가정에서는 어머니가, 또 다른 가정에서는 할아버지 또는 할머니가 상대적으로 강한 의사결정권과 가정의 통솔권을 갖고 있을 수 있다. 자녀가 장성한 뒤에는 자녀 중 누군가가 상대적으로 강한 권력을 갖게 될 수도 있다.

다섯째, 가족은 공공연하거나 은밀하면서 복잡한 의사소통 형태를 가지고 있다. 이러한 특성은 두 번째 항목에서 설명한 가족의 생활유형 또는 규칙과 겹치는 부분이다. 가족의 생활유형 중 의사소통 유형만을 놓고 볼 때 가족에게는 그 나름대로의 의사소통 유형이나 특성이 나타난다. 언어적 표현이 매우 발달한 가족이 있는가 하면, 비언어적 의사소통이 지배적인 가족도 있다. 감정표현이 풍부하고 세심한 가족이 있는가 하면 감정의 표현이 극도로 억제되는 가족도 있다.

여섯째, 가족은 나름대로 문제를 해결하고 타협 · 협상하는 방법을 가지고 있다. 가족은 문제에 직면했을 때, 그 문제를 해결하는 나름대로의 방식을 가지고 있다. 차분한 대화로 가족 성원의 의견을 수렴하여 이성적으로 해결하는 가족이 있는가 하면, 감정적인 면이 강하게 드러나면서 감성에 의해 충동적으로 해결하는 가족이 있다. 가장을 중심으로 권위적 의사결정에 의해 문제가 해결되는 가정이 있을 수 있는 반면, 민주적 의사결정 방식에 의해 문제가 해결되는 가정도 있다.

일곱째, 가족은 역사, 세상에 대한 관점, 목적의식 등을 공유하고 있다. 이것은 가족의 세상에 대한 인식이라고 불릴 수 있다. 세상을 살 만한 곳, 믿을 만한 곳, 희망과 포부를 가지고 한번 도전해 볼 만한 흥미진진한 곳으로 바라보는 가정이 있는가 하면, 세상은 못 믿을 곳, 불안한 곳, 미움 · 다툼 · 시기 · 질투가 가득한 곳으로 생각하는 가정도 있을 수 있다. 이런 인식은 가족 성원 사이에 공유된다는 것이다.

여덟째, 한번 구성원은 영원한 구성원으로 남아있다. 가족은 이혼, 사망, 별거, 유기 등에 관계없이 한번 가족 성원이면 영원히 가족 성원으로 남아 있다. 가족관계가 법적으로 정리될 수는 있어도 그 외의 측면에서는 각 개인의 생각, 정서, 감정, 행동 등에 끊임없이 영향을 미치는 존재가 바로 가족이다. 가족 성원 중 한 명이 의도적으로 다른 가족 성원과 멀리 떨어져 생활한다고 하더라도 그 영향력은 여전하다. 가족 성원은 서로 강력하고 영속적이며, 정서적으로 결합되어 있다는 것이다.

가족이 가지고 있는 기본적 속성은 가족의 특성을 이해하는 기초 토대가 될뿐 아니라 가족의 기능과 가족이 가질 수 있는 욕구나 문제들을 이해하는 데 도움이 된다.

SECTION 02 가족생활주기에 대한 이해

1. 가족생활주기의 의의

개인의 생애주기와 마찬가지로 가족도 생활주기에 따라 발달한다. 가족발달과 가족생활주기 관점은 생활에서 발생하는 예측 가능한 생활위기를 이해하는 이론적 틀로, 가족의 특정 단계에서 일어나는 문제를 규명하는 데 도움이 된다(이원숙, 2004). 가족을 형성하고 가족이 발달하는 과정에서 일반가족은 대체로 유사한 주기를 거치게 되는데, 이를 '가족생활주기'라고 한다.

가족은 성인 남녀의 결혼에 의해 시작되고 자녀의 출생과 청소년기 그리고 자녀의 독립기를 거치면서 가족 성원의 수가 증가하거나 감소하는 과정을 거친다. 이러한 가족체계가 시간에 따라 변화하면서 가족체계의 관계와 생활방식도 변화와 재조정을 거치게 된다. 가족생활주기의 한 단계에서 다음 단계로 전환하는 시기에 개인과 가족은 각 주기의 특성에 부합하는 발달상·관계상의 변화요구에 직면하게 된다.

대체로 가족생활주기상 전환점에서 나타난 가족 스트레스가 생활주기의 붕괴를 가져오며 증상과 역기능을 유발할 때 가족의 도움이 필요하다. 가족이 가족생활주기상 어떤 시기에 처해 있는지, 가족이 경험하고 있는 발달과정상 변화요구가 무엇인지, 그리고 그로 인해 가족이 경험하는 스트레스는 무엇인지를 탐색해야 한다. 또한 그러한 스트레스에 대하여 가족은 어떻게 대처하고 있는지, 가족이 가지고 있는 이전에 형성된 대처방식은 무엇인지, 그 방식은 효과가 있었는지, 그리고 가족의 강점과 자원은 무엇인지를 사정하는 것이 중요하다.

자녀가 청소년기가 되는 발달 단계에서 전환기 자녀는 가족체계로부터 분화하려는 시도를 하게 되는데, 이때 부모의 반응이 좋은 예라고 하겠다. 만약 이전 단계에서 부부가 적절한 관계를 유지하여 정서적으로 안정되고 자녀들에게도 부부가 협력적인 부모 역할을 수행할 수 있다면, 자녀가 청소년기에 처했을 때 가족의 경계를 넘나들면서 또래들과의 관계로 관계대상이 확장되는 것에 대하여 좀 더 개방적이고 융통성 있게 대처할 수 있다(이영분 외, 2008).

2. 가족생활주기의 단계

한국의 가족생활주기를 가족형성기, 자녀출산 및 양육기, 자녀교육기, 자녀성년기 자녀결혼기, 노년기로 분류하기도 한다. 이는 자녀의 성장과정에 초점을 두고 있기는 하지만, 외국 학자들이 제시하고 있는 것과 크게 다르지 않다. 여기에서는 카터와 맥골드릭(Carter & Mcgoldrick)이 제시하는 가족생활주기의 각 단계에서 필요한 발달과업을 다음의 〈표 12-1〉로 정리하여 살펴보고자 한다.

표 12-1 가족생활주기의 단계

가족생활주기의 단계	단계별 과업	가족 내 이차적 변화
1. 가족과 가족 사이의 중간적 존재: 어떤 가족에게도 소속되지 않은 젊은 성인	부모로부터의 분리	• 가족과의 관계에서 자기 확립 • 친밀한 또래관계의 발달 • 직업상의 정체감 확립
2. 결혼에 의해 가족결합: 새로운 신혼부부의 탄생	새로운 가족체계의 출발	• 부부체계의 형성 • 확대가족이나 친구들이 배우자를 수용
3. 어린 자녀를 둔 가족	가족체계 내의 새로운 구성원 수용	• 자녀를 포함한 부부체계의 재구성 • 부모로서의 역할수행 • 부모 역할을 포함하는 확대가족 관계 회복
4. 사춘기 자녀를 둔 가족	자녀의 자립을 인정해 주는 가족경계의 확대	• 사춘기 자녀가 가족체계 내외를 자유롭게 드나드는 것을 허용하는 형태로 부모-자녀 관계를 이행 • 중년의 부부문제나 직업 등의 발달과제에 대한 재인식 • 노년세대에 대해 배려하는 방향으로 관심 이행
5. 자립하는 자녀를 둔 가족	가족체계 밖에서 생활하거나 가족체계에 새롭게 참여하는 가족의 다양화 현상	• 둘만의 부부체계의 새로운 협력 • 성장한 자녀와 부모 사이의 성인으로서 맺는 관계로 이행 • 자녀의 배우자와 손자를 포함한 형태의 가족 관계 회복 • 부모 또는 조부모의 신체적·정신적 장애나 죽음에 대한 대처
6. 노년기를 보내는 가족	세대에 따른 역할 변화의 수용	• 자신 또는 부부의 기능 유지와 신체적 쇠약에 대한 관심 • 새로운 가족관계 또는 사회적 역할 탐색 • 중년세대가 보다 중심적인 역할을 하도록 지지 • 연장자의 지혜와 경험을 가족체계 속에서 살리는 기회 제공 • 배우자, 형제, 동료의 상실에 대응, 자신의 죽음을 준비, 인생의 통합

출처: Carter & McGoldrick(1980)

가족생활주기의 각 단계별 특징과 과정은 다음과 같다.

첫째, 자신의 가족을 형성하기 직전의 단계이다. 이 단계에서는 결혼을 앞두고 양가 가족의 중간에서 중재하는 단계로 부모로부터의 독립을 위해 준비한다. 가족관계에 대해서도 새롭게 인식하여 여전히 또래관계와 직장에서의 사회관계가 중요하다.

둘째, 자신의 가족을 형성하는 단계이다. 이 단계에서는 결혼을 통해 배우자와의 생활에 적응하며 첫 아이의 출생 전까지 허니문을 즐기며 양가 가족을 좀 더 잘 이해하는 단계로 가족의 요구에 맞추어 가족관계를 유지하면서도 부부만의 독립된 생활을 통해 상대방 배우자에 대해 이해한다.

셋째, 자녀의 출생으로 새로운 가족을 맞이하고 자녀양육을 체험하는 단계이다. 이 단계에서는 부모역할을 배워나가며, 원 가족의 지원과 지혜를 물려받기도 한다. 자녀로 인해 부부의 신혼생활에 변화를 경험한다.

넷째, 사춘기 자녀를 둔 가족 단계이다. 이 단계에서는 사춘기의 특성을 이해하여 성장하는 자녀에게 프라이버시를 허용하되 한계설정을 통해 가족의 규칙을 만들고 부모-자녀 관계를 원만하게 지켜나가는 것이 중요하다.

다섯째, 자녀가 점차 독립하여 다시금 부부 둘만의 빈 둥지 단계이다. 이 단계에서는 중년기의 직업이나 가족 내에서의 역할을 재정립하며 질병과 노년을 준비하게 된다. 신혼부부 때처럼 다시 부부 둘만의 시간을 통해 상대방 배우자와 성장해야 한다.

여섯째, 노년기의 단계이다. 이 단계에서는 가족 내 노년 부부의 역할을 찾아나가고 자녀와 손주세대의 성장을 위해 집안의 어른 역할을 수행한다. 노화의 자연스러운 변화에 잘 적응하고 죽음을 준비하는 단계이다.

SECTION 03 가족 기능과 구조에 대한 이해

사회복지사가 다양한 가족과 일하면서 그 가족의 전체 구조와 기능 정도를 사정하는 것은 매우 유용하다. 가족구조는 가족형태에 따른 구조와 함께 가족관계상의 경계구조를 파악하는 것이 바람직하다. 가족의 기능에 대해서는 많은 학자들이 다양한 주요 요소들을 제안하고 있다. 학자들에 따라서 가족의 기능은 적응력과 응집력으로 가장 잘 나타난다는 의견이 있고(Olson et al., 1992), 자율성과 친밀감이 가족의 기능을 잘 평가할 수 있다는 의견도 있다(Hovestadt et al., 1985). 비버스(Beavers, 1976)는 가족 기능은 가족체계의 다섯 영역, 즉 힘의 구조, 개별화의 정도, 분리와 상실의 수용, 현실감 및 감정표현의 정도로 잘 나타난다고 보았다. 이 외에 가족성원의 역할분담, 감정표현 정도, 상호 의존성과 개별성, 권력행사 패턴, 의사소통 방법의 중요성이 강조되어 왔다. 또한 아래의 〈표 12-2〉에서 보듯이 킬패트릭와 홀랜드(Kilpatrick & Holland, 1995)는 가족 기능의 네 가지 수준에 따라 개입방법이 달라져야 한다고 주장하였다.

표 12-2 가족 기능에 따른 가족개입: 킬패트릭과 홀랜드

수준	내용	대상가족	개입방법
제1수준	기능이 가장 낮은 수준	• 생존과 복지에 관련된 문제 · 방치되고 질서가 없는 가족 • 가족의 리더의 결여나 통제를 상실한 가족	• 가족의 기본적인 강점으로부터 시작 • 지역사회 내 자원에 초점 • 사례관리 중요 • 부모역할 교육의 기회 제공

수준	내용	대상가족	개입방법
제2수준	자녀, 부부의 관계가 주요 문제인 가족	• 기본욕구는 충족되었으나 권위와 한계설정이 문제 • 부모가 가족원을 불안케 하는 가족 • 가족원의 행동에 대한 기대가 분명하지 않거나 힘의 결여	• 강점자원에 초점 • 부부체계의 강화, 권위회복 등 규칙을 만드는 것이 중요 • 권위 유지, 아동행동 통제의 교육 제공
제3수준	가족원 사이의 공간, 개인시간, 서로에의 접근에 초점	• 엄격한 통제, 지배, 순종이 가족 내 규칙, 타협이 결여됨 • 가족 성원들이 고립되거나 소원한 관계	• 가족 내 구조 재정비 중요 • 현 상태를 유지하려는 가족에 도전 • 제시된 문제와 힘의 구조를 조사 • 가족 성원의 분명한 경계 유지
제4수준	내적인 갈등이나 친밀감의 문제가 있는지, 자아실현을 하고 있는지에 초점	• 다른 것의 욕구는 충족된 가족 • 자존감, 자아실현 등 좀 더 만족된 삶에 관심	• 각자 갈망하는 것에 초점 • 해설적 기법, 가족조각 기법, 대상관계 개입, 세대 간 갈등 해결 • 자신의 가치와 가족의 오랜 이야기를 표현하도록 유도함

출처: Kilpatrick & Holland(1995)

제1수준은 기능이 가장 낮은 가족으로 생존과 안전이 위협받는 경우이다. 자녀들에 대한 보호와 부모역할을 살펴보아야 하며 지역자원의 연계가 요청된다. 제2수준은 기본적인 욕구는 해결되었으나 부모-자녀 간 권위 유지와 한계설정이 주된 문제가 되는 경우이다. 부부체계를 강화하고 가족규칙을 통해 자녀 행동을 지도하는 것이 요청된다. 제3수준은 부모-자녀 간 갈등이 문제가 되는 경우로, 가족 성원 간의 분명한 경계를 유지할 수 있도록 재구조화하는 것이 필요하다. 제4수준은 내적인 갈등이나 친밀감의 문제를 나타내는 가족으로 자아실현과 원가족과의 경험을 다루는 것이 필요하다.

골든버그 부부는 가족의 기능과 구조를 사정하는 데 있어서 기본적으로 고려해야 할 사항으로 다음과 같은 가족의 특성을 제안하였다(Goldenberg & Goldenberg, 2013).

1. 가족의 규칙

모든 가족은 가족 특유의 규칙이 있다. 이 규칙은 그 가정 내에서의 가르침과 가치관과도 직결되며 또 가문의 전통과도 연관될 수 있다. 어떤 규칙은 말로 표현되고 어떤 규칙은 암암리에 가족 성원들에게 알려진다. 어떤 규칙은 가정에 꼭 필요하고 어떤 규칙은 해가 된다. 흔히 과거에는 필요했으나 현재에는 바람직하지 못한 규칙들이 지속되는 경우가 있다.

가정의 잘못된 규칙은 잘못된 신념이나 정보에서 생길 수 있다. 이러한 잘못된 신념이나 정보로 인해 가족 구성원이 매우 제한된 생활을 할 수도 있고 구성원들 간에 뜻하지 않은 거리감이 생길 수 있다. 가족의 규칙이 가족 성원의 행동양식을 결정하고 가족생활의 원칙이 된다. 특히 좋은 규칙을 가진 부부는 서로 교환함으로써 보상받고 상호 보완적인 역할을 수행한다.

대부분 가족의 규칙은 분명히 명시되지 않지만 가족 구성원들 간의 반복적인 관계를 통해서 은연중에 기대되고 그에 따라 행동하게 한다. 기능적인 가족은 질서와 안정성을 유지시키는 규칙과 함께 변화하는 환경에의 적응을 허용하는 규칙이 공존한다.

2. 가족의 항상성

가족의 항상성은 가족 내에서 일어나는 내적이고 지속적 관계를 유지시켜 주는 상호작용적 과정을 뜻하며 내적인 균형을 보장해 준다. 가족 간에 존재하는 균형적 상태가 위협을 받으면, 마치 온도에 따라 자동 조절되는 난방장치처럼 예전의 평온한 상태로 돌아가려고 한다. 이러한 항상성은 그들의 가족규칙을 활성화함으로써 지속적인 관계를 유지하도록 한다.

자녀들이 성장하면서 가족의 규칙이 도전받을 때 이러한 상황은 가족 내에 불균형을 가져오고 새로운 패턴이 가족의 균형을 회복할 때까지는 상실감과 거리감 등이 생긴다. 미누친과 그의 동료(Minuchin et al.)가 지적하듯이, 체계는 갑작스럽거나 큰 변화보다는 안전한 범위 내에서 스스로를 유지하고자 한다. 따라서 어려움을 겪는 가족의 경우 가장 필요한 변화조차도 가족이 완고하게 예전의 패턴을 고집함에 따라 벽에 부딪힐 수 있다.

3. 피드백과 통제

가족 구성원은 끊임없이 정보를 교환한다. 새로운 투입(input)을 소개하거나 불필요하거나 해로운 행동을 버리고, 잘못을 수정하고, 반응을 해석한다. 정적 피드백은 기존 꾸준한 상태에서의 이탈을 증가시킨다. 즉 문제를 해결하기 위해 새로운 시도를 하는 것을 의미한다. 부적 피드백은 고정적이고 자신들의 항상성을 유지하기 위해 변화하지 않으려고 하는 것으로 투입을 조절한다. 즉 변화에 저항하며 가족을 원래의 평형 상태로 돌아오게 하는 것을 의미한다.

가족 구성원 간의 의사소통 유형은 가족과 외부와의 경계의 유연성과 경직성, 하위체계 간의 경계선 상태, 위계질서, 규칙, 가족 발달 단계의 위기 등이 표현되는 통로이다. 의사소통 스타일의 변화는 가족관계의 변화를 초래하고 또 가족관계의 변화는 의사소통 스타일의 변화를 초래한다고 본다. 문제가족에서는 이중 메시지가 많이 발생한다. 이중 메시지(double bind)란 말하는 내용과 말하는 사람의 표정, 행동, 억양 등이 서로 모순되는 경우이다.

4. 가족의 하위체계

가족체계는 여러 하위체계로 구성되어 있다. 각 가족 구성원의 하위체계를 비롯하여 부부 하위체계, 형제 하위체계, 부모-자녀 간 하위체계는 물론 활동이나 취미, 가까운 정도에 따라 다양한 하위체계가 형성된다.

가족의 각 하위체계에서는 각기 다른 정도의 힘(주도권)이 행사되고 각기 다른 기술이 배워진다. 각 가족 성원들은 여러 하위체계에 동시에 속하기 때문에 다른 성원들과 다른 상호 보완적 관계를 갖는다. 각 하위체계에서 다른 역할을 하며 다른 패턴의 상호작용을 하도록 기대될 수 있다. 부부 하위체계의 역기능은 부부갈등으로 인하여 자녀가 희생양이 되거나 다른쪽 부모에 대항하여 한쪽 부모와 가까워질 때 가족을 통해서 나타난다.

5. 가족의 경계

가족은 어느 정도의 침투적인 경계를 갖고 외부와 교류할 수 있고, 적절한 가족 기능을 위해 하위체계들도 자신의 경계를 유지하면서 각각의 역할과 책임을 수행하며 서로 교류한다. 체계가 더 복잡해질수록 체계를 사정할 때 가족이 개방체계로서 기능할 수 있는 능력, 가족 성원의 계급질서, 역할이 분담되는 방법과 가족 내의 행동기준 등이 가족과 외부체계와의 경계를 규정짓는 규칙 등을 함께 고려하여야 한다. 가족체계와 외부와의 경계가 지나치게 유동적이거나 경직되어 있을 때, 가족 내 하위체계 간의 경계가 분명하지 않을 때 가족 성원들이 어려움을 경험할 수 있다.

SECTION 04 가족사정 및 가족치료이론

1. 가족사정

가족사정은 가족과 관련된 자료들을 수집하고 종합하여 체계적 관점에서 접근하는 데 유용하다. 가족사정의 과정을 통하여 사회복지사는 체계적 관점에서 다양한 요소들이 문제의 형성과정에서 어떻게 상호 순환적으로 영향을 주고받아 현재 내담자가 제시하는 문제로 나타나게 되었는지 종합할 수 있게 된다. 또한 가족들도 가족사정 과정에 함께 참여함으로써 문제에 대한 인식과 해결을 도모할 수 있다. 가족사정이 잘 이루어졌을 때 개입이 효과적으로 이루어질 수 있으므로, 가족사정의 개입의 초점과 개입목표, 개입방법을 결정하는 중요한 과정이다. 가족사정의 내용에는 가족의 구조와 관계역동, 가족생활주기 상의 적응스트레스 및 의사소통방식, 가족규칙, 가족의 강점과 자원, 기타 가족의 기능에 위험요소로 작용하고 있는 특별히 고려해야 할 문제 등에 관한 정보가 포함된다(이영분 외, 2008).

가족사정에 있어서 도구를 사용할 때 여러 장점이 있다. 가족 성원들은 말로 관심사를 표현하는 것보다는 가능한 문제에 대해 체크리스트나 세분화된 질문지에 답하는 것이 더 쉬울 수도 있다. 또한 인터뷰 내용을 조직하고 제시된 문제의 유형과 성격을 기술하기에 용이하다.

1) 가계도(Genogram)

가계도란 3세대 이상에 걸친 가족 성원에 관한 정보와 그들 간의 관계를 도표로 기록하는 작성방법을 말한다. 가계도에서는 가족에 관한 정보가 도식화되어 있기 때문에 복잡한 가족유형의 형태를 한눈에 볼 수 있다. 그렇기 때문에 어떤 임상적 문제가 어떻게 가족 맥락과 관련되어 있으며, 그 문제와 상황이 시간이 경과하면서 어떻게 발전되어 가는가를 여러 가지 면에서 추측해 볼 수 있게 한다. 가계도는 가족 구성원들이 가족관계의 패턴을 정확히 알고 이해하는 것을 돕는다. 이 가계도는 보웬(Bowen)에 의해 활성화되었는데 가족에 대한 정보가 도식화되어 있어 복잡한 가족유형의 형태를 한눈에 볼 수 있다는 이점이 있다.

사회복지실천에서 가계도는 사회복지사가 서비스 이용자의 가족 성원이 한 세대에서 다음 세대까지 생물학적·법적 그리고 정서적으로 어떻게 관련되어 있는지를 도표로 묘사하는 것으로 가족들 스스로가 세대 간에 반복되는 관계유형을 찾고 그것에 대한 통찰력을 갖도록 하는 데 매우 유용한 도구이다.

가계도의 작성은 사회복지사가 우선 가계도의 이론적 근거를 설명하면서 시작한다. 즉, 사회복지사는 가계도를 통해 가족배경이 현재 문제에 어떻게 영향을 미쳤는지 등의 가족의 기원에 관한 정보를 얻을 수 있는 효과적인 수단이라는 점을 가족에게 설명한다. 가계도를 그리는 동안 다음의 몇 가지 점에 유의해야 한다(이영분 외, 2008).

- 초기 과제이므로 사회복지사는 모든 가족 성원이 참여하도록 격려해야 한다.
- 사회복지사는 가족으로 하여금 가계도를 그리는 경험이 부담스럽지 않도록 유도해야 한다.
- 사회복지사는 가계도를 그린 후 가족에 대한 각자의 견해와 느낌을 서로 나누도록 도와야 한다.

가계도에서 가장 일반적으로 사용되는 기호는 [그림 12-1]과 같으며, 한 가족의 가계도 예를 들면 [그림 12-2]와 같다.

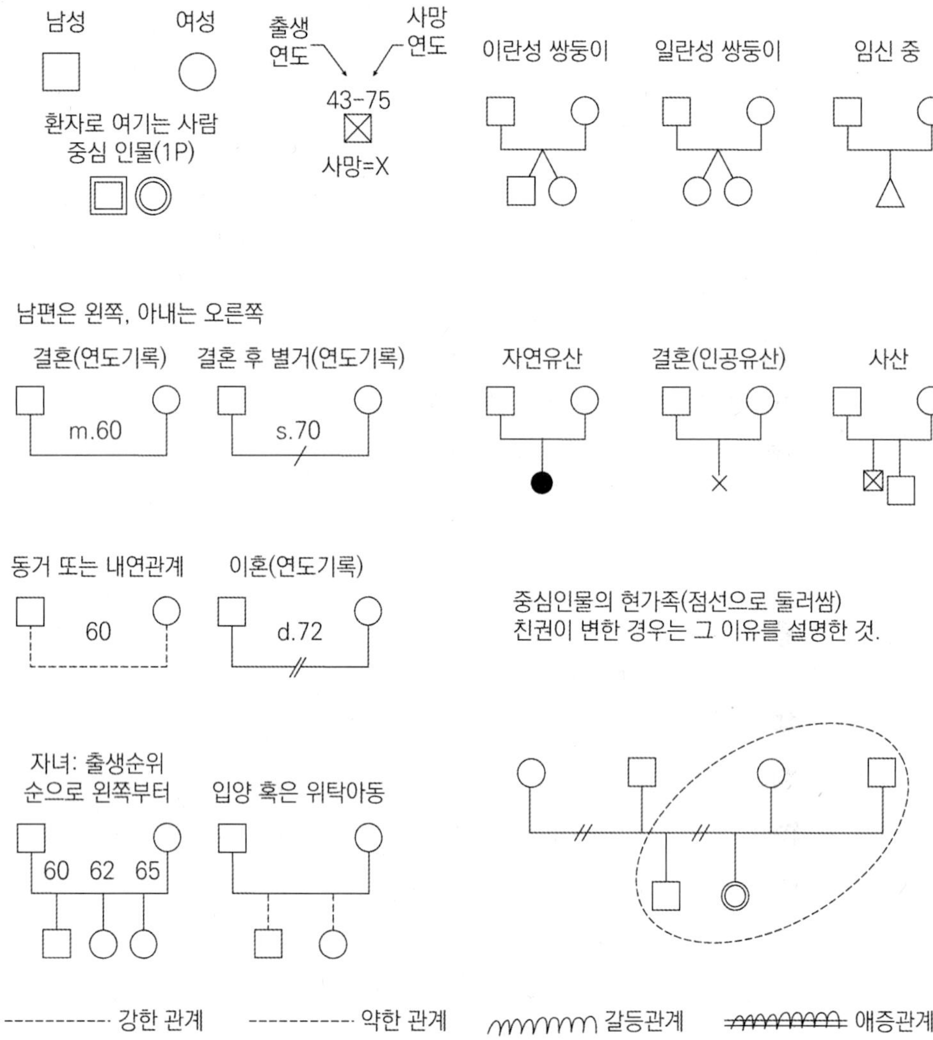

[그림 12-1] 기호 예시

출처: 이준우 · 이화옥 · 임원선(2006), p. 314

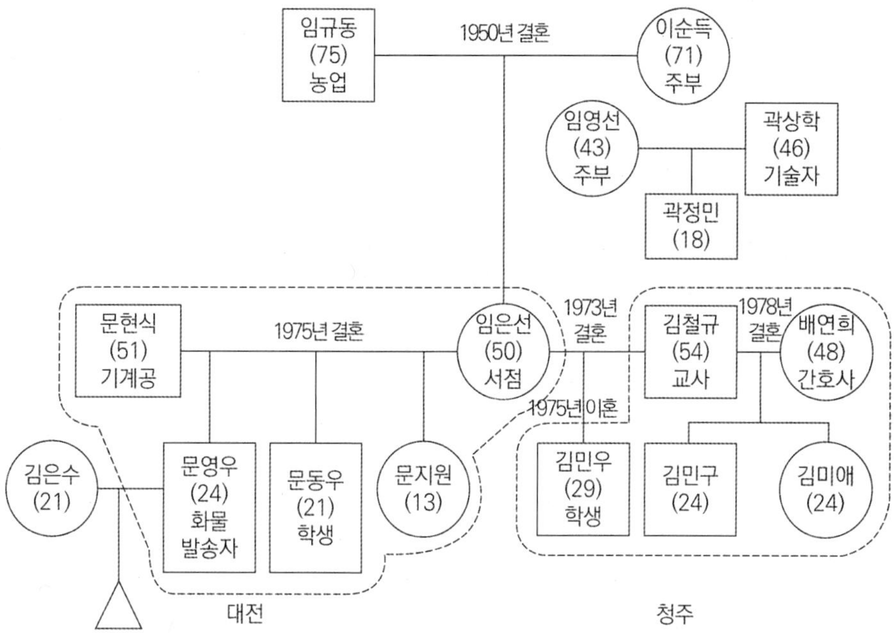

[그림 12-2] 가계도 예시

출처: 이준우 · 이화옥 · 임원선(2006), p. 313

2) 생태도(Eco-map)

생태도는 사회적 환경 속에 있는 가족을 조사함으로써 특정 문제를 사정하고 개입을 계획하기 위하여 사용하는 사정도구이다. 1975년 앤 하트만(Ann Hartman)에 의해 고안되어 지금에 이르는 생태도는 서비스 이용자의 상황에서 의미있는 체계들과의 관계를 그림으로 표현함으로써 특정문제에 대한 개입계획을 세우는 데 매우 유용한 도구이다(사회복지사 1급 시험연구회, 2007).

생태도 작성을 통해 가족의 생활, 집단, 지역사회, 그리고 다른 가족과 개인과의 관계에 대해 전반적으로 통찰을 얻을 수 있도록 한다. 또한 생태도는 서비스 이용자의 가족을 체계적으로 생태학적인 관점으로 바라보게 하며, 기본적인 사회력과 사례기록을 보충하는 데 활용된다. 생태도는 환경적인 맥락에서 가족을 기술하기 위해 사용된 일련의 원과 선들로 둘러싸인 가족도식으로 구성되어 있다. 생태도를 사용하여 나타낸 한 가족의 생태도의 예를 들면 [그림 12-3]과 같다.

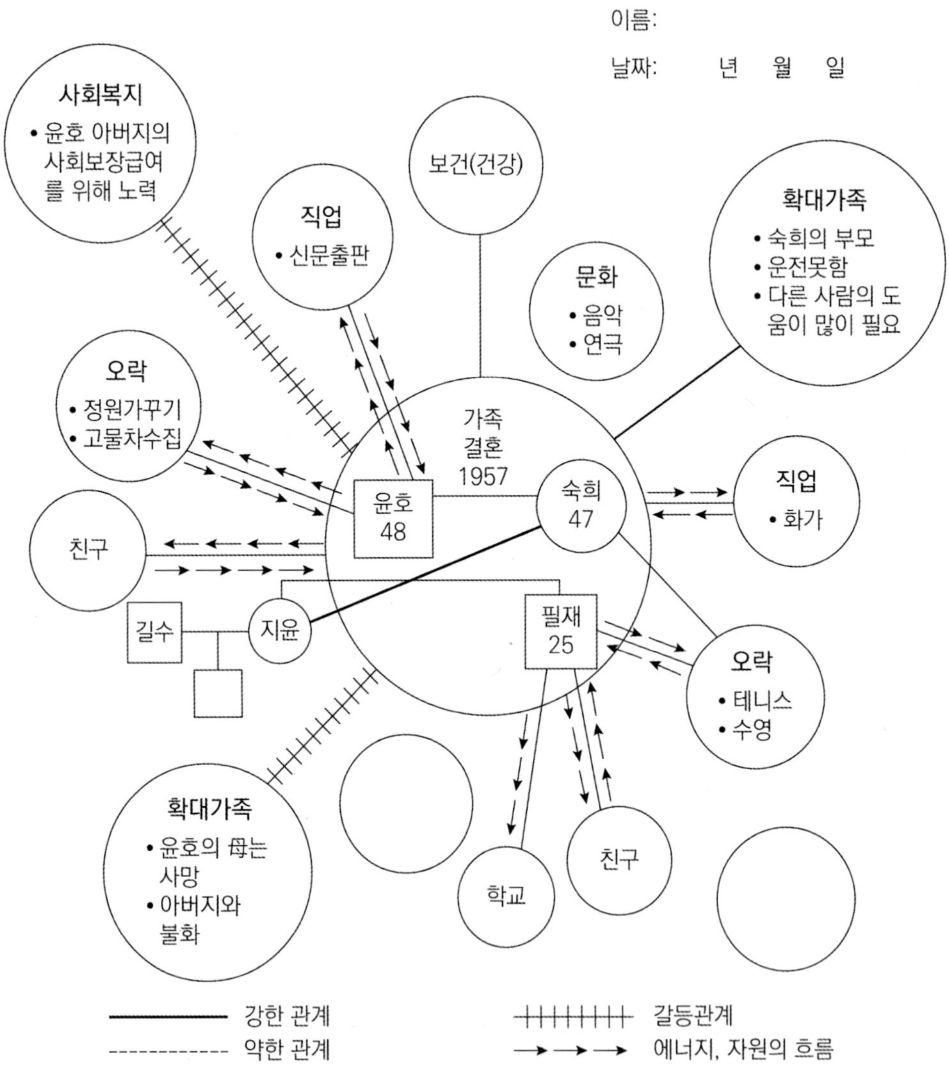

[그림 12-3] 생태도 예시

출처: 이준우 · 이화옥 · 임원선(2006), p. 315

3) 소시오그램

소시오그램은 집단에서 나타나는 하위집단과 성원들의 동맹관계를 기술하는 도표이다. 사회복지사는 소시오그램을 활용함으로써 집단 내 성원들 간의 상호작용을 상징으로 사용하여 집단 내에서의 지위를 나타내고 성원들 간의 관계는 호의적, 무관심, 적대적인 관계로 표현한다. 소시오그램은 집단과 일하는 사회복지사가 집단 내의 소외자, 하위집단, 연합 등을 효과적으로 파악할 수 있는 유용한 도구이다.

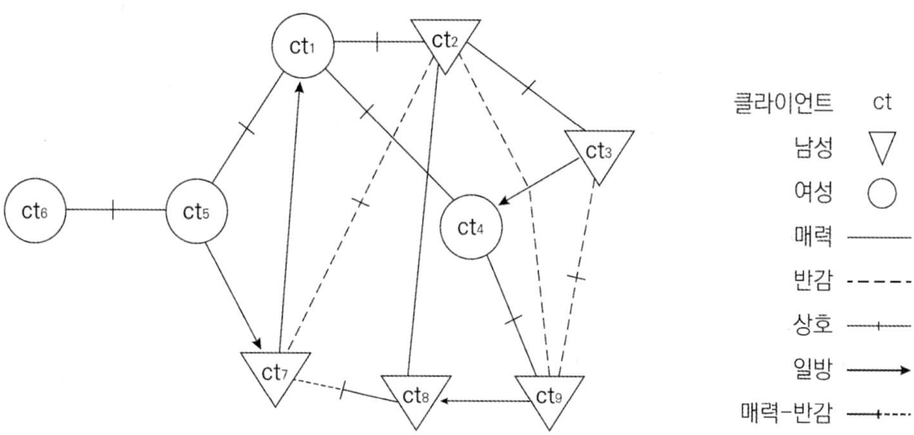

[그림 12-4] **소시오그램 예시**

출처: 이준우 · 이화옥 · 임원선(2006), p. 316

4) 사회적 관계망

서비스 이용자의 관계망 내에 있는 사람들이 서비스 이용자와 어떤 관계에 있는 사람들인지, 또한 서비스 이용자에게 물질적 · 정서적 · 정보적 지원을 어느 정도 주고 있으며, 도움의 방향은 일방적인지 그리고 이들 관계망 멤버와의 근접성과 접촉빈도 및 최초 접촉시기 등을 보여준다(Turner, 1996; Whittaker & Tracy, 1989).

표 12-3 사회적 관계망 예시

ID —— 응답자 —— 이름	생활 영역 1.가구원 2.다른 가족 3.직장/학교 4.조직 5.다른 친구 6.이웃 7.전문가 8.기타	물질적 지지 1.거의 없다 2.가끔씩 3.거의 항상	정서적 지지 1.거의 없다 2.가끔씩 3.거의 항상	정보/조언 1.거의 없다 2.가끔씩 3.거의 항상	비판 1.거의 없다 2.가끔씩 3.거의 항상	원조 방향 1.양방향 2.그들에게만 3.그들이 당신에게만	친밀도 1.거의 친하지 않음 2.가까운 정도 3.매우 가까움	만나는 빈도 O × 1.1년에 몇 번 2.한달에 한번 3.주마다 몇 번 4.매일	알고지낸 기간 1.1년 이하 2.1-5년 3.5년 이상
01									
02									
03									
04									
05									
06									

출처: 이준우 · 이화옥 · 임원선(2006), p. 317

2. 가족치료이론

가족치료는 초창기 정신분석학자와 인류학자 등이 조현병 환자의 가족을 연구하는 과정에서 개발되었다. 1950년대 후반 베이슨(G. Bateson)은 조현병 환자의 가족에 관한 연구에서 이들 가족이 사용하는 특이한 의사소통 방식을 발견하게 되었는데, 그는 이를 이중구속(double bind)이라는 개념으로 발표하였다. 또한 리치(Lidz)는 이들 가족의 부부관계를 조사하여 가정환경의 심한 병리를 조현병의 원인에서 빼

놓을 수 없다는 결론에 도달하였다. 또한 '배우자가 서로 상대편을 미워하고 깎아내리며, 자녀를 자기편으로 하고, 늘 안정되어 있지 않는 것'을 발견하고, 이를 결혼분파(marital schism)라고 불렀다. 그리고 '배우자의 한쪽이 공격적이고, 우세하여 자기의 병리를 자학적인 다른 한쪽에 강요하며, 그쪽은 수동적으로 그것을 받아들이는 것'을 결혼왜곡(marital skew)이라는 개념으로 소개하기도 하였다. 그는 자녀들이 이런 가정에서 자라면서 이들의 가정은 병리가 가득 차 있다고 묘사하였다. Lidz 연구도 한계는 있지만, 조현병의 연구에 병의 원인에서 가족의 중요성을 재인식시킨 것은 큰 공헌이다. 이 같은 가족체계에 대한 연구결과들을 근거로 초창기 가족치료자들은 환자의 개념을 희생양 또는 확인된 환자로 칭하고 정신장애를 앓고 있는 대상자 자신보다는 그를 둘러싼 가족체계와의 관계 속에서 그 원인과 해결방법을 찾기에 이르렀다.

즉 전통적인 심리치료에서는 인간의 정서적 문제나 이상행동을 개인의 문제로 생각하여 고통을 당하고 있는 개인을 치료대상으로 보았다. 이와는 달리 가족치료에서는 부적응이나 정서적 문제는 가족이라는 하나의 단위가 직면하는 장애로 생각한다. 한마디로 가족치료는 가족 구성원 개인이 나타내는 정신적 증상이나 문제행동은 가족을 구하기 위한 구조신호로 간주하여 가족 전체를 하나의 단위(가족체계)로 가족 내의 상호작용의 양상에 개입해 가는 치료수단의 총칭이다. 가족 성원은 충동, 의식적 혹은 무의식적인 행동, 금기 등 서로 영향을 받으며 각각의 가족이 그 가족 특유의 상호작용이나 갈등해결의 유형을 형성해 나간다. 이러한 사실은 가족 중 어떤 구성원의 증상은 병의 원인이나 치료적인 관점에서 모든 가족 성원에 크게 관련되어 있음을 증명하는 것이다. 시간이 지나면서 가족치료의 주요 개념과 기법들은 정신건강 영역뿐 아니라 일반 가족이 가진 모든 영역의 문제를 위해 효과적으로 사용되고 있다. 주요 가족치료이론을 정리하면 아래의 〈표 12-4〉와 같다.

표 12-4 주요 가족치료이론

치료이론	주요이론가	주요 개념	치료목표	적용 대상
구조적 가족치료	Minuchin, Aponte 등	가족구조, 하위체계, 경계 등	역기능적 경계선을 기능적 경계선으로 가족의 위계질서를 바로 잡는 것	약물남용 가족, 빈곤가족 등
전략적 가족치료	Haley, Madanes, Palazzoli 등	위계질서, 전략, 역설 등	문제에 대한 이해보다 가족 위계질서의 분석을 통해 치료전략을 수립하고 개입하여 문제해결방법에 초점	수면장애, 우울장애, 과잉의존 등
해결중심 가족치료	DeShazer. 김인수 등	강점, 자원, 과제, 질문(예외, 기적, 척도) 등	가족의 강점, 긍정적인 것, 이미 성공한 것에 초점	알코올 가족 등
행동주의 가족치료	Patterson, Weiss, Jacobson 등	정적 강화, 부적 강화, 행동형성, 모델링, 자극통제, 소멸, 벌 등	부모의 비효율적 강화조건부에 의해 자녀의 문제행동 지속되는 상호강화에 초점	부모교육 훈련
정신분석적 가족치료	Ackerman 등	내적 대상, 대상관계의 내재화, 자아정체성 등	대상관계를 분석하여 가족성원의 통찰과 이해, 성장을 촉진하는 것	부부치료
Bowen 가족치료	Bowen	자아분화, 삼각관계, 가족투사과정, 다세대 전수, 정서적 단절 등	해결되지 않은 부모에 대한 정서적 반응으로 새로운 친밀관계 형성에 과거의 유형을 반복하는 것	확대가족과 갈등이 있거나 단절된 가족
경험적 가족치료	Whitaker, Satir 등	수평적 의사소통, 개방체계 등	자아실현, 개인의 통합, 선택의 자유 등을 통한 가족의 성장에 초점	확대가족 문제 등

CHAPTER

13 가족대상 사회복지실천의 개입기술

가족대상 사회복지실천과정은 크게 초기 단계, 개입 단계, 종결 단계로 나눌 수 있다. 실천의 초기 단계에는 초기면접과 사정, 계획이 이루어지고, 개입 단계에서는 계획된 사항이 실행되며, 종결 단계에서는 실천의 평가와 종결이 이루어진다. 본 장에서는 가족을 대상으로 하는 사회복지실천과정에서 활용되는 개입기술을 살펴보고자 한다.

SECTION 01 초기 단계

일반적으로 가족대상 사회복지실천과정에서 초기 단계에서는 초기면접(intake), 사정 그리고 계획이 이루어진다. 초기면접에서는 가족과 관계를 형성하고 가족의 호소 문제와 욕구를 파악하는 것이 필요하며, 사정 단계에서는 면접과 관찰, 도구를 활용하여 가족의 역동을 사정한다. 계획 단계에서는 가족 구성원이 문제해결을 위한 공동의 목표 및 전략을 설정하고 계획에 합의하여 계약을 하는 것으로 가족개입이 이루어진다.

1. 초기면접

초기면접은 가족 구성원을 대상으로 하는 사회복지실천에서도 매우 중요하다. 초기면접은 가족 구성원들이 이후의 과정 참여 여부를 결정하는 데 영향을 미치며, 사회복지서비스에 대한 대상자의 평가가 시작되는 최초의 지점이기 때문이다.

초기면접에서 사회복지사는 가족 구성원들이 적극적으로 참여할 수 있도록 좋은 관계를 형성해야 하며, 가능한 다양한 가족 구성원 전체에 대한 정보를 수집해야 한다. 초기면접에서 필요한 과업인 구조화, 가족과의 관계형성, 가족의 문제 및 욕구를 명료화하는 과정에 대해 살펴본다.

1) 구조화

도움을 요청한 사람으로부터 어떤 어려움이 있는지, 왜 지금 그 어려움을 호소하는지 등을 듣고 난 후에 사회복지사는 가족개입을 통해 다루는 것이 적절한지 여부를 결정해야 한다. 현재 호소문제로 인해 도움을 요청한 개인뿐 아니라 가족 전체가 어려움을 겪고 있으며, 가족 구성원이 문제의 발생과 유지에 영향을 미치는 경우라면 가족개입을 고려할 필요가 있다.

가족개입이 필요하다면 우선 상담회기에 누구를 참여시킬 것인지를 결정한다. 일반적으로 매 회기에 가족 전체를 만나기도 하지만, 필요한 경우에 개인 또는 가족 구성원의 하위집단을 만날 수도 있다. 가족 전체가 참여하기 어렵다면, 동기가 높은 구성원을 대상으로 먼저 개입하는 것도 효과적이다. 가족이 모두 함께 모여 상담하는 것이 왜 중요한지에 대해 설명하는 것도 좋다. 예를 들어, 개인의 문제는 가족의 맥락에서 더 잘 이해할 수 있으며, 구성원이 서로에게 영향을 미치고 있다는 점을 이해시키도록 한다.

면담에 참여한 가족들은 문제를 호소한 구성원뿐 아니라 동기 없이 참여한 구성원 모두 긴장감과 불안이 높을 수 있다. 따라서 사회복지사는 자신에 대한 소개와 함께 면담이 이루어지게 된 과정에 대해 안내하고, 면담의 목적 등을 간단히 설명한다. 또한 앞으로의 면담 시간과 횟수, 장소, 상담비용, 상담 예약 및 취소 방법 등을 안내한다.

2) 가족과 관계형성

사회복지사와 가족이 공식적인 만남이 이루어지는 단계이므로 가족과 긍정적인 관계를 형성하는 것이 필요하다. 가족을 대상으로 개입하기 위해서는 가족 안으로 들어가 가족과 합류(joining)할 필요가 있다. 가족과 합류한다는 것은 가족의 정서와 행동을 이해하고 수용하면서 가족의 신뢰를 얻는 것을 의미한다. 가족과 합류하기 위해서는 경청과 공감과 같은 기본적인 태도로 대하며, 진정성 있는 관심을 표현하는 것이 필요하다. 뿐만 아니라 가족이 사용하는 언어패턴을 관찰하고 가족원이 대화하는 방법을 따라 대화하며, 가족 간의 호칭을 신중하게 고려하여 사용하도록 한다(Collins et al., 2010, 최정숙, 2020 재인용).

가족과 관계를 형성함에 있어 중요하게 고려되어야 할 사항은 가족 구성원 모두와 관계를 맺어야 한다(Collines et al., 2010). 사회복지사가 도움을 요청한 특정 구성원에게만 관심을 쏟거나, 특정 구성원의 입장만을 반영한다는 느낌을 받는다면 사회복지사의 합류는 오히려 도움이 되지 않고 관계형성에 방해될 수 있다. 사회복지사는 혹시나 억지로 참석한 구성원이 있는지 살피고, 있다면 그 마음을 알아주고 적극적으로 참여할 수 있도록 가족 구성원 한 명 한 명과 개별적으로 접촉해야 한다. 이러한 과정은 구성원들이 함께 다루어야 하는 과제로 들어가기 전에 편안함을 느낄 수 있으며, 참여동기를 높일 수 있을 것이다.

3) 문제의 명료화

사회복지사는 동일한 호소 문제를 겪는 가족일지라도 문제에 대한 의견이 다르며 감정의 정도가 다를 수 있음을 기억해야 한다. 따라서 사회복지사는 제시된 문제를 명료화하기 위해서 가족 성원 개개인이 그 문제를 어떻게 보고 있는지 파악해야 하고, 가족 성원 개개인이 다른 가족의 간섭이나 방해 없이 그 문제에 대해 자유롭게 자신의 시각을 표현할 수 있게 해야 한다(Hepworth et al., 2006). 가족문제를 명료화하는 것은 임상적으로 중요한 단계인데, 가족 구성원들은 가족이 경험하는 혼란에 자신이 어떤 기여를 했는지 이해할 수 있으며, 변화의 필요성을 인식하고 변화를 위한 자발성을 갖게 할 수 있기 때문이다(김유숙, 2007).

2. 사정

가족을 대상으로 개입하기 위해서는 가족 구성원 중 한 사람을 골라내어 문제가 있다고 지적하는 것이 아니라 전체 가족이 분석의 단위가 된다. 가족사정이란 가족을 하나의 단위로 보고 가족 내부의 요인과 외부의 요인 그리고 이들 양자 간의 상호작용을 파악하기 위해 자료를 수집하고 분석하고 종합하여 가족에 대한 개입을 계획하는 일련의 과정을 의미한다(조흥식 외, 2017).

1) 사정내용

가족사정 시 사회복지사는 의뢰자뿐 아니라 가족 구성원들의 주 호소 문제를 파악하여 각 욕구의 심각성, 우선순위를 사정해야 한다. 다세대 모델, 경험적 모델,

구조적 모델, 전략적 모델, 포스트모던 모델 등 가족치료 이론을 비교한 리들(Liddle, 1983)은 모든 모델은 비록 많은 차이점을 보이기는 하지만 공통적으로 가족의 규칙, 즉 주기적인 행동패턴을 이해해야 하며, 가족의 역할과 상호작용 패턴의 경직성이 가족의 역기능과 관련이 있다는 사실에 동의하고 있음을 강조하였다. 따라서 사회복지사는 제시된 문제와 관련된 경직된 패턴이나 가족주기에 관심을 가져야 하며, 가족의 상호작용 패턴을 파악할 수 있어야 한다.

가족사정의 원칙은 다음과 같다(김성천, 2005).

- 첫 상담에서는 깊은 질문을 피한다.
- 가족이 어떤 부분의 문제를 특히 조심스럽게 다루거나 피하는지를 관찰한다.
- 문제가 무엇인지 물어볼 때 사건이나 상황을 재연시키도록 구체적으로 묻는다.
- 순환적인 질문을 한다.
- 위기의 상황이 아니면 현재 문제에서 시작하여 광범위하게 질문한다.
- 문제를 체계적인 관점에서 이해하고 외부체계(학교, 직장)가 문제에 개입되어 있을 것이라고 가정한다.
- 증상적인 행동은 일차적으로 가족체계 내의 규칙과 가족체계의 상호 관계성의 특성에 비추어 보고 이해해야 하나, 때로는 관계성의 차원에서 벗어나 개인의 병리 차원에서 이해해야 하는 경우도 있고, 때로는 두 가지 차원에서 동시에 진단해야 하는 경우도 있다.

2) 사정방법

(1) 면접을 통한 사정방법

면접사정은 문제를 일으키고 유지시키는 상호작용의 연쇄과정을 추적하는 데 유용한 기법이다. 문제가 발생하는 상황에서 중요하게 여겨지는 시간과 배경은 다른 기법보다 면접에 의해 더 잘 수립된다. 또한 면접을 통하여 문제가 가장 심각할 때와 덜 심각할 때, 두 상황 사이의 차이에 대해 알게 되면서 무엇이 문제를 유지시키는가를 결정할 수 있다(Brown & Christensen, 1999). 문제에 관련된 상호작용의 연쇄과정은 다음과 같은 질문을 활용해서 얻어질 수 있다.

- 문제가 무엇인가?
- 문제가 어떻게 문제가 되는가?
- 문제가 구체적으로 어떻게 나타나는가?
- 문제에 대하여 다르게 보는 가족 성원이 있는가? 있다면 왜 그러는가?
- 문제가 언제 시작되었는가?
- 문제는 어떤 때에 더 심한가? 조금 더 나아질 때는 언제인가?
- 문제를 해결하기 위해 시도해 본 방법들은 무엇이었는가?
- 그것이 도움이 되었는가?
- 도움이 되지 않았다고 생각한다면 왜 그런가?
- 가족 내에서 문제에 대하여 관심을 가지고 도우려는 사람은 누구인가?
- 변화에 대한 동기가 가장 높은 사람은 누구인가?

(2) 관찰을 통한 사정방법

가족 구성원의 언어적 보고로 수집되는 정보는 제한적일 수 있으므로, 사회복지사는 가족의 상호작용 방식을 관찰하여 가족의 언어적 · 비언어적인 의사소통 패턴을 확인할 수 있으며, 가족 내의 의사결정 방식과 구성원의 역할 등에 대한 객관적 정보를 얻을 수 있다.

관찰을 통한 사정은 초보 사회복지사에게 어려움을 가져올 수 있지만, 다음과 같은 몇 가지 질문을 통해 가족의 패턴에 대한 정보를 수집할 수 있다(Worden, 2007).

- 가족들이 앉는 자리는 구성원들 사이에 어떤 관계를 보여주는가?

- 가족 전체를 대표해서 말하는 사람과 다른 사람을 대신해서 말하는 사람은 누구인가?
- 가족의 대변인은 가족의 문제를 어떻게 소개하는가?
- 다른 가족들은 대변인의 소개에 어떻게 반응하는가? 반대하거나 찬성하는 사람은 없는가?
- 논의를 할 때 누가 누구를 가장 많이 지지하는가?
- 가족관계 중 가장 갈등이 많은 관계는 누구인가?
- 가족의 논쟁에서 보이는 일반적인 패턴은 무엇인가?
- 논쟁에 참여하는 사람은 누구이고 전혀 관여하지 않는 사람은 누구인가?
- 논쟁이 진행될 때 어느 시점에서 사회복지사에게 도움을 요청하는가?
- 지속적으로 사회복지사의 지지를 요청하는 사람은 누구인가?

(3) 도구를 통한 사정방법

가족의 기능과 관계방식, 문제 등을 짧은 시간 내에 효율적으로 탐색하기 위해서 표준화된 척도나 심리검사 도구를 활용할 수 있다. 이러한 도구에는 가계도, 생태도, 사회관계망, 가족조각, 가족사정 척도 등이 있다. 특히 가계도와 생태도는 가족성원이 작업에 참여하면서 가족 전체에 대한 이해와 통찰력을 증가시키면서 가족사정에 풍성한 정보를 제공한다. 실연 및 가족조각 기법의 활용은 가족 구성원의 역동과 상호작용 패턴을 파악할 수 있으며, 가족이 자신들의 상황을 인식하여 이후 개입과정에 도움이 될 수 있다. 이 외에도 성격검사, 가족의 기능, 결혼만족도, 의사소통 패턴, 가정폭력이나 아동학대 등과 관련된 자기보고 척도와 그림을 통한 투사검사 등을 활용할 수 있다.

3. 계획

계획은 사정을 통해 수집된 가족 상황과 잠재적 자원을 기반으로 가족 구성원이 바라는 변화와 결과를 기술하는 과정을 의미한다. 계획은 사정 단계에서 제시된 문제, 가족구조, 가족의 상호작용 패턴과 의사소통 유형 등을 활용하여 가족의 욕구나 문제를 해결하고 가족이 원하는 방향으로 변화하기 위한 실천방법을 체계화·구체화하는 과정이다. 이 단계에서는 사회복지사와 가족 구성원이 상호 계약을 공식화하고, 가족 구성원과 사회복지사의 역할을 보다 명확하게 세울 수 있다.

1) 공동의 목표 및 우선순위 결정

이 단계에서는 가족 구성원이 호소한 문제 및 욕구 등을 포괄하는 공동목표를 설정하는 것이 필요하다. 목표는 문제해결을 위해 가족 모두가 참여하여 행동할 수 있는 것으로 정하며, 이를 달성할 수 있도록 구체적이며 체계적으로 실행전략을 구성한다. 동시에 가족들은 여러 가지 문제를 제시할 수 있는데, 사회복지사는 가족과 함께 기간 내에 다루어야 할 문제들을 검토하여 개입의 우선순위를 정한다. 사회복지사의 의견이 전문적이고 객관적일지라도, 문제의 심각성과 파장을 고려하여 가족의 눈높이에 맞추어 협상을 이끌어 내도록 한다.

2) 이론적 틀에 입각한 문제의 개념화

가족에 대한 개입은 어떤 이론적 틀과 관점에서 보느냐에 따라 상이하게 접근할 수 있다. 사회복지사가 접수단계에서 설정한 임시적 가설은 초기 단계 및 사정을 거치면서 계속적으로 수정될 수 있다. 사회복지사는 가족의 핵심적 문제가 의사소통의 문제인지, 가족구조의 문제인지, 원가족과의 미분화 문제인지, 정서적 경험의 문제인지 등을 파악하고 이론에 입각해 문제를 개념화할 필요가 있고, 어떤 모델로 접근할지를 결정해야 한다(남미애 · 윤숙자, 2013).

SECTION 02 개입 단계

개입 단계는 사회복지사와 가족 구성원들이 합의하여 결정한 목표를 실행하고 행동화하는 단계이다. 가족 단위를 대상으로 실천적 개입을 위해서 환경적 개입과 가족의 내부관계 변화를 위한 개입으로 구분하여 살펴본다.

1. 환경적 개입

가족이 겪는 어려움의 많은 부분은 종종 정보의 부재 또는 자원의 부족과 관련되므로 환경적 개입이 필요하다. 사정을 통해 가족의 문제가 자원을 연계하거나 보완할 수 있는 영역이라면, 사회복지사는 가족을 둘러싼 지역사회에서 지지체계를 개발하고, 자원을 개발하며 서비스를 연결 및 조정해야 한다.

가족대상은 가족욕구의 복합성 때문에 대상 가족에게 여러 기관과 전문가가 관여되어 있을 가능성이 많다. 즉, 서비스 중복과 누락의 이슈가 가족대상일 경우 더 빈번히 일어날 수 있으므로, 사회복지사는 서비스 망을 면밀히 사정하고 조정하여 효율적인 서비스가 제공될 수 있도록 개입해야 할 것이다.

사회복지사는 가족옹호를 통해 개입할 수도 있다. 가족옹호는 개인과 가족이 최대한으로 잘 성장할 수 있도록 자원이 제공되고, 접근이 가능한 호의적인 태도와 지지적인 환경적 조건이 형성되어 있는 사회에서 살아갈 수 있도록 하는 데에 있다(조흥식 외, 2017). 가족옹호는 제도적 정책과 실천에 변화를 주어서 그 제도적 정책과 실천이 개인과 가족에게 지지적이 되도록 하는 데 있으므로(Manser, 1973), 사회복지사의 적극적인 실천이 요구된다.

2. 가족 내부 기능에 대한 개입

가족체계와 가족 구성원의 관계 변화를 위한 실천개입기술에 대하여 가족치료 모델마다 다양한 내용을 제시하고 있다. 여기서는 사회복지실천현장에서 많이 활용되는 가족치료 모델인 다세대 모델, 경험적 모델, 구조적 모델, 전략적 모델을 중심으로 살펴보고자 한다. 구체적인 개입기술을 이해하기 위해 모델별 주요 개념, 치료목표, 치료기법과 사회복지사의 역할을 포함한 실천기술을 먼저 설명하였다. 각 모델에서 제시하는 초점과 이에 따른 개입 방향은 〈표 13-1〉과 같다.

표 13-1 주요 가족치료 접근

모델	초점	개입
다세대 모델	원가족 패턴 확인	분화를 촉진(분리와 연합의 균형: 감정과 사고의 분리)
경험적 모델	표현적 패턴 확인	보다 깊이 공유된 표현을 격려하여 개인과 체계의 성장 촉진
구조적 모델	구조적 패턴 확인	분명한 경계와 서열을 가진 가족체계로 재구조화, 부부/배우자 체계를 강화
전략적 모델	상호적 패턴 확인	문제행동을 둘러싼 상호작용 패턴을 중단하고 융통성 있는 패턴을 끌어냄

출처: Cornett(2012)

1) 다세대 모델

다세대 모델에서는 부모와의 해결되지 못한 정서적 문제가 현재 가족 내의 일상생활에 영향을 미친다고 보았다. 가족 구성원들 사이에 발생하는 증상은 과거 부모와의 미해결된 정서적 문제의 반영이며, 후대에까지 영향을 미친다고 보았다(Rashed et al., 2011).

보웬은 개인 또는 가족 모두 '정서적 체계'와 '지적 체계'라는 두 가지 체계로 구성되어 있으며, 이 두 체계 간에 균형이 필요하다고 보았다(Bowen, 1976). 가족 간에 불안이 발생하면 가족들은 지적 체계에서 벗어나 정서적 체계의 지배를 받게 된다. 이때 가족 구성원들의 자아가 분화되지 못하고 정서적으로 융합되어 있다면 가족은 불안이나 긴장을 느끼거나, 스트레스 상황에 봉착할 때 가족 구성원들은 개인의 자율성을 잃고 합리적으로 사고하지 못하고 감정의 지배를 받아 충동적으로 반응하게 된다는 것이다(제석봉 외, 2014).

보웬은 그의 이론을 구성하는 여덟 가지 개념을 제시하였는데, 이러한 개념들은 각각 독립된 것이 아니라 서로 연동적인 개념으로 구성된다. 이를 설명하면 다음과 같다.

(1) 주요 개념

① 자아분화

자아분화란 정신 내적 개념인 동시에 대인관계적 개념이다. 정신 내적 측면에서의 분화란 지적과정과 정서적 과정을 분리하는 능력을 의미한다(Kerr & Bowen, 1988). 즉, 불안이나 스트레스 상황에 놓여 있더라도 반응할 수 있는 능력을 의미한다. 대인관계적 측면에서의 분화란 가족이나 타인과 친밀한 관계를 유지하면서 동시에 독립성과 자율성을 유지하여 자신과 타인 사이를 분리할 수 있는 능력을 의미한다. 가족 구성원은 가족 내에 함께 하고자 하는 연합(togetherness)과 분리하고자 하는 개별성(individuality)이라는 연속선상의 한 지점에 놓여있다고 보았는데, 감정과 인지의 적절한 균형을 이룰 때 자아분화 수준이 높다고 할 수 있다.

② 삼각관계

삼각화(triangulation)란 두 사람 간에 긴장이 발생할 때 제3자를 끌어들여 이를 완화시키려고 하는 것을 말한다(Bowen, 1978). 가족 구성원의 분화 정도가 낮고 가족의 융합 정도가 높을수록 삼각관계를 만들려는 노력은 매우 강렬하다. 예를 들어, 배우자와 갈등으로 거리감을 느끼는 부부는 그들의 문제를 해결하지 않은 채 자녀를 끌어들여 자녀에게 초점을 맞추면서 자신들의 긴장을 회피하거나 완화하는 경우다.

보통 삼각화의 대상이 되는 자녀는 자아가 가장 분화되지 못한 경우가 많으며(Rashed et al., 2011), 여러 가지 문제행동을 일으키기도 한다. 이로 인해 부부는 자녀의 문제에 관심을 더욱 쏟으면서 자신들의 근본적인 관계의 어려움에 대한 해결로부터 멀어지게 된다.

③ 핵가족의 정서과정

보웬은 사람들이 무의식적으로 자신과 비슷한 분화수준의 배우자를 선택한다는 사실을 강조한다(Bowen, 1978). 이는 핵가족의 정서과정을 집약적으로 설명한다. 즉, 핵가족의 정서적 분위기는 부모의 분화수준에 의해 결정되는데, 부모가 원가족에게서 이룬 분화수준에 따라 핵가족 내의 정서분위기와 가족 기능에 영향을 미치며, 이는 다음 세대의 분화 정도를 어느 정도 예측할 수 있음을 의미한다.

④ 가족투사 과정

미성숙한 부모는 가족체계나 부부체계를 안정시키기 위해 무의식적으로 가장 취약한 자녀를 관심의 대상으로 삼아 자신의 불안을 물려주게 되는 현상을 가족투사 과정이라 한다(Bowen, 1978). 자아분화가 낮은 부모는 미분화에서 오는 불안을 삼각관계를 통해 회피하는데, 이때 자녀와 공생적 관계를 형성하여 미분화의 산물인 자기문제를 투사시키는 것이다.

⑤ 다세대 전수과정

다세대 전수과정이란 한 가족의 만성적 불안이 여러 대에 걸쳐 전수된 결과 심각한 역기능이 발생하게 되는 과정을 의미한다. 자아분화 수준이 낮은 사람이 자신과 비슷한 수준의 분화수준을 가진 사람과 결혼하면 자녀와 삼각관계를 형성하고 가족투사 과정을 일으키는데, 이러한 과정을 경험한 자녀는 부모보다 더욱 자아분화 수준이 낮아지게 된다. 이러한 투사과정이 3세대 이상에서 반복되어 나타날 때 조현병이나 정서장애 등의 역기능 문제가 발생한다고 보았다.

⑥ 출생순위

출생순위는 특정 자녀가 어떻게 가족투사 과정의 대상으로 선택되느냐를 이해할 수 있도록 해준다.

⑦ 정서적 단절

정서적 단절이란 부모와 삼각관계를 형성하여 가족투사의 대상이 된 자녀는 자아분화 수준이 낮아 부모와 심한 융합을 이룬다. 부모와 융합이 심한 자녀일수록 나중에 부모와 정서적 유대를 끊으려는 경향을 나타낸다.

⑧ 사회적 정서과정

환경이 가족에게 영향을 미치는 것처럼 사회 내의 정서적 과정이 가족 내의 정서적 과정에 영향을 미친다는 것을 의미한다.

(2) 치료목표

다세대 모델에서는 가족이 겪는 문제를 불안의 산물로 보았는데, 분화되지 못한 가족 구성원이 증상을 발달시키거나 갈등의 중심이 되기 쉽다고 보았다. 따라서 다세대 모델의 치료목표는 첫째, 불안을 감소시키고, 둘째, 자아분화를 촉진하는 것이다(Kerr & Bowen, 1988). 즉, 증상을 강조하기보다는 개인이 아닌 체계 내에 문제가 있다고 간주하였으므로, 가족 성원의 분화를 위해서는 가족 내 중요한 삼각관계를 깨뜨리고 원가족과 좋은 정서적 접촉을 할 수 있도록 도와야 한다.

자아분화 개념에 따라 분화가 잘 이루어진 사람이란 첫째, 진짜 자신이 발달되어 강한 목표지향적 행동을 하는 사람, 둘째, 지적 체계가 잘 발달되어 불안에 대하여 감정반사 반응을 보이지 않는 사람, 셋째, 개별성과 연합성의 균형을 이루어 관계 내에서 책임있는 행동을 보이면서도 타인의 무책임함에 참여하지 않는 사람으로 정리될 수 있다(최은영, 2012).

(3) 실천기술(개입 기법)

초기 가족치료자들이 이론보다 치료기법 개발에 몰두할 때에 보웬은 기법보다 이론을 정립하는 데 몰두하였다(Wylie, 1991). 따라서 다세대 모델은 활용할 수 있는 기법보다는 가족을 사정하고 이해하는 과정에서 더 많이 사용된다. 다세대 모델 사회복지사는 본인이 먼저 성숙한 자아분화를 이루어야 하며, 원가족 체계의 모습과 현재 문제 간의 관계를 서비스 이용자 스스로가 볼 수 있도록 돕는 '코치'나 '교육자'의 역할을 수행한다.

① 3세대 가계도 활용

가족 구성원과 사회복지사가 함께 원가족을 포함한 다세대 간 가계도를 그려가면서 가족 구성원 중 한 사람이 정서적으로 어느 한쪽에 지나치게 융합되어 있는지 혹은 극단적인 정서적 반응을 보이고 있는지를 가족 구성원 스스로 확인하도록(삼각관계를 인식하도록) 한다. 그리고 개입과정을 통해 가족으로 하여금 삼각관계가 가족문제에 얼마나 크게 영향을 미치고 있는지를 깨닫게 하여 가족들이 자신들의 삼각관계에서 벗어날 수 있도록 하는 것이 중요하다.

② 탈삼각화(치료적 삼각관계)

두 성원의 감정 영역에서 제3의 성원을 분리시키는 과정인데, 예를 들면, 어머니가 아들과 연합하여 아버지를 소외시키는 삼각관계에서 사회복지사는 어머니가 아버지에 대한 불평을 자녀에게 이야기할 때마다 아버지에게 직접 가서 제안하여 자녀가 더 이상 어머니의 동조자가 되지 않도록 지시하는 것이다.

③ 단절

부모나 가족 간의 관계에서 과거에 해결되지 않은 정서적 문제를 멀리 이사를 가거나 연락을 하지 않고 가족관계를 끊어버림으로써 해결을 시도하는 것이다. 그래서 다른 나라로 이민을 가거나 부모가 중시하는 것을 부정하거나 거부하게 된다. 그러나 이러한 단절을 통해서는 분화를 이룰 수 없으며, 단절을 시도해서 멀리 떠나는 가족도 정서적으로는 집을 벗어나지 못하고 떠나지 못하는 가족만큼 의존적으로 남게 된다(최선화, 2016). 따라서 치료목표는 단절을 개선하도록 하는 것이 될 수 있다.

④ 코칭

코칭(coaching)은 사회복지사가 내담자에게 개방적이고 직접적으로 접근하여 가족문제를 대처하도록 돕는 것이다. 이 기법은 사회복지사가 더욱 개인적이고 정서적으로 개입되는 역할을 하는 것이다. 사회복지사는 코치로 작용함으로써 내담자 편을 들거나 가족의 삼각관계에 말려들게 되는 것을 피할 수 있다. 코칭은 내담자들에게 할 일을 설명하려는 것이 아니고, 가족의 정서적 과정들과 그 안에 자신의 역할을 명확하게 알도록 돕기 위하여 질문을 하는 것을 의미한다(김정진, 2014).

⑤ 교훈적 가르침

교훈적 가르침이란 사회복지사가 가족 구성원들에게 가족문제를 이해하고 해결하는데 정서적 격앙에서 벗어나 차분하게 사고함으로써 합리적으로 처리해 나가도록 돕는 것을 말한다. 가족 구성원들이 정서적 반응에 휘말리지 않고 차분하게 자신의 행동과 역할을 돌이켜 보게 하는 방법으로는 일기쓰기나 편기쓰기 등의 기법을 활용할 수 있다(Rasheed et al., 2011).

2) 경험적 모델

경험적 모델은 인본주의적 인간관과 실존주의, 현상학 등의 철학을 바탕으로 자아존중감과 의사소통 유형에 초점을 기반으로 형성되었으며, 대표적 학자로 휘태커(Carl Whitaker)와 사티어(Virginia Satir)가 있다. 경험적 모델은 가족 구성원들이 서로 깊이 있고 솔직한 교류를 경험할 때 개인과 가족의 성장이 이루어진다고 보았다. 이를 위해 경험적 모델에서는 문제를 제거하는 것이 아니라 가족이 정서적 경험을 나누고 가족 구성원 간에 의사소통을 개선하는 것을 강조한다.

(1) 주요 개념

① 자아존중감

자아존중감이란 다른 사람들이 자기를 보는 것과는 별개로 자기 자신에 대한 신뢰와 존중을 의미하는 것이다. 자아존중감은 사티어 가족치료이론 체계의 기초적인 개념이며, 중요한 치료목표이기도 하다.

자아존중감의 세 가지 요소는 자기, 타인, 그리고 상황이다. 자기란 자신에 대한 애착, 사랑, 신뢰, 존중을 통해 갖게 되는 자신에 대한 가치와 자신의 유일성을 말한다. 타인이란 다른 사람과의 관계에서 형성되어 다른 사람에 대해 느끼는 것으로 다른 사람과의 동질성과 이질성 그리고 상호작용에 대한 것을 말한다. 상황이란 주어진 여건과 맥락을 의미하는데, 주로 부모나 원가족 삼인군(어머니, 아버지, 아동)에서의 상황을 말한다. 이 요소 중 어느 한 부분이라도 온전하지 못하면 역기능적인 것이며, 개입의 목적은 이 세 부분이 보완되어 결과적으로 일치되는 것이다(정문자, 2003).

② 생존 유형

스트레스 상황에 대처하는 역기능적 의사소통 및 대처 유형을 의미하며, 다섯 가지 방식으로 구분된다.

- **회유형**(placating): 생존의 위협이나 거절당한 느낌이 있을 때, 자신의 내적 감정이나 생각을 무시하고 타인의 비위를 맞추려고 한다. 갈등이나 다른 사람의 불편함에 자기 일처럼 상대방의 고통을 가볍게 해주려고 노력하며, 일이 잘못되면 책임이 자신에게 있다고 생각한다. 반면 자신을 스스로 돌보거나 다른 사람의 도움을 요청하지 못한다. 몸자세는 용서를 구하고 애걸하는 자세이고 자주 사용하는 언어는 '나는 가치가 없는 사람이야', '다 내 잘못이야', '나는 생각하지 마', '당신이 없으면 나는 아무 것도 아니야', '당신이 원하는 것이 뭐예요' 등이다. 이 유형은 타인과 상황은 포함시키지만 자신을 포함시키지 않아 자아존중감이 낮게 된다.
- **비난형**(blaming): 회유형과 반대로 자신을 보호하기 위해 다른 사람을 괴롭히거나 비난하고 환경을 탓한다. 타인을 무시하는 성향을 갖고 있어 타인의 말이나 행동을 비난하고 통제하며 명령한다. 외면적으로는 공격행동을 보이나, 내면적으로는 자신이 소외되어 있으며 외로운 실패자라고 느낀다. 몸자세는 상대에게

손가락질을 하고 소리치며 분노하는 표정이다. 자주 사용하는 언어는 '모두 네 탓이다, 제대로 하는 일이 없다'로 상대에게 책임을 전가한다. 이 유형은 자신과 상황은 포함시키지만 다른 사람을 포함하지 않는다는 문제를 가진다. 비난형과 회유형은 짝을 이루며 비난하는 남편과 회유하는 부인인 경우가 많다. 둘 다 병리적 의사소통 유형으로 자아존중감이 낮은 의사소통 방법이다.

- **초이성형**(super-reasonable): 자신과 타인 모두를 무시하고 상황만을 중시한다. 감정을 드러내지 않고 지나치게 이성적이고 주로 자료와 논리의 수준에서 기능한다. 비인간적이며 객관적이다. 완벽을 추구한다. 강박적 · 원칙론적 · 강제적인 성향을 갖는다. 이들이 사용하는 언어는 사람은 어떤 희생이 있어도 냉정하고 조용하고 침착해야 한다. 이들은 내면적으로는 유약하고 작은 실수도 용납하지 못하고, 쉽게 상처받고 소외감을 느낀다. 감정이 취약하므로 감정에서 상황으로 초점을 바꾸어버린다. 몸자세는 감정을 배제하고 상황만을 처리하는 컴퓨터처럼 냉정하고 딱딱하다. 팔짱 끼는 자세 등을 보인다.
- **산만형**(irrelevant): 자신, 타인, 상황 모두를 무시한다. 초이성형과 대조적으로 말이 되지 않는 이야기를 하고, 매우 산만하고, 혼돈된 심리상태를 보인다. 스트레스를 주는 주제로부터 관심을 돌리고자 쉬지 않고 움직이며 주제로부터 관심을 분산시키고자 한다. 내적 경험으로는 아무도 나에게 관심이 없으며 자신이 설 자리가 없다고 생각한다. 몸자세는 엉뚱한 곳을 쳐다본다. 초이성형과 산만형은 짝을 이루기 쉽다. 초이성형에게는 산만형이 재미있게 보이며 산만형에게 초이성형은 안정감을 제공한다. 그러나 두 유형은 가까워지면 서로를 변화시키려 들며 상호작용에서 곧 어려움에 직면하게 된다.
- **일치형**(congruent): 의사소통의 내용과 내면의 감정이 일치하는 유형이다. 자기, 타인, 상황을 자각하고 돌보는 자세로 반응하는 것이다. 내적 경험으로는 조화, 균형, 높은 수준의 자기 가치를 가지게 된다. 창조적이고 생동적 행동, 개성이 드러난다.

③ 가족규칙

가족규칙은 원가족 삼인군에서 경험한 것을 내면화한 것으로 일종의 명령(injunction)이다. 가족규칙은 의사소통 방식과 스타일, 가족의식과 습관, 가족 신화와 비밀, 가족문제와 역기능에 반응하는 행동이나 반응으로 나타나며 인간 대처방식의 일부가 된다. 표현의 자유를 억압하거나 비합리적인 가족규칙은 낮은 자존감을 형성시키며 개인과 가족의 역기능의 원인이 된다.

(2) 치료목표

경험적 가족치료의 목표는 자아존중감을 높이고, 의사소통 유형을 일치적으로 만드는 것이며, 가족규칙을 합리적이며 현실적으로 만들고, 자기 인생에 대한 선택권을 스스로 갖도록 하는 것이다.

(3) 실천기술(개입 기법)

① 가족조각

어느 시점을 선택하여 그 시점에서의 가족관계, 타인에 대한 느낌과 감정을 동작과 공간을 사용하여 표현하는 비언어적인 기법을 말한다(이영분 외, 2008). 이 기법을 사용하는 목적은 가족 구성원 각자가 자신의 내면적 감정을 접함으로써 진정한 자아에 대해 알고 느끼며 새로운 대처방법을 생각해 보기 위한 것이다(정문자 외, 2012). 이러한 과정을 통해 가족의 의사소통 유형, 권력구조, 경계선, 소속감, 개별화, 규칙 등을 파악할 수 있다. 이 기법은 사정과 평가뿐 아니라 효율적인 개입 기법으로 많이 활용되고 있다.

② 빙산은유

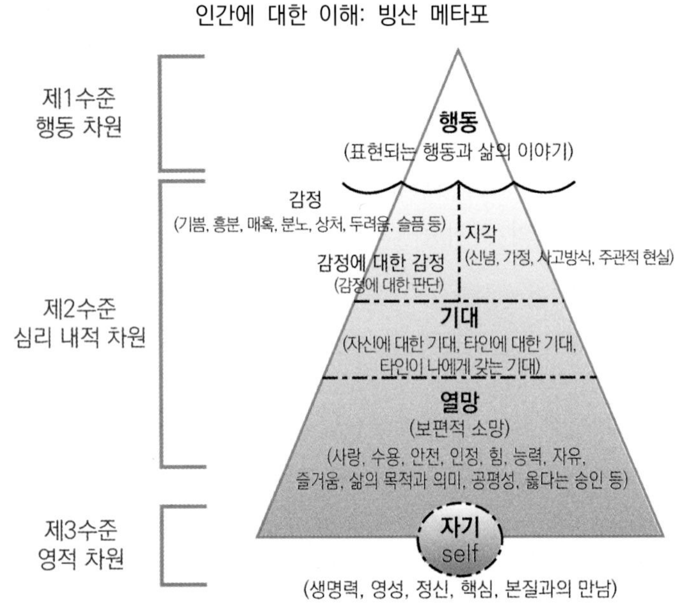

[그림 13-1] 사티어의 빙산 탐색

출처: Banmen(2001), 김영애 역(2019)

빙산의 수면에 보이는 것은 사람의 행동과 대처 유형을 의미하고 수면 밑에 있는 것이 사람의 감정, 기대, 지각, 열망, 자기(self)이다. 사티어는 우리 경험의 대부분이 수면 아래에서 경험된다고 하였다(Banman, 2001). 이처럼 빙산 탐색을 통해 현재 개인의 내면을 탐색함으로써 고착된 부분이 무엇이며, 원가족 삼인군의 상호작용에 어떻게 연결되어 있는지를 자각하고, 수용하며, 경험함으로써 일치성에 도달할 수 있다고 보았다(Satir et al., 1991).

③ 가족조각

가족조각이란 어느 시점을 선택하여 그 시점에서의 가족관계, 타인에 대한 느낌과 감정을 동작과 공간을 사용하여 표현하는 비언어적인 기법을 말한다. 이 기법을 사용하는 목적은 가족 구성원 각자가 자신의 내면적 감정에 접함으로써 진정한 자아에 대해 알고 느끼며 새로운 대처방법을 생각해 보기 위한 것이다(정문자 외, 2012). 이러한 과정을 통해 가족의 의사소통 유형, 권력구조, 경계선, 소속감, 개별화, 규칙 등을 파악할 수 있다. 이 기법은 사정과 평가뿐 아니라 효율적인 개입 기법으로 많이 활용되고 있다.

④ 가족그림

가족 성원들에게 자신이 느끼는 대로 자유롭게 가족에 대해 그림을 그리게 한 후 토의하는 기법이다. 가족초상화 그리기, 자화상 그리기, 동물가족화 그리기 등이 포함된다. 가족 구성원 각자에게 가족초상화를 그리게 하고 그림 속의 구성원의 특성과 공통점, 차이점 등을 파악한다. 아버지가 엄하고 무섭게 느껴지는 아동은 아버지를 무서운 표정을 한 사람으로 나타내고, 잔소리가 많은 어머니는 입을 크게 그리는 경향이 있다. 자화상은 스스로에 대한 이미지를 그리게 하는 것이다. 평소에 눈이 작다고 여기는 사람은 크고 아름다운 눈을 그리는 경우를 흔히 볼 수 있다. 동물가족화 그리기도 마찬가지로 가족 성원들을 동물로 상징화해서 그리게 할 수 있을 것이다.

3) 구조적 모델

구조적 모델의 창시자인 미누친(Minuchin)은 어려움을 겪는 저소득층 가족들을 만나면서 정신적, 신체적 증상의 원인이 개인보다 그들이 소속해있는 가족 맥락에 있으며, 이들은 문제를 극복할 수 있는 대안이 부족하다는 것을 알게 되었다(Rasheed et al., 2011). 즉, 역기능적 가족구조에 의해 문제가 유지되므로, 가족구조를 변화하여 새로운 구조를 만들 수 있는 접근이 필요하다고 생각하였다.

(1) 주요 개념

구조적 모델에서는 가족구조가 문제라는 입장이다. 여기서 가족구조는 가족 간에 상호작용이 지속적으로 일어나는 형태 즉, 가족의 상호작용구조를 말한다. 병리적 상호작용은 잘못된 가족구조에서 나타나며 이러한 가족구조가 병리적 상호작용을 지속시킨다고 본다. 곧 증상은 현재의 가족구조 불균형에서 비롯된다는 것이다. 따라서 구조적 문제를 해결함으로써 상호작용이 개선될 수 있다고 보며, 가족구조의 재구조화가 목표가 된다.

① 가족구조

가족구조는 가족 내에서 일어나는 관계의 조직과 상호작용 패턴을 의미한다. 가족구조가 형성되면 가족들은 변하지 않고 기존 체계를 지속시키려는 경향을 가지며, 긴장과 불균형을 느끼기 전까지는 항상성을 유지하려고 한다.

② 하위체계구조

가족체계는 하위체계들을 통해 기본적인 기능을 수행한다. 주요한 하위체계로는 부부 하위체계, 부모 하위체계, 형제자매 하위체계가 있다. 가족 구성원은 여러 종류의 하위체계에 속할 수 있으며, 어느 하위체계에 속해 있느냐에 따라 역할과 권위가 달라진다.

③ 경계선

경계선은 눈에 보이지 않지만 가족 구성원 개인과 하위체계의 안팎을 구분하는 선이며, 가족 구성원 사이에 허용되는 접촉의 양과 종류를 규정한다(Becvar & Becvar, 1997). 즉, 경계선은 누가 어떻게 상호 관여할 수 있는가를 규정하는 규칙을 나타내는 선이다(Minuchin, 1988).

경계선의 유형으로는 분명한 경계선(clean boundary), 모호한 경계선(diffused boundary), 경직된 경계선(rigid boundary)의 세 가지 유형이 있다. 분명한 경계선을 가지는 가족은 하위체계의 구성원이 주어진 역할과 기능을 충실히 수행한다. 모호한 경계선을 가진 가족은 가족 구성원이 지나치게 관여하거나 간섭을 많이 하여 가족 각자의 독립성과 자율성이 발달하기 어렵다. 경계가 경직된 가족은 서로 관심이 없고 상호작용이 적어 따뜻한 사랑과 지지가 결여되어 있다. 하위체계 간의 경계가 모호한 가족을 밀착가족(enmeshed family)이라고 하며, 경계가 지나치게 경직된 가족을 유리가족(disengagement family)이라고 한다.

④ 위계구조

가족이 적절하게 기능하기 위해서는 효율적인 위계구조가 확립되어야 한다. 효율적인 위계구조는 가족 내 권력을 기반으로 한다. 가족 내 권력은 권위(결정권자가 누구인가) 및 책임(누가 그 결정을 수행하는가)과 관계가 있으며(Goldenberg & Goldenberg, 2013), 이는 하위체계의 기능 및 경계선과 관련이 있다.

부모체계가 자녀체계보다 위에 위치해야 하는데, 가족 성원의 제휴로 인하여 역기능이 발생하기도 한다. 우리나라의 대표적 가족문제인 고부갈등이 제휴(안정된 연합)의 대표적인 형태인데, 남편이 부부체계에 속한 아내보다 확대 가족원인 어머니와 밀착된 관계를 맺으며, 중요한 의사결정을 하게 될 경우 가족의 위계구조는 무너지게 되므로 부부갈등이 일어날 수밖에 없다.

(2) 치료목표

구조적 모델의 치료목표는 가족이 나타내고 있는 문제에 숨겨진 역기능을 찾아내어 가족구조를 재구조화하는 것이다. 가족구조를 변화시키면 가족문제는 자연스럽게 해결된다고 보았다. 가족구조를 재구조화한다는 것은 하위체계 간의 명확한 경계선을 설정하고, 가족 위계구조를 적절히 확립하며, 가족의 실상에 맞는 새로운 규칙을 제공하는 것이다. 새로운 구조는 가족 구성원이 고정된 역할과 기능으로 항상성을 유지했던 문제행동에서 벗어나게 할 것이다.

(3) 실천기술(개입 기법)

구조적 모델에서 사회복지사는 첫째, 가족에 합류하여 지도자의 위치를 확보하고, 둘째, 사회복지사가 가족의 구조를 확인하며, 셋째, 가족구조를 변화(재구조화)시키는 세 단계로 이루진다(정문자 외, 2012). 구체적이며 행동지향적인 특성을 가진 구조적 모델의 치료기법은 다음의 7단계로 이루어진다(Nichols, 2012).

① 합류하기(joining)와 적응하기(accommodating)

가족체계는 항상성을 유지하려는 속성이 있다. 그러므로 사회복지사는 먼저 성원을 이해하고 수용함으로써 가족에 합류하고 적응한다. 특히 가족 내의 특정 성원이 아닌 성원 모두를 수용하고 이해하는 것이 중요하다.

② 상호작용에 개입하기(working with interaction)

가족은 있는 그대로 보다는 바람직하다고 생각하는 대로 자신을 기술하는 경향이 있다. 따라서 사회복지사는 가족에게 어떤 문제를 어떻게 다루는지 회기 중에 직접 실연-가족이 문제행동을 치료회기 중에 직접 보여줌으로써 치료자가 관찰하고 변화하도록 하는 것-하여 가족의 상호작용 구조를 관찰하고 수정한다. 예를 들면, 가족 성원이 사회복지사에게 상황을 기술하기보다는 사회복지사가 “두 분이 여기서 그 문제에 대해 직접 얘기해 보시죠”라고 말함으로써 구체적인 상황에 대해 가족 간의 대화를 자극한다.

③ 구조적으로 맵핑하기(structural mapping)

가족은 대개 한 성원에게 문제가 있는 것으로 이해한다. 하지만 사회복지사는 개인의 문제를 가족의 역기능적 상호작용의 결과로 이해하고 가족 전체가 변화함으로써 성원 모두에게 도움이 되도록 문제를 진단한다.

④ 상호작용을 강조하고 수정하기(highlighting and modifying interactions)

가족의 역기능적인 상호작용 유형을 강조하고 수정하기 위해서는 현재의 균형상태를 깨뜨리기 위한 자극적인 방법이 필요하다. 사회복지사는 이를 위해 강도(intensity)를 사용하는데, 강도를 이루기 위해 정서, 반복, 지속 등을 선택적으로 사용한다. 예를 들면, 심한 떼를 쓰는 아동의 부모는 지속을 통해, 즉 아동이 아무리 떼를 써도 아동에게 지지 않고 아동이 포기할 때까지 기다림으로써 문제행동을 수정할 수 있다.

⑤ 경계선 만들기(boundary making)

사회복지사는 지나치게 유리된 혹은 밀착된 하위체계 간의 경계를 근접하기 쉽게 하거나 혹은 경계 간에 어느 정도의 거리를 만든다. 예를 들면, 어머니가 지나치게 간섭하고 보호하는 청소년 자녀의 경우에는 어머니와 자녀 간에 경계를 만듦으로써 자녀의 자율성을 확보하도록 한다.

⑥ 균형 깨뜨리기(unbalancing)

하위체계 간의 관계를 재배치함으로써 역기능적인 가족 내의 균형을 깨뜨리는데, 이를 위해 사회복지사는 일부 성원의 편을 들기도 한다.

⑦ 비생산적 가정에 도전하기(challenging unproductive assumptions)

사회복지사는 가족 성원의 현실에 대한 인지를 변화시키거나 정보와 충고를 제공하는 교사의 역할을 수행한다. 예를 들어, 부모가 어린 자녀의 발달을 이해하지 못한 채 '문제아'라는 부정적 낙인을 찍는 경우 아동 연령에 따른 기대행동에 대해 부모를 교육한다.

4) 전략적 모델

전략적 모델은 가족들이 가진 문제의 원인이 통찰되거나, 해결되지 않은 정서를 표현시키기보다는 문제를 즉각적으로 해결하도록 돕고, 증상들을 제거하는 데 관심을 둔다. 즉, 전략적 모델은 '가족 안에 반복되는 역기능 행동을 현재 이후 어떻게 변화시킬까'라는 문제를 해결하는 행동적, 방법적 측면에 관심을 갖는다.

(1) 주요 개념

전략적 모델은 MRI(Mental Research Institute) 상호작용 모델, 헤일리와 마다네스(Haley & Madanes)의 전략적 구조주의 모델, 밀란(Milan)의 체계적 모델의 세 가지가 대표적이다. MRI 상호작용 모델에서는 의사소통의 '내용'이 문제가 아니라 잘못된 '과정'이 문제라고 보고, 일차적으로 표면적 행동변화를, 이차적으로는 가족 규칙과 신념의 변화까지 치료목표로 삼는다. 헤일리와 마다네스의 전략적 구조주의 모델은 의사소통이론과 역할이론에 관심을 갖고 주고받는 메시지에 포함된 통제와 권력 투쟁에 관심을 가졌다. 구조적 관점을 사용하여 가족의 잘못된 위계질서를 변화시키는 것에 초점을 두었다. 밀란의 체계적 모델은 가족이 겪는 증상이란 비밀리에 진행되는 가족의 상호작용(게임)을 의미하므로, 증상을 중심으로 가족들이 하고 있는 가족게임을 무력화시키는 것을 중요한 변화목표로 잡았다.

이처럼 전략적 모델마다 주요 개념과 접근이 조금씩 다르지만, 공통적으로는 드러난 문제를 확인하고, 문제행동을 지속시키는 행동패턴을 파악하여 비효과적인 행동패턴을 변화시킬 수 있는 전략을 세워 개입하고 있다.

(2) 치료목표

전략적 모델의 치료목표는 가족이 가진 문제를 해결하는 것이다. 문제해결의 주된 방법은 역설적 개입을 사용하여 가족체계의 일차적 변화와 이차적 변화를 유도하는 것이다.

전략적 모델은 체계 내의 이러한 변화를 가져올 상호 합의된 행동적 목표를 가지고 작업한다. 개별 가족 구성원의 행동과 한 체계로서의 행동을 평가과정을 통해 확인하고, 확인된 문제를 강화시키는 순환적 인과성을 깨뜨리기 위해 가족들에게 새로운 행동을 시도할 수 있는 기법을 사용한다(제석봉 외, 2014).

(3) 실천기술(개입 기법)

전략적 모델은 다른 가족치료 모델보다 다양한 실천기술을 제시한다. 전략적 모델을 사용하는 사회복지사는 가족의 협조를 얻어낼 수 있는 강력한 권위자의 역할과 일관성과 책임감을 가진 변혁자로서의 역항이 요청된다.

① 역설적 개입

역설적 개입은 가족 내의 순환적인 인과성을 끊기 위해 사용하는 전략으로, 도움을 요청하는 문제행동을 계속하도록 요청하는 것을 의미한다(Nichols & Schwartz, 2008). 가족들은 사회복지사의 지시를 따르거나 또는 멈춰야 되는 이중구속 상황에 놓이게 된다. 사회복지사의 지시를 따를 경우 자신의 증상을 통제하게 되고, 지시를 따르지 않을 경우 증상을 포기하는 치료적 효과를 가져올 수 있다.

예를 들어, 부부싸움으로 상담을 받으러 온 부부에게는 매일 시간을 정해놓고 더 싸울 것을 요청하는 것이다. 싸움을 지속하라는 사회복지사의 역설적 지시에 부부는 증상을 통제할 수 있는 자신들의 모습을 발견하게 되는 것이다. 그러나 이 기법은 경우에 따라 어려움을 겪는 가족 성원들을 당황하게 만들거나 화나게 할 수 있으므로, 안전한 신뢰관계가 형성되고 증상을 통제할 수 있기 개입이라는 충분한 설명이 제시되어야 할 것이다.

② 지시

가족 내 잘못된 위계질서를 바로잡기 위하여 사회복지사는 가족의 상호작용에 직접적으로 영향을 미치는 특정 행동을 하도록 지시하거나, 하지 않도록 지시를 한다(Haley, 1976). 지시는 가족들이 취해야 할 구체적인 행동을 제시하는데, 여기에는 두 가지 방식이 있다. 첫째, 증상과 관련하여 위계질서 재편에 도움이 되는 특정 행동을 하도록 충고하는 것이다(예: 자녀들에게 부모님께 존대어를 사용하도록 충고). 둘째, 증상과 관련하여 특정 행동을 하지 않도록 충고하는 것이다(예: 자녀에게 폭력을 가하는 부모에게 상담기간 동안 자녀를 때리지 않도록 지시). 지시적 방법을 사용할 때에는 가족들이 사회복지사의 지시를 잘 따를 수 있도록 가족의 상황이나 배경을 충분히 고려한다(한재희 외, 2013).

③ 고된 체험 기법

변화를 원하는 사람에게 증상보다 더 고된 체험을 하도록 과제를 주어 증상을 포기하도록 하는 것이다. 이 기법의 원리는 서비스 이용자가 증상을 포기하는 것보다 증상을 유지하는 것이 더 고통스럽다는 것을 알게 될 때 그 증상을 포기할 수 있다는 전제를 갖는다(정문자 외, 2012).

④ 재구성

가족이나 가족 성원의 행동이나 경험을 다른 관점으로 그리고 더 긍정적인 시각으로 볼 수 있도록 돕는 기법을 말하는 것으로 재명명 혹은 재정의와 유사한 개념으로 사용된다(Sheafor & Horejsi, 2005). 현재 경험하는 갈등이나 문제를 매우 부정적으로 생각하고 있는 가족에게, 그 경험이나 갈등상황에 의미를 부여하거나 다른 시선으로 바라볼 수 있도록 시도하여 지금까지와는 또 다른 방식으로 인식할 수 있게 하는 접근이다. 부정적인 증상을 긍정적인 동기로 설명함으로써 가족체계의 균형을 유지하고 있는 역기능적 증상을 무력화시키는 기법이다.

⑤ 은유적 과제

은유적 과제란 가족들이 자신의 문제를 드러내는 것을 부끄럽게 여기거나 함께 토의하기를 꺼려하는 경우(예: 성문제 등) 사회복지사가 비유나 이야기를 통하여 변화를 시도하는 방법이다(제석봉 외, 2014).

⑥ 불변처방

역기능적 가족의 '게임'에 유사성이 있음을 발견하고 가족으로 하여금 이에 대한 대항방식을 형성하여 게임을 중단하도록 하는 데 초점이 있다. 일반적으로 부모의 동맹을 강화하고 다른 가족연합을 해체하여 가족이 경직되고 파괴적인 상호작용에서 벗어나도록 유도한다(Goldenberg & Goldenberg, 2013).

⑦ 순환질문

순환질문은 각 가족 성원에게 돌아가면서 가족 상호작용이나 가족관계에 대해 이야기하게 하는 대화기법이다. 순환질문을 통해 서비스 이용자 가족은 개별 가족 성원이 반응을 경청하면서 가족을 새롭게 인식하는 경험을 하게 된다. 이는 서비스 이용자가 자신을 관계적 맥락에서 바라보게 하는 관계질문 기법이다(Nichols & Schwartz, 2008).

SECTION 03 종결 단계

종결 단계에서는 제시되었던 가족의 문제나 욕구가 개입과정을 통해 해결되었는지를 확인하고, 개입과정에서 성취한 변화를 유지할 수 있도록 지원하는 단계이다. 남아있는 문제를 재검토하여 상담을 지속할지 혹은 종결할지 여부를 유연하게 결정하며, 필요한 경우 추후관리를 계획하여 진행하도록 한다. 개인접근과 마찬가지로 가족대상 사회복지실천 종결에서는 종결과 관련된 정서를 반드시 다루어야 한다.

1. 종결의 시기와 유형

가족과의 종결은 사회복지사에 의해 추진될 수도 있으며 때로는 가족이 종결하고 싶다고 의향을 알리기도 한다. 일반적으로 가족과의 종결은 첫째, 초기에 설정한 목표가 달성되었을 경우, 둘째, 최초에 설정한 목표에는 충분히 달성하지 못했지만 더 이상 개입이 필요하지 않다고 판단될 정도로 가족 기능에 변화가 있는 경우, 셋째, 외부의 자원이 더 이상 필요하지 않다고 판단되는 경우, 넷째, 사회복지사가 여러 가지 노력을 했는데도 변화가 없다고 판단했을 때, 다섯째, 가족이 변화의 상담에 대한 동기를 상실했을 때 종결을 결정하는 것이 바람직하다(김유숙, 2007).

2. 종결의 과제

1) 목표달성 및 변화확인

종결 단계에서는 초기 계획 단계에서 가족과 함께 설정한 목표가 어느 정도 달성되었는지를 평가해야 한다. 가족의 목표와 변화 정도를 확인하기 위해서는 가족개입 과정에서 어떤 변화가 있었는지, 가족 구성원들은 각각 어떤 역할을 수행했는지 등에 대해 개방적으로 토의하고 피드백하는 시간을 갖는다. 이와 함께 사회복지사는 척도를 활용하여 사전-사후의 변화를 제시하거나 관찰한 변화에 대해 함께 논의할 수 있다.

구체적으로 가족치료를 통해 얻은 것을 강화하기 위해서 다음과 같은 개입을 할 수 있다(Worden, 2007). 첫째, 가족 구성원이 변화된 목록을 작성하고, 둘째, 치료를 통해 발생한 변화를 설명하고 가족과 나눈다. 셋째, 종결 후 가족이 직면할 수 있는 위험요소를 탐색하여 처리할 수 있도록 도우며, 넷째, 치료 중에 무엇이 도움이 되었으며 도움이 되지 않았는지에 대한 피드백을 끌어낸다. 다섯째, 미래의 접촉을 위한 여지를 남겨놓는다.

2) 종결에 따른 감정 다루기

종결 시기에 서비스 이용자는 복합적인 감정을 느낄 수 있다. 어려움을 극복하고 문제를 해결했다는 성취감부터 가족과 함께 한 사회복지사와 이별한다는 상실감까지 다양하게 경험할 수 있다. 종결에 대한 두려움 때문에 일부 서비스 이용자는 새로운 문제를 제시하거나, 이전에 어려움을 겪었던 문제를 다시 가져오는 경우도 있다. 따라서 사회복지사는 서비스 이용자가 종결에 따른 부정적인 감정을 솔직하고 자유롭게 표현할 수 있도록 돕고, 그 감정을 가족 구성원들이 함께 공감하고 수용할 수 있도록 한다. 무엇보다 종결 단계에서는 충분한 시간을 확보하여 가족 구성원들이 목표를 위해 노력했던 시간과 열정을 격려하고, 긍정적 변화를 이루어 낼 수 있었던 구체적인 행동이나 패턴 등을 제시하여 가족 구성원들이 문제해결을 위해 애쓴 자신에게 감사하며 종결을 맞이할 수 있도록 돕는다.

가족 구성원뿐 아니라 사회복지사도 종결에 대한 자신의 감정을 다루어야 한다. 서비스 이용자에 대한 과도한 책임감으로 가족을 더 돌봐야 한다는 느낌 때문에 사회복지사가 종결을 지연시킬 가능성도 있다. 물론 서비스 이용자의 안전을 보장하기 어렵거나, 위기상황에 처해있을 경우에는 서비스 기간을 연장하여 개입할 수 있다. 그렇지 않은 경우에는 서비스 이용자가 스스로 해결해 나갈 수 있는 기반을 마련하고 그가 비공식적인 지지망과 연결될 수 있도록 지원하는 등의 방법을 활용함으로써 서비스 이용자를 놓아주고 앞으로 나갈 수 있도록 해야 한다(Collions et al., 2010).

CHAPTER 14 사회복지실천의 기록

PART

04

사회복지실천의 기록

CHAPTER 14

사회복지실천의 기록

기록은 항상 사회복지실천의 필수적 요소가 되어 왔다. 사회복지사는 실천 과정에서 끊임없이 자신을 돌아보고, 서비스 이용자의 삶과 개입 과정을 성찰해야 한다. 그리하여 사회복지사는 실천내용과 과정을 통해 책임있는 전문직로서 역할을 다하며 기록의 과정을 통해 전문성을 연마하기도 한다. 이러한 과정에서 기록은 단순한 문서가 아니라, 중요한 실천 자료이자 전문성 향상의 도구가 될 수 있다.

이러한 기록은 공적인 성격을 가지며, 사회복지사와 기관이 기록의 정확성을 지키는 동시에 이용자의 사생활과 권리를 보호할 수 있도록 정의되어야 한다(Kagle, 홍순혜 · 한인영 역, 1997). 이 장에서는 사회복지 기록의 활용, 진행단계별 기록의 내용, 기록의 종류와 특성, 기록시 유의사항 등을 실제적 기록방법 습득에 초점을 두어 살펴보고자 한다.

SECTION 01 사회복지실천에서 기록의 활용

사회복지 기록은 서비스 이용자의 상황과 이용자에 대한 서비스 계획, 모니터링, 평가 등에 관한 정보를 문서화하여 보유하기 위해 이루어진다. 사회복지실천에서 기록의 활용 목적은 다음과 같다(Ames, 1999; Kagle, 홍순혜 · 한인영 역, 1997).

① 서비스 이용자의 욕구와 문제 확인

기록은 서비스 이용자의 상황과 서비스에 대한 욕구를 확인시켜 주는 정보를 포함한다. 즉 이용자에게 관심의 초점이 되는 문제와 서비스를 개시하는 이유에 관한 내용뿐 아니라 이용자의 상황에 관한 기술과 사정, 사회심리적 진단내용 등이 포함된다. 이런 정보는 서비스가 이루어지는 동안 계속 수정, 보완된다. 따라서 이러한 기록을 통해 이용자의 욕구와 문제를 파악하고, 개입을 위한 기초자료를 확보하며, 서비스 자격요건을 확인할 수 있게 된다.

② 서비스 내용의 보고

기록은 서비스 이용자의 상황이나 사례의 접수부터 종결에 이르기까지 이용자와 함께 또는 이용자를 위해 실행된 활동에 관한 모든 정보를 담고 있다. 이러한 정보를 통해 서비스 과정에 대한 정당한 사유를 확보할 수 있고, 외부 기관의 슈퍼비전이나 자문, 법정소송 등에 대해 그 실천활동에 대한 증빙자료로 활용하게 된다. 또한 사회복지사의 직무수행, 기관의 업무수행의 증빙자료로 활용될 수도 있다.

③ 사례의 지속성 확보

기록은 사례를 담당하던 사회복지사의 부재 시 서비스 이용자에게 서비스를 전달하는 다른 사회복지사가 사례에 대한 현재까지의 진행과정을 검토할 수 있게 해 줄 수 있다. 이는 사회복지 실무에서 사례의 지속성을 갖게 하기 위한 목적이다. 사회복지실천은 개인의 책임이 아니라 기관의 책임에 의해서 행해지는 것이므로 항상 기관의 책임을 명백히 해 두기 위해서는 기록이 그 기관의 책임을 명시하는 자료로써 활용될 수 있어야 한다.

④ 전문가 간 원활한 의사소통

기록은 서비스 이용자에 대한 개입을 위해 노력하는 다른 전문가와의 의사소통을 촉진시키는 역할을 한다. 사회복지사들만이 아니라 타 전문가들과 함께 일하는 기관에서 기록은 전문적 공조체제를 원활하게 하기 위하여 필요하다. 즉, 팀 구성원들에게 집단적으로 결정하고 함께 행동할 수 있도록 필요한 자원을 제공하며, 각 전문가의 노력이 잘 어우러지도록 조정해 준다. 또 팀 전체가 함께 활용할 수 있는 새로운 정보도 만들어낼 수 있다.

⑤ 서비스 이용자와의 정보 공유

기록은 서비스 이용자와 의사소통하는 도구로 사용될 수도 있다. 서비스 이용자의 변화 정도를 스스로 기록하게 함으로써 사회복지사와 공유하는 형태와 사회복지사가 이용자에 대한 개입의 내용 및 과정을 기록함으로써 공유하는 형태로 구분할 수 있다. 특히 사회복지실천방법 중 이용자와 기록의 일부나 기록과정을 공유하도록 권장하고 있는데, 이 경우 사회복지사는 자신의 기록이 서비스 이용자가 볼 수 있다는 것을 항상 염두에 두는 것이 필요하다.

⑥ 슈퍼비전, 자문, 동료검토의 활성화

기록은 슈퍼바이저, 자문가, 동료들과 서비스 이용자의 상황과 개입 과정에 대해 공유하고 지도· 감독받는 데 중요한 자료로 활용된다. 슈퍼바이저는 기록을 통해 사회복지사의 업무의 질을 파악하고 변화와 발전이 필요한 분야를 파악하고 사회복지사의 강점이 무엇인지를 발견할 수 있다. 또한 사례회의 시 기록을 통해 슈퍼비전, 동료의 검토, 자문 등이 이루어진다.

⑦ 효과적 서비스를 위한 모니터링

기록은 서비스를 지속적으로 평가하기 위한 유용한 도구이다. 그러므로 기록은 서비스의 궁극적인 효과를 측정하기 위하여 필요하며 구조화되고 체계적인 기록은 서비스가 진행되는 동안 서비스 이용자에게 제공된 서비스 활동을 점검하고 평가하며 수정하는 데 활용된다.

⑧ 교육과 훈련, 행정적 과업을 위한 자료 활용

기록은 사회복지실무와 기관의 업무 과정을 가르치는 것과 같은 교육적 측면에서도 유용한 도구가 된다. 실습생이나 신입 사회복지사에게 기관의 실무를 소개하는 데 사용될 뿐만 아니라 실무자들의 지속적인 교육과 훈련의 자료에 있어서 중요한 도구가 된다. 또한 서비스 유형, 직무관리, 직원의 직무수행, 자원의 분배에 관한 행정적 결정을 위한 정보 제공을 위해서도 필요하다.

⑨ 조사연구, 기관평가를 위한 자료 제공

기록은 사회복지실천과 관련된 연구를 수행하는 데 매우 중요한 자료로 활용될 수 있다. 예를 들어 기관과 실무자는 서비스 이용자의 욕구와 기관의 서비스 전달 유형에 관한 체계적 연구를 실시하거나 이용자의 행동과 목적 달성을 모니터링하기 위해 단일사례연구방법을 사용하기도 한다. 또한 사회복지기관의 평가를 위한 자료로 기록이 활용되기도 한다.

SECTION 02 진행단계별 기록의 내용

오늘날 사회복지실천의 기록은 책무성과 효율성, 그리고 서비스 이용자의 권리보호라는 다양한 요구를 동시에 충족해야 하므로, 무엇보다 서비스 제공에 초점을 맞추어야 한다. 그리하여 사회복지실천의 기록은 일반적으로 서비스 제공을 중심으로 구성된다(Kagle, 1991: 18). 구체적인 사회복지실천 과정별로 기록내용을 살펴보면 다음과 같다(윤현숙 외, 2001; 김정진 외, 2007).

1. 서비스 탐색 단계

- 서비스 이용자 특성(인구사회학적 정보)
- 서비스 개시 이유
- 현재와 과거의 이용자 상황에 대한 기술(사회력)
- 공식적 · 비공식적 자원과 제약
- 사정(사회복지사의 견해)

1) 서비스 이용자 특성(인구사회학적 정보)

서비스 이용자에 관한 기본적인 사항을 확인하는 것이다. 인구사회학적 정보는 전문적 판단을 요하지 않는 정보이며, 사회복지사와 서비스 이용자가 대면하기 전에 이용자 자신이 기록하기도 한다. 여기에 해당하는 내용으로는 이름, 주소, 생년월일, 성별, 교육수준, 가족구성, 직업, 수입, 종교, 결혼상태 등을 기록한다.

2) 서비스 개시 이유

먼저 서비스 이용자가 직접 서비스를 요청하였는지 그리고 이용자는 왜 찾아왔으며 기관에서 도울 수 있는지를 확인한다. 그런 사유에 해당되지 않는다면 다른 기관에서 의뢰하였는지, 의뢰하였다면 그 이유는 무엇인지를 확인한다. 그후에 이용자가 필요로 하는 서비스에 대한 정보를 알려준다.

3) 현재와 과거의 이용자 상황에 대한 기술(사회력)

사회력(social history)이란 서비스 이용자의 문제나 욕구를 이해하기 위해, 그들의 현재와 과거 상황에 대한 정보를 수집한 것이다. 이는 이용자의 개인적, 사회적, 환경적 정보를 중심으로 하며, 중심 문제를 역사적이고 생태학적인 맥락에서 이해하는 데 중점을 둔다. 사회력은 일반적으로 다음의 〈표 14-1〉과 같은 항목으로 구성된다(Kagle, 1991: 28-30).

표 14-1 사회력의 개요

[개인적 정보]

- 인지 및 신체적 발달: 특별한 이정표가 될 만한 것들(예: 뒤집기, 앉기, 그 밖의 운동들); 처음 말하기, 언어 발달, 배변 훈련, 그 밖의 자기관리 습관, 중요한 경험들(예: 임신, 출생, 질병); 특별한 가족사건(예: 죽음, 별거, 이혼); 형제 및 다른 가족성원들의 발달, 심리사회적 성장상의 중요한 사건들과 경험들; 이용자와 가족의 태도와 기대, IQ점수
- 건강: 현재와 과거의 질병, 사고, 장애, 증상, 고통, 진단명; 입원경력, 치료경력, 수술 경력, 약 복용, 보장구 사용 여부; 식이요법, 운동, 약물 사용, 성생활을 포함하는 건강 관련 행동; 과거와 현재 그리고 예측되는 미래의 건강상태에 대한 태도, 기대, 적응
- 정신건강: 현재와 과거의 인지적, 정서적, 사회적 및 행동기능, 현재 갖고 있는 문제의 발생시기와 진행기간, 현재 상태와 관련 있는 중요한 사건들, 현재 또는 과거의 정신건강 진단명, 입원경력, 치료경력, 수술경력, 약 복용, 이용자와 가족 그리고 사회환경 속의 타인들의 태도 및 기대
- 중요 행동 및 반응 유형: 중요 행동, 현재의 상황과 관련되거나 이용자, 가족 또는 사회환경 내의 타인들에게 중요한 행동유형들, 그리고 행동의 선례와 결과, 자극강화제와 같은 통제조건들; 흡연, 거식과 같은 스트레스성 행동과 습관, 가정, 직장, 학교, 지역사회 내에서의 반사회적 행동
- 지식, 정보, 인지유형: 현 상태와 이에 관련된 사건에 관한 이용자와 타인들의 해석, 인간행동, 사회적 서비스 등에 관한 지식, 정보 및 신념, 문제해결을 위한 현재의 노력, 자기개념, 통찰력, 서비스의 수단과 목적에 관한 가치, 선호도
- 감정 · 정서적 반응: 현 상황에 대한 이용자와 타인들의 정서적 반응, 현 상태와 이에 관련된 중요사건; 불안과 불편의 현 수준; 변화와 행동의 동기; 서비스에 대한 관여 정도; 미래에 대한 태도, 현 상황의 향상 가능성; 자존감
- 교육: 과거에 다녔던 학교 또는 기타 교육 프로그램; 성취 수준, 능력, 성취에 대한 경험; 태도, 기대, 교육과 자격증에 대한 가치; 향후 교육에 대한 희망 여부; 학급에서의 행동, 학업 습관, 기초 기술의 수준
- 직업: 유급, 자원봉사 및 가정 내 일거리 경험; 현재 직업, 고용주, 직위; 직장 경력 중에서의 중요 사건, 지식, 기술, 흥미, 태도, 적성, 기대, 구직 기술, 작업 습관

- 재정: 현재 및 최근 수입원; 수입액, 저축, 투자, 주식, 자산; 월지출액; 재정능력, 부채; 의료보험비와 같은 비용을 부담하는 수단; 수입에 관한 태도, 기대 및 우선순위, 자원의 활용
- 법적 문제: 검찰, 민법재판소, 형법재판소의 조치를 받은 과거와 현재의 사건; 과거구속; 집행유예, 폭력행위나 반사회적 행위에 대한 원고, 피고 또는 증인으로서의 경험; 이민 상태; 보호처분, 감독

[대인관계]
- 결혼과 가족: 가족성원, 역할 책임에 관한 기술을 포함하여 과거와 현재의 결혼관계 또는 가족상황; 부재 중인 부모, 형제, 자녀, 확대가족성원과의 관계; 결혼관계 및 가족 발달에서의 중요한 사건; 결혼과 가족에 관한 태도, 신념, 가치; 가족과 인근 지역사회, 문화의 관계(예: 성 문제, 자녀양육, 세대 간 교류와 같은 가족의 구조와 기능상의 문제들)
- 동료집단과 비공식적 사회망: 사회적, 여가활동, 성적 관계를 포함하여 비공식 동료관계에 대한 기술; 공식적 조직, 집단에의 참여, 대인관계 행동, 기술, 관심
- 직장관계: 슈퍼바이저와 상부권위조직, 동료조직, 하부조직 내의 사람들과의 관계성을 포함하여 직장환경 내에서의 관계성 기술, 직장관계성 속에서의 중요한 사건

[사회적 정보]
- 문화: 행동에 대한 가치, 선호, 기대; 편견과 차별의 문제; 자원의 존재성, 이용 가능성, 접근 가능성; 서비스와 서비스 제공자에 대한 태도; 지역사회와의 언어 및 관습의 차이; 자원
- 지역사회: 공식적 · 비공식적 자원; 인구, 경제, 생태환경, 물리적 특성; 이용자와 지역사회를 포함시키는 중요한 사건
- 제도와의 관계: 학교 및 기타 교육조직, 직장, 자원봉사단체, 봉사단체, 법체계, 보건 및 정신건강 조직, 사회복지기관 및 프로그램과의 관계

[물리적 환경]
- 물리적 환경에 대한 기술은 다음에 대한 안정성, 적절성, 유지성, 접근성에 특별한 관심을 둔다: 주거, 이웃, 직장환경, 교통

4) 공식적· 비공식적 자원과 제약

탐색 과정에서 확인된 문제와 욕구에 대응하기 위해, 사회복지사는 서비스 이용자가 필요로 하고 실제로 이용할 수 있는 자원과 서비스를 고려한다. 이때 교회단체, 자조 집단, 사회복지기관 같은 공식적· 비공식적 자원뿐만 아니라, 지역사회 자원이 적절하지 않거나 이용에 어려움이 있는 경우도 함께 기록해야 한다.

5) 사정(사회복지사의 견해)

서비스 이용자의 상황과 서비스 진행 내용이 먼저 기록된 후, 그에 대한 사정이 이루어진다. 사회복지사는 정해진 기준에 따라 이용자의 상황과 서비스 상호작용에서 중요한 요소들을 분석한다. 이때 사정 내용은 단순한 사실 기록과 구분해 '사회복지사의 사정', '견해', '가설' 등으로 명확히 표시하는 것이 좋다. 또한 사정은 이용자의 욕구와 어려움뿐만 아니라, 강점과 활용 가능한 자원까지 함께 평가해야 한다.

2. 서비스 형성 단계

- 서비스에 영향을 미치는 결정
- 서비스 계획
- 서비스 목적
- 서비스 특성

1) 서비스에 영향을 미치는 결정

서비스 이용자에게 어떤 종류와 양의 서비스를 제공할지에 대한 중요한 결정은, 그 내용과 정당성을 기록하는 것이 중요하다. 사회복지사와 이용자는 계약을 통해 서로 합의하는데, 이 계약에는 서비스의 목적과 방법 뿐만 아니라 면담 시간, 비용, 과제 등 구체적인 내용도 포함된다. 문서로 계약할 경우에는 계약서 사본을 보관해야 하며, 구두로 계약했을 경우에는 결정에 참여한 사람, 결정 내용, 그 정당한 이유를 기록으로 남겨야 한다. 구두계약 후 아래와 같이 기록할 수 있다.

> **예시** 한부모 가정의 자녀인 A양은 정서적 지지를 위해 복지관에서 운영하는 미술치료 프로그램에 참여하기로 하였으며, 주 1회 치료사와 개별 미술치료를 받고, 격주로 사회복지사와 상담을 진행하기로 합의하였다.

2) 서비스 목적

서비스 목적을 기록한다는 것은 서비스를 통해 무엇을 이루고자 하는지를 분명히 정하는 것이다. 이때 목적은 모호하거나 추상적인 표현을 피하고, 구체적으로 작성해야 한다. 예를 들어 '스트레스 대처 능력을 향상시킨다', '대인관계 능력을 증진시킨다'와 같이 구체적으로 기록하는 것이 좋다.

3) 서비스 계획

서비스 계획은 서비스 목적을 달성하기 위한 구체적 실행 내용을 정리한 것이다. 이 계획을 자세히 작성해 두면, 담당 사회복지사의 부재 시에도 서비스의 연속성을 유지할 수 있고, 서비스 실행 결과를 평가하는 데에도 도움이 된다.

4) 서비스 특성

서비스 특성이란 '어떤 종류의 서비스를 제공할 것인가'에 대한 내용으로, 예를 들어 개인상담인지 가족상담인지와 같은 구체적인 서비스의 유형을 말한다. 서비스의 특성은 기관마다 표준화된 기록양식에 따라 작성되는 경향이 있다. 특히 공공부조나 아동학대처럼, 서비스가 이용자의 선택이 아닌 자격권이나 법적 의무에 따라 제공되는 경우에는 공공기관에서 표준화된 기록 양식(체크목록)을 사용하는 것이 일반적이다.

예시

- 서비스

  □ 개인상담 □ 집단상담 □ 가족상담

- 자원 제공

  □ 교통편 □ 전화방문 □ 도시락배달서비스 □ 정보제공 및 의뢰 □ 옹호

3. 서비스 실행 단계

- 중간노트(서비스 과정 기록)
- 서비스 재검토(중간 요약)

1) 중간노트(서비스 과정 기록)

서비스 계획이 시작되면, 이용자의 상황과 서비스 진행 과정을 정기적으로 기록하고 평가하는 '중간 노트(midterm notes)'를 작성한다. 이를 '과정 노트(process notes)'라고도 하며, 여기에 어떤 정보를 포함할지는 이용자의 변화와 향상 과정을 잘 보여줄 수 있는지를 기준으로 결정된다. 중간 노트는 간결하게 작성될 수도 있고, 포괄적으로 작성될 수도 있으며, 이는 어떤 내용을 담고 얼마나 자주 기록하느냐에 따라 달라진다. 중간 노트는 다음의 내용을 포함한다.

- 지난번 기록 이후의 이용자 상황의 상태와 변화에 관한 기술
- 지난번 기록 이후 이용자 상황의 상태와 변화에 대한 사정
- 마지막 기록 이후의 서비스 활동과 서비스 과정에 관한 기술
- 중요한 사건의 보고

- 서비스의 목적, 계획, 과정, 진행에 대한 사정
- 서비스의 목적 또는 계획의 변화

2) 서비스 재검토(중간 요약)

중간 노트가 사례에 대한 사회복지사의 지속적인 관찰과 평가를 기록하는 것이라면, 서비스 재검토는 서비스 결정과 활동 전반에 대한 공식적인 재평가를 기록하는 것이다. 재검토는 보통 사례회의를 통해 이루어지며, 책무성을 확보하기 위한 목적으로 작성된다. 일반적으로 서비스 재검토 기록에는 날짜, 참여자, 제안 내용, 결정 사항이 포함되어야 한다. 재검토 기록은 구조적 양식을 따르는 데, 그동안의 중간 노트 기록을 구조적 틀에 맞추어 요약·정리하는 경우가 많다. 재검토 결과에 따라 사회복지사는 서비스의 목적과 계획을 수정하거나 새로운 내용을 반영할 수 있다.

4. 서비스 종결 단계

- 서비스 종결방법과 사유
- 서비스 활동과 결과 요약(종결 요약)
- 사후관리

1) 서비스 종결 방법과 사유

서비스는 사전에 수립된 계획에 따라 종료될 수 있으며, 때로는 이용자의 자발적인 결정으로 조기에 종료되기도 한다. 이때는 서비스 종결의 이유와 종결 방식에 대해 기록해야 한다. 이러한 기록은 책무성 확보, 서비스 평가, 그리고 이용자에 대한 향후 서비스 계획 수립에 중요한 자료로 활용된다.

2) 서비스 활동과 결과 요약(종결 요약)

사회복지서비스에 대한 기록은 일반적으로 서비스 과정의 개요를 담은 '종결 요약'과 종결 시점의 서비스 결과에 대한 내용을 포함한다. 여기에는 다음의 정보가 포함된다.

- 서비스 개시 이유
- 서비스 기간 동안의 이용자 상황
- 서비스의 목적, 계획, 진행 과정
- 서비스와 이용자 상황에서의 주요 사건

또한, 종결 시점에서의 이용자 상태, 서비스에 대한 평가, 그리고 서비스가 이용자 상황 및 이용 가능한 자원에 미친 영향에 대한 평가도 포함된다.

3) 사후관리

서비스가 종결된 후에도 변화가 유지되고 지속될 수 있도록 사후관리(follow-up)가 필요하다. 사후관리 기록에는 다음과 같은 내용이 포함된다.

- 이용자의 현재 상황
- 향후 필요한 서비스에 대한 제안
- 이용자와 함께 또는 이용자를 대신해 수행한 모든 조치에 대한 정보

SECTION 03 기록의 종류와 특성

사회복지실천에서는 다양한 종류와 양식의 기록이 사용된다. 기록은 사회복지사의 실천 내용을 평가하는 데 중요한 자료가 되며, 서비스 제공 내용, 프로그램 평가, 그리고 책임성 확보를 위한 문서로 활용된다. 사회복지사는 여러 목적에 따라 다양한 기록 양식을 사용하지만, 여기서는 그중에서도 가장 많이 쓰이는 '과정 기록', '이야기체 기록', '문제 중심 기록'을 중심으로 살펴보고자 한다.

1. 과정 기록

1) 과정 기록이란

과정 기록(process recording)은 사회복지사가 클라이언트와의 면접 또는 개입 과정에서 오간 대화, 상호작용, 감정 표현, 비언어적 행동 등을 시간 순서에 따라 자세하게 기록하는 방식이다. 이러한 기록은 사회복지 실천 과정에 대한 심층적 분석, 기술적 피드백, 사례의 연속성 유지, 그리고 교육 목적에 널리 활용된다.

2) 과정 기록 방법

과정기록은 단순한 대화 기록이 아니라, 클라이언트와의 상호작용, 감정 흐름, 실천 개입 과정 전체를 분석적 시각으로 기록하는 기술이다. 사회복지사는 단순히 '무슨 일이 있었는가'가 아니라, '그 일이 왜 일어났는가', '무엇을 의미하는가', '앞으로 어떻게 개입할 것인가'를 기록해야 한다. 다음은 과정기록 작성의 3단계 절차를 정리한 것이다.

(1) 1단계: 사실 기록(Fact Recording)

- 면접 날짜, 시간, 장소, 참여자 등 기본 정보 기입
- 이용자와의 직접 대화 내용을 가능한 한 직접 인용 형식으로 기록
- 이용자의 표정, 태도, 목소리 변화 등 비언어적 요소 포함

예시
- 이용자: "솔직히 말하면, 아이를 키우는 게 너무 힘들어요."
(말끝이 떨리고 고개를 숙임)

(2) 2단계: 반응 기록(Reaction Recording)

- 사회복지사의 내면적 반응: 감정, 직관, 떠오른 생각 등
- 자신의 개입에 대해 느낀 불안감, 성취감, 혼란 등을 솔직히 기술
- 이용자 반응에 대한 주관적 해석이나 인식 포함

예시
이용자의 발언을 들으며, "내가 충분히 지지해주지 못했나?"라는 생각이 들었고, 갑작스런 눈물에 당황스러움을 느꼈다.

(3) 3단계: 분석 및 계획 기록(Analysis & Planning)

- 이용자의 말과 행동의 의미 해석
- 현재 문제 상황과 감정 상태에 대한 평가
- 다음 회기에서 다룰 주제, 개입 방향, 기대 변화 등을 구체적으로 작성

예시
이용자는 자녀 양육 스트레스 속에서 감정조절에 어려움을 보임. 다음 회기에서는 자기감정 인식 훈련 및 일상 내 스트레스 관리 방안 제시 예정

과정기록을 세밀하게 작성하려면, 사회복지사와 이용자 간의 대화내용(언어적· 비언어적 의사소통), 사회복지사와 이용자의 대화에 대한 사회복지사의 느낌, 이에 대한 사회복지사의 분석을 기록한다. 또한 슈퍼바이저가 의견을 남길 수 있도록 별도의 코멘트란을 마련해 두는 것이 좋다. 이러한 구성은 사실에 기반한 내용, 사회복지사의 반응, 그에 대한 분석을 명확하게 구분하는 데 도움이 된다. 아래의 〈표 14-2〉는 과정기록의 예시를 제시한 것이다.

표 14-2 과정기록의 예시

면접 내용	사회복지사의 느낌, 분석
[면담 시작] 사회복지사: "박○○씨, 오늘은 어떤 이야기를 나누고 싶으신가요?" 이용자: "사실... 어제 아이한테 소리를 질렀어요. 저도 너무 놀랐고, 너무 미안하더라고요." (고개를 숙이고 목소리가 작아짐)	이용자는 죄책감과 자책의 감정을 강하게 느끼고 있음. 육아 스트레스가 정서적으로축적되고 있다는 신호로 해석됨. 정서적 안전감을 더 제공할 필요가 있음.
[심화 대화] 사회복지사: "소리를 지르신 후, 어떤 감정이 드셨는지 기억나세요?" 이용자: "무기력했어요. 아무도 날 도와주지 않는 것 같고, 혼자라는 느낌이 너무 커요." (눈물을 흘리며 손으로 얼굴을 가림)	이용자는 '도움받지 못하는 존재'라는 신념을 가지고 있는 것으로 보임. 이는 가족 내 지지 부족, 혹은 과거 경험과 연관되었을 가능성 있음. 비언어적으로 감정 표현이 많아진 점에서 정서적 개입의 시급성이 느껴짐.
[자원 탐색 유도] 사회복지사: "혹시 그 감정을 나눌 수 있는 사람이나 공간이 있으실까요?" 이용자: "친정 엄마랑 통화는 하는데... 솔직히 말 못해요. 걱정하실까 봐. (한숨, 눈을 자주 깜빡임)	이용자는 감정 공유에 대한 욕구는 있으나, 타인에게 부담을 주는 것을 회피함. 내면적으로는 관계 욕구와 단절 욕구가 공존함. 의사소통 기술과 자기표현 훈련이 병행되어야 함.

3) 과정 기록의 장점 및 한계

(1) 과정기록의 장점

과정기록이 갖는 주요 장점은 다음과 같다.

첫째, 과정기록은 사회복지사의 실천 기술을 향상시키는 데 도움이 된다. 기록을 통해 자신의 개입 방식, 대화 흐름, 반응 등을 되돌아보고 성찰할 수 있기 때문에, 실무 능력의 질적 향상에 기여한다.

둘째, 과정기록은 슈퍼비전의 효과적인 도구로 활용된다. 사회복지사의 개입 내용과 감정 반응, 판단 과정을 바탕으로 슈퍼바이저는 구체적인 피드백을 제공할 수 있으며, 실습지도나 사례회의에서도 유용하게 쓰인다.

셋째, 과정기록은 클라이언트에 대한 깊이 있는 이해와 분석을 가능하게 한다. 대화의 맥락, 감정의 흐름, 비언어적 신호 등을 구조적으로 기록함으로써, 문제의 본질을 파악하고 적절한 개입 방향을 설정할 수 있다.

넷째, 과정기록은 사례관리의 연속성과 일관성을 확보해 준다. 담당 사회복지사가 변경되더라도 기록을 통해 기존의 개입 내용과 관계 형성의 흐름을 파악할 수 있어, 서비스의 일관성과 지속성을 유지하는 데 도움이 된다.

다섯째, 과정기록은 기관의 책무성과 서비스 평가를 위한 근거 자료가 된다. 서비스의 진행 경과와 개입 효과를 문서화함으로써, 기관의 투명성과 책임 있는 실천을 입증할 수 있다.

(2) 과정기록의 한계

그러나 과정기록에는 현실적으로 다음과 같은 한계점도 존재한다.

첫째, 기록 작성에 많은 시간과 노력이 필요하다. 면담 내용을 구체적으로 정리하고 분석까지 포함해야 하기 때문에, 사회복지사에게 상당한 업무 부담이 될 수 있다.

둘째, 사회복지사의 주관적 해석이 개입될 가능성이 있다. 감정이나 가치관이 반영되어 기록의 객관성을 저해할 수 있으며, 이는 클라이언트에 대한 왜곡된 이해로 이어질 수 있다.

셋째, 정보의 누락이나 기억 오류가 발생할 수 있다. 면담 후 회상에 의존해 기록할 경우, 중요한 내용이 빠지거나 부정확하게 정리될 우려가 있다.

넷째, 기록물 보안과 클라이언트의 사생활 보호가 매우 중요하다. 과정기록에는 민감한 정보가 포함되기 때문에, 보안이 미흡할 경우 개인정보 유출이나 윤리적 문제가 발생할 수 있다.

다섯째, 기록 중심의 실천으로 흐를 위험이 있다. 기록을 남기기 위한 면담이 되면, 클라이언트와의 관계 형성이나 진정성 있는 상호작용이 약화될 수 있으며, 실천의 본질이 흐려질 수 있다.

2. 이야기체 기록

1) 이야기체 기록이란

이야기체 기록(narrative recording)은 사회복지사가 서비스 이용자와의 면접이나 접촉 상황에서 있었던 일을 시간의 흐름에 따라 서술하듯 기술하는 기록 방식이다. 사건의 발생 순서에 따라 자유롭게 서술하며, 면담 내용, 클라이언트의 반응, 사회복지사의 개입 등을 이야기하듯 자연스럽게 풀어 쓰는 것이 특징이다.

이야기체 기록은 형식에 크게 제한을 두지 않고, 사실 중심으로 있는 그대로의 상황을 기술하는 데 중점을 둔다. 따라서 사회복지사가 사정 초기 단계에서 클라이언트의 전반적 상황을 파악하거나, 사례의 흐름을 종합적으로 이해할 필요가 있을 때 효과적으로 활용된다.

2) 이야기체 기록 방법

이야기체 기록은 사회복지사가 클라이언트와의 면담, 전화 통화, 가정방문 등 다양한 실천 장면에서 경험한 내용을 시간의 흐름에 따라 자유롭게 서술하는 기록 방식이다. 이 방법은 정해진 형식 없이 일련의 사건과 상호작용을 이야기하듯 자연스럽게 기록하기 때문에, 면담 상황의 전반적인 흐름과 정서를 생생하게 전달할 수 있다는 특징이 있다.

이야기체 기록은 일반적으로 면담 일시, 장소, 이용자 정보, 면담의 목적 등을 간단히 밝힌 후, 당시의 상황, 클라이언트의 언어적·비언어적 반응, 사회복지사의 개입 내용과 그에 대한 반응, 사회복지사의 인식 및 해석, 그리고 향후 계획 등을 포괄적으로 포함한다. 특히 말과 행동뿐 아니라 그 맥락, 감정의 변화, 관계의 흐름까지도 기록할 수 있어, 사례를 보다 입체적으로 이해하는 데 효과적이다.

이 방식은 초기 면담 시 서비스 이용자에 대한 정보를 충분히 수집하거나, 관계 형성 과정 및 변화 양상을 종합적으로 검토할 필요가 있을 때 유용하다. 또한 실습생이나 경험이 적은 사회복지사에게는 면담 과정을 성찰하고 슈퍼비전 자료로 활용하는 데 있어 적합한 방식으로 권장된다.

다만 이야기체 기록은 기록자의 주관이 개입될 가능성이 있으며, 핵심 정보가 장문의 서술 속에 묻히는 경우도 있어 체계적인 분석이 어려울 수 있다. 따라서 기록을 작성할 때는 사실과 해석을 구분하고, 클라이언트의 말을 인용할 때는 명확하게 구별하며, 사회복지사의 개입과 반응을 명확히 기술하는 것이 바람직하다. 또한 개인 정보 보호를 위해 실명 대신 이니셜이나 가명을 사용하고, 내용이 과도하게 세부적이거나 감정적으로 치우치지 않도록 주의해야 한다. 이야기체 기록은 자유로운 서술을 바탕으로 하지만, 기록 목적에 맞는 정보 선택과 핵심 요약 능력도 함께 요구된다는 점에서 실천적 훈련이 병행되어야 한다. 아래의 〈표 14-3〉는 이야기체 기록의 예시를 제시한 것이다.

표 14-3 이야기체 기록의 예시

- 사례번호: 2025- 00
- 작성자: 000 사회복지사
- 면담일시: 2025년 7월 19일 오후 2시
- 면담장소: ○○종합사회복지관 상담실
- 대상자: 김○○ (여, 만 38세, 한부모, 중학생 자녀 1명 양육 중)
- 면담형태: 대면 면담 (정기 상담 3회차)
- 면담 내용(이야기체 기록)

김○○씨는 약속 시간보다 5분 일찍 도착하여 상담실 문을 조심스럽게 열고 인사를 나눈 후 자리에 앉았다. 표정은 이전보다 다소 편안해 보였으나 말투에는 여전히 조심스러운 느낌이 있었다. 인사 후 사회복지사가 "요즘은 어떠세요?"라고 묻자, 김씨는 "조금 나아진 것 같아요. 아이랑 얘기하려고 노력했어요."라고 답했다.

이전 면담에서 자녀와의 갈등이 심하다고 호소했던 김씨는, 최근 자녀와 하루에 한 가지씩 서로 좋은 점을 이야기하는 시간을 갖기로 했다고 설명했다. "서로 어색했지만, 처음으로 아이가 제게 '엄마가 그래도 밥은 잘 해줘서 좋아'라고 했어요. 울컥했어요."라며 눈시울을 붉혔다.

사회복지사는 감정을 공감하며 "정말 의미 있는 변화네요. 김○○님이 먼저 용기 내셨기에 아이도 반응한 것 같아요."라고 피드백을 주었다. 김씨는 고개를 끄덕이며 "맞아요. 저도 기운이 좀 생겼어요."라고 이야기했다.

이후 김씨는 최근 가족지원센터에서 진행 중인 부모교육 프로그램에 관심이 생겼다고 하며, 참여해 보고 싶다는 의사를 밝혔다. 이에 사회복지사는 신청 방법과 일정 등을 안내하고, 필요시 동행도 가능하다는 점을 전달하였다.

면담 말미에는 "처음엔 상담 오는 것도 긴장됐는데, 이제는 오는 게 기다려져요."라고 말하며, 스스로 변화의 의지를 표현하였다. 다음 면담은 1주일 후로 예약하였으며, 그 사이 자녀와의 대화 시도 및 교육 프로그램 신청 여부를 체크하기로 하였다.

□ 사회복지사의 소감 및 분석

김씨는 초기 면담 시 우울하고 무기력한 상태였으나, 자녀와의 대화를 시도하며 긍정적인 변화를 체험하고 있다. 오늘 면담에서는 표정, 말투, 내용 전반에 걸쳐 정서적 안정이 확인되었으며, 자기 효능감이 높아진 모습도 관찰되었다.

이러한 긍정적 변화는 김씨가 실제로 행동에 나섰고, 피드백을 통해 동기부여가 이루어졌기 때문으로 보인다. 다음 회기에서는 변화 유지 전략과 외부자원 연계 방안을 중심으로 상담을 이어갈 계획이다.

□ 다음 계획

- 클라이언트의 자녀와의 상호작용 변화 지속 여부 확인
- 가족지원센터 부모교육 프로그램 참여 여부 확인 및 지원
- 자녀와의 갈등 완화를 위한 감정표현 훈련 및 자기돌봄 전략 제시

3) 이야기체 기록의 장점 및 한계

(1) 이야기체 기록의 장점

이야기체 기록은 다음과 같은 장점을 가진다.

첫째, 이야기체 기록은 사건의 흐름과 맥락을 자연스럽게 파악할 수 있도록 도와준다. 대화의 전개, 정서의 변화, 상호작용의 흐름 등을 시간 순으로 서술하기 때문에 면담의 전체적인 과정이 생생하게 드러난다.

둘째, 사회복지사의 관찰력과 성찰을 향상시키는 데 도움이 된다. 기록 과정에서 사회복지사는 자신이 관찰한 내용과 개입 방식, 감정 반응 등을 되돌아보게 되며, 이를 통해 실천적 통찰을 얻을 수 있다.

셋째, 이야기체 기록은 자유로운 형식으로 작성할 수 있기 때문에 실습생이나 신입 사회복지사에게도 접근이 용이하다. 형식에 구애받지 않고 자신의 말로 풀어 쓸 수 있어 실천 초기 교육 및 훈련 과정에서 유익하다.

넷째, 슈퍼비전 자료로 활용하기에 적절하다. 면담 내용을 생생하게 담고 있기 때문에, 슈퍼바이저가 사회복지사의 개입 과정과 판단을 분석하거나 피드백을 제공하는 데 효과적으로 활용할 수 있다.

다섯째, 이용자의 말과 행동, 상황에 대한 사회복지사의 반응까지 입체적으로 기록할 수 있어, 복잡한 사례나 다면적 문제를 이해하고 평가하는 데 유용하다.

(2) 이야기체 기록의 한계

그러나 이야기체 기록은 다음과 같은 한계점도 가지고 있어, 사용 시 주의가 필요하다.

첫째, 자유로운 서술 형식으로 인해 기록 내용이 장황해지기 쉽고, 핵심 정보가 분산되거나 누락될 가능성이 있다. 중요한 내용을 간결하고 명확하게 전달하는 데 어려움이 따를 수 있다.

둘째, 객관성과 체계성이 부족할 수 있다. 사회복지사의 주관이 개입되기 쉬우며, 감정 표현이나 해석이 과도하게 포함될 경우 사실 중심의 기록으로서의 신뢰성을 떨어뜨릴 수 있다.

셋째, 표준화된 분석과 통계처리에 한계가 있다. 기록의 내용과 형식이 일정하지 않아 조직 내 사례관리 시스템이나 행정 문서로서 활용도가 낮아질 수 있다.

넷째, 시간과 정서적 에너지가 많이 소요된다. 면담 내용 전체를 정리하고 서술하려면 많은 시간과 집중력이 필요하며, 실무자의 업무 부담을 가중시킬 수 있다.

다섯째, 클라이언트의 민감한 정보가 상세히 기록되기 때문에 개인정보 보호와 기록 보안에 특별한 주의가 요구된다. 부적절한 관리 시 윤리적 문제로 확대될 수 있다.

3. 문제중심 기록

1) 문제중심 기록이란

문제중심 기록(problem-oriented recording)은 사회복지실천 과정에서 서비스 이용자의 문제를 중심으로 기록을 체계화하는 방법이다. 이 기록 방식은 사례에서 발생하는 다양한 이슈들 중 핵심 문제가 무엇인지 명확히 설정하고, 해당 문제에 대해 어떤 개입이 이루어졌으며, 그 결과는 어떠했는지를 논리적 순서에 따라 정리한다.

문제중심 기록은 문제 해결 중심의 접근을 반영하며, 서비스의 목표 설정과 개입 방향을 명확히 하고, 문제의 변화 과정을 추적하는 데 유용하다. 특히 기록의 구조화와 일관성을 강조하므로, 다학제 간 협력이나 사례관리 회의, 성과 평가 등에서 효과적으로 활용된다.

이 기록 방식은 원래 병원에서 의료 기록의 표준화와 치료 수행의 검토를 목적으로 개발되었다. 단순한 정보 기록을 넘어서, 문제를 체계적으로 파악하고 해결하는 데 실질적인 도움을 주기 위한 방식으로 설계된 것이다.

2) 문제중심 기록 방법

문제중심 기록은 서비스 이용자의 핵심 문제를 중심으로 정보를 구조화하고, 개입과정을 체계적으로 관리할 수 있도록 설계된 기록 방식이다. 이 방식은 특히 전문적인 사례관리와 서비스 평가, 그리고 다학제적 팀 실천에 효과적으로 활용된다. 문제중심 기록은 네 가지 요소, 즉 ① 데이터베이스의 설정, ② 문제 목록, ③ 초기 계획, ④ 진행노트로 구성된다.

(1) 데이터베이스(database)의 설정

데이터베이스는 서비스 이용자에 대한 기초 정보와 초기 사정 자료를 말하며, 문제목록과 계획 수립의 기반이 되는 필수적인 정보이다. 여기에는 다음과 같은 정보가 포함된다:

- 인적 사항(이름, 나이, 가족관계 등)
- 서비스 이용자의 주호소 문제 및 요청
- 건강 상태, 심리 · 정서 상태
- 가족 및 사회적 관계
- 경제적 상황
- 생활환경
- 이용 가능한 지역사회 자원 등

데이터베이스는 서비스 이용자를 전인적으로 이해하고, 문제의 원인과 배경을 파악하는 데 중요한 역할을 하며, 이후에 기록될 문제목록과 개입계획의 출발점이 된다.

(2) 문제목록(problem list)

문제목록은 서비스 이용자가 경험하고 있는 주요 문제를 식별하여 나열한 목록이다. 이 항목은 문제중심 기록의 핵심이자 중심축이 되는 구성요소이다. 문제는 번호를 매겨 기록하며, 우선순위를 정할 수 있다. 하나의 문제에는 여러 개입 목표나 접근 방법이 연결될 수 있다. 문제는 사정 과정에서 드러난 내용, 이용자의 호소, 사회복지사의 판단, 다학제 팀의 협의를 통해 도출될 수 있다. 아래 〈표 14-4〉는 문제목록의 예시를 보여준다.

표 14-4 문제목록의 예시

번호	문제	날짜	
		진행	중단/해결
1	경제적 어려움	7/6	
2	자녀와의 관계 갈등	7/6	
3	주거 불안정	7/10	8/31
4	우울 증상	7/14	

(3) 초기계획(initial plan)

초기계획은 문제목록에서 제시된 각 문제를 해결하기 위한 구체적인 개입 목표와 전략을 설정하는 단계이다. 사회복지사는 독립적으로 혹은 계획적으로 문제목록의 각 목록에 대해 계획을 세운다.

(4) 진행노트(progress notes)

진행노트는 클라이언트와의 실제 개입 과정, 상호작용, 변화 및 평가 결과 등을 주기적으로 기록하는 부분이다. 문제목록에 명시된 각 문제와 관련하여 진행된 활동을 중심으로 기술한다. 대표적인 기록 형식으로 SOAP 방식이 활용된다.

SOAP는 다음의 네 가지 요소로 구성되며, 각 요소는 실천 과정에서 수집되는 정보를 체계적으로 분류하고 기록할 수 있도록 돕는다.

- [S] 주관적 정보(subjective information): 서비스 이용자가 말로 표현하는 주관적인 경험, 감정, 생각을 기록한다. 이는 이용자의 감정 상태나 자기 인식을 이해하는 데 중요한 자료이며, 비판단적 태도로 기록해야 한다(예: "요즘 잠을 거의 못 자고 계속 불안해요").
- [O] 객관적 정보(objective information): 사회복지사가 면담 중 직접 관찰하거나 측정 가능한 정보를 기록한다. 이 항목은 면담 시 시각적 · 행동적 · 환경적 정보를 포함한다(예: 눈을 자주 깜빡이며 손을 떠는 모습, 최근 병원 진료 기록 등).
- [A] 사정(assessment): S와 O를 바탕으로 사회복지사가 내리는 전문적인 판단이나 해석을 기술한다. 이 과정에서는 클라이언트의 문제를 분석하고, 상황의 의미를 해석하며, 실천 목표를 재설정할 수도 있다(예: 최근 불안 증세가 심화되고 있으며, 일상 기능 저하가 우려됨).
- [P] 계획(Plan): 문제 해결을 위해 설정된 구체적인 개입 계획이나 다음 회기 목표를 기록한다. 여기에는 단기 · 장기 목표, 자원 연계, 행동 지침 등이 포함될 수 있다(예: 다음 주까지 self-stress 점검표 작성 요청. 필요시 정신건강복지센터 연계 검토).

아래의 〈표 14-5〉는 문제중심 기록의 예시를 제시한 것이다.

표 14-5 문제중심 기록의 예시

- S: 오씨는 "요즘은 누구한테 전화 한 통도 안 온다"며 외로움을 토로하였다.
  "자꾸 멍하니 TV만 보고 있다. 예전보다 밥도 잘 안 챙겨 먹게 된다"고 말함. 최근 며느리와의 갈등 이후 아들과도 연락이 뜸해졌다고 한다.
- O: 면담 내내 시선을 바닥에 두고, 표정이 무기력해 보임.
  혼잣말을 자주 하며, 복장은 다소 단정치 않음. 최근 방문한 보건소 상담 기록에 따르면, 경도 우울 증상이 의심된다는 소견이 있었음.
- A: 오씨는 가족과의 단절과 사회적 관계의 축소로 인해 사회적 고립 상태에 놓여 있으며, 이에 따라 정서적 건강도 악화되고 있음. 우울 증상이 심화될 경우 일상기능 저하나 건강 문제로도 연결될 수 있어 정기적인 정서적 지지와 사회적 연결망 회복이 시급함.
- P: 지역 내 노인정 및 복지관(소규모 미술교실) 참여 권유 및 신청 지원과 정서 상담 프로그램 연계가 필요함. 개별면담을 계속할 예정이다.

3) 문제중심 기록의 장점 및 한계

(1) 문제중심 기록의 장점

문제중심 기록의 장점은 다음과 같다.

첫째, 문제중심 기록은 문제 해결에 초점을 둔 실천 중심의 기록방식으로, 사회복지사가 이용자의 문제를 명확히 정의하고 체계적으로 개입할 수 있도록 돕는다. 이로 인해 서비스 과정의 흐름을 일관성 있게 유지하고 평가하기 쉬워진다.

둘째, 서비스 이용자의 다양한 문제를 목록화하여 정리하기 때문에 여러 문제를 동시에 파악하고 우선순위를 설정하는 데 효과적이다. 특히 복합적인 욕구를 가진 사례에서 계획 수립 및 개입 전략을 세우는 데 유용하다.

셋째, SOAP 형식과 같은 구조화된 틀을 사용함으로써, 문서화의 일관성과 명료성을 확보할 수 있으며, 타 기관 및 전문가와의 정보 공유 시에도 효율적이다.

넷째, 문제에 기반한 기록은 사후평가와 성과분석을 용이하게 하여, 서비스의 책무성과 전문성 강화에 기여한다.

(2) 문제중심 기록의 한계

문제중심 기록의 한계로는, 첫째, 문제를 중심으로 기록하는 방식은 이용자의 강점이나 잠재력보다 결핍이나 어려움에 집중하는 경향이 있어, 전인적 관점보다는 기능 중심의 접근으로 제한될 수 있다.

둘째, SOAP 형식 등 일정한 틀에 따라 기록해야 하므로, 신입 사회복지사에게는 기술적 부담이 될 수 있으며, 융통성 있는 접근이 어려울 수 있다.

셋째, 문제와 관련된 정보 중심의 기록은 이용자의 서사나 맥락, 관계적 요소를 충분히 담아내기 어려울 수 있다. 이는 관계중심의 실천이나 이야기중심 접근과의 결합 시 한계를 가질 수 있다.

넷째, 문제항목 중심의 기록은 지나치게 사례관리적 관점에 치우쳐, 사회복지실천의 관계적 측면이나 정서적 개입의 깊이를 기록하는 데 한계가 생길 수 있다.

SECTION 04 기록 시 유의사항

사회복지기록은 단순한 문서 작성을 넘어, 실천의 근거를 남기고 서비스 이용자의 권익을 보호하며, 서비스의 질을 평가하는 중요한 도구이다. 따라서 기록을 작성할 때에는 다음과 같은 유의사항을 충분히 고려해야 한다(Kagle, 1991).

첫째, 기록은 정확하고 객관적이어야 한다. 사회복지사는 사실에 근거하여 클라이언트의 진술, 행동, 반응 등을 정확하게 기술해야 하며, 개인적인 판단이나 감정이 개입되지 않도록 주의해야 한다. 주관적인 평가나 추측은 명확한 근거와 함께 구분하여 표현해야 한다.

둘째, 간결하고 명료하게 작성해야 한다. 기록은 다른 사회복지사나 전문가가 읽고 이해할 수 있도록 불필요한 반복이나 모호한 표현을 피하고, 핵심적인 내용 중심으로 정리해야 한다. 특히 전문 용어나 약어 사용 시에는 표준화된 표현을 사용하는 것이 바람직하다.

셋째, 서비스 이용자의 사생활과 비밀 보장을 고려하여 기록해야 한다. 사회복지 기록은 민감한 개인 정보를 포함하는 경우가 많기 때문에, 이용자의 사적 내용은 최소한으로 기록하며, 제3자에게 노출되지 않도록 보관 및 공유에 주의를 기울여야 한다. 관련 법령과 기관의 개인정보보호지침을 반드시 준수해야 한다.

넷째, 시기적절하게 기록하는 것이 중요하다. 면담이나 서비스 제공 직후 가능한 빠르게 기록을 작성해야 정보의 왜곡과 누락을 방지할 수 있다. 늦게 작성된 기록은 정확성과 신뢰성이 떨어질 수 있으며, 후속 개입이나 평가에 어려움을 줄 수 있다.

다섯째, 일관성을 유지한 기록 작성이 필요하다. 동일 사례에 대해 여러 명의 사회복지사가 개입하는 경우에도 기록의 형식과 표현 방식, 용어가 일관되도록 해야 한다. 이를 위해 기관에서는 표준화된 기록 양식과 지침을 제공하고, 사회복지사는 이를 숙지하여 따라야 한다.

여섯째, 기록은 서비스 이용자와의 관계 형성을 방해하지 않아야 한다. 면담 중 지나치게 메모를 하거나 기록에만 집중하는 태도는 클라이언트에게 불신이나 거리감을 줄 수 있다. 따라서 면담과 기록의 균형을 유지하며, 필요한 경우에는 기록의 목적을 이용자에게 사전에 설명하는 것이 바람직하다.

일곱째, 기록은 향후 평가와 개입에 도움이 되어야 한다. 단순한 사실 열거에 그치지 않고, 이용자의 변화나 개입의 효과를 분석할 수 있도록 구조화되어야 하며, 사회복지사의 전문적 판단과 계획이 잘 드러나야 한다.

참고문헌

고미영 (2004). 이야기 치료와 이야기의 세계. 서울: 청목출판사.
구혜영 (2010). 사회복지실천기술론. 서울: 신정.
김경호 (2010). 사회복지실천: 이론과 모델. 서울: 청목출판사.
김기태 (1993). 위기개입론. 서울: 대왕사.
김기태 · 김수환 · 김영호 · 박지영 (2007). 사회복지실천론. 고양: 공동체.
김기태 · 황성돈 · 최송식 · 박봉길 · 최말옥 (2001). 정신보건복지론. 파주: 양서원.
김동배 · 권중돈 (2006). 인간행동이론과 사회복지 실천. 서울: 학지사.
김동배 · 이윤로 (2004). 집단사회사업의 실천과 평가. 파주: 도서출판 21세기사.
김성이 · 조학래 · 노충래 (2004). 청소년복지학. 서울: 집문당.
김성천 (2005). 지역사회복지관의 가족실천매뉴얼. 서울: 서울복지재단.
김영애 (2019). 사티어 빙산의사소통: 자기이해를 위한 마음과 마음 나누기. 김영애가족치료연구소.
김유숙 (2007). 가족상담. 서울: 학지사.
김윤주 · 황혜숙 (2006). 강점 관점 해결중심 사례관리 매뉴얼. 보건복지부.
김융일 · 조흥식 · 김연옥 (1995). 사회사업실천론. 파주: 나남출판.
김정진 (2014). 사회복지실천기술론: 사례와 함께하는 사회복지실천기술 연습. 서울: 학지사.
김정진 · 임은희 · 권진숙 (2007). 사회복지실천기술론. 고양: 서현사.
김종옥 · 권중돈 (1993). 집단사회사업방법론. 서울: 홍익제.
김진숙 · 유동수 · 전종국 · 한기백 · 이동훈 · 권경인 역 (2012). 집단상담 과정과 실제(Marianne S. Corey 외 지음). 서울: 시그마프레스.
김현훈 · 유승호 · 최재향 역 (2000). 지역복지론. 서울: 동인.
김혜란 (1996). 과제중심모델의 적용에 관한 연구: 위탁보호 사례를 중심으로. 한국사회복지학, 30, 25-47.
김혜란 · 홍선미 · 공계순 (2005). 사회복지실천기술론. 파주: 나남출판.
김혜숙 · 나임순 · 김현경 (2013). 사회복지실천기술론. 서울: 학지사.
남미애 · 윤숙자 (2013). 사회복지실천기술론. 서울: 학지사.
남일재 · 박형준 · 손정일 · 신현석 · 양정하 · 오종희 · 오주 · 유용식 · 이상직 · 이선영 · 이양훈 · 조윤득 · 최용 (2007). 사회복지개론. 서울: 학현사.
도광조 (2014). 사회복지실천론. 파주: 양서원.
배태순 · 최명민 · 김영미 역 (2007). 전문사회복지실천기술. 서울: 시그마프레스.

백은령 · 김선아 · 양숙미 · 엄미선 · 윤철수 (2009). 사회복지실천론. 서울: 대왕사.

사회복지사 1급 시험연구회 (2007). 1급 사회복지사 기본서: 사회복지실천기술론. 서울: 나눔의 집.

서수균 · 김윤희 역 (2007). 합리적 정서행동치료. 서울: 학지사.

서울특별시립동부아동상담소 (2001). 아동학대상담사례연구집, 10, 242-256.

서진환 · 이선혜 · 정수경 (2001). 현대사회복지실천이론. 서울: 나남출판.

성정현 · 여지영 · 우국희 · 최승희 (2005). 가족복지론. 파주: 양서원.

손광훈 (2009). 사회복지실천기술론. 고양: 공동체.

솔루션센터 (2008). 해결중심단기치료 워크숍 자료집. 성남: 솔루션센터.

송성자 (2003). 강점 관점과 해결중심치료 접근법을 통한 가족치료 접근법 개발에 관한 연구. 한국가족치료학회지, 11(2), 1-27.

신성자 · 고유나 · 권신혜 · 김수정 · 박용권 · 성희자 · 이현정 · 전보경 · 정숙희 · 최은지 (2007). 사회복지실천기술론. 파주: 나남출판.

양옥경 · 김미옥 (1999). 사회복지실천에서의 권한부여모델에 관한 고찰. 사회복지, 43, 155-172.

양옥경 · 김정진 · 서미경 · 김미옥 · 김소희 (2000). 사회복지실천론. 파주: 나남출판.

양옥경 · 최명민 (2006). 한국사회복지에서 임파워먼트 접근의 현황 및 과제. 한국사회복지교육, 2(2), 39-84.

양정남 · 최선령 (2007). 사회복지실천론. 파주: 양서원.

엄명용 · 노충래 · 김용석 (2005). 사회복지실천의 이해. 서울: 학지사.

오혜경 (1997). 사회사업실천에 있어서 세력화(empowerment)에 관한 연구: 급진주의 사회사업실천 중심. 사회복지리뷰, 2(1), 42-68.

유영준 (2009). 사회복지사의 반성적 사고수준과 사회복지실천기술의 활용 정도. 사회복지연구, 40(2), 337-362.

윤현숙 · 김기환 · 김성천 · 이영분 · 이은주 · 최현미 · 홍금자 (2001). 사회복지실천기술론. 서울: 동인.

이미선 · 강우진 · 권양임 (2008). 사회복지실천기술론. 서울: 창지사.

이석주 · 임봉순 · 석수룡 (1984). Rational Emotive Therapy에 대한 이론적 고찰. 학생생활연구, 3(1), 64-65.

이신영 · 박선영 (2012). 사회복지실천기술론. 파주: 양서원.

이영분 · 김기환 · 윤현숙 · 이원숙 · 이은주 · 최현미 · 홍금자 (2001). 사회복지실천론. 서울: 동인.

이영분 · 신영화 · 권진숙 · 박태영 · 최선령 · 최현미 (2008). 가족치료 모델과 사례. 서울: 학지사.

이영실 · 윤순이 · 신준옥 · 오현숙 · 노길희 · 조명희 · 홍성희 (2010). 사회복지실천기술론. 파주: 양서원.

이영호 (2008). 사회복지실천기술론. 고양: 공동체.

이원숙 (2004). 가족복지론. 서울: 학지사.
이윤로 (2005). 사회복지실천기술론. 서울: 학현사.
이윤로 (2007). 권한강화/역량강화와 사회복지실천. 임상사회사업연구, 4(3), 5-18.
이장호 · 정남운 · 조성호 (2001). 상담심리학의 기초. 서울: 학문사.
이준우 (2009). 사회복지실천기술론. 서울: 파란마음.
이준우 · 손덕순 (2007). 정신보건사회복지론. 고양: 서현사.
이준우 · 이화옥 · 임원선 (2006). 사회복지실천론. 서울: 인간과 복지.
이준우 · 최희철 (2020). 사례관리론. 2판. 서울: 신정.
이현림 (2008). 상담이론과 실제. 파주: 양서원.
이형득 (1992). 상담이론. 서울: 교육과학사.
장수미 · 최정숙 · 박형원 · 김주현 · 홍현미라 · 이혜경 · 이영선 · 한인영 (2010). 사회복지실천기술론. 서울: 학지사.
장인협 (1994). 사회복지실천론(중). 서울: 서울대학교출판부.
장인협 (1996). 사회사업실천방법론(상, 하). 서울: 서울대학교출판부.
장인협 (2004). 사회복지실천론(중) 제너럴리스트 접근(통합편). 서울: 서울대학교출판부.
전남련 · 이재선 · 정명희 · 김치건 · 김현명 · 김철벽 · 오영식 (2011). 사회복지실천기술론. 서울: 오래.
정문자 (2003). 사티어 경험적 가족치료. 서울: 학지사.
정문자 · 송성자 · 이영분 · 김유순 · 김은영 (2008). 해결중심단기치료. 서울: 학지사.
정문자 · 정혜정 · 이선혜 · 전영주 (2012). 가족치료의 이해. 서울: 학지사.
정순돌 · 김경미 · 박선영 · 박형원 · 최혜지 · 이현아 (2007). 사회복지와 임파워먼트. 서울: 학지사.
정순돌 · 김고은 · 김미영 · 김은정 · 김지혜 · 박근혜 · 박향경 · 박현정 · 박현주 · 우재희 · 이혜숙 · 홍나미 (2011). 임상사회복지이론. 서울: 학지사.
제석봉 · 김춘경 · 천성문 · 이영순 · 김미애 · 이지민 (2014). 가족치료. 파주: 정민사.
조현진 (2008). 학교에서의 청소년 위기개입 고찰. 청소년복지연구, 10(1), 215-236.
조휘일 · 이윤로 (1999). 사회복지실천론. 서울: 학지사.
조흥식 · 김인숙 · 김혜란 · 김혜련 · 신은주 (2017). 가족복지론(제5판). 서울: 학지사.
최명민 역 (2007). 임파워먼트와 사회복지실천. 파주: 나남출판.
최선화 (2016). 풀어쓴 사회복지실천기술(제5판). 고양: 공동체.
최은영 (2012). 보웬의 자아분화와 롯기 신학. 목회와 상담, 19, 188-217.
최정숙 · 강향숙 · 김경희 · 김유정 · 김주현 · 김지혜 · 박형원 · 백형의 · 우재희 · 이영선 · 이예승 · 이인정 · 이혜경 · 임정원 · 장수미 · 정선영 · 한인영 (2020). 가족복지론(2판). 서울: 학지사.
최해경 (2009). 사회복지실천기술론. 서울: 학지사.

한인영 · 장수미 · 최정숙 · 박형원 역 (2006). 사회복지실천론: 일반주의 관점. 서울: 하나의학사.

한재희 · 김영희 · 김용태 · 서진숙 · 송정아 · 신혜종 · 양유성 · 임윤희 · 장진경 · 최규련 · 최은영 (2013). 부부 및 가족상담. 서울: 학지사.

홍봉선 · 남미애 (2007). 청소년복지론. 고양: 공동체.

Adams, R., 최명민 역 (2007). 임파워먼트와 사회복지실천. 파주: 나남출판.

Ames, N. (1999). Social work recording: A new look at an old issue. *Journal of Social Work Education, 35*(2), 227-237.

Anderson, H., & Goolishian, H. (1992). The client is the expert: A not-knowing approach to therapy. In S. McNamee & K. J. Gergen (Eds.), *Social construction and the therapeutic process* (pp. 25-39). Newbury Park, CA: Sage.

Banman, J. (2001). *Satir model workshop*. Unpublished Manuscript. Seoul, Korea.

Barker, R. (1991). *The social work dictionary*. Silver Spring. MD: National Association of Social Workers.

Bartlett, H. M. (1958). Working definition of practice. *Social Work, 3*(2), 5-8.

Bartlett, H. M. (2003). Working definition of social work practice: A Generalist Educator's Perspective.

Beavers, W. R. (1976). A theoretical basis for family evaluation. in J. M. Lewis, W. R. Beavers, J. T. Gossett, & V. A. Phillips (eds), *No single thread: psychological health in family systems*. New York: Brunner/Mazel.

Becvar, D., & Becvar, R., 정혜정 · 이형실 역 (1997). 가족치료: 체계론적 통합. 강원: 하우.

Berg, I. K., & Miller, S. D., 가족치료연구모임 역 (1995). 해결중심적 단기치료. 서울: 하나의학사.

Bookman, A., & Sandra, M. (1988). *Women and the Politics of Empowerment*. Philadelphia: Temple University Press.

Bordin, E. S. (1979). The generalizability of the psychoanalytic concept of the working alliance. *Psychotherapy: Theory, Research & Practice, 16*(3), 252-260.

Borkman, T. J. (1990). Experiential, professional, and lay frames of reference. In T. J. Powell (Ed.), *Working with self-help* (pp. 3-30). National Association of Social Work.

Bowen, M. (1976). *Theory in the practice of psychotherapy, in family therapy*(ed.). Guerin, P. New York: Gardener Press.

Bowen, M. (1978). *Family therapy in clinical practice*. New York: Jason Aronson.

Brill, N. I. (1997). *Working with People: The helping process*(6th ed.). NY: Longman.

Brown, J. (1992). *Handbook of social work practice*. Springfield Ⅲ: Charles C. Thomas.

Brown, J. H., & Christensen, D. N. (1999). *Family therapy: theory and practice*. Pacific Grove: Brooks/Cole.

Brueggemann, W. G. (2006). *The Practice of Macro Social Work*(3rd ed.). Belmont, CA: Thomson Brooks/Cole.

Caplan, G. (1964). *Principles of Preventative psychiatry*. New York: Basic Books.

Carkhuff, R. R. (2000). *The Art of Helping*(8th ed.). Amherst, MA: Human Resource Development Press.

Carter, E. A., & McGoldrick, M. (1980). *The Family life cycle: A framework for family therapy*. New York: Gardner Press.

Collins, D., Jordan, C., & Coleman, H. (2010). *An introduction to family social work*(3th ed.). Belmont. CA: Brooks/Cole.

Compton, B. R., & Galaway, B. (1994). *Social work processes*. Pacific Grove, CA: Brooks/Cole.

Cooper, M., & Lesser, J. (2008). *Clinical social work practice: An intergrated approach*(3th ed.). New York: Allyn & Bacon.

Corey, G. (2001). *Theory and Practice of Counseling and Psychotherapy*(6th ed.). Pacific Grove, CA: Brooks/Cole.

Corey, G., Corey, M. S., & Callanan, P. (1998). *Issues and ethics in the helping professions*(5th ed.). Pacific Grove, CA: Brooks/Cole.

Cornett, G. (2012). A final therapy model through a family therapy lens: See the Possibilities. *Counseling and Therapy for Couples and Families, 20*(3), 275.

Council on Social Work Education (1992). *Curriculum policy statement for baccalaureate degree programs in social work education*. Alexandria, VA: CSWE.

Cournoyer, B. (1996). *The social work skills workbook*. Pacific Grove, CA: Brooks/Cole.

Cournoyer, B., 김인숙 · 김용석 역 (2006). 사회복지실천기술 연습. 파주: 나남출판.

Dejong, P., & Berg, I. K., 허남순 · 노혜련 역 (1998). 해결을 위한 면접. 서울: 학문사.

De Shazer, S., & Berg, I. K. (1995). The brief therapy tradition. In J. Weakland & W. Ray. (Eds.), *Propagations: Thirty years of influence from the Mental Research Institute*. The Haworth Press.

Dryden, W. (1989). Albert Ellis: An efficient and passionate life. *Journal of Counseling and Development, 67,* 539-546.

Dubois, B., & Miley, K. K. (1992). *Social work: An empowering profession*. Boston: Allyn & Bacon.

Egan, G. (2001). *The Skilled Helper*(7th ed.). Pacific Grove, CA: Brooks/Cole.

Epstein, L., & Brown, L. B. (2002). *Brief treatment and a new look at the task-centered approach*(4th ed.). New York: Makdcmillan.

Fook, J., 김성천 · 박순우 · 장혜림 · 이현주 · 이해령 역 (2007). 급진 사회복지실천. 서울: 학지사.

Galinsky, M. J., & Schopher, J. H. (1980). Structuring co-leadership. *Social work with Groups, 3*(4), 51-63.

Garland, J., Jones, H., & Kolodny, R. (1965). A model for stages of development in social work groups. in S. Bernstein (ed.), *Baxplorations in group work*. Boston: Charles River.

Gelso, C. J., & Carter, J. A. (1994). Components of the psychotherapy relationship: their interaction and unfolding during treatment. *Journal of Counseling Psychology, 41,* 296-306.

Greenberg, L. S. (1994). What is "real" in the relationship? Comment on Gelso and Carter. *Journal of Counseling Psychology, 41*(3), 307-309.

Greenberg, R., & Staller, J. (1981). Personal therapy for therapists. *American Journal of Psychiatry, 138*, 1467-1471.

Golan, N. (1978). *Treatment in crisis situations*. New York: Free Press.

Goldenberg, H., & Goldenberg, I. (2013). *Family Therapy an Overview* (8th ed.). Belmont, CA: Brooks/Cole.

Gutierrez, L., Parsons, R. J., & Cox, E. O. (1998). *Empowerment social work practice: A source book*. Pacific Grove, CA: Brooks.

Haley, J. (1976). *Problem-solving therapy: new strategies for effective family therapy*. San Francisco: Jossey-Bass.

Hall, E. T. (1966). *The Hidden Dimension*. NY: Doubleday.

Hepworth, D. H., Rooney, R. H., Rooney, G. D., Strom-Gottfried, K. S., & Larsen, J. A. (2006). *Direct social work practice: theory and skills*(7th ed.). Pacific Grove, CA: Brooks/Cole.

Hollis, F. (1964). *Casework: A psychosocial therapy*. New York: Random House.

Hovestadt, A. J., Anderson, W. R., Piercy, F. P., Cochran, S. W., & Fine, M. (1985). A family of origin scale. *Journal of Marital and Family Therapy, 11,* 287-297.

Howard, K. I., Kopta, S. M., Krause, M. S., & Orlinsky, D. E. (1986). The dose-effect in psychotherapy. *American Psychologist, 41*(2), 159-164.

Huff, M. T., & Johnson, M. M. (1998). Empowering students in a graduate-level social work course. *Journal of Social Work Education, 34*(3), 375-385.

Ivanoff, A., Blythe, B. J., & Tripodi, T. (1994). *Involuntary clients in social work practice: A research-based approach.* Hawthorne, NY: Aldine de Gruyter.

Jacobs, E. E., Masson, R. L., & Harvill, R. L. (2011). *Group counseling: strategies and skills* (7th ed.). Pacific Grove, CA: Thomson Brooks/Cole.

Jacobson, G. F., Strickler, M., & Morley, W. E. (1968). Generic and Individual Approaches to Crisis Intervention. *American Journal of Public Health, 58*(2), 338-343.

James, R. K., & Gilliland, B. E., 한인영 · 김연미 · 장수미 · 최정숙 · 박현원 · 이소래 역 (2001). 위기개입. 서울: 나눔의 집.

Johnson, L. C. (1995). *Social Work Practice: a general approach*(5th ed). Allyn & Bacon.

Johnson, L. C., & Yanca, S. J. (2001). *Social work practice: a generalist approach. Boston:* Allyn & Bacon.

Jourard, S. M. (1971). *The Transparent Self; Self-disclosure and Well-being*(2th ed.). Princeton, NJ: Van Nostrand Reinhold.

Kadushin, A. (1972). *The social work interview.* New York: The Guilford Press.

Kadushin, A., & Kadushin, G. (1997). *The social work interview*(4th ed.). New York: Columbia University Press.

Kagle, J. D. (1991). *Social Work Records* (2nd edition). Prospect Heights, IL: Waveland Press.

Kagle, J. D., 홍순혜, 한인영 공역 (1997). 사회사업 기록: 이론과 실제. 서울: 학문사.

Kanfer, F. H., & Goldstein, A. P. (1991). *Helping People Change: A textbook of methods*(4th ed.). Needham Heights, MA: Allyn & Bacon.

Kerr, M. E., & Bowen, M. (1988). *Family evaluation: An approach based and Bowen therapy.* New York: W. W. Norton & Company.

Kilpatrick, A., & Holland, T. (1995). *Working with families: an integrative model by level of functioning.* Boston: Allyn and Bacon.

Lambert, M. J., Bergin, A. E. (1983). Therapist characteristics and their contribution to psychotherapy outcome. In C. E. Walker (Ed.), *The handbook of clinical psychology*(Vol. 1, pp. 205-241). Homewood, IL: Dow Jones-Irwin.

Lee, J. A. B. (1994). *The empowerment approach and social work practice.* New York: Columbia University Press.

Liddle, H. A. (1983). *Clinical implications of the family life cycle.* Rockville, MD: Aspen Systems Corporation.

Lindemann, E. (1944). Symptomatology and management of acute grief. *The American Journal of Psychiatry, 101*, 141-148.

Manser, E. (1973). *Family advocacy: a manual for action*. Family Service Association of America. New York.

Mattaini, M. A. (1997). *Clinical practice with individuals. Washington*, DC: National Association of Social Workers Press.

Miley, K. K., O'Melia, M., & Dubois, B. (2004). *Generalist social work practice: An empowering approach*(4th ed.). Boston, MA: Pearson Education, Inc.

Minuchin, S., 김종옥 역 (1988). 구조적 가족치료의 실제. 서울: 법문사.

Myer, R. A., & James, R. K., 한인영 · 장수미 · 최정숙 역 (2006). 위기개입워크북. 서울: 시그마프레스.

NASW, 이문국 · 이용표 역 (1998). 사회복지대사전. 서울: 나눔의 집.

NASW, 이필환 · 박영희 · 원기연 · 김경 · 서홍란 · 김광운 · 정원철 · 이경희 · 전형미 · 이해영 · 이문국 · 박옥희 · 이용표 · 이기량 · 박정문 역 (2000). 사회복지실천이론의 토대. 서울: 나눔의 집.

Neukrug, E. S., 손광훈 역 (2009). 사회복지사를 위한 기초기술과 연습. 파주: 양서원.

Nichols, M. P. (2012). *Family therapy: concepts and methods*(10th ed.). Boston, MA: Allyn & Bacon.

Nichols, M. P., & Schwartz, R. C., 김영애, 김정택, 송성자, 심혜숙, 정문자, 제석봉 역 (2008). 가족치료: 핵심개념과 실제적용. 서울: 시그마프레스.

Northen, H. (1995). *Clinical social work: knowledge and skills*(2nd ed.). New York: Columbia University Press.

Northen, M., & Kurland, R., 노충래 역 (2006). 집단사회복지실천: 집단상담가를 위한 이론과 실천 지침서. 서울: 학지사.

Olson, D. H., & Hawley, D. R. (1992). *Self-training counselor's manual: Pre-pare, Prepare-MC, Enrich.* Prepare/Enrich Inc.

Payne, N. (1991). *Modern social work theory: a critical introduction.* London: Macmillan.

Peck, M. S. (1998). *People of the lie.* New York: Simon & Schuster.

Pederson, P. (2000). *A handbook for developing multicultural awareness*(3th ed.). Alexandra, VA: American Counseling Association.

Puryear, D. A. (1984). *Helping people in crisis.* San Francisco. CA: Jossey-Bass.

Rapp, C. A. (1998). *The strengths model: case management with people suffering from severe and persistent mental illness.* Oxford University Press.

Rapoport, L. (1970). Crisis intervention as a mode of brief treatment. In R. W. Roberts

& R. H. Nee (Eds.), *Theories of social casework*(pp. 267-311), Chicago: University of Chicago Press.

Rashed, J., Rashed, M. N., & Marley, J. A. (2011). *Family therapy: models and techniques*. London: Sage.

Redl, F. (1953). The art of group composition. In S. Schulze (Ed.), *Creative group living in a children's institution*(pp. 76-96). New York: Association Press.

Reid, W. J. (1996). Task-centered social work. In F. J. Turner (Ed.), *Social work treatment*(4th ed.). New York: Free Press.

Reid, W. (1997). *Social Work Practice With Groups: A Clinical Perspective*. CA: Brooks/ Cole.

Reid, W., & Epstrein, L. (1972). *Task-centered casework*. New York: Columbia University Press.

Richmond, M. (1917). *Social diagnosis*. New York, NY: Russell Sage Foundation.

Rogers, C. R. (1957). The necessary and sufficient conditions of therapeutic personality change. *Journal of Consulting Psychology, 21*(2), 95-103.

Rose, S. M. (1990). Advocacy/empowerment: An approach to clinical practice for social work. *Journal of Sociology and Social Welfare, 17*(2), 41-51.

Saleebey, D. (2002). *The Strengths Perspective in Social Work Practice*(4th ed.). Boston: Allyn & Bacon.

Satir, V., Banmen, J., Gerber, J., & Gomori, M. (1991). *The Satir model: Family therapy and beyond*. Palo Alto, CA: Science and Behavior Books.

Sheafor, B. W., & Horejsi, C. R., 남기철, 정선욱 역 (2005). 사회복지실천기법과 지침. 파주: 나남출판.

Shera, W., & Wells, L. M., 이경아, 박정임, 김민석, 서홍란, 하경희, 이금진, 유명이, 강미경 역 (2002). 사회복지에서의 역량강화실천. 파주: 양서원.

Shostrom, E. L. (1974). Manual for the Personal Orientation Inventory(POI): *An inventory for the measurement of self-actualization*. San Diego: Educational and Industrial Testing Service.

Shulman, L. (1984). *The skills of helping individuals, families, groups and communities*. Itasca. IL: Peacock Publishers.

Sue, D. W. (1978). Counseling across cultures. *The Personnel and Guidance Journal, 57*, 451.

Toseland, R., & Rivas, R. (2001). *An introduction to group work practice*(4th ed.). Needham Heights. MA: Allyn and Bacon.

Trepper, T. S., McCollum, E. E., Dejong, P., Korman, H., Gingerich, W., & Franklin, C. (2008). *Solution focused therapy treatment manual for working with individuals.* Research Committee of the Solution Focused Brief Therapy Association.

Trevithick, P. (2000). *Social work skills: a practice handbook.* Philadelphia. PA: Open University Press.

Turner, F. J. (1996). *Social work treatment*(4th ed.). New York: The Free Press.

Turner, F. J., 연세사회복지실천연구회 역 (2004). 사회복지실천이론의 이해와 적용. 파주: 나남출판.

Whiston, S. C., & Coker, J. K. (2000). Reconstructing clinical training: Implications from research. *Counselor Education and Supervision, 39(4),* 228-253.

Whittaker, J. K., & Tracy, E. M. (1989). *Social treatment: An introduction to interpersonal helping in social work practice*. New York: Aldine de Gruyter.

Woods, M. E., & Hollis, F. (2000). *Casework: a psychosocial therapy*(5th ed.). New York: McGraw-Hill.

Woods, M. E., & Robinson, H. (1996). Psychosocial theory and social work treatment. In F. J. Turner(ed.), *Social work treatment.* The Free Press.

Worden, M., 신혜종 · 정수경 역 (2007). 가족치료 단계별 접근. 서울: 시그마프레스.

Wright, J. H., Basco, M. R., & Thase, M. E., 김정민 역 (2009). 인지행동치료. 서울: 학지사.

Wylie, M. S. (1991). Family therapy's neglected prophet. *The Family Therapy Networker, 15*(2), 24-37.

Yalom, I. D. (1985). *The theory and practice of group psychotherapy*(3th ed.). N.Y: Basic Book Publishers.

Yip, K. S. (2004). The empowerment model: A critical reflection of empowerment in chinese culture. *Social work, 49*(3), 479-487.

Yutrzenka, B. A. (1995). Making a case for training in ethnic and cultural diversity in Increasing treatment efficacy. *Journal of Consulting and Clinical Psychology, 63*(2), 197-296.

Zastrow, C. H. (2003). *The practice of social work*(7th ed.). Thomson, Books/Cole.

찾아보기

【인 명】

【내 용】

〈ㄱ〉

〈 ㅇ 〉

〈 ㅈ 〉

〈 ㅊ 〉

〈 ㅋ 〉

〈 ㅌ 〉

〈 ㅍ 〉

〈 ㅎ 〉

【기 타】

저자소개

최희철(崔熙澈)

숭실대학교 및 동 대학원 졸업
숭실대학교 대학원 사회복지학 석사·박사(MA, Ph.D)
강남대학교 복지융합대학 사회복지학부 교수
강남대학교 복지융합대학 사회복지학부장(야간), 사회복지학 전공 주임교수
강남대학교 글로컬사회공헌센터센터장, 장애학생지원센터장 역임
강남대학교 실천신학대학원 교학부장 역임

(2016~2018) 강남대학교 Wel-Tech 특성화사업단(CK) 위원
(2009~2010) 경기복지재단 정책연구실 책임연구원
(2003~2007) 태화해뜨는샘 시설장(정신건강사회복지사)
(1995~2003) 태화샘솟는집 과장(정신건강사회복지사)
(1994~1995) 서울아산병원 정신과 사회사업 인턴

강남대학교 사회복지학부 교수로 《정신건강론》, 《정신건강사회복지론》, 《사례관리론》, 《인간행동과 사회환경》, 《장애인복지론》, 《복지와 테크놀로지》, 《관계맺기를 통한 자기회복》 등 다수의 공저가 있으며, 보건복지부 정신재활시설평가 자문위원, 한국기독교사회복지실천학회 이사, 한국통합사례관리학회 이사, 경산복지재단 이사, 태화복지재단 정신건강사업 '마음 ON' 자문위원, 경기도 사회복지공동모금회 배분분과위원 등 특별히 우리사회의 정신건강 및 사회복지실천에 관심을 갖고 활발히 활동하고 있다.

[제2판]

사회복지실천기술론

1판 1쇄 발행 2021년 8월 17일
1판 3쇄 발행 2025년 1월 30일
2판 1쇄 발행 2025년 8월 30일

저　　자 | 최희철
발 행 인 | 박철용
발 행 처 | 양서원
주　　소 | 경기도 파주시 직지길 522 파주출판도시
전　　화 | 031-955-8000(代)
팩　　스 | 031-955-8005
홈페이지 | www.yswpub.co.kr
이 메 일 | yswgroup@naver.com
출판등록 | 1987년 11월 24일 제 406-2003-037호

ISBN 978-89-994-1583-8

정가 24,000원